조코디의 G Suite를

재택근무 바이블

| 조코디 저 |

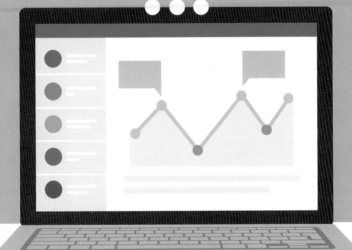

GCP 인증 디지털 전문가

협업 솔루션 연계로 기능 강화!

G Suite로 업무 생산업 및 정확성 향상!

KB134823

DIGITAL BOOKS
디지털북스

| 만든 사람들 |

기획 IT·CG기획부 | **진행** 박소정 | **집필** 조코디 | **책임 편집** D.J.I books design studio
표지 디자인 D.J.I books design studio 원은영 | **편집 디자인** 디자인숲 · 이기숙

| 책 내용 문의 |

도서 내용에 대해 궁금한 사항이 있으시면
저자의 홈페이지나 디지털북스 홈페이지의 게시판을 통해서 해결하실 수 있습니다.

디지털북스 홈페이지 www.digitalbooks.co.kr
디지털북스 페이스북 www.facebook.com/ithinkbook
디지털북스 카페 cafe.naver.com/digitalbooks1999
디지털북스 이메일 digitalbooks@naver.com
저자 이메일 codyjo@cloudservicecody.com

| 각종 문의 |

영업관련 dji_digitalbooks@naver.com
기획관련 digitalbooks@naver.com
전화번호 (02) 447-3157~8

2020년 3월, 사무실에서 근무하던 직장인들은 인사팀장의 사내 방송에 따라 긴급히 노트북과 몇 가지 자료만을 겨우 챙기고 강제로 퇴근했습니다. 코로나19(COVID-19)로 인하여 대한민국 재택근무가 타의적으로 시작되었습니다.

중국발 코로나가 심각하다는 것은 알고 있었지만 이 정도로 진행되리라 예측한 직장은 없었고, 그 누구도 아무런 대비를 하지 않았습니다. 직원들이 사무실에서 없어져버리자, 회사의 임원진과 리더는 사태의 심각성을 깨달았습니다.

"큰일 났다…"

우왕좌왕 사무실 출입구로 빠져나가는 직원들을 바라보는 회사 임원진은 본인이 20년 넘게 쌓아온 자산이 한꺼번에 무너지는 심정이었을 겁니다. 강제로 퇴근당해서 헐레벌떡 회사를 나가는 직원들도 마음은 편치 않았을 겁니다. 집으로 향하는 길, 지하철 안에서 회사 팀장에게 문자를 받습니다.

"내일부터는 회사에 나오지 말고 당분간 집에서 재택근무로 업무를 진행해주세요. 팀장"

잘못 본 건가 하고 문자를 다시 확인하지만 팀장의 번호가 맞고, '재택근무'라는 단어가 눈에 들어옵니다. 재택근무가 무슨 말인지 잠시 생각합니다. 야근이나 휴일근무, 잔업이라는 단어는 익숙한데 재택근무는 왠지 어색하고 이해가 잘 안되는 업무 방법입니다.

고정 관념에서 탈출

직원들이 노트북을 들고 집으로 피신할 때 많은 회사의 임원, 관리자들은 "집에서 업무가 되겠어?"라고 생각했을 겁니다. 하지만 잠시 우왕좌왕하는 혼란의 시간 후에 업무가 정리되고 일이 되기 시작했습니다. 회사에서는 불필요하게 팀장에게 간섭을 받거나 정치 세력에게 시달리는 일을 겪거나 불필요한 회의에 나의 아까운 시간을 뺏겼겠지만, 자신의 집에서는 누구의 방해도 없이 자신이 원하는 시간에 자신의 생활 페이스로 업무를 처리할 수 있습니다. 회사 회의실에서는 직급이나 나이가 회의 분위기를 주도했다면, 랜선으로 하는 회의에는 직급의 낮고 높음과 나이가 주는 연륜은 의미가 없습니다. 모두 동등한 입장에서 업무 담당자가 회의를 주도하고 각각의 임무가 부여됩니다. 화상 미팅에서는 부장님의 "라떼는 말이야~"라는 말이 사라지고, 클라우드 서비스를 잘하는 직원이 업무를 정리하고 회의를 장악합니다.

앞으로 우리나라의 업무 방식은 변화할 것입니다. 만나서 회의하고 같은 공간에서 일하기보다는 가급적 서로 거리를 두거나 각자 집에서 일하는 방식으로 업무가 변화할 것입니다. 업무 방식의 변화로 우리의 일상도 달라지겠죠. 일이 없어도 팀장이 퇴근하지 않으면 나도 퇴근하지 못한다거나, 본사 직원이 회의하자고 하면 어쩔 수 없이 1시간 회의 때문에 본사로 당일 출장을 가야했던 악습 또한 사라질 것입니다. 그리고 직급에 관계 없이 높은 디지털 리터러시와 디지털 역량을 갖춘 사람이 업무를 이끌어나가게 될 것입니다.

갑작스럽게 재택근무가 시작되었다고 생각할 수 있지만, 주위에 잘 나가는 회사나 대학교를 보면 이런 시도는 계속 진행되고 있었습니다. IBM은 오래 전부터 인원의 40% 이상이 재택근무[1]를 했었고, 분산 버전 관리 툴 회사인 깃허브(GitHub)는 전 세계 엔지니어가 원격으로 일하고 있습니다.

또한 교육 분야에서도 재택근무와 같은 비대면 환경을 찾아볼 수 있습니다. 미네르바 스쿨[2]은 학생들이 수업을 들을 수 있는 멋진 강의실이나 체육클럽은 없지만 하버드 대학보다 입학하기 어려운 대학입니다. 졸업하기 전까지 전 세계 국가를 방문하면서 학습하며 교수와는 첫 학기부터 모두가 원격으로 배우고 토론합니다. 캠퍼스도 없고, 수업도 모두 영상으로 진행하는 방식은 우리의 고정관념과는 많이 다를 것입니다. 하지만 이렇게 공부한 학생들이 더 높은 교육 효과를 본다면 어떤가요? 이제 우리도 100년 전 교실, 50년 전 수업 방식을 고집하지 말고 벗어나야 겠지요.

사실 언컨택트(Uncontact, 비대면)는 우리의 일상에 자연스럽게 녹아든 환경입니다(특히 디지털 세대인 Z세대들은 더욱 익숙할 것입니다). 그 예로 아이러브 스쿨이나 싸이월드, 페이스북 메신저 등의 메시징 앱을 이용하는 것을 들 수 있죠. 가상의 공간에서 다양한 사람을 만나고 소통하는 것에 익숙해진 우리는 이미 언컨택트와 사이버 문화 등을 경험한 셈입니다. 이렇게 일상 생활에서는 호흡하듯 비대면 환경을 다루는데, 정작 업무나 교육에서는 옛 방식을 추구하니 이상하고 낯설어 보일 뿐입니다.

사회 곳곳에서 그 동안 함께 모여서 근무하는 형태의 비효율성을 지적하면서 새로운 업무 방법이 등장했습니다. 같은 장소에 있지 않아도 업무가 가능한 영상회의 협업 서비스, 원격제어 서비스 등은 이미 많은 종류가 있습니다. 이러한 서비스 덕분에 이젠 노트북, 스마트폰으로 어디서든 회의에 참여할 수 있고, 업무를 리포팅하거나 확인할 수 있습니다. 5G, 기가 인터넷 등의 통신망을 이용해 대용량의 데이터를 빠른 속도로 처리할 수 있어 업무를 더욱 효율적이고 신속하게 처리할 수 있게 되었습니다. 하지만 아직도 우리가 일하는 방식은 30년 전과 비교하면 사용하는 컴퓨터만 바뀌었지 많이 변하지 않았습니다. 최근 뉴스에서 일본은 코로나 확진자 통계를 아직도 팩스로 주고 받는 것을 보고 놀랐지만 우리나라도 클라우드 시대에 종이에 기안해고 결재하는 회사도 많은 것을 보면 변화되어야 할 게 많다고 생각합니다.

경쟁에서 공존의 시대로

4차 산업혁명의 시대에 들어서, AI의 기술 발전으로 기존에 사람이 하던 일들이 자동화 기계와 AI의 영역으로 대체되고, 점점 AI가 수행할 수 있는 영역으로 늘고 있습니다. 하지만 그렇다고 모든 영역을 AI가 대체할 순 없으며, AI와 인간과의 경쟁은 무의미합니다.

그렇다면 인간은 앞으로 어떻게 일을 해야 할까요? 저자는 인간이 협업하여 공존하는 시대로 변화해야 한다고 생각합니다. 하지만 우리는 지금까지 학교나 회사에서 협업보다는 경쟁만을 강요받았고, 협업하는 방법을 학

---

1 직원끼리 대면하는 빈도가 줄어 창의성을 발휘하지 못한다는 이유로 IBM은 몇십 년간 유지하던 재택근무를 2017년 10월에 폐지함.
2 https://www.minerva.kgi.edu/

교와 회사 어느 곳도 알려주지 않아 잘 모르고 서툴기만 합니다. 과거에는 기술의 한계로 협업보다는 분업에 익숙했지만 이제는 클라우드의 다양한 인터넷 서비스를 이용하여 협업해야 하는 시대입니다.

역사적으로도 경쟁을 하는 국가보다는 서로 협력하는 민족이나 문화가 아직도 살아남은 것을 보면 알 수 있습니다. 2020년 코로나19 이후의 세계를 살아가는 우리들은 다른 직원들과 협업을 하여 회사가 목표하는 곳으로 빠르고 정확하게, 그리고 아무도 가지 않은 독창적인 방법으로 나아가야 합니다. 권위주의나 패권주의 등 오랜 기간 동안 회사와 사회를 지배하던 방식은 이제 통하지 않습니다.

다양한 협업 방법

일반 회사에서의 문서 협업 방법을 웹페이지를 제작하는 디자이너들이 사용한다면 어떨까요? 오히려 불편하고 더 많은 시간이 필요합니다. 또한 개발자와 같이 메일을 자주 확인하기 어려운 직군은 그만의 협업 방법이 필요하고, 프로세스 중심의 팀에서는 프로세스 중심의 협업 방법이 필요합니다. 이처럼 협업 방법은 업무 환경에 따라서 다양하게 접근해야 합니다. 따라서 우리에게 필요한 협업 방법이 무엇인지 정확하게 정의하고, 그에 적합한 서비스를 우선 찾는 것이 중요합니다.

재택근무 시 협업에 도움이 되는 방법과 절차를 동료와 이야기해서 정의해보세요. 아이디어가 생각이 나지 않는다면 전문가와 함께 협업 방법을 찾아보는 것도 좋습니다.

협업의 단계

갑자기 오늘부터 우리 회사가 G Suite나 다른 협업 도구를 도입한다고 해서 협업이 잘 되진 않습니다. 협업 도구에 대한 직원들의 생각이 제각기 다르고, 디지털 수준도 다르기 때문에 함께 협업해서 생산성을 올리려는 과정에서 많은 시행착오와 혼란을 겪게 됩니다. 우리 모두는 협업을 해본 경험이 적고 협업에 대한 스킬도 부족합니다. 또한 협업에 대한 생각이 모두 다르고, 협업 방법도 제대로 정의되지 않았습니다(혹자는 대학교 조별 과제를 경험하고 인간에 대한 불신만이 기억 속에 남아 협업을 부정적으로 볼지도 모릅니다).

Google G Suite를 도입했다고 해서 한번에 G Suite의 모든 서비스를 이용하면 혼란스러울 수 있습니다. 따라서 직원 간의 협의된 커뮤니케이션 방법을 정의하고 약속하면서 차츰차츰 서비스를 넓혀나갈 것을 추천합니다. 또한 체계적인 변화관리를 통해 최적의 협업 방법을 찾아가야 합니다.

회사의 변화

과거에는 업무도 중요하지만 사내에서의 인간적인 관계(부서 내 조율을 하고 문제를 해결하는 능력 등)도 일의 능력으로 평가했습니다. 하지만 이제 언컨택트 환경에서는 인간관계보다는 실적으로 직원의 능력을 판단하며, 정량적으로 평가해야 합니다.

영상회의에서는 직급이나 나이를 떠나 평등한 관계로, 업무에 관련한 지식을 기반으로 이야기가 진행됩니다.

직급이 높다고 지시를 하는 것이 아니라 팀장과 팀원의 관계로 업무를 분담해서 진행하게 됩니다. 직접 대면하는 상태가 아니기 때문에 팀장은 업무의 진척 내용을 정확히 파악해야 합니다. 또한 업무가 지연되거나 문제가 발생하면 해결 방법을 제시하고, 필요 시에는 다른 팀원과 협력을 하도록 구성해야 합니다.

재택근무로 인해 생기는 회사의 변화를 정리해 보겠습니다.

1) 중간관리자의 부재

IT의 발전으로 업무 내용이 투명해지고, 다양한 모니터링 방법의 개발로 중간관리자가 없어지는 조직 구성이 나타납니다. 작은 기업의 경우는 회사 대표가 바로 업무를 확인하고 지시하는 경우도 나오겠죠. 단계적 조직 구성에 따른 정보의 제한 및 불편한 소통이 사라집니다. 결재라는 단계적 업무 프로세스도 없어지고 업무에 필요한 권한을 바로 위임받을 수 있습니다.

2) 인간관계 보다는 실력

회사 근무에서는 정보를 제한하고 정보를 독점하는 사례가 있어 사람 관계가 무엇보다 중요했습니다. 하지만 재택근무에서는 필요한 정보가 모두에게 공유됩니다. 다른 사람이 일하는 것을 모두 확인할 수 있기 때문에 실력으로 사람을 판단하게 됩니다. 물론 신입사원의 경우에는 평가하기에 앞서 업무에 적응할 수 있도록 멘토 제도 등을 마련해야 겠죠.

3) 진정한 혁신의 시작

재택근무 시작으로 많은 사람이 충격, 분노, 체념, 적응의 단계를 거쳐 스스로 환경에 적응하고 있습니다. 이가 없으면 잇몸으로 산다고 인간은 환경에 빠르게 적응합니다. 이번 코로나19로 인한 업무 전환은 기존에 수십 년 간 하던 방식에서 벗어나, 진정한 디지털 방식으로 전환할 수 있는 기회입니다. 디지털을 이용하여 혁신할 수 있는 여러 가지 방법을 테스트하고 업무에 적용할 수 있습니다. 몸은 집에 있고, 나의 아바타가 회사에서 일하는 방식이 아닌 클라우드 환경에서 자유롭게 소통하고 공유하는 편리함을 누려보세요.

재택근무에 필요한 기술

재택근무를 하기 위해서는 업무 환경이 클라우드에 있고 장소에 상관없이 언제 어디서나 다양한 디바이스로 작업할 수 있는 환경을 의미합니다. 이런 환경을 구성하기 위해서는 다음과 같은 업무 환경이 필요합니다.

① 쉽게 클라우드에 접속할 수 있는 환경 - 통신망, 디바이스
② 협업 플랫폼 - G Suite, Microsoft 365, DropBox
③ 빠른 메시지 소통 프로토콜
④ 클라우드 저장소

또한 업무 환경 외에도 다음과 같은 가정 및 회사의 환경, 기술, 문화 조성이 있으면 도움이 됩니다.

• **환경**: 가정 내에서 독립되어 일할 수 있는 공간

- **기술**: 클라우드 이용 기술, 협업 처리 기술, 메시지 기술
- **프로세스**: 과거의 업무 방식이 아닌 새로운 업무 방식
- **문화**: 업무 수평 문화

업무 평가 방법

재택근무를 성공하기 위해서는 일한 내용에 대한 보고체계와 평가체계가 마련되어야 합니다. 이는 단순하게 문서로 작성하는 주간 보고가 아니고 숫자나 정량 평가가 가능해야 합니다. 또한 이 평가 방법에 대해서 구성원 모두가 동의할 수 있어야 합니다. 개인별 평가에만 치중해서도 안됩니다. 개인의 위기는 조직이나 회사의 위기로 확대될 수 있기 때문에 공동 협업에 대한 내용도 포함되어야 합니다.

이밖에 Google의 업무시간 20% 지원룰[3]처럼 개인업무 외에 다른 업무도 포함시키는 제도를 만드는 것도 좋습니다. 내가 다른 사람에게 도움을 받고 다시 내가 다른 사람을 돕는 선순환 문화가 자리를 잡으면 재택근무를 하더라도 최상의 업무성과가 나오겠죠.

재택근무 방향

재택근무는 단순히 업무 장소만 변하는 것이 아니라 회사에서 불필요하게 낭비된 시간을 줄이는 방향으로 나가야 합니다. 업무 효율이 떨어지거나 시간을 낭비하는 업무 태도 등을 분석해보고, 과감하게 줄이거나 없애야 합니다. 예를 들면 같은 회의 내용을 여러 번 발표하기보단, 회의 전에 자료를 배포해서 중요한 내용만 협의하는 방식으로 바꿀 수 있죠. 또, 업무 중심으로 필요 인원만 모인 대화방을 개설해 능률적인 소통을 할 수 있습니다. 이로써 불필요한 소통으로 낭비되는 시간을 줄일 수 있는 것이죠.

또한 동기(sync) 방식과 비동기 방식 중 업무에 적합한 방식을 선택해 일해야 합니다. 동기 방식은 순차적으로 업무를 진행하는 방식으로, 업무 진행 속도가 느립니다. 질문을 하고 대답을 받아야 대화가 종료되는 방식입니다. 반면 비동기 방식은 능동적으로 업무를 진행할 수 있어 재택근무를 할 시 처리 속도가 빠르고 편합니다. 물론 경우에 따라서는 동기 방식의 업무가 빠를 수도 있습니다. 바로 확인해야 하는 정보는 동기화 방식이 적합합니다.

재택근무는 우리가 아직 경험해보지 못한 신세계입니다. 정해진 방향보다는 업무의 본질을 이해하고, 회사나 조직마다 충실할 수 있는 다양한 방법을 적용해보며 생산성을 높일 수 있는 방법을 찾는 것이 중요합니다.

---

3 구글의 조직문화 중에는 20% 업무 제도가 있다. 직원의 창의성을 도출하기 위한 제도로, 업무 시간의 20%는 업무와 관련된 개인의 관심사에 시간을 투자할 수 있다.

이 책의 구성

이 책은 총 5부로 구성됩니다.

PART 1. 재택근무의 시작

재택근무를 시작할 때 필요한 업무 환경을 구성하는 방법과 다양한 Google G Suite 버전의 특징 등 기본적인 내용들을 설명합니다. 특히 브라우저 로그인 부분은 클라우드 이용의 핵심이 되기 때문에 꼭 확인해보시기 바랍니다.

PART 2. 새로운 업무환경의 이해

G Suite를 사용하기 위한 기본적인 디지털 개념을 이해하고 스마트워크의 개념과 다양한 협업 방법을 알아봅니다.

PART 3. 재택근무, 새로운 업무 방법

재택근무로 변경해야 하는 다양한 업무 방식을 알고 세부적인 구성 방법을 하나씩 살펴보도록 하겠습니다.

PART 4. G Suite

G Suite의 18가지 서비스를 소개하고 개념과 접근방법 등을 설명합니다. 빠르게 변화하는 클라우드 서비스의 특징상 세부적인 사용법보다는 G Suite 각 서비스의 개념과 접근 방법, 활용법 등에 대한 설명에 집중했습니다.

각 챕터의 서비스는 개념과 특징, 주요 기능, 서비스를 시작하고 사용하는 방법, 재택근무에 활용하는 방법 순으로 체계적으로 이용할 수 있도록 작성하였고, 체크리스트를 통하여 기능을 얼마나 이해하는지 확인할 수 있도록 제공합니다. 또한 초급, 중급, 고급 수준으로 나눠 사용할 수 있는 기능을 작성하였습니다. 각 기능을 표시하여 여러분의 G Suite 사용 수준은 어떠한지, 어떤 기능을 더 사용할 수 있는지 확인할 수 있습니다. 이해가 안되는 부분이 있다면 저자에게 문의해주세요. YouTube '조코디의 스마트워크'에 영상으로 올려서 제공하겠습니다.

PART 5. 다양한 클라우드 서비스 – 업무 환경에 따라 골라 쓰는 협업 솔루션

1인, 2~5인, 6인~20인, 중소기업, 대기업에서 G Suite와 클라우드 서비스를 이용하여 업무 환경을 구성하는 방법(변화관리, 서비스 접근법)을 다루고, 많이 사용하는 클라우드 서비스 3종(Slack, Trello, Notion)에 대해서 설명합니다. 또한 Docswave라는 워크플로우 결재서비스와 Google의 재택근무 방식인 Home for Work를 소개합니다.

이 책의 이용 방법

이 책은 단순히 G Suite를 비롯하여 여러 가지 클라우드 서비스의 사용 방법을 알려주는 매뉴얼은 아닙니다. 따라서 이 책은 G Suite의 세부적인 사용법보다는 개념과 접근 방법을 습득하는 방향으로 접근하시는 것이 좋습니다. 기존에도 G Suite 매뉴얼을 작성하려고 시도는 했지만, 너무 자주 빠르게 바뀌는 서비스 UI, 기능, 정책 때문에 포기했습니다. 책을 만들고 출판할 때쯤 되면 UI, 기능 등이 변경되어서 책으로서의 역할을 하지 못할거라 판단을 했습니다. 그 대신 책에 담지 못한 정보는 온라인으로 업데이트를 진행하면서 공개를 하고 책을 통해서 기능의 개념과 업무에 적용하는 방법 등 변하지 않는 내용을 작성해서 전달하고자 합니다.

이 책에는 간혹 '도서 참고 페이지'라는 말이 등장합니다. 이것은 저자가 이 책의 내용에 보완하거나 곁들여 참고할 정보를 제공하는 페이지입니다. 도서 참고 페이지의 주소는 다음과 같습니다.

https://bit.ly/jocody

독자 여러분의 업무 능력과 디지털 역량은 모두 다르기 때문에 역량에 따라서 이 책의 이용 방법과 접근 방법이 달라야 합니다. 다음 표를 참고하여 자신의 역량을 확인해보고 그에 따라 이 책을 활용하시기 바랍니다.

▶ 업무 능력 및 G Suite 사용 능력에 따른 접근 방법

G Suite 사용 능력 \ 업무 능력	높음	중간	낮음
고수	재택근무 업무 방법을 확인	재택근무 시 적용할 수 있는 내용을 중심으로 확인	재택근무 프로세스를 이해하고 자신의 업무와 비교
중수	G Suite 서비스를 확인	G Suite와 재택근무의 개념에 대해서 이해하고 필요한 서비스를 정의	재택근무와 회사 업무의 차이점을 이해하고 재택근무에서 사용할 수 있는 서비스를 확인
하수	G Suite 서비스를 실습해 보고 모르는 부분은 따라하기	필요한 업무 부분에 대해서 읽고 G Suite 서비스 사용을 연습	책을 처음부터 읽고 G Suite 본질에 대해서 이해하려고 노력

참고사항

클라우드 서비스는 직접 사용해야 본인 것이 되고 업무에 활용할 수 있습니다. PART 4의 18가지 서비스의 체크리스트를 확인해서 G Suite에는 어떤 기능이 있고 어떻게 사용하는지 꼭 확인하시기 바랍니다. 체크리스트의 항목에서 이해가 안되거나 설명이 필요한 내용은 '도서 참고 페이지'에 게시해서 안내하겠습니다.

YouTube 채널이나 도서 참고 페이지를 통해 수정 및 업데이트에 관한 소식을 확인하고 소통할 수 있습니다. 앞으로 G Suite의 기초 과정 등 다양한 학습 과정을 준비할 예정입니다. 특히 G Suite를 처음 시작하는 분들이라면 도움이 많이 될 겁니다. 이외에도 필요한 내용이 있을 경우에는 저자에게 알려주시면 해당 내용을 작성해서 전달 드리겠습니다.

✎ CONTENTS

서론 • 3

PART 1 재택근무의 시작 • 18

CHAPTER 01 디지털 도구 준비   21

CHAPTER 02 Google G Suite 소개   23

CHAPTER 03 업무 환경 구성   26

3.1 도메인 가입하기 26
3.2 G Suite 가입하기 27
3.3 무료 평가판 신청하기 28
3.4 크롬 브라우저 설치하기 33
3.5 브라우저 로그인 35
3.6 스마트폰 계정 등록하기 37

CHAPTER 04 업무 환경 점검   40

CHAPTER 05 윈도우, 크롬 브라우저에서 자주 사용하는 단축키   41

PART 2 새로운 업무 환경의 이해 • 42

CHAPTER 00 재택근무자가 반드시 알아야 할 업무 환경   45

0.1 클라우드 ID 45
0.2 소셜(Social) 로그인 46
0.3 클라우드 콘텐츠 47
0.4 디지털 리터러시(Digital Literacy) 49

0.5 스마트워크 개념 50

CHAPTER 01 G Suite 설치형 제품   54

1.1 Drive File Stream 54
1.2 Chat 60

CHAPTER 02 Google 문서로 콘텐츠 만들기   61

2.1 콘텐츠 기획 61
2.2 콘텐츠 작성 62
2.3 콘텐츠 유통, 전달 63
2.4 콘텐츠 보관 64
2.5 콘텐츠 결재 및 관리 65

CHAPTER 03 다른 사람과 협업하는 방법   66

3.1 Google G Suite에서 협업하는 방법 68
3.2 다양한 협업 방법 70

CHAPTER 04 직무/직군별 재택근무 방법   72

4.1 개발자형 72
4.2 관리자형 73
4.3 콜센터/지원부서 74

CHAPTER 05 외부에서 회사 시스템에 접속하는 방법   75

5.1 SSL VPN 76
5.2 원격제어/관리 시스템 76
5.3 VDI(Virtual Desktop Infrastructure) 77

CHAPTER 06 디지털 보안   78

6.1 시크릿 브라우저 (보안) 78
6.2 패스워드 관리 79
6.3 랜섬웨어 80
6.4 크리덴셜 스터핑(Credential Stuffing) 81
6.5 소셜로그인을 통한 회원가입 83

PART 3
재택근무, 새로운 업무 방법 · 84

CHAPTER 00	재택근무의 업무 방식	87

0.1 재택근무 소통 방법 87
0.2 문서 및 콘텐츠 저장 · 보관 방법 88
0.3 보고 방법 89
0.4 문서 작성 및 협업 방법 89

CHAPTER 01	업무에 따른 협업 서비스	92

CHAPTER 02	커뮤니케이션 채널 구성	95

2.1 채팅 95
2.2 비디오 컨퍼런스 96
2.3 이메일 97
2.4 게시판 97

CHAPTER 03	효율적인 영상 회의	98

3.1 회의 준비 99
3.2 참석자 초대 99
3.3 자료 작성 100
3.4 회의 진행 100
3.5 회의록 작성, 전달 102

CHAPTER 04	문서중앙화 시스템	103

CHAPTER 05	대시보드	105

5.1 데이디 입력 105
5.2 데이터 처리 106
5.3 데이터 조회 106
5.4 대시보드 만들기 107

CHAPTER 06	재택근무 관리 기능	109

6.1 개인 Gmail 접속 기록 확인 (개인별) 109
6.2 관리자 접속 디바이스 관리 (관리자) 110
6.3 관리자 보안센터 (관리자) 111
6.4 2단계 인증 확인 (관리자) 111
6.5 비밀번호 길이 강제 설정 (관리자) 112

6.6 기타 보안 설정 113

CHAPTER 07 변화관리   114

7.1 변화관리 효과 114
7.2 변화관리의 유형 115
7.3 변화관리 프로그램 115
7.4 Google 변화관리 시간표 116
7.5 회사 내 변화관리 프로그램 구축 116
7.6 조코디의 변화관리 프로그램 117

PART 4   G Suite 소개 및 설명 · 118

CHAPTER 00 G Suite 소개   121

0.1 G Suite란? 121
0.2 G Suite 종류 122
0.3 G Suite 학습센터 122
0.4 G Suite 서비스 종류 123
0.5 G Suite 앱 소개 125

CHAPTER 01 Gmail   139

1.1 Gmail 개요 139
1.2 Gmail 시작하기 148
1.3 Gmail 기능 소개 149
1.4 재택근무 활용 방법 157
1.5 사용 능력 체크리스트 158

CHAPTER 02 Google 주소록   160

2.1 Google 주소록 개요 160
2.2 Google 주소록 시작하기 164
2.3 Google 주소록 기능 소개 166
2.4 재택근무 활용 방법 169
2.5 사용 능력 체크리스트 172

CHAPTER 03 Google 드라이브   173

3.1 Google 드라이브 개요 173
3.2 Google 드라이브 시작하기 180
3.3 Google 드라이브 기능 소개 185

3.4 재택근무 활용 방법 188
3.5 사용 능력 체크리스트 194

CHAPTER 04   Google 캘린더   195

4.1 Google 캘린더 개요 195
4.2 Google 캘린더 시작하기 201
4.3 Google 캘린더 기능 소개 204
4.4 재택근무 활용 방법 210
4.5 사용 능력 체크리스트 213

CHAPTER 05   Google 문서   215

5.1 Google 문서 개요 215
5.2 Google 문서 시작하기 219
5.3 Google 문서 기능 소개 223
5.4 재택근무 활용 방법 227
5.5 사용 능력 체크리스트 229

CHAPTER 06   Google 스프레드시트   230

6.1 Google 스프레드시트 개요 230
6.2 Google 스프레드시트 시작하기 233
6.3 Google 스프레드시트 기능 소개 235
6.4 재택근무 활용 방법 240
6.5 사용 능력 체크리스트 248
6.6 참고 내용 248

CHAPTER 07   Google 프레젠테이션   249

7.1 Google 프레젠테이션 개요 249
7.2 Google 프레젠테이션 시작하기 252
7.3 Google 프레젠테이션 기능 소개 255
7.4 재택근무 활용 방법 261
7.5 사용 능력 체크리스트 266

CHAPTER 08   Google 설문지   267

8.1 Google 설문지 개요 267
8.2 Google 설문지 시작하기 270
8.3 Google 설문지 기능 소개 272
8.4 재택근무 활용 방법 279
8.5 사용 능력 체크리스트 281

CHAPTER 09   Google 사이트 도구   282

9.1 Google 사이트 도구 개요 282

9.2 Google 사이트 도구 시작하기 286
9.3 Google 사이트 도구 기능 소개 294
9.4 재택근무 활용 방법 301
9.5 사용 능력 체크리스트 303

CHAPTER 10 Google Hangouts   **304**

CHAPTER 11 Google Meet   **305**

11.1 Google Meet 개요 305
11.2 Google Meet 시작하기 309
11.3 Google Meet 기능 소개 311
11.4 재택근무 활용 방법 318
11.5 사용 능력 체크리스트 319

CHAPTER 12 Google Chat   **320**

12.1 Google Chat 개요 320
12.2 Google Chat 시작하기 323
12.3 Google Chat 기능 소개 324
12.4 재택근무 활용 방법 327
12.5 사용 능력 체크리스트 329
12.6 참고 내용 330

CHAPTER 13 Google Keep   **331**

13.1 Google Keep 개요 331
13.2 Google Keep 시작하기 335
13.3 Google Keep 기능 소개 336
13.4 재택근무 활용 방법 337
13.5 사용 능력 체크리스트 338

CHAPTER 14 Google Groups   **339**

14.1 Google Groups 개요 339
14.2 Google Groups 시작하기 343
14.3 Google Groups 기능 소개 345
14.4 재택근무 활용 방법 352
14.5 사용 능력 체크리스트 355

CHAPTER 15 Google Classroom   **356**

15.1 Google Classroom 개요 356
15.2 Google Classroom 시작하기 361
15.3 Google Classroom 기능 소개 363
15.4 재택근무 활용 방법 368

15.5 사용 능력 체크리스트 369

CHAPTER 16   Google Currents   370

16.1 Google Currents 개요 370
16.2 Google Currents 시작하기 373
16.3 Google Currents 기능 소개 374
16.4 재택근무 활용 방법 379
16.5 사용 능력 체크리스트 379

CHAPTER 17   Google Tasks   380

17.1 Google Tasks 개요 380
17.2 Google Tasks 시작하기 383
17.3 Google Tasks 기능 소개 384
17.4 재택근무 활용 방법 385
17.5 사용 능력 체크리스트 386
17.6 참고 내용 387

CHAPTER 18   Google Cloud Search   388

18.1 Google Cloud Search 개요 388
18.2 Google Cloud Search 시작하기 390
18.3 Google Cloud Search 기능 소개 392
18.4 재택근무 활용 방법 393
18.5 사용 능력 체크리스트 394
18.6 참고 내용 395

PART 5   다양한 클라우드 서비스 - 업무 환경에 따라 골라 쓰는 협업 솔루션 · 396

CHAPTER 00   G Suite Reference Model   399

0.1 1인 회사 399
0.2 2~5인 회사 401
0.3 6~20인 회사 402
0.4 중소기업 404
0.5 대기업 405

CHAPTER 01   Slack – 팀과의 협업을 위한 단일 플랫폼   407

1.1 Slack이란? 407
1.2 Slack 시작하기 409

1.3 Slack 사용하기 424
1.4 Slack에 App 추가하기 443

CHAPTER 02 Trello – 협업을 통한 프로젝트/작업 관리   449

2.1 Trello란? 449
2.2 Trello 시작하기 451
2.3 Trello 사용하기 458

CHAPTER 03 Notion – 노트, 작업, Wiki 및 데이터베이스를 위한 통합 작업 공간   470

3.1 Notion이란? 470
3.2 Notion 시작하기 473
3.3 Notion 사용하기 479
3.4 공동 작업하기 491

CHAPTER 04 Docswave   496

4.1 Docswave의 주요 기능 497
4.2 전자문서결재(Workflow) 기능 500
4.3 클라우드 문서 중앙화 기능 500
4.4 데이터 관리 기능 501
4.5 사용자 사용 방법 501
4.6 재택근무 활용 방법 507
4.7 무료로 시작하는 클라우드웨어 512

CHAPTER 05 Google의 재택근무(Home for Work)   513

5.1 업무 통합 환경 514
5.2 Google이 제시하는 재택근무 아이디어 514
5.3 새로운 통합 환경 515

맺음말 · 518

G Suite

+

Remote Work

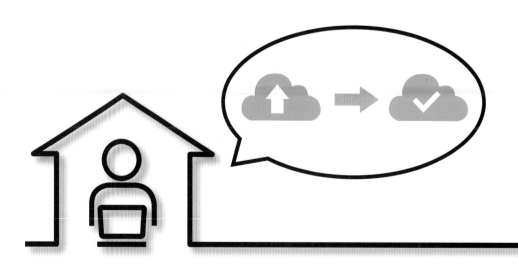

PART 1
재택근무의 시작

Q CHAPTER   × ▼

Q CHAPTER

📄 CHAPTER 01   디지털 도구 준비

📄 CHAPTER 02   Google G Suite 소개

📄 CHAPTER 03   업무 환경 구성

📄 CHAPTER 04   업무 환경 점검

📄 CHAPTER 05   윈도우, 크롬 브라우저에서 자주 사용하는 단축키

CHAPTER. 01
디지털 도구 준비

☆ ⮕ ☁

Google G Suite는 클라우드 환경(Cloud Computing)에서 동작하는 협업 도구(Collaboration Tool)입니다. 인터넷 서비스는 많이 들어봤을텐데, G Suite는 인터넷 환경의 클라우드에서 실행되는 서비스입니다. 클라우드는 인터넷의 진화한 형태로, 인터넷과 같이 정보를 전달할 수 있는 네트워크, 실행할 수 있는 업무 환경, 그리고 작성하거나 업로드한 정보를 저장할 수 있는 환경을 모두 포함합니다. 아마존의 AWS, MS의 Azure, Google의 GCP[1]등이 대표적입니다. 스마트폰을 비롯하여 다양한 디바이스 장치를 이용하여 때와 장소에 상관없이 어디서나 정보를 이용할 수 있고, 스마트폰으로도 나의 모든 정보와 문서를 액세스할 수 있습니다. 예전처럼 급하게 사무실에 있는 내 PC에 저장된 문서를 확인하기 위해서 사무실에 전화를 걸어서 직원에게 친절하게 내 PC의 비밀번호를 알려주고 문서를 확인해달라고 할 필요가 없습니다. 가지고 있는 스마트폰으로 클라우드에 저장되어 있는 나의 문서를 조회하고 내용을 전달하면 됩니다.

도구를 이용하는 목적은 목표하는 일을 빠르고 정확하게, 그리고 효율적으로 끝내기 위해서 입니다. 누가 더 좋은 도구를 가지고 정확하게 사용할 줄 아냐에 따라서 업무 생산성에 차이가 생깁니다. 회사에서 생산성이 높다는 것은 많은 업무를 빠르게 끝내고 집에 정시에 가는 것을 의미하고, 회사에서는 다른 회사보다 목표한 프로젝트를 더 빠르게 끝내서 고객에게 신제품을 먼저 출시해서 시장에서 유리한 위치를 차지한다는 의미입니다. 반대로 생산성이 낮다는 의미는 같은 일을 하더라도 더 많은 리소스가 투입되고 일정이 지연되며, 많은 오류를 가지고 시장에 출시된다는 것을 의미합니다.

▲ 미국의 터널 노동자 존헨리
(출처: https://www.nps.gov/neri/planyourvisit/the-legend-of-john-henry-talcott-wv.htm)

---

1 GCP: Google Cloud Platform

19세기 산업혁명 시대, 미국에서 망치질 하나에는 자신이 있던 존 헨리(John Henry)는 새로운 터널을 뚫는 기계와 망치질 시합을 했습니다. 그 결과 시합에서는 이겼지만, 반나절간 쉼 없는 망치질로 인하여 심장에 과부하가 걸려서 세상과 작별합니다. 지금이야 왜 그런 무모한 도전을 했을까 생각이 들지만, 그 당시에는 새로 밀려오는 산업혁명 기계에 인간의 힘으로 대항하기 위한 상징적인 처절한 싸움이었습니다. 지금도 빠른 타이핑 실력을 가진 사람이 일을 잘 하는 사람이라고 생각하는 직장인은 없으리라 생각하지만, 존 헨리처럼 자동화 도구를 사용하지 않고 손으로 눈으로 불필요한 노력을 낭비하고 있지는 않은지 한번은 되돌아봐야 할 것입니다. 수많은 이메일을 보내고 회의 시간을 결정하기 하기 위해서 많은 전화를 하고, 문서 버전을 비교하려고 밤 늦게 퇴근하지 못하는 모습에서 존의 모습이 보이기도 합니다.

AI가 점점 많은 우리의 영역을 차지하고 있는데 아직도 우리는 인간의 인지 능력을 자랑스러워하면서 이런 경쟁을 하고 있지 않나 주위를 살펴야 합니다. 달리는 말이 있으면 경쟁하는 것보다는 달리는 말에 올라타서 경쟁에서 이겨야 합니다.

이 책에 담지 못한 G Suite의 기본 사용법이나 서비스 업데이트 등의 정보는 '도서 참고 페이지'에 등록할 예정입니다. 책을 보다 궁금하거나 잘 모르는 내용이 있다면 언제든지 페이지를 참고하시고, 다음의 메일로 문의해주세요.

도서 참고 페이지 주소: https://bit.ly/jocody
문의 메일: qna@cloudservicecody.com

CHAPTER. 02

Google G Suite 소개

Google의 G Suite 서비스는 Google에서 제공하는 서비스는 생산성 향상 및 협업을 위한 소프트웨어 도구, 소프트웨어 모음입니다. 과거에는 App의 모음이라는 개념으로 Google Apps로도 불렸습니다. 하지만 이제는 문제를 해결한다는 개념에서 Suite라는 용어를 사용해서 Google G Suite라 호칭합니다. G Suite에는 Gmail, Drive, Meet/Chat, Google Calendar, Google 문서 도구 등 Google의 인기 있는 웹 애플리케이션이 모두 포함되어 있습니다. G Suite는 클라우드 컴퓨팅 솔루션으로 Google의 안전한 데이터 센터에 고객 정보를 호스팅합니다. 개인은 G Suite라는 용어 대신에 gmail.com의 도메인을 이용하여 Google 계정을 제공하고 15G의 무료 스토리지(storage)와 다양한 서비스를 제공합니다.

전 세계 6백만 개 이상의 기관/단체가 G Suite를 사용하고 있으며, 포춘 500 선정 기업의 60% 이상이 사용하고 있습니다.

▲ G Suite 다양한 서비스

G Suite는 종류별로 가격과 제공 용량, 기능에 차이가 있습니다. 교육용으로 제공하는 G Suite for Education은 G Suite for Business 버전으로 무료로 무제한 용량을 제공합니다. 비영리재단에 무료로 제공하는 G Suite for Nonprofit은 Basic 버전입니다.

구분	설명	가격(월)
G Suite Basic	30GB의 저장용량이 제공되는 업무용 오피스 제품군	6$
G Suite Business	무제한 저장용량 및 보관처리가 제공되는 향상된 오피스 제품군	12$
G Suite Enterprise	고급 제어 및 기능이 제공되는 프리미엄 오피스 제품군	25$
G Suite for Education	• 초·중·고, 대학교, 특수학교 등 학교 기관에서 사용할 수 있는 G Suite Business 버전 • 보안을 강화한 G Suite Enterprise for Education 버전은 유료 판매	무료
G Suite for NonProfits	비영리단체 사용 버전 (30G, G Suite Basic 버전)	무료
G Suite Drive Enterprise	• Gmail은 사용하지 않고 Drive만 사용하는 기업용 버전 • USD $8 per active user, per month, plus $0.04 per GB	문의
G Suite Essentials	영상회의 Meet와 Drive Storage 100G 제공	문의

※ 가격은 사용자당 매월 부과됨

조코디의 YouTube 강좌

G Suite 소개 동영상
▶ https://youtu.be/ibUQcN8WQT0

▲ G Suite 소개

스토리지만 특화해서 사용할 수 있는 Drive Enterprise와 이번 코로나19로 영상회의를 전문적으로 사용할 수 있는 G Suite Essential도 제공합니다. 환경 및 회사의 특성에 따라 원하는 버전을 선택해서 사용할 수 있습니다.

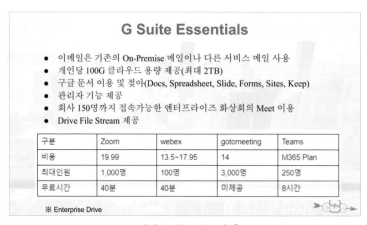

▲ G Suite Essentials 소개

G Suite를 도입하는 방법에는 2가지가 있습니다.

① **Google G Suite에서 직접 계약하는 방법**
② **리셀러(reseller)를 통해 계약하는 방법**
  * 리셀러: G Suite를 판매하는 대리점

Google 사이트에서 직접 계약을 하는 경우에는 바로 이용할 수 있는 장점이 있습니다. 반면 대리점(리셀러)을 통해 계약하는 경우에는 기술 지원이나 관련 정보를 문의 및 도움을 요청할 수 있습니다.

Google과 직접 계약	리셀러 통한 계약	개인 버전
• Google 사이트에서 가입 • Google Support 이용 • 빠른 계약 및 관리	• 대리점을 통한 계약 • 추가적인 지원 요청	• 개인 버전으로 이용 • 추가 용량 증설

개인 계정과 도메인 계정의 비교

G Suite 가입은 도메인 계정으로만 가능합니다. 도메인에 익숙하지 않은 분이면 어려울 수 있지만, 회사, 학교에서 협업을 하기 위해 사용하기 때문에 company.com, school.ac.kr 과 같은 도메인을 확보하고 등록해서 사용합니다. 개인의 경우에는 개인 도메인을 구입한 이후에 등록해서 사용할 수 있습니다. 도메인 구입은 가비아(gabia), 후이즈(WHOIS), 카페24, 한국 전자인증 등에서 구매할 수 있고, 매년 관리비를 지불해야 계속 사용할 수 있습니다. 업체마다 가격 차이가 있으니 검색해보시고 구입하시기 바랍니다. 참고로 도메인이 없어지면 Google G Suite 계정도 사용할 수 없으니 조심해야 합니다.

개인 계정은 우리 모두가 가지고 있는 id@gmail.com 으로 Google에서 소유하는 도메인으로 Google 계정입니다. 개인 계정이 소유한 문서는 모두 개인 소유입니다. 반대로 회사 계정이나 학교 계정은 각각 회사와 학교가 소유권을 가집니다. 하지만 학교의 경우에는 약간의 특수성이 있어서 개인 계정의 성격을 갖기도 합니다.

▶ 개인 계정과 회사 계정 비교

구분	개인계정(@gmail.com)	회사계정(@company.com)
사용자	개인	회사직원
용도	개인적인 일	회사의 공식적인 업무용
메일 소유자	개인	회사
신뢰도	개인의 의견 → 비공식문서	회사의 의견 → 공식문서
영구성	개인이 원할때까지 사용	퇴사시 계정 반납하여 미사용
권한	사용자간 권한 부여	전사, 팀, 그룹, 개인별로 권한
컨텐츠 사용	개인적으로 자유롭게 사용	회사내에서 문서/컨텐츠 이용
권한과 책임	개인책임	불법사용에 대한 민형사상 연대 책임
컴플라이언스	해당사항 없음	회사 컴플라이언스 적용
정책	해당사항 없음	회사 업무프로세스 적용

회사 계정을 사용할 때에는 집이나 회사에서나 회사 일만 해야 합니다. 회사 이메일 계정으로 쇼핑몰에 가입하거나 금융 업무를 하면 메일도 많아지고 공과 사 구분이 안되니, 개인 업무는 개인 계정에서 회사 업무는 회사 계정에서 사용하세요.

CHAPTER. 03
업무 환경 구성

3.1 도메인 가입하기

G Suite에 가입하기 위해서는 도메인을 먼저 구입해야 합니다. 도메인은 1) 간단하면서 2) 의미가 있고 3) 저렴한 것으로 하면 좋습니다. 가비아를 통해서 가입하는 방법에 대해서 알아보겠습니다. 가비아 외에도 후이즈, 카페24, 한국전자인증 등에서 구입할 수 있으니 원하는 도메인을 검색해보시기 바랍니다.

▲ 가비아 도메인 검색 화면

가비아 도메인(domain.gabia.com)에서 원하는 도메인을 검색하면 다양한 가격을 확인할 수 있습니다. 이 가격은 1년 단위로 갱신하는 금액입니다. 사람들이 잘 알고 있는 유명한 도메인 주소인 .com, .co.kr, .io 는 상대적으로 고가입니다. 가비아와 카페24에서 'jocody'를 검색해 등록 가능한 도메인을 비교해 보세요.

▲ 'jocody' 도메인 검색 결과 (가비아)

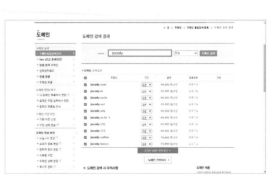

▲ 'jocody' 도메인 검색결과 (카페24)

구입한 도메인으로 이메일, 홈페이지 주소 등 다양하게 이용할 수 있습니다. 이 책에서는 G Suite 가입을 위하여 'digitalcompany.shop'이라는 도메인을 구입했습니다.

▲ 가비아에서 도메인 등록 확인

3.2 G Suite 가입하기

G Suite는 Google 서비스를 개인 계정이 아닌 회사나 학교 도메인으로 구성된 계정으로 이용하는 서비스입니다. 구매한 도메인으로 가입하는 방법에 대해서 소개합니다.

● **가입 사이트**: https://gsuite.google.com/

▲ G Suite 가입하기

3.3 무료 평가판 신청하기

개인이 도메인을 구입한 후 직접 신청하는 경우에는 다음과 같이 신청 절차를 따라 가입합니다. 최초 가입 시에는 14일 무료 체험판이 제공받을 수 있습니다. 14일 동안 테스트를 거쳐서 가입할 수도 있지만 제약 조건이 있으니 사용 목적에 따라 선택하시기 바랍니다. 여러 명이 가입할 경우에는 리셀러를 통하여 가입하는 것을 추천 드립니다.

무료 평가판 가입하기

G Suite 가입 사이트(https://gsuite.google.co.kr/)에 접속하여 페이지 중앙의 [무료 평가판 시작]을 클릭합니다. 그 후 업체 이름, 직원 수, 국가 항목을 작성하고 다음으로 넘어가 연락처를 입력합니다.

▲ 무료 평가판 가입하기 – 시작하기

▲ 무료 평가판 가입하기 – 연락처 정보 입력

구입한 도메인을 이용하여 가입합니다. 구글에서 무료 도메인도 제공하니 도메인 계정이 없을 경우에는 참고하세요.

▲ 무료 평가판 가입하기 – 도메인 사용 선택

▲ 무료 평가판 가입하기 – 도메인 입력

▲ 무료 평가판 가입하기 - 도메인 확인

로그인할 계정과 패스워드를 등록하여 G Suite 계정 생성을 마칩니다.

▲ 무료 평가판 가입하기 - 로그인 계정과 패스워드 등록

▲ 무료 평가판 가입하기 - 계정 생성 확인

G Suite 계정에 사용자 추가하기

계정이 생성되었음을 확인한 후 G Suite계정에 사용자를 추가합니다.

▲ G Suite 계정 사용자 추가

추가된 사용자가 기존에 사용하던 메일 주소를 입력하여 로그인할 수 있도록 안내합니다. 새롭게 추가된 도메인 계정(이 책에서는 digitalcompany.shop)에서 이메일을 사용할 수 있도록 세팅합니다. 도메인 확인 및 이메일 설정은 여러 가지 방법이 있지만, 여기서는 MX 레코드 저장 방법을 사용하겠습니다.

다음 그림은 가입했던 가비아에서 MX 레코드를 등록해서 인증하는 방법입니다.

▲ 도메인 확인 및 이메일 설정

도메인 소유 확인을 MX 레코드 입력과 함께 등록합니다.

MX 레코드는 우리가 등록하는 도메인 계정(digitalcompany.shop)으로 수신되는 메일을 Google Gmail에서 사용하겠다고 외부에 알리는 내용입니다.

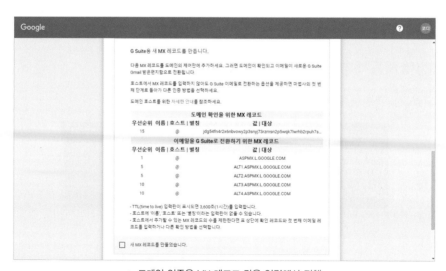

▲ 도메인 인증을 MX 레코드 값을 입력해서 진행

[G Suite 레코드 추가]를 이용해 가비아에서 구매한 도메인의 MX 레코드를 다음과 같이 추가합니다.

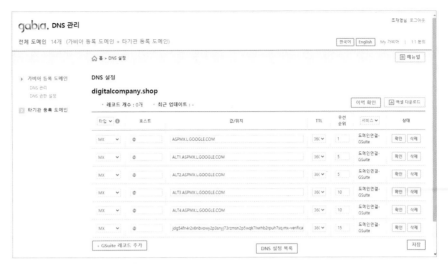

▲ 구매한 도메인의 MX 레코드 추가

도메인의 소유권을 확인한 후 [도메일 확인 및 이메일 설정]을 클릭해 이메일을 설정합니다.

▲ 도메인 확인 및 이메일 설정

무료 평가판은 15일 동안 테스트를 진행할 수 있고, 최대 10명까지 추가할 수 있습니다. 테스트 과정이 끝나면 사용할 G Suite 버전을 선택합니다. 사용 목적과 예산에 따라 G Suite 버전을 선택하세요.

▶ G Suite의 버전 구분

구분	목적
Basic	• 도메인을 이용한 기본 서비스를 이용한 협업 및 소통 • 1인당 30GB 사용 → 추가 스토리지 구입 가능 • 소통과 협업이 많지 않고 기본적인 사용만 원할 때 • Google Meet 100명 동시 참여
Business	• 5인 이상 무제한 공간 • Google Cloud Search를 이용한 나만의 검색 환경 구성 • 디바이스(스마트폰, PC) 엔드포인트(Endpoint) 관리 • Email E discovery 기능 제공 • Google Meet 150명 동시 참여
Enterprise	• 보안 관련 강화된 다양한 기능 제공 • 이메일 S/MIME 제공 • DLP(Data Loss Prevention) 제공 • BigQuery Gmail 로그 분석 • 강화된 보안센터 제공 • Cloud ID Premium 기능 제공 • Google Meet 녹화 기능 제공 • Google Meet 250명 동시 참여

※ 단, 2020년 9월 30일까지는 모든 버전에서 Meet 녹화 기능을 제공하며 250명 동시 참여 가능

버전별로 제공하는 기능을 좀 더 상세히 알고 싶다면 다음 그림을 참조하세요.

▲ G Suite 버전별 제공 기능 비교
(출처: https://gsuite.google.co.kr/pricing.html)

3.4 크롬 브라우저 설치하기

크롬 브라우저는 크로미움(chromium)이라는 오픈 프로젝트에서 출발하여 Google에서 크롬 브라우저를 만들었습니다. 참고로 크로미움을 바탕으로 개발된 브라우저는 크롬을 비롯하여 MS의 엣지(Edge), 오페라, 네이버 웨일(Whale), 삼성 브라우저 등 다양합니다. Microsoft도 기존 IE 브라우저 대신에 크로미움 기반의 엣지(Edge)를 공식 브라우저로 사용하고 있고, 기존에 사용하던 Internet Explorer(IE)는 사용하지 말라고 권고하고 있습니다(IE 브라우저는 2020년 1월에 지원이 종료되었습니다).

크롬 브라우저는 무료이고 인터넷 검색을 통하여 쉽게 검색해서 다양한 디바이스 및 PC에서 설치할 수 있습니다. 설치 후에는 주기적으로 버전을 확인해서 버전업을 진행하세요.

TIP 🖊 **크롬 브라우저의 홈페이지 및 버전 확인**

크롬 브라우저의 홈페이지와 버전을 확인하는 방법은 다음과 같습니다.

- **크롬 브라우저 홈페이지**: https://www.google.com/intl/ko/chrome/
- **버전 확인 방법**: Chrome 맞춤설정 및 제어(⋮) > 도움말 > Chrome 정보

전 세계적으로 크롬 브라우저를 많이 사용하고 있는데 우리나라는 IE(Internet Explorer) 브라우저에 특화된 Active X 설치 등의 이유로 IE 브라우저 점유율이 높습니다. 안전하고 빠른 사용 환경을 위하여 크롬 브라우저를 사용해야 합니다.

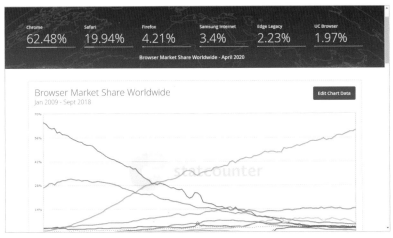

▲ Google 검색 브라우저 사용량
(출처: statcounter)

크롬 브라우저와 IE 브라우저 비교가 이제는 의미가 없지만, 크롬의 특징을 살펴보기 위하여 비교를 하면 사용적인 측면에서 차이가 있습니다.

▶ 크롬 브라우저와 IE 브라우저의 특징 비교

구분　　　　　　브라우저	MS IE	Google Chrome
파일 뷰어	일부 지원	MS 파일 및 PDF 조회
동영상	미지원	동영상 플레이
멀티 계정	미지원	브라우저 로그인 방식으로 다수의 계정 등록
비밀번호 관리	미지원	비밀번호 생성 및 저장관리
작업 저장	미지원	최근 작업한 페이지, 탭 저장
시크릿 브라우저	Inprivate 브라우저	지원
속도	느림	빠름

크롬 브라우저의 기능을 좀 더 알고 싶다면 다음 그림을 참조하세요(이 내용은 크롬 브라우저 홈페이지에 접속하여 바로 확인할 수 있습니다).

▲ Chrome 브라우저의 특징

3.5 브라우저 로그인

미국의 최대 쇼핑몰인 아마존은 인터넷 쇼핑 서비스를 위하여 인프라에 많은 투자를 했습니다. 일년 매출의 20%가 블랙 프라이데이에 집중하다 보니 판매자 입장에서는 11월 넷째 금요일에 접속이 안되서 구매를 하지 못하는 경우가 없는 안정적인 서비스를 위해서 IT분야에 많은 투자를 했습니다. 그런데 문제는 평소에는 그 많은 서버 및 네트워크 시설이 필요가 없다는 것입니다. 그래서 서버 개념이 아닌 커다란 클라우드라는 가상의 환경을 구성하고 평소에 쓰지 않아 남는 리소스(서버, CPU, 저장공간, 네트워크 등)를 일정 비용의 임대비용을 받고 빌려주기 시작했습니다. 이것이 우리가 최근에 많이 사용하는 Cloud 기술의 시작입니다.

Cloud 환경에 사용하는 자료와 데이터를 저장하고 브라우저만으로 클라우드에서 필요한 서비스를 사용하기 위해서는 보안이 중요합니다. 이 보안의 문제는 소유권의 개념을 이용하여 저장하고 동작했습니다. 리눅스를 사용해보신 분이라면 쉽게 이해를 할 수 있을 겁니다. 간단하게 설명하면 클라우드에 저장되는 모든 콘텐츠의 소유자를 지정하고 소유자만이 해당 콘텐츠를 작성, 이용할 수 있는 권한을 부여하는 방법입니다. 심지어 클라우드 관리자도 개인의 콘텐츠에는 접근을 하지 못하도록 강력한 컴플라이언스(Compliance)로 관리하고 있습니다.

소유권이 중요한데 여러 개의 클라우드 ID[2]를 사용하다 보면 자신이 사용하는 클라우드 ID 관리가 안되어서 내 문서인데도 열리지 않는 경우도 발생하고 관리하기 어렵습니다. 여러 개의 크롬 브라우저에서 사용할 수 있는 편리한 기능 중에 가장 좋은 기능은 브라우저 로그인 기능입니다. 우리가 기존에는 브라우저를 하나 열어서 인터넷 서비스에 로그인합니다. 다른 인터넷 서비스가 필요하면 다시 탭을 열어서 로그인하는 방법으로 사용하지만, 브라우저 로그인은 먼저 브라우저에 해당 계정으로 로그인하고 이후에 로그인된 브라우저로 인터넷 서비스에 접속합니다. 브라우저에 로그인이 되어 있기 때문에 G Suite은 바로 로그인된 상태로 이용할 수 있고, 다른 서비스들을 해당 브라우저의 소셜 로그인 방식으로 로그인할 수 있습니다. 회사에서 사용하는 클라우드 ID로 브라우저 로그인을 하면 회사에서 하는 업무만 브라우저에서 수행합니다. 일반 개인적인 검색이나 은행 업무, 쇼핑은 회사 계정에서 하지 말고 개인 계정에서 해야 합니다. 또한 회사나 학교에서 사용하는 문서는 개인 계정이 아니라 학교나 회사 계정에서 사용해야 합니다.

개인적으로 사용하는 PC나 노트북에서는 브라우저 로그인을 이용하여 안전하게 사용하는 것을 추천 드립니다. 본인만 사용하는 PC에서만 브라우저 로그인을 사용합니다. 가정에서 사용하는 PC의 경우에는 Windows계정을 추가하여 가족별로 사용해야 합니다. 물론 비밀번호도 가족과 공유하면 안됩니다.

---

2   클라우드 환경에서 사용하는 이메일 형태의 ID

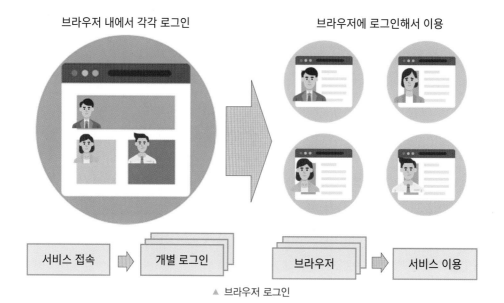

브라우저 내에서 각각 로그인   브라우저에 로그인해서 이용

서비스 접속 ▶ 개별 로그인   브라우저 ▶ 서비스 이용

▲ 브라우저 로그인

브라우저 로그인 방법은 다음과 같이 우측 상단의 계정을 선택하고 사용자 관리에서 사용자를 추가합니다.

▲ 브라우저 로그인 이용 세팅

3.6 스마트폰 계정 등록하기

스마트폰이나 패드와 같은 디바이스 기기에서는 다음과 같이 Google 계정을 등록합니다. 가장 간단한 방법은 Gmail앱을 설치하고 앱에 개인 클라우드 ID와 회사나 학교 클라우드 ID를 등록하는 방법이 가장 간단합니다.

다음 그림들을 참조하여 스마트폰에 Google 계정을 등록해보세요. 가장 쉽게 계정을 등록하는 방법은 Gmail에 계정을 추가하는 것입니다(그림은 실제 스마트폰 화면과 다소 다를 수 있습니다).

※ 이미 계정이 존재한다면 Gmail에서 '계정추가'를 선택하세요

▲ Android 기기 계정 설정 방법 1

▲ Android 기기 계정 설정 방법 2

▲ Android 기기 계정 설정 방법 3

※ 이미 계정이 존재한다면 Gmail에서 '계정추가'를 선택하세요

▲ ios 기기 계정 설정 방법 1

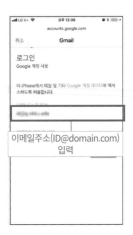

▲ ios 기기 계정 설정 방법 2

메일 앱 실행

Gmail 선택

받은 편지함의 메일 확인

▲ ios 기기 계정 설정 방법 3

CHAPTER. 04

업무 환경 점검

☆ ⤴ ☁

Google G Suite 계정을 만들고 크롬 브라우저에 브라우저 로그인 설정을 했으면 이제 기본적인 업무 환경이 준비된 셈입니다. 아침에 출근하여 컴퓨터를 켜고 바탕화면에 회사 크롬 브라우저 아이디를 클릭하면 회사로 로그인합니다(세팅 방법은 '도서 참고 페이지'를 참고하세요). 과거에는 해당 사이트에 접속해서 로그인을 했지만 이제는 바탕화면 클릭만 하면 바로 업무 환경으로 접속합니다. 다만 간편하게 로그인을 할 수 있다보니 보안이 취약할 수 있습니다. 따라서 집에서 다른 식구가 사용하지 못하도록 화면 보호기를 꼭 설정해야 합니다. 화면 보호기 단축키는 윈도우 키+ⓛ 입니다. 회사에서는 화장실을 갈 때도 화면 보호기를 동작하고 가야 합니다. 보안의 시작은 기본적인 내용을 습관처럼 하는 것입니다.

주의 ✐ **가정에서 사용하는 PC는 각자의 계정으로 로그인하세요**

컴퓨터가 한 대 밖에 없어서 가족이 함께 사용하는 경우에는 공용 계정이 아닌 각각의 계정을 사용해야 합니다. Windows에서 사용 계정을 추가하여 가족별로 Windows에 로그인해서 각각의 환경에서 사용해야 합니다. 가족이라고 공용 계정을 사용하면 불필요한 오해를 낳거나 업무를 방해할 수 있습니다.

자주 묻는 질문

질문1: 분명히 브라우저 로그인을 했는데 패스워드를 또 물어봅니다.

답변1: 계정별 세션 시간을 관리자가 설정할 수 있습니다. 이럴 때는 해킹이나 유출의 문제가 아니니 다시 한번 로그인을 하면 일정 기간 동안 사용할 수 있습니다.

질문2: 브라우저 로그인 후 북마크가 동기화 되지 않습니다.

답변2: 계정 등록 시 '동기화 사용' 설정을 하세요.

질문3: 전달받은 콘텐츠 주소(URL)을 클릭했는데, 문서가 열리지 않고 권한이 없다고 합니다.

답변3: 링크를 연 브라우저에서 사용하는 로그인을 확인하세요.

CHAPTER. 05
윈도우, 크롬 브라우저에서 자주 사용하는 단축키

눈과 마우스보단 손이 빠릅니다. 윈도우, 크롬 브라우저에서 자주 사용하는 단축키 몇 개는 꼭 암기해보세요.

- **시크릿 모드**: Ctrl + Shift + N
- **탭 열기**: Ctrl + T
- **화면 잠그기(화면 보호기)**: 윈도우 키 + L
- **브라우저 내에서 탭 이동**: Ctrl + Tab, Ctrl + 숫자
- **새 창 열기**: Ctrl + N
- **히스토리(방문기록)**: Ctrl + H
- **주소창으로 이동**: Alt + D, F6
- **북마크하기**: Ctrl + D
- **현재 탭 닫기**: Ctrl + F4, Ctrl + W

모니터를 2개 사용하시는 분들은 다음 단축키에도 도전해 보세요.

- **브라우저 창을 다른 모니터로 보내기**: 윈도우 키 + Shift + 화살표
- **모니터 반 쪽에 정렬하기**: 윈도우 키 + 화살표

응용: 화면을 우측 모니터 오른쪽으로 보내기
- 윈도우 키 + Shift + →
- 윈도우 키 + →

Win10을 사용하시는 분은 확장 데스크톱도 사용해보세요. 화면을 2배, 3배로 확장해서 사용할 수 있습니다. 물론 시스템 Ram 이 충분해야 많은 브라우저를 사용해도 문제가 없습니다.

- **추가**: 윈도우 키 + Ctrl + D
- **삭제**: 윈도우 키 + Ctrl + F4
- **작업보기**: 윈도우 키 + Tab
- **데스크톱 이동**: 윈도우 키 + Ctrl + 화살표

단축키를 사용하면 업무 속도가 빨라지고 업무 흐름이 깨지지 않아서 집중하기 좋습니다. 포스트잇에 작성해서 암기하고 사용보세요.

G Suite

+

Remote Work

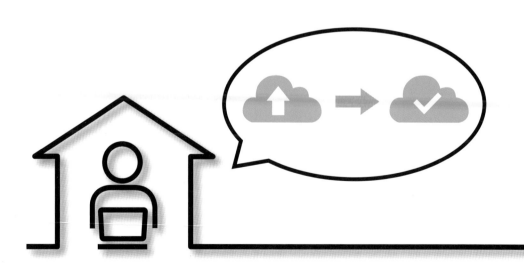

PART 2
새로운 업무 환경의 이해

🔍 CHAPTER   ✕   ▾

🔍 CHAPTER

📄 CHAPTER 00 재택근무자가 반드시 알아야 할 업무 환경

📄 CHAPTER 01 G Suite 설치형 제품

📄 CHAPTER 02 Google 문서로 콘텐츠 만들기

📄 CHAPTER 03 업무 환경 구성

📄 CHAPTER 04 직무/직군별 재택근무 방법

📄 CHAPTER 05 윈도우, 크롬 브라우저에서 많이 사용하는 단축키

📄 CHAPTER 06 디지털 보안

CHAPTER. 00

재택근무자가 반드시 알아야 할 업무 환경 ☆ ⮕ ☁

0.1 클라우드 ID

인터넷에서 사용하는 아이디는 인터넷 ID라 부르고, Google G Suite과 같은 클라우드 서비스에서 사용하는 ID는 클라우드 ID라 부릅니다. 클라우드 ID는 이메일 주소로도 사용하지만 이 책에서 언급하는 클라우드 ID는 이메일 ID보다는 콘텐츠를 저장하고 실행하는 G Suite 계정으로 이해하시기 바랍니다.

리눅스를 사용해보신 분이라면 소유권과 실행을 할 수 있는 권한을 계정별로 부여할 수 있는 것을 알고 있을 겁니다. 이런 소유 개념을 누구나 액세스해야 하는 클라우드에 적용한 것이 클라우드에서 사용하는 ID에 적용하는 방법입니다.

```
# ls -l file
-rw-r--r-- 1 root root 0 Nov 19 23:49 file
```

Other (r - -)
Group (r- -)
Owner (rw-)
File type

r = Readable
w = Writeable
x = Executable
- = Denied

▲ 리눅스의 파일 권한

클라우드 ID는 기본적으로 id와 도메인으로 구성됩니다. 도메인은 일반적인 사이트명입니다. 예를 들어서 company.com, school.ac.kr, myname.net 등 입니다.

codyjo@cloudservicecody.com
id   **Domain name**

이렇게 쓰고 보니 우리가 일반적으로 사용하는 이메일 주소와 똑같습니다. 회사에 입사하면 회사 도메인의 이메일을 받습니다. 이메일 주소도 회사에 하나만 존재하고 해당 당사자만 이용할 수 있습니다. 클라우드에 콘텐츠를 저장할 때도 이렇게 도메인을 연결하여 저장하면 소유권을 관리하기 쉽습니다. 또한 당사자가 퇴사를 하거나 졸업을 해서 콘텐츠를 사용하지 못하게 되면 해당 콘텐츠도 사용할 수 없습니다.

클라우드 상에서는 소유권이 가장 중요합니다. 클라우드 컴퓨팅에서는 소유권과 실행하는 권한이 함께 사용됩니다. G Suite는 클라우드 컴퓨팅 환경에서 동작되기 때문에 실제로는 콘텐츠와 해당 서비스의 사용을 클라우드 ID 권한으로 관리하게 됩니다.

0.2 소셜(Social) 로그인

요즘 인터넷 서비스에 가입할 때 아이디와 패스워드를 입력하는 방식 대신에 아래와 같은 형태로 다른 인터넷 서비스 로그인 정보로 가입하는 방식을 제공합니다. 이 방식을 '소셜 로그인'이라 하며 회원 가입을 하거나 로그인을 할 수 있습니다.

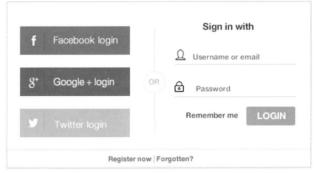

▲ 소셜 로그인 방식 화면

요즘 소셜 로그인을 이용하여 서비스하는 대표적인 사이트는 청와대 국민청원 사이트(https://www1.president.go.kr/petitions)입니다. 새로운 청원을 하거나 참여를 할 때는 개인 인증 방식으로 청와대에서 제공하는 간편 로그인을 이용합니다. 회원가입을 하여 개인 정보를 청와대에서 관리하는 방식이 아닌 페이스북, 네이버, 트위터, 카카오 등의 계정으로 로그인을 하기 때문에 청와대 국민청원 사이트는 청원하는 국민정보가 없습니다. 언급한 각각의 사이트에서 보안을 강화해서 관리하고 사용자 정보도 안전하게 관리합니다.

▲ 청와대 국민청원 사이트의 SNS 간편로그인

국민청원 사이트 외에도 많은 서비스들이 간편 로그인이라는 이름으로 회원가입 및 로그인을 쉽게 할 수 있습니다. 소셜 로그인하는 아이디만 2단계 인증으로 안전하게 관리하고 다른 사이트는 소셜 로그인을 이용하면 안전하게 아이디와 패스워드를 관리할 수 있습니다.

0.3 클라우드 콘텐츠

클라우드에 저장되는 다양한 문서와 파일은 평소에 우리가 사용하는 전자 파일 형태입니다. 이를 테면 HWP, DOC, PPT 등의 물리적인 파일을 PC에서 업로드하여 저장할 수 있습니다. 클라우드에서는 클라우드 콘텐츠라는 형태를 추가로 지원하는데 특정한 SW(예: 한글 프로그램, 어도비 리더, 동영상 재생 프로그램 등)가 없더라도 브라우저만으로 작성과 수정이 가능합니다. 스마트폰과 같은 Mobile 장비에서는 별도 앱을 추가서 설치해서 이용할 수 있습니다.

	콘텐츠	디지털 콘텐츠	클라우드 콘텐츠
종류	그림, 지도, 음악, 공연, 영화, 도서	게임, 디지털 영화, MP3 음악, 디지털 방송	구글 문서, YouTube, 업무 콘텐츠
특징	• 복사가 어려움 • 해당 장소에 가야 이용 • 원본과 사본의 구분 명확	• 복사가 간편하고 대량 생산 소비가 가능 • 전용 SW 가 필요 • PC 등 고사양 장비 필요 • 원본에 대한 확인이 어려움	• 언제 어디서나 이용 • 브라우저 기반으로 이용 • 다양한 디바이스에서 이용 • 소유권으로 관리
소비 방법	직접 소비	복사, 배포	클라우드 접속
환경	해당 장소에서 소비	컴퓨터 환경	네트워크 접속

과거에는 다양한 방법으로 소비했습니다. 예를 들어서 소설책은 서점을 통해서, 도서관이나 친구를 통해 빌릴 수도 있고, 읽어주는 음성파일로도 이용이 가능했습니다. 반면에 현재의 클라우드 콘텐츠는 대부분 URI(Uniform Resource Identifier) 방식이나 인터넷 URL 방식으로 이용합니다. 요즘에 많이 보는 Netflix, YouTube 등을 생각하면 이해하기 쉽습니다. 모든 세상이 디지털로 연결이 되기 때문에 무선통신망에 접속만 하면 언제 어디서나 이용할 수 있습니다.

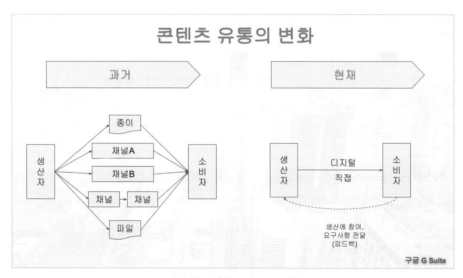

▲ 디지털을 이용한 콘텐츠 유통의 변화

클라우드 콘텐츠는 인터넷 콘텐츠나 디지털 콘텐츠와 달리 몇 가지 고유한 특징이 있습니다. Google Drive 나 YouTube를 이용할 때 꼭 필요한 개념이므로 숙지해서 사용하시기 바랍니다.

▲ 클라우드 콘텐츠 특징

① **클라우드 콘텐츠 저장/작성 (클라우드 저장 공간에 저장):** 클라우드 공간은 하나로 통합된 거대한 공간입니다. 인터넷 서비스의 스토리지(storage)보다 더 큰 개념으로 저장뿐만 아니라 문서를 작성하고, 다양한 콘텐츠를 권한으로 관리하는 공간입니다. 업체마다 다른 클라우드 공간을 제공합니다. 보통 데이터 센터라는 곳에 저장됩니다.

② **소유자 지정 (해당 콘텐츠에 소유자 클라우드 ID를 매핑):** 콘텐츠 소유권은 클라우드 콘텐츠의 가장 중요한 개념입니다. 콘텐츠를 직접 작성하거나 해당 파일을 업로드하면 콘텐츠의 소유권이 생깁니다. 즉 콘텐츠를 생성하거나 업로드한 사용자에게 소유권이 생기며, 더 정확하게 표현하면 해당 클라우드 ID에 소유권이 매핑(mapping)이 됩니다. 여러 개의 클라우드 ID를 사용할 때에는 본인이 맞더라도 해당 클라우드 ID가 아니면 해당 콘텐츠를 사용할 수 없습니다. 콘텐츠가 열리지 않는다고 해서 확인을 하면 항상 다른 클라우드 ID로 접근해서 발생하는 문제입니다. 그래서 브라우저 로그인을 사용하면 이런 실수를 줄일 수 있습니다.

③ **브라우저 조회 (클라우드 콘텐츠는 별도의 SW 없이 브라우저로 이용):** 클라우드 콘텐츠는 크롬 브라우저만 있으면 이용할 수 있습니다. 크롬 브라우저가 설치되어 있는 PC, 스마트폰, 패드, 스마트TV 등 다양한 장치에서 이용할 수 있습니다.

④ **유일한 주소 (긴 식별자를 가진 유일한 URL을 통하여 해당 콘텐츠 이용):** URL은 지구상에 유일한 식별자입니다. 이 URL만 안다면 브라우저에서 이용할 수 있습니다. 그러기 때문에 URL의 URI는 중복이 안 되도록 긴 식별주소를 가지게 됩니다. 사람의 인지 수준에서 기억할 수 없을 정도의 길이이므로 옆에서 업무와 관련 없는 직원이 중요한 콘텐츠의 인터넷 주소를 본다고 하더라도 안심해도 됩니다.

⑤ **수정/조회 권한 통제 (수정 및 조회는 다른 사용자의 클라우드 ID에 매핑 이용):** 앞에서 고유의 URL을

이야기했는데 실수로 URL이 다른 사람에게 전달되어서 나의 소중한 콘텐츠가 유출되면 큰 문제가 발생합니다. 따라서 해당 콘텐츠를 이용할 수 있는 사람은 권한으로 통제합니다. 즉 수정할 수 있는 상대방의 클라우드 ID를 입력하여 수정하거나 조회할 권한을 줄 수 있습니다. 내부 도메인 내 모든 사용자가 볼 수 있도록 할 수도 있고, 인터넷 사용자 누구나 클라우드 ID 없이도 이용할 수 있도록 권한을 설정할 수 있습니다.

0.4 디지털 리터러시(Digital Literacy)

디지털 리터러시란 무엇일까요? 우리는 이미 디지털 기술을 이용하여 정보를 찾고 문서를 만드는 등 다양한 활동을 하고 있습니다. 기본적으로 리터러시(Literacy)란 읽고 쓸 줄 아는 능력을 통칭합니다. 우리가 과거에는 지식은 모두 교과서나 책에서 습득하고 내가 아는 지식을 글이나 그림으로 표현하는 것이 전부였겠지만, 요즘에는 YouTube를 이용해서 지식의 습득 방법도 다양해지고 다른 사람에게 정보를 전달하는 방법도 디지털화되고 있습니다. 어떤 사람은 이메일을 통해서 정보를 전달하고 어떤 사람은 카톡이나 밴드를 이용하기도 합니다. 또한 클라우드 저장소를 이용하여 많은 문서를 빠르고 간편하게 보낼 수도 있습니다. 그러면 디지털 리터러시는 디지털 기술을 사용하고 활용하는 기술 역량이라고 말할 수 있습니다.

그러면 디지털 리터러시는 왜 중요할까요? 과거에는 업무 능력이나 학업 능력은 문장을 이해하고 문맥의 흐름을 빠르게 파악하여 필요한 정보를 정리해서 암기하는 능력이 중요했습니다. 하지만 이제는 암기보다는 디지털 정보를 어떻게 빨리 찾고 나의 것으로 이해하는 것이 더 중요합니다. 이처럼 미래에는 디지털을 읽고 사용할 수 있는 능력이 점점 더 중요해지겠죠. 값비싼 장비를 가지고 있다고 디지털 리터러시가 좋아지진 않습니다. 오히려 환경에 맞는 장비를 적재적소에 잘 활용하는것이 더 바람직합니다. 이제는 디지털 리터러시에 따라서 학습 능력의 차이가 생기고 누가 더 잘 활용하느냐에 따라서 결과가 달라지겠죠. 그러기 때문에 디지털 리터러시 능력은 지속적으로 노력해서 높여 나가야 합니다. 나이 많이 드신 분들이 카톡이나 밴드를 처음에는 어려워 하지만 나중에는 친구들과 자유롭게 사용하는 것을 보면 누구나 노력하면 잘 사용할 수 있습니다. 특히 최근의 서비스 UI/UX(화면 인터페이스, 사용자 경험)는 모두 비슷해지는 경향이 있습니다. 하니의 서비스만 잘 이해하면 다른 서비스도 이해하고 이용하는 데 많이 어렵지 않습니다.

0.4.1 디지털 개념 이해

디지털 리터러시는 사람마다 다르게 이해하고 해석하기 때문에 혼란이 있지만, 중요한 것은 디지털의 개념을 정확히 이해를 하는 것입니다. 장님이 코끼리 만지듯 하지 말고 해당 서비스의 본질에 대해서 정확하게 이해하고 활용해야 합니다. 가장 안 좋은 경우는 서비스를 잘못 이해해서 목적과 다르게 오남용하는 것입니다. 이메일을 카톡처럼 사용하거나 반대로 카톡을 이메일처럼 사용하는 것이 바로 이 경우에 해당됩니다. 또한 G Suite의 많은 서비스의 개념 및 본질을 오해하고 잘못 사용하면 업무 생산성이 떨어집니다. 서비스의 본질을 이해하는 가장 좋은 방법은 다양한 사용 설명문을 참고하여 정확하게 이해하는 것입니다. 그리고 실제로 조직에서 사용해보고 장단점을 파악해서 활용할 곳을 찾는 것이 중요합니다. 이러한 능력도 미래의 디지털 역량이고 디지털 리터러시입니다.

0.4.2 새로운 사용 방법

동호회 활동을 하면 몇백 명이 참여하는 단체 대화방을 많이 이용합니다. 그렇다 보니 자주 늦은 시간에 보낸 카톡메시지 때문에 피해를 본 사람이 아침에 항의하는 글을 많이 봅니다. 밤에 자다가 카톡 소리에 잠을 설쳤기 때문입니다. 카톡에는 방해 금지 시간 설정 기능이 있는데 이 기능을 설정하면 카톡 알람이 울리지 않습니다. 디지털 세계에서 살아가는 데 이 정도의 세팅은 기본입니다.

클라우드 디지털 서비스를 이용하면 다양한 소통 채널이 추가되고 다양한 알림을 받게 됩니다. 과거처럼 하루에 이메일이 많이 와야 10통이 오는 게 아닙니다. G Suite를 사용하면 하루에 100통, 200통도 받을 수 있습니다. 회사나 학교 내에서의 다양한 알림을 이해하고 해당 알림에 대한 설정을 개별적으로 세팅해야 합니다. 효율적으로 알림을 받고 업무를 수행할 수 있습니다. 그래서 Gmail을 이메일이라기 보다는 메시지 서비스로 부릅니다.

여담으로, 이번 코로나19때 검진을 위해 사용한 드라이브스루는 인천의료원 김진용 감염내과 과장이 새벽 3시에 카톡에 올린 내용으로 시행한 내용입니다. 좋은 아이디어는 새벽에 많이 생각이 납니다.

0.5 스마트워크 개념

스마트워크(Smartwork)는 스마트하게 일하는 것을 의미합니다. 다만 스마트(Smart)라는 단어에 대해 각자 해석이 다르기 때문에 다양한 스마트워킹 방법이 존재합니다. "이것이 스마트워크다"라고 정의하기에는 부족하지만, Google에서 강조하는 것처럼 이 책에서는 '불필요하게 낭비되는 시간을 줄이는 것'을 스마트워크라고 정의하겠습니다.

우리는 의심 없이 과거의 업무 방식을 그대로 습득하는 경우가 많습니다. 혼자서 일하는 것이 아니고 다른 사람이나 집단의 방식과 맞춰야 하기 때문이겠죠. 평소 이메일을 주고 받는 사람에게 이메일을 보내고 전화를 하거나, 채팅이나 문자로 전달 가능한 일을 전화로 하기, 일정을 잡기 위해서 여러 사람에게 빈 시간 확인하기, 회의 시간 10분 전에 참석 여부 확인하기, 문서를 함께 작성하면서 수정된 버전을 팀원들에게 이메일로 전달하기 등 우리 주위에는 수많은 비효율적인 업무 방식이 있습니다.

우리나라는 '선진기술의 함정'에 빠져 있습니다. 다른 나라보다 기술, 인프라 환경이 좋다 보니 내 것이 가장 좋다고 생각하고 다른 환경에 대해서는 관심을 가지지 않게 된 겁니다. 그러다 보니 다양하고 저렴하면서 글로벌 프로세스로 일할 수 있는 클라우드 서비스가 계속해서 다양히게 출시되는데도 우리나라에서는 설치형 또는 구축형 SW나 솔루션을 선호합니다. 비용도 많이 들고, 외부에서 스마트폰으로 사용하기 어려운데도 선진기술의 함정에 빠져서 주위를 보지 못합니다.

다양한 업무 환경을 살펴보고 우리 회사에, 우리 팀에 적합한 서비스와 일하는 방식을 적용해서 업무 생산성 향상을 위해서 지속적으로 노력해야 합니다.

0.5.1 문서 협업

문서를 협업하는 것에 대해서 우리는 지금까지 누구에게 배운 적이 없습니다. 학교에서 배우지 않았고, 직장에 취업해서도 그 누구도 알려주지 않았습니다. 그 이유는 아무도 문서 협업하는 방법에 대해서 모르기 때문입니다. 모두가 경험이 없고 늘 혼자서 문서를 작성했습니다. 성격 나쁜 팀장을 만났다면 출력한 종이에 빨간펜으로 지적을 당하는 게 협업의 전부였습니다. 하지만 기술과 통신 환경이 발전하고 클라우드가 대세가 되면서 문서를 함께 작성하는 협업 기술은 이제는 흔한 기술이 되었습니다. 어떤 작가는 AI 기술을 이용하여 입으로 말을 하고 AI가 음성 인식을 해서 Google 문서에 대신 글을 써줍니다. 말로 쓰기 때문에 속도도 빠르고 생각의 속도에 방해가 되지 않기 때문에 초안이나 줄거리 등을 작성할 때 이용합니다. 방에 고성능 마이크가 있다면 방 안에서 왔다갔다 걸으면서 음성으로 글을 작성할 수도 있습니다.

제안서를 작성하거나 보고서를 작성할 때 필요한 사람들을 문서에 초대해서 작성하면 이메일로 문서를 첨부해서 보내지 않아도 되고, 각자 작성한 문서 버전 때문에 시간을 허비하지 않으며, 상대방이 작성하는 내용을 실시간으로 확인하면서 내가 작성하는 내용에 반영할 수 있습니다. 일반적으로 문서를 협업하는 방법에는 2가지가 있습니다.

- **직접적 협업**: 문서의 일정 부분 또는 전체를 직접 작성하는 협업. 장, 편, 절 단위로 분담하여 작성
- **간접적 협업**: 문서 내용 확인, 수정, 의견 전달 등의 지원

과거에는 협업 도구가 없어서 협업이 힘들었다고 하지만, 지금은 방법을 몰라서 협업이 어렵습니다. 지금까지 협업을 해본 적이 없었기 때문이죠. 그래서 단계적으로 조직에서 협업의 방법을 찾고 연습해야 합니다. 많은 사람이 함께 일하는 회사에서 한순간에 갑자기 협업을 잘 할 수는 없습니다.

0.5.2 커뮤니케이션

과거에는 커뮤니케이션 방법이 전화나 이메일, 팩스 정도였지만 지금은 수많은 커뮤니케이션 방법이 존재합니다. 최근에는 클라우드 기술을 이용한 다양한 소통 방법이 있습니다. 부장님들은 카톡을 즐겨 사용하지만, 신입사원들은 페이스북 메신저를 사용하고, 학생들은 틱톡(TicTok)을 이용해서 소통합니다. 재택근무를 하는 직장인이라면 화상회의로 소통합니다. 그렇다 보니 회의하자라는 의미를 Meet하자라는 의미로

이해할 수도 있습니다. Google 캘린더로 회의를 많이 하는 회사에서는 회의하자 라는 말대신에 '인바이트 (Invite) 해주세요'라는 용어를 사용하고, 친한 친구들이 헤어질 때 '카톡해' 하는 것처럼, 회사에서도 환경에 따라 다양한 커뮤니케이션이 존재합니다.

Google의 이메일인 Gmail을 메시지 서비스로 이해하는 것처럼, Google G Suite에는 다양한 커뮤니케이션 방법이 존재합니다. 커뮤니케이션이 '나눈다'는 의미로 감정이나 정보를 다른 사람과 교류하고 이해하는 활동입니다. 이메일로 내용을 보낼 수 있지만, 문서 중심으로 커뮤니케이션할 때에는 해당 문서의 특정 단락에서 다른 사람에게 정보를 전달하는 것이 더 효율적입니다. 또 다른 예로, 다음 주 프로젝트 회의에 참석할 여부를 전화나 문자로 물어보는 대신에 Google 캘린더에서 참석 희망자를 초대하고 참석, 미참석을 확인하면 짧은 시간에 조사할 수 있습니다. 또, 팀장의 승인을 얻기 위해서 결재 시스템에 문서를 작성하고 승인 프로세스를 지정하지 않아도 이메일로 내용을 작성해서 바로 전달하고 승인을 받을 수 있습니다. 이외에도 정형화된 회사 게시판 대신 페이스북과 같은 Google Currents로 내용을 작성하면 전 직원이 스마트폰으로 내용을 쉽게 확인할 수 있습니다. 중국 공장에 출장을 갔다 와서 출장 보고서를 작성하는 대신에 300장의 사진을 Google 포토에 앨범으로 공유를 하면 사람들은 공유된 공장 사진을 보고 현황을 쉽게 파악할 수 있습니다.

이제는 환경에 따라 어떤 커뮤니케이션이 효과적이고 효율적인지 생각하고 사용해야 합니다.

0.5.3 통합 저장소

보통 회사에서는 특정 PC나 서버의 스토리지를 네트워크 드라이브로 공유해서 사용합니다. 회사의 각종 보고서, 프로젝트 결과 보고서, 회의 자료를 저장해서 공유하고 회사에 있는 사용자는 네트워크 주소를 입력해서 탐색기에서 연결해서 자료를 이용합니다. 외부에 외근을 나가거나 출장을 가면 필요한 문서를 이용하기 어렵습니다.

문서가 많아지면 문서를 찾는 데 시간이 많이 걸리고 문서의 내용을 차기 위해서는 하나하나 열어서 내용을 확인해야 하니 불편합니다. Google에서 발표한 컨설팅 보고서에 따르면 근무시간의 20% 정도를 문서나 정보를 찾는 데 소비한다고 합니다.

클라우드 환경에서는 강력한 클라우드 컴퓨팅 파워를 이용하여 내 문서의 통합검색이 가능합니다. Google의 경우에는 내용 검색은 물론 사진에 있는 글자도 OCR로 검색을 할 수 있는 경지까지 올라왔습니다. 이젠 많은 자료를 보관할 수 있는 것보단 필요할 때 언제든지 이용할 수 있는 환경을 갖추는 것이 더 중요합니다. 이미 우리 PC의 하드 드라이브는 용량이 충분히 큽니다. 하지만 모든 파일을 닥치는대로 저장하다 보니 이제는 PC에 무슨 문서가 있는지도 모를 지경입니다.

체계적으로 자료를 관리하고, 언제든 필요한 자료를 빠르고 정확하게 찾아 보기 위해서는 통합 저장소를 갖추는 것이 좋습니다. 또한 보안적으로는 랜섬웨어 등을 예방할 수 있는 안전한 환경이 구축되어야 합니다.

0.5.4 디지털 콘텐츠

이미 우리는 모든 문서를 전자 파일로 작성하고 보관합니다. 종이에 작성을 해도 사진을 찍거나 스캔을 해서 다시 전자화하고 이를 OCR 기술을 통하여 글자를 인식해서 보관합니다. 하지만 이제는 전자 파일을 넘어서 디지털화하는 작업을 하고 있습니다. 디지털 콘텐츠는 디지털 데이터 형식으로 존재하는 콘텐츠로 기존의 아날로그 콘텐츠를 디지털화한 것입니다. 문자, 음성, 이미지, 그리고 영상과 같은 콘텐츠를 디지털의 형식으로 제작 혹은 가공한 것입니다. 이 세상의 모든 콘텐츠를 디지털화한다고 생각하면 이해하기 쉽습니다. 또한 디지털 콘텐츠는 단순히 리포지터리(repository)에 보관만 하는 형태가 아닌 언제라도 사용할 수 있도록 서비스를 제공하고 있습니다. 대표적으로 동영상은 스트리밍 기능 덕분에 클릭하는 즉시 시청할 수 있습니다. 보통은 MP4 파일을 다운로드 받아서 로컬 공간의 플레이어를 이용해 시청하지만, 이제는 브라우저만 있으면 PC나 스마트폰 등 모든 디바이스에서 시청할 수 있습니다. 사진이나 그림도 어떤 포맷이든 브라우저에서 볼 수 있고, 문서의 종류에 관계없이 브라우저에서 조회할 수 있습니다.

디지털 콘텐츠는 3D, VR 등 다양한 형태로 진화하고 있고, 더 많은 정보가 더 섬세하게 저장해서 클라우드에 저장, 이용할 수 있습니다.

CHAPTER. 01
G Suite 설치형 제품

1.1 Drive File Stream

구글 Drive File Stream(DFS)는 회사에서 많이 사용하는 윈도우 공유 폴더와 같은 기능을 제공합니다. 그러면서도 PC에 해당 내용이 남지 않고 클라우드 상에서 이용하기 때문에 언제 어디서나 이용할 수 있습니다. 또한 구글 드라이브 상에서 이용하기 때문에 데이터를 안전하게 보관하고 버전별로 관리할 수 있으며, 사용자별 권한으로 안전하게 사용하고 통제할 수 있습니다.

설치를 하기 위해서는 브라우저에서 drive.google.com으로 접속합니다. 프로그램 다운로드 페이지가 나타나지 않으면 손님 모드(Guest Mode)에서 접속하면 프로그램을 다운로드할 수 있습니다.

▲ Google Drive에서 데스크톱용 드라이브 다운로드

'데스크톱용 드라이브 다운로드'를 클릭해 해당 프로그램을 다운로드하고 실행합니다. 설치 방법은 간단합니다.

▲ Google 드라이브 파일 스트림 설치 과정

프로그램 설치를 마치고 Google 드라이브 파일 스트림(DFS)을 실행합니다.

▲ Google 드라이브 파일 스트림 정보

실행하면 로그인 화면이 나타나는데, 도메인 계정과 패스워드를 입력해주면 바로 DFS를 사용할 수 있습니다. PC에서 이용하는 DFS는 한 번에 하나의 도메인 계정만 사용할 수 있습니다. 따라서 여러 개의 도메인 계정을 이용할 때에는 한 계정을 이용한 후 다른 계정을 입력해서 사용합니다.

▲ DFS 로그인 화면

DFS에 최초로 로그인하면 다음과 같은 설명 페이지가 나오는데, 가볍게 훑어보며 다음으로 넘깁니다.

▲ DFS 특징 설명

로그인을 하면 PC의 태스크바에 다음과 같은 agent가 설치됩니다. 이 agent로 DFS의 상태와 접속 계정을 확인할 수 있고 다양한 설정을 할 수 있습니다.

▲ 태스크바에서 DFS 상태 확인하기

로그인이 된 상태에서는 윈도우 탐색기에서 가상 드라이브(Google 드라이브)를 확인할 수 있고, 다음과 같이 해당 파일을 조회할 수 있습니다. 해당 파일을 클릭하면 바로 내용을 조회할 수 있습니다. 구글 문서나 슬라이드의 경우에는 웹 브라우저를 통해서 조회할 수 있고, PC에 설치된 프로그램 파일은 직접 해당 프로그램이 동작합니다.

▲ PC 탐색기에서 Drive 내용 확인하기

공유 드라이브도 아래와 같이 보여집니다. 윈도우 공유 폴더 대신에 사용할 것을 적극 추천 드립니다.

▲ 탐색기에서 DFS를 이용해 공유 드라이브 사용

아래와 같이 한글 문서를 클릭하면 한글이 동작합니다. 만약 한글 파일을 작업하여 내용을 수정하면 이 파일은 로컬 PC가 저장되는 것이 아니라 공유 폴더에 바로 저장됩니다.

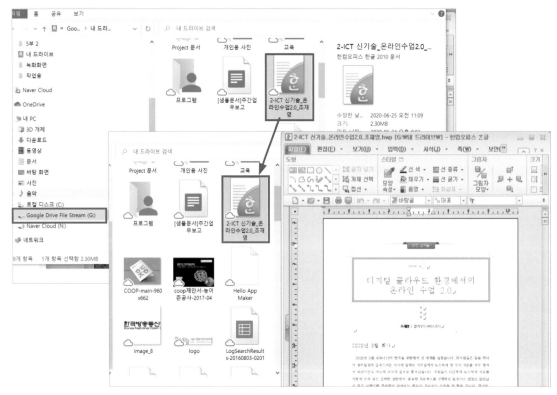

▲ PC에서 작업한 한글 파일을 Google Drive에 바로 저장

윈도우 태스크바에 agent를 클릭하면 동기화 내용을 확인할 수 있어, 작업 로그(log)를 확인할 수 있습니다.

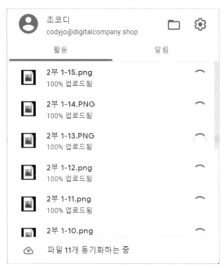

▲ 작업 동기화 내용 확인

DFS의 사용이 끝나면 공용 PC의 경우에는 아래와 같이 로그아웃을 합니다. 개인 PC의 경우에는 계정 로그인을 안전하게 관리하여 데이터 유출을 막을 수 있습니다.

▲ DFS에서 로그아웃하기

로그인한 후에는 공유 드라이브가 윈도우 탐색기에서 보이지 않으며 스트리밍 방식을 사용해서 어떤 정보도 남지 않습니다. 노트북 PC를 분실했을 경우에는 해당 id 계정을 정지시키면 윈도우에 로그인을 하더라도 데이터나 문서에 접근할 수 없습니다.

▲ DFS 로그아웃 시 Google Drive가 보이지 않음

다시 로그인하기 위해서는 프로그램을 실행하고 로그인하면 이용할 수 있습니다.

1.2 Chat

1.2.1 Google Chat 앱 설치

브라우저는 기본적으로 상태를 확인하기 어렵고 채팅을 매번 알림 처리하기도 어렵습니다. 그래서 윈도우에서도 앱 개념으로 네이티브 Google Chat 앱을 제공합니다. 이 앱은 크롬 브라우저에서 chat.google.com을 검색해 설치할 수 있습니다. 또한 Google Chat은 PWA(Progressive Web Application) 네이티브 앱으로 PC, 스마트폰 모두 이용할 수 있습니다.

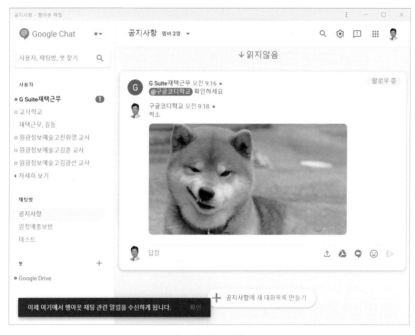

▲ Google Chat Client

설치한 후에는 해당 브라우저에서 chrome://apps를 입력하여 Google Chat을 실행합니다. Chromebook을 이용할 경우에는 하단의 런처에서 실행합니다.

▲ Chrome에 추가된 Google Chat 앱 실행

CHAPTER. 02
Google 문서로 콘텐츠 만들기

문서를 작성하는 목적은 자신이나 다른 사람에게 정보를 전달하고 소통하기 위해서 작성합니다. 과거에는 주로 MS 워드나 아래아한글을 이용해 서술식 문서 형태로 작성했습니다. 하지만 스마트폰을 중심으로 하는 클라우드 시대에서는 파워포인트나 슬라이드와 같은 프레젠테이션 문서를 많이 사용하고, 점점 디지털 콘텐츠의 집결판인 동영상으로 옮겨가고 있습니다. 어떤 종류를 선택하든 내용만 좋으면 전달이 잘되고 보관에 문제가 없으면 좋습니다. "회사 문서를 동영상으로 만들어도 되나요?"라고 묻겠지만 소통이 잘되고, 전달이 빠르면 글을 읽는 것보다는 영상을 보는 것이 백 배 정확하고 빠를 수 있습니다. 회사의 콘텐츠를 꼭 종이로 만들어 보관할 필요는 없죠.

기업이나 이익을 만들려고 모인 집단이고 콘텐츠 생산 유통에 비용이 적게 들어가는 것을 선택하는 것은 당연하고 이유있는 전환입니다. 한 종류의 콘텐츠를 고집할 필요 없이 생산하려는 정보의 목적 및 종류에 따라서 적절한 콘텐츠 및 문서를 선택하는 것이 경쟁력 있는 회사의 첫 걸음입니다.

2.1 콘텐츠 기획

콘텐츠는 문서를 포함한 큰 개념으로 글, 이미지, 영상, 음악 등 다양한 매체가 포함됩니다. 팀장이나 고객에게 정보를 전달하거나 보고를 해야 할 일이 생기면 준비 과정을 통하여 필요한 자료를 수집, 분석하고 자신의 생각을 정리합니다. 이후에 전달할 내용을 기획하고 시나리오화합니다. 물론 여기에도 논리와 순서가 필요하고 글의 목적에 따른 결과가 정해집니다. 예전에는 ECM(Enterprise Contents Management)라는 개념으로 회사 내 다양한 콘텐츠를 관리하는 시스템도 도입을 했지만, 구성하는 데 초기 비용이 너무 많이 든다는 단점이 있습니다.

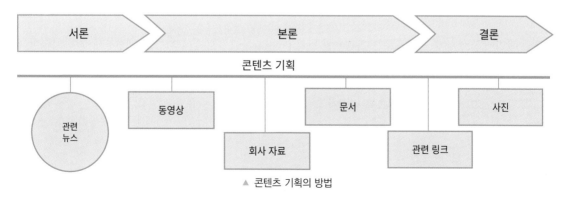

▲ 콘텐츠 기획의 방법

최근에는 링크의 사용이 활성화되면서 전체의 문서를 하나의 콘텐츠로 만들기 보다는 문서 내부의 링크나 삽입 형태로 다른 형태의 콘텐츠를 삽입하는 방법이 선호됩니다. 이용 시에도 출력보다는 브라우저를 이용하면 링크 연결이나 동영상 시청이 용이합니다. 또한 해당 부분만 변경하면 전체 내용에 영향을 주지 않고, 파트별로 담당자를 지정해서 관리하면 현행화도 쉽습니다.

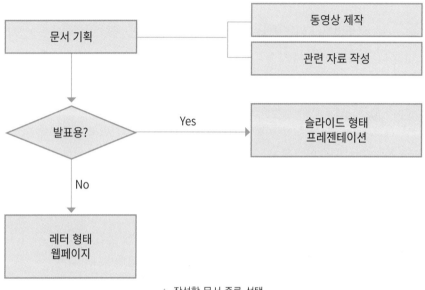

▲ 작성할 문서 종류 선택

2.2 콘텐츠 작성

콘텐츠의 기획이 끝났다면 작성할 내용에 따라 작성 서비스를 결정하고 담당자를 지정합니다. 콘텐츠를 생성할 시에는 회사 정책에 따라 콘텐츠 소유권을 고민해야 합니다. 담당자는 지속적으로 변경될 수 있으므로 회사 콘텐츠 계정이 하나 있으면 좋겠죠. 그 계정에서 생성해서 담당자에게 권한을 부여하고, 담당자가 변경되면 다른 담당자에게 권한을 부여하거나 Groups를 구성하여 직책에 따라 자동으로 권한을 설계합니다 (Groups 기능 참고).

소유권 관리에 관한 다른 방법으로는 콘텐츠를 만들고 회사 콘텐츠 계정에 권한을 이전하는 것이 있습니다. 괜찮은 방법이지만 문서와 사람이 많아지면 권한을 이전했는지 안 했는지 감시하는 것도 일이 되겠네요.

마지막 방법으로는 개인별로 콘텐츠를 작성하고 퇴직 시에 콘텐츠의 소유권을 변경 · 관리하는 방법입니다.

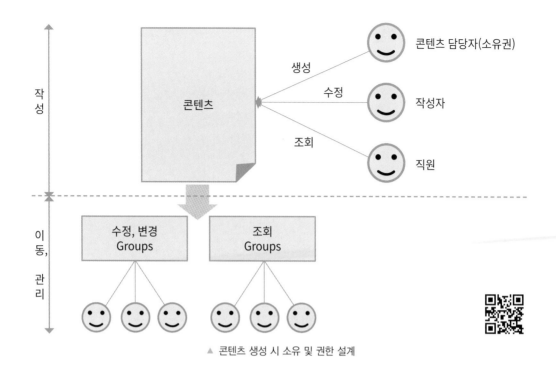

▲ 콘텐츠 생성 시 소유 및 권한 설계

공식적인 문서가 아니고 팀에서 사용하거나 프로젝트에서 사용하는 작업 문서는 개인별로 자유롭게 사용하는 것이 일반적입니다. 보통 개인 문서로 작성하고 작성이 완료된 v1.0에서 공유 드라이브로 옮기는 것을 추천합니다. 개인 문서로 작성 시에 필요하면 다른 직원에게 수정 권한을 부여하여 함께 작성합니다. 팀장에게도 조회 권한을 주면 작성을 다하고 "이게 아닌데~" 이런 소리는 안 들어도 되겠죠.

2.3 콘텐츠 유통, 전달

문서 작성이 끝나면 이제는 필요한 사람, 위치에 저장하고 내부, 외부에 전달해야 겠죠. 클라우드에 저장되기 때문에 위치를 옮기거나 복사할 필요없이 권한만 부여하면 회사 내부에서 쉽게 유통, 전달됩니다. 또한 유통 및 전달된 문서를 회수하는 방법도 불필요한 클라우드 ID의 권한을 없애면 간단하게 회수할 수 있습니다.

회사의 콘텐츠 종류가 다양해지고 과거에 생각하지 못한 방법으로 콘텐츠가 유통되기 때문에 기존의 회사 내 콘텐츠 관리 정책과는 맞지 않는 부분들이 발생합니다. 총무팀 전달 사항을 문서로 작성하는 것이 좋을 때가 있고, 사장님의 내년도 사업 계획을 문서보다 YouTube 영상으로 전달는 것이 좋을 때도 있습니다. 다른 예로, 중국 출장을 갔다 와서 워드로 출장 보고서를 작성하는 대신 중국 공장에서 찍은 200장의 사진으로 출장 보고서를 대체하기도 합니다. 때론 이러한 방법이 문서로 전달할 수 없는 요소를 전달할 수 있어 더욱 유익합니다. 따라서 문서 작성만을 고집하기 보단 상황에 따라, 정보를 효율적으로 전달할 수 있는 방법을 찾아 사용해야 합니다.

또한 콘텐츠가 유통되면 언제 폐기할지도 한번은 고민해야 겠죠. 콘텐츠가 많아진다고 회사나 조직에 도움이 되지 않습니다. 꼭 필요한 문서와 정보를 유지하고 필요할 때 사용하는 게 중요합니다. 쓰레기 정보가 많으면 오히려 좋은 정보를 찾기 어려워지는 악순환이 나타납니다.

2.4 콘텐츠 보관

콘텐츠의 보관은 콘텐츠별로 보관하는 것이 가장 좋습니다. 콘텐츠별 관리한다는 것은 사진은 사진 저장소, 문서는 문서 저장소, 동영상은 동영상 저장소 등 각각 특징에 맞게 저장을 하고 관리하면 좋습니다. 하지만 현실적으로 기존의 콘텐츠들이 모두 섞여있는 형태이고 사용의 거버넌스(governance)가 준비가 안 되어 있어 각각으로 관리하고 사용하는 데에는 쉽지 않겠지만, 향후 발생하는 콘텐츠는 각각의 저장소에 저장해서 사용하는 것이 좋습니다. 물론 이렇게 분리해서 관리가 안되면 Google의 대표적인 저장소인 Drive에 저장하는 방법도 나쁘지 않습니다. Google Drive에도 비디오 스트리밍 및 문서 조회기능을 제공하기 때문에 다양한 콘텐츠 사용이 좋습니다.

하지만 Google Drive에서 지원하던 기능보다는 각각의 특화된 서비스에서는 더 좋은 서비스를 제공하기 때문에 개별적으로 이용하는 것이 다양한 기능을 이용할 수 있습니다. 또한 Google G Suite는 디지털 서비스 클라우드 서비스로 다양한 링크를 연결할 수 있기 때문에 콘텐츠들을 링크로 연결해서 사용하면 보다 효과적입니다.

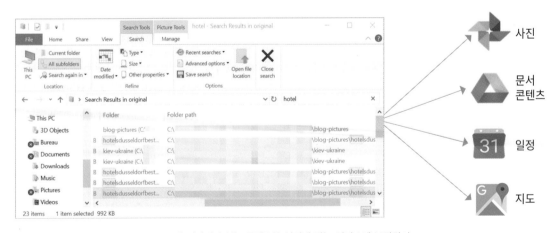

▲ PC에 저장되어 있는 콘텐츠를 성격에 맞는 서비스에 보관하기

2.5 콘텐츠 결재 및 관리

우리나라와 일본에서만 사용하는 결재 시스템을 이용한다면 클라우드 콘텐츠에 대한 결재 및 관리가 어려워집니다. 예를 들어서 협업해서 만든 기획안을 팀장한테 보고한다고 가정하죠. 워드나 PDF로 다운받아서 기존에 사용하던 결재시스템에 첨부해서 보고하든가 해당 콘텐츠의 클라우드 URL을 넣어야 하는데, 결재권자가 해당 클라우드 콘텐츠의 조회 권한이 없으면 볼 수가 없습니다. 결국에는 결재권자가 사용하는 방식으로 회귀할 수 밖에 없을 것입니다.

따라서 결재시스템의 업무 프로세스를 개선하여 클라우드, 특히 Google G Suite에 맞는 업무 프로세스를 만들고 이에 적응하는 과정이 필요하리라 생각됩니다. 과도기적으로 Google G Suite 상에서 동작하는 국내의 3rd party App[1]도 고려할 수 있지만, 변화관리를 통하여 한번에 디지털 세계로 이전하는 것이 오히려 글로벌 스탠다드한 업무프로세스 도입에 도움이 되리라 생각합니다.

콘텐츠의 관리는 Business 버전 이상에서 제공하는 Cloud Search[2]를 이용하여 주기적으로 오래된 문서는 검색해서 삭제하거나 다운로드 받아서 3차 백업환경(아카이브) 또는 다른 G Suite 계정으로 이전하는 방안을 검토하시기 바랍니다. 자료가 많아지면 검색으로 원하는 자료의 정보를 찾기 점점 어려워집니다.

---

1   G Suite과 연계되는 시스템의 예로는 Docswave가 있습니다. Docswave는 워크플로우 결재시스템입니다.
2   Cloud Search는 Google G Suite Business, Enterprise에서 제공합니다.

CHAPTER. 03
다른 사람과 협업하는 방법

☆ ⤍ ☁

협업(Collaboration)이라는 단어에는 다른 사람을 위해서 함께 일한다는 의미가 있습니다. 협업과 비슷한 용어가 많으니 좀 정리를 해보겠습니다.

① **협동(協同)**: 학교를 다닐 때 가장 많이 들었을 용어입니다. 사전적 의미로는 서로 마음과 힘을 하나로 합하는 것이라 합니다. 주로 물리적인 힘을 모아서 한군데로 집중할 때 사용합니다. 과거의 공동 노동이나 놀이 등에서 한뜻으로 무엇인가를 해서 성과를 내기 위한 행위입니다.

② **협력(協力)**: 협력은 회사나 사회생활에서 많이 듣던 용어입니다. 협동은 실제로 일하는 형태에 사용되지만 협력은 관념적인 표현으로 형태나 행위를 의미하는 경우가 많습니다(예: 국가 간의 협력으로 코로나19를 이겨내자). 이처럼 실제적인 행위보다는 가치나 목표를 추구합니다.

③ **분업(分業)**: 분업은 동일한 업무를 일의 양에 따라 여러 사람이 나눠서 일을 하는 방식입니다. 공장의 분업화 방식을 떠올리면 이해하기 쉽습니다. 여러 사람이 함께 일하지만 서로의 업무에 영향이 없고 다른 사람으로 대체도 쉽습니다.

④ **협조(協助)**: 협조는 일의 주최자가 아닌 조력자로서 요청에 따라 일정 부분을 지원하여 함께 업무를 수행하는 경우입니다. 요청자의 요구 사항에 맞춰서 일을 합니다.

협업은 협조와는 일하는 주최자가 다르고, 분업과는 일의 목적이 다릅니다. 이렇듯 협동, 협력, 협조, 분업 등 비슷한 용어들이 많지만 모두 협업과는 다른 의미를 가집니다. 넓은 의미에서는 협동과 협업이 달성하고자 하는 기본 목표가 동일하다는 유사점은 있습니다. 하지만 협업은 좀 더 업무에 접근한 개념으로 하나의 결과를 만들기 위하여 업무를 하거나 작업을 할 때 각각의 참여자가 하는 활동이 종류가 다르고 일부가 상이하여 개별적인 업무가 합해서 결과물을 만들어내는 형태를 의미합니다.

우리 모두는 학교에서부터 협업을 하라고 했지만 이렇게 말씀하시는 선생님들도 경험이 별로 없었을 겁니다. 정확하게 어떻게 하라고 알려주지 않았기 때문이죠. 아직도 우리는 협업에 대해서 좋은 경험도 없고 협업하기를 두려워합니다. 항상 경쟁 사회에서 공부하고 생활했는데 갑자기 다른 사람과 공동의 목표를 위해서 협업을 한다면 어떨까요? 협업은 생각보다 쉽지는 않습니다.

조직 내의 참여와 공동의 목표가 없다면 굳이 내 일도 많은데 다른 팀원의 일을 도와야 할까요? 팀원과의 공동 목표를 정확히 하고 업무 내용을 명확히 정의하고 협업에 대한 평가 및 보상 체계를 만들어야 합니다. 성과를 측정하는 방식도 기존의 개인 평가 방식과는 다르게 협업의 정도에 대한 평가와 문화가 있어야 협업의 문화를 싹틔울 수 있습니다. 협업 문화에서 준수해야 할 사항은 다음과 같습니다.

1) 일하는 사람이 같은 목표를 설정한다

가장 기본적인 것이지만 현실에서 같은 프로젝트를 하면서도 다른 목표를 갖는 경우가 있습니다. 협업을 할 때 목표를 정의하고 서로의 목표가 같은지 확인해야 합니다. 목표가 다르면 맞추는 것보다는 다름을 인정하고 같이 협업할 수 있는 범위를 찾는 것이 가장 우선되어야 합니다.

2) 상대방에게 요구 사항과 기대치를 명확히 한다

협업 시에는 업무를 진행하는 담당자가 있습니다. 팀에서 진행을 하더라도 해당 업무, 문서의 소유권을 가지고 있는 사람이 담당자입니다. 협업을 요청할 때 정확한 요구 사항과 기대치를 알려주는 것이 중요합니다. 일정 계획 파트를 작성해달라고 하거나, 문서의 템플릿을 작성해 달라는 방법으로 정확한 요구가 있어야 하고, 해당 요구 사항에 대한 기대치 결과 수준에 대해서도 알려줘야 합니다. 예를 들어서 협력업체 20개 이상을 리스팅하고 해당 업체와의 연락을 통해서 일정을 알려달라고 결과 기대치가 있어야 합니다.

3) 인간적인 관계로 협업을 하지 말라

협업을 할 때 "잘 해줘~"라는 말이 가장 이해하기 어렵습니다. 너무 포괄적이고 의미도 모호합니다. 또한 "우리 친하니까 알아서 해줘" 이런 말도 요구 사항과 허용 범위 등이 정의되지 않아서 일이 진행되지 않는 경우가 많습니다. 인간적인 관계를 가지고 있더라도 협업에 대한 내용을 문서로 작성하는 것이 필요합니다.

4) 협업은 평등의 관계이다.

우리나라에서 협업을 하기 어려운 이유 중에 하나는 상하 관계의 팀 구조입니다. 이러한 구조 때문에 사원이 같은 팀의 부장에게 업무를 요청하는 것은 현실적으로 어렵습니다. 협업에서는 각자가 맡은 업무를 수평적으로 함께 진행이 되어야 합니다. 수직 구조로 지시에 의한 업무는 협업이 아닙니다.

5) 같은 일을 하는 것은 협업이 아니고 분업이다

우리나라에는 오래전부터 농사를 서로 돕는 두레라는 협동 노동의 전통이 있었습니다. 두레는 같은 일을 나눠서 하는 분업이지 협업의 방법이 아닙니다. 농사처럼 많은 사람이 동일한 일을 할때는 분업이 좋지만, 회사 업무처럼 복잡하고 다양한 업무를 진행할 때는 분업과 같은 방법으로는 업무가 진행되지 않습니다. 지속적으로 커뮤니케이션을 하면서 서로의 역할을 수행해서 하나의 목표를 달성하는 것이 협업입니다.

6) 일한 내용에 대한 성과 평가 및 동료 평가는 정확하고 상세하게 한다

평가 체계가 해당 업무의 담당자의 성과로만 평가되면 내가 내일을 두고 다른 사람과 함께 협업할 이유가 사라집니다. 공평한 평가 체계의 개발이 어렵지만, 협업에서는 모두가 인정하는 평가 체계가 만들어져야 합니다. 다른 사람의 업무가 급할 때 도울 수 있고, 나도 인정받을 수 있는 문화가 중요합니다.

7) 같은 도구를 사용하여 작업한다

커뮤니케이션할 때 같은 언어를 사용해야 하듯이, 일을 할 때도 같은 도구를 사용해야 합니다. 한글과 워드,

심지어 Google 문서까지 여러 도구를 사용하면 변환에 많은 시간을 소비하고 정보가 누락될 것입니다. 협업을 하기 전에 팀이나 회사 내에서 다양한 프로토콜을 조율하는 과정이 있어야 합니다.

8) 팀 내 효과적인 커뮤니케이션 도구를 이용한다

사람 간의 커뮤니케이션은 늘 어렵습니다. 그렇기 때문에 커뮤니케이션에 상당한 노력을 기울여야 합니다. 참여하는 사람이 많아질수록 대화 수와 대화 방법이 늘기 때문에 정확한 소통은 점점 어려워집니다. 팀의 성격에 맞는 가장 효율적인 도구를 찾고 모두의 동의 하에 커뮤니케이션 도구를 연습해서 사용해야 합니다.

9) 팀 내 단결, 발전, 협력의 문화를 발전시킨다

아무리 좋은 기술과 환경이 있다고 하더라도 협력 문화가 없다면 모래 위의 공든 탑과 같습니다. 회사 분위기가 서로를 돕고 합심하는 문화를 만들지 못하면 서로가 경쟁하고 협업하지 못합니다. 기술보다 문화가 우선되어야 합니다.

10) 일에 대한 보상 체계는 누구나 인정할 수 있게 합리적으로 세운다

평가 체계와 함께 보상 체계도 함께 고려를 해야 합니다. 동료의 업무를 도왔는데 평가도 낮게 받고 보상도 없다면 그 누가 나의 일이 아닌 팀 내 업무를 도울까요? 조직에서 머리를 맞대고 고민해야 할 문제입니다. 다만 회사마다 문화의 환경이 다를 것이기 때문에 다른 조직의 평가나 보상 체계를 바로 적용하진 말고 참고합니다.

3.1 Google G Suite에서 협업하는 방법

Google G Suite는 협업 솔루션입니다. 협업 솔루션을 이용한다는 것은 여러 사람과 목적을 위하여 소통하고 공동 작업을 하는 것을 의미합니다. 다시 말해 서로의 전문성을 유지하면서 같은 일을 나눠서 하는 분업이 아니고, 전문적인 사람들이 하나의 목적을 위하여 함께 일하는 것을 의미합니다. 효과적으로 일을 하기 위해서는 업무 범위가 정확하게 분리되어야 하고(Mutually Exclusive) 언제든지 소통할 수 있어야 하고(Communication at any time) 관계가 평등해야 합니다(Collaboration Partnership).

협업 시에는 작업 방식이 이벤트, 메시지, 콘텐츠 중심으로 진행됩니다. 이벤트가 생성이 되어 회의하고 발표를 합니다. 참여자들은 다양한 소통 방법으로 자신의 생각을 전하고 다른 사람의 의견을 듣습니다. 이런 과정을 통하여 정리가 되어 콘텐츠로 작성됩니다.

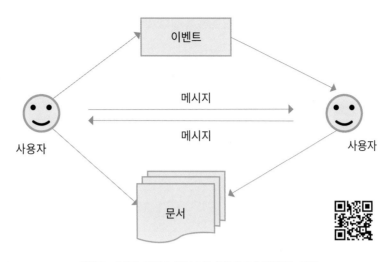

▲ 이벤트, 메시지, 콘텐츠 중심으로 사용자끼리 협업하는 방법

▶ 협업을 위해서 Google G Suite에서 제공하는 서비스

	메시지	콘텐츠	캘린더
설명	의견, 지시, 생각을 전달	콘텐츠를 여러 사람과 함께 작성 및 수정	이벤트를 만들고 협의 및 회의를 진행
G Suite	Gmail, Meet/Chat, Currents, Groups	Drive, Google 문서, Sites, Keep	Calendar

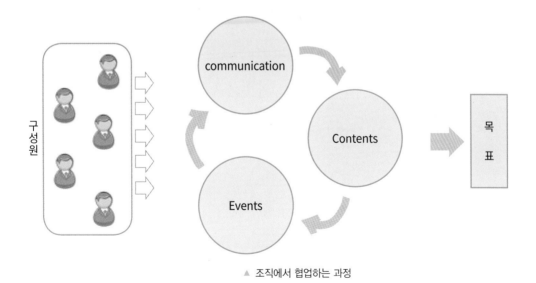

▲ 조직에서 협업하는 과정

협업하는 방법은 정해진 것이 없습니다. 회사 특성과 구성원의 역량 및 선호도에 따라 다양하게 함께 일할 수 있습니다. 업무 특성이나 상황에 따라서 협업의 방법을 다르게 진행합니다.

① **메시지 중심**: 이메일, 채팅 등 소통을 중심으로 한 협업 방법

② **콘텐츠 중심**: 문서 작성 및 콘텐츠 생성을 중심으로 한 협업 방법

③ **이벤트 중심**: 회의, 영상회의 등 미팅을 중심으로 한 협업 방법

위의 협업 방법 중에서 한 가지만으로 협업하지는 않습니다. 방법을 여럿 섞어서 사용하는 것이 협업의 생산성을 높일 수 있어 좋습니다.

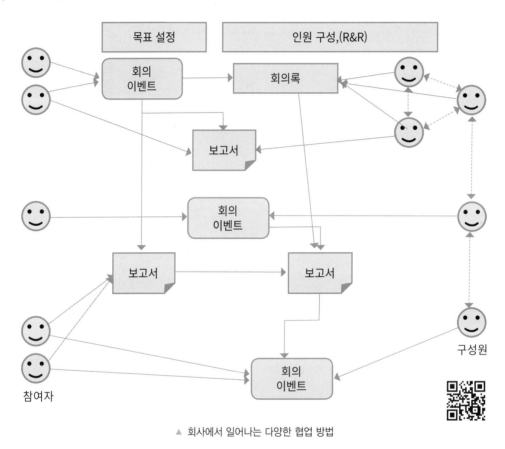

▲ 회사에서 일어나는 다양한 협업 방법

3.2 다양한 협업 방법

디지털 기술을 이용한 협업 방법은 우리가 아날로그 방법보다 다양하고 디테일합니다. 신입사원 때 팀장에게 보고서를 전달하면 "전체적으로 마음에 안들어~" 이렇게 들은 말이 생각납니다. 고쳐야 할 부분을 지적해주면 서로의 시간을 줄일 수 있는데 전체적이라고 하면 어디부터 수정해야 하는지 고민만 하다가 시간을 낭비하죠. 그때 팀장이 콕 찍어서 이 부분 수정해 이렇게 알려줬으면 목표를 가지고 일하기 좋았을 거 같은 생각이 지금도 꿈속에서 떠오릅니다.

디지털 세계에서는 다양한 협업 방법을 고민하고 사용해야 합니다. 다음의 표를 참조하여 G Suite에서 제공하는 협업 방법을 확인하고 도입을 위해서 노력해보세요.

▶ G Suite에서 제공하는 협업 방법

구분		설명
메시지	참조, 숨은참조	이메일을 다른 사람과 공유하기 위한 전송 방법
	특정 사용자 지정 @	메시지 작성 시 Twitter처럼 @id로 작성
	전체 회신	참조 주소가 있을 경우 전체에게 회신
	그룹	소통을 원하는 사람들만 구성
	메시지	Gmail에서는 다양한 메시지를 전달(이메일도 메시지 중의 하나)
	채팅	상대방 또는 그룹에게 채팅으로 의견 전달
콘텐츠	공유	수정, 댓글 작성, 조회 권한을 특정인이나 그룹에게 전달하여 함께 작업
	댓글	문서의 특정 부분을 블록으로 표시하고 특정인에게 의견 전달. 메시지로도 사용됨
	댓글 @	댓글로 특정인을 지목하여 처리하게 요청
	공유 그룹/드라이브	드라이브를 특정인이나 그룹과 공유하여 권한에 따라서 해당 드라이브 작업
	링크	클라우드 콘텐츠는 모두가 링크를 가지고 있고 권한에 따라 조회 및 수정 가능
	게시	외부 또는 많은 사람과 공유 시에는 웹에 게시
	개정 내역	시간별로 작성자의 수정 내역을 확인
이벤트	특정 사용자 초대	회의를 함께하고자 하는 사용자 초대(Invite)
	참석 여부 전달	참석, 미참석, 미정 정보 전달
	새로운 회의 날짜 제안	회의 시간을 조정해야 할 때 새로운 시간을 제안
	회의 문서 공유	이벤트 내 문서 공유
	영상회의	영상을 통하여 가상의 공간에서 회의
	자료 발표	영상회의 시 자료를 공유
	영상 채팅	영상으로 회의 진행 중 채팅
	상태표시	나의 부재 표시를 알려서 상대방이 쉽게 파악
	나의 일정 공개	세부적인 내용이 아닌 바쁨으로 회의 가능한 시간 표시

이외에도 프로젝트 관련 시간 추적, 디자이너의 작업 협업, 프로그램 개발 등 다양한 협업이 존재합니다.

CHAPTER. 04
직무/직군별 재택근무 방법

☆ → ☁

▲ 직무/직군에 따른 재택근무 방법

4.1 개발자형

1. 환경

- 서비스 개발을 맡고 있으며 서비스 론칭(launching) 때문에 대부분의 시간을 프로그램 개발에 사용하고 있음.
- 아침에만 이메일을 확인하고, 바쁘면 확인하지 않음
- 비디오 컨퍼런스에 익숙하지 않고 참여를 꺼림

2. 메시지 관리 방법

- 이메일을 자주 확인하기 어려우므로 팀에서의 전달은 Chat을 사용
- 팀 회의는 Meet으로 참여하고 카메라를 꺼서 회의 내용만 청취함
- Client Chat을 설치해서 사용

4.2 관리자형

1. 환경

- 새로운 서비스 담당 책임자
- 개발자, 마케터, 디자이너 등 팀 내 다양한 인력으로 구성
- 30분~1시간 단위로 다양한 사람과 다양한 업무 미팅

2. 이벤트 관리 방법

- 30분 단위로 상대방을 초대하여 이벤트 생성
- 협의하려는 내용을 캘린더 내용에 첨부하고 해당 문서를 작성 요청
- 캘린더 중심으로 업무하고 Google 문서에 코멘트(댓글)를 작성해서 소통
- 외부에 있을 때는 chat을 사용하고 '외부 출장중'으로 표시
- 팀원들은 팀장의 캘린더를 공유받아 팀장의 업무를 파악하고 업무가 빈 시간에 보고 및 회의 요청 (Invite)

3. 메시지 관리 방법

- 출근 후 30분, 퇴근 전 30분간 메일을 확인하기 때문에 중요 메일 위주로 처리 → 받은 편지함을 중요 메일 먼저 표시
- 이메일보다는 문서 중심으로 소통 → Google 문서에 코멘트를 하여 필요한 부분을 질의 및 요청
- 외부 출장중에는 외부 회의 참여 방법으로 전화 통화 보다는 Chat으로 소통

4. 콘텐츠 관리 방법

- Google Drive 중심의 프로젝트 문서 관리
- 팀원을 모두 공유 드라이브에 초대하여 클라우드 상에서 콘텐츠 관리
- 채팅 시에 필요한 문서 링크 이용하여 소통
- 정기적인 팀 미팅 시에 Google Meet을 이용하여 화면을 통해 프로젝트 내용 요약 및 진행 상황 공유

4.3 콜센터/지원부서

1. 환경

- 업무 전문가로 많은 팀원과 고객 지원
- 다양한 메시지를 항상 수신하고 이메일 창을 항상 열어서 메시지 실시간 확인
- 많은 요청 내용에 대해서 리스트 관리

2. 메시지 관리 방법

- 수신한 이메일에 라벨 사용 구분 → 업무 내용 및 분야 구분 후 처리, 미처리, 대기 등 라벨 추가 부여 관리
- 담당자가 여럿일 경우에는 Groups의 이메일 공동작업 받은 편지함 사용
- Alias를 등록하여 개인 계정 외에 질의할 수 있는 이메일 계정 생성
- 자주 답변하는 내용은 Gmail의 준비된 답변 기능을 이용

3. 이벤트 관리 방법

- 내, 외부용으로 캘린더 약속시간대 사용 비디오 미팅
- 정기적인 물어보세요 세션을 통하여 비디오 Conference 진행 → Support Calendar 공유
- 업무 시간 설정하여 개인 생활 보장
- Google Nest Hub를 설치해서 비디오 미팅에 바로 대응

▲ 영상회의를 위한 Google Nest Hub Max

4. 콘텐츠 관리 방법

- 상담내용은 Google 스프레드시트에 작성 처리
- 많이 물어보는 질문은 FAQ를 만들어서 전사 공유 드라이브에 업데이트 → Chat이나 이메일로 질의 시 해당 페이지 링크 전달
- 슬라이드에 동영상을 삽입하여 비디오 설명 지원
- 슬라이드로 Support Portal 만들어서 다양한 설명 콘텐츠 등록 제공

CHAPTER. 05
외부에서 회사 시스템 접속 방법 ☆ ⇥ ☁

회사가 아닌 공간에서 회사 업무 환경에 이용하는 방법을 몇 가지 소개합니다. 업무 환경, 인원, 업무 성격에 맞게 구성해서 사용합니다. 각각의 특징이 있고 비용, 제약 사항들이 있으니 사전에 확인하고 도입해야 합니다.

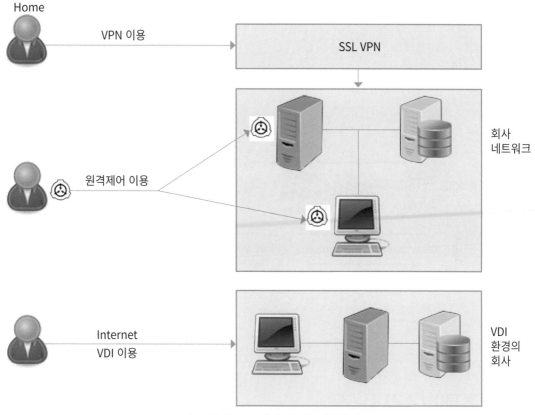

▲ 외부에서 회사 시스템에 접속하는 다양한 방법

① **VPN 이용**: 암호화된 브라우저를 이용하여 사내 시스템에 접속

② **원격제어 이용**: 별도의 소프트웨어를 설치하여 사용자와 회사 간의 암호 터널링 환경을 구축

③ **VDI 이용**: 클라우드의 회사 환경 또는 회사 내 가상공간에 접속

5.1 SSL VPN

각종 보안 문제로부터 안전한 데이터 전송을 보장하기 위한 SSL(Secure Sockets Layer) 방식의 VPN(가상사설망, Virtual Private Network)입니다. 사용할 PC 또는 노트북의 하드디스크나 USB에 개인 공인인증서를 다운받아 준비하거나, 브라우저 인증 방식으로 해당 네트워크에 접속합니다. 브라우저 인증 방식으로 이용하면 브라우저에서 회사 내 도메인 서비스에 바로 접속할 수 있습니다. PC 및 서버에도 접속할 수 있으며 보안이 우수합니다. 회사에서 SSL VPN 구성을 해야 이용할 수 있습니다.

별도의 프로그램을 설치하여 터널을 구성하거나 크롬 브라우저에 Add-on[3] 하는 형태로 회사에 설치된 프로그램과 보안 터널을 구성하여 데이터를 전송합니다. End to End[4]가 가능하고 별도의 전용망을 설치하지 않아도 되기 때문에 비용도 저렴하고 안전합니다.

회사에서는 접속을 허용하기 위해서는 요구하는 수 만큼의 리소스가 있어야 하고 네트워크 부하량이 많아집니다. 사용자의 PC 해킹을 통한 원격 접속 시에는 큰 문제가 발생할 수 있습니다.

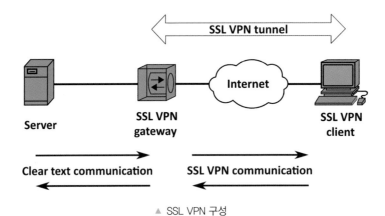

▲ SSL VPN 구성

(출처: https://commons.wikimedia.org/wiki/File:SSL_VPN_Topology-en.svg)

5.2 원격제어/관리 시스템

클라이언트 프로그램을 접속하려는 회사 내 서버, PC에 설치하고 가정이나 접속하려는 외부 공간에서 동일한 접속 프로그램을 이용해서 액세스합니다. 월간 구독 비용으로 사용하거나 회사 내 구축형으로 설치합니다. 외부에서 해커들이 다양한 공격을 할 수 있기 때문에 보안이 우수한 제품을 선정해야 합니다(무료 제품의 경우에는 해커가 침입하여 랜섬웨어 공격도 자주 일어납니다). 소규모 회사나 특정 목적의 PC를 제어, 관리하는 경우에만 제한적으로 사용합니다.

---

3 Add-on(애드온): 추가 기능
4 End to End: 단말 장치 간 연결

상대적으로 접속 및 이용 방법이 간편해서 대규모 사업장이나 회사보다는 개인적인 사용을 많이 합니다. 또

한 Shadow IT(회사에 알리지 않고 사용하는 형태)로도 필요한 곳에 원격접속을 하기 위해서 사용합니다. 접근하기가 어렵거나 외부 업체에서 방문해야 하거나, 특정 장비처럼 일반적인 PC가 아닌 경우에 많이 사용합니다.

해킹 사이트를 찾아보면 취약한 비밀번호와 관리 때문에 유출 사례가 많습니다.

▲ TeamViewer(팀뷰어)

5.3 VDI(Virtual Desktop Infrastructure)

가상 데스크톱 인프라(VDI)는 가상 머신을 이용하여 가상 데스크톱을 제공하고 관리하는 것을 의미합니다. VDI는 중앙 집중식 서버에서 데스크톱 환경을 호스트하며 요청 시 이를 최종 사용자에게 배포합니다. 회사 내부 또는 외부에 가상 서버와 PC를 구성하여 원격으로 사용합니다. 실제로 물리적인 서버가 있지 않고 가상으로 구성하기 때문에 증설이 간편하고 서버나 네트워크를 다양하게 구성할 수 있습니다. 회사에서는 단말기를 이용하여 접속합니다.

가상의 공간을 렌더링(rendering)해서 보여주기 때문에 PC나 스마트폰으로도 이용할 수 있고, 가상환경이라 사용하는 환경을 복사하거나 아카이빙, 삭제하는 등 다양하게 처리할 수 있습니다. 평소에는 사용하지 않다가 특별할 때만 구성해서 사용할 수 있고 다양하게 활용할 수도 있습니다.

이미지 개념으로 사용하기 때문에 동작하기 위한 서버 준비 등의 비용이 많이 발생하고 서버 이미지를 동작하기 위해서 많은 메모리를 요구합니다. 또한 가상 서버의 라이선스 등 부차적인 비용과 환경 준비 비용이 필요합니다.

데이터 유출 등의 문제로 보안이 중요한 대기업 중심으로 도입을 하고 있으며, 일부 회사에 개발 시에는 외부업체 인력들은 모두 VDI 환경에서 개발하게 하는 경우도 많습니다.

▲ VDI 환경 설명
(출처: https://commons.wikimedia.org/wiki/File:Virtual_
Desktop_Infrastructure,VDI.png)

CHAPTER. 06

디지털 보안

6.1 시크릿 브라우저 (보안)

공개된 장소에 제공되는 PC를 사용할 때 브라우저에 네이버, Gmail, 다음 서비스에서 로그아웃하지 않은 경우를 많이 봅니다. 대부분은 로그아웃을 하고 다시 로그인을 하지만, 모든 정보가 노출되는 위험한 순간입니다. 또한 요즘의 브라우저들은 사용자 편의성을 높여서 다양한 정보를 자체적으로 기억하는 기능을 제공합니다. 예를 들어서 방문했던 사이트 URL과 그 사이트의 로그인했던 id와 패스워드 등이죠. 로그아웃을 하더라도 다음 사용자가 실수로 다시 로그인할 수도 있는 경우가 발생합니다.

시크릿 브라우저는 크롬 브라우저 기준으로 Ctrl + Shift + N을 누르면 검은색 배경의 새로운 창이 나타나는데 이 검은색 창이 시크릿 브라우저입니다. 브라우저 메뉴에서 선택해서 사용할 수도 있지만, 간단하게 단축키를 외워서 사용하면 원할 때 쉽게 이용할 수 있습니다. 시크릿 모드에서 로그인하고 검색한 정보는 시크릿 브라우저를 닫으면 모두 PC 메모리에서 사라집니다. 당연히 다른 사용자가 사용할 때 내 정보를 찾을 수 없습니다. 메모리를 샌드박스(sandbox) 형태로 사용하고 지우기 때문에 다른 애플리케이션이 해당 정보에 접근할 수 없고, 내가 작업한 모

▲ 크롬 브라우저의 시크릿 브라우저

든 정보를 없앨 수 있습니다. 로그인했던 id 와 비밀번호, 방문했던 사이트 등 모든 항목입니다. 당연히 작성했던 이메일 내용이나 Google 드라이브의 Google 문서도 기록에 남지 않습니다.

시크릿 모드를 이용하는 경우는 다음의 3가지 경우입니다.

구분	게스트 모드	시크릿 모드
공통	방문기록, 쿠키 및 사이트 데이터, 양식 입력정보 남지 않음 다운로드 기록	
검색어 자동완성	나타나지 않음	자동완성 나타남
북마크 바	없음	기존 북마크 제공
단축키	없음	Ctrl + Shift + N
최대 창 개수	1개	여러 개
추천 사용	다른 사람에게 대여 시 공공 PC 사용 시	콘텐츠 테스트 시 다른 사람이 잠시 사용 시

① 외부 PC 이용 시

② 타인이 내 PC 사용 시

③ 콘텐츠 전송 전 사전 테스트 시

내 PC나 노트북이 아닌 PC를 이용시에는 시크릿 모드로 사용해야 합니다. 두 번째로 다른 사람이 내 PC를 사용할 때에도 시크릿 모드를 열어주어야 합니다. 북마크 등이 민감할 때는 게스트 모드(Guest mode)를 열어줍니다. 게스트 모드는 PC를 처음 샀을 때처럼 북마크도 없는 완전 초기모드입니다. 세 번째는 다른 사용자에게 클라우드 콘텐츠를 전달할 때 테스트 용으로 먼저 사용하면 좋습니다. 특히 설문지와 같이 별도의 로그인 없이 응답하는 경우에 응답자 수백 명에게 설문 링크를 보냈는데 문서가 열리지 않으면 당혹스럽습니다. 항상 세션이 없는 시크릿 브라우저에서 먼저 테스트하고 전달해야 합니다.

게스트 모드도 제공하는데 기능상 차이가 약간 있습니다. 공장 초기화 후 사용하는 브라우저입니다. 시크릿 브라우저와 차이점은 다음과 같습니다.

6.2 패스워드 관리

해킹 예방을 위하여 복잡한 패스워드를 요구하고 그러다 보니 오히려 패스워드 관리에 문제가 많아지고 있습니다. 많은 사람들이 놀랍게도 패스워드를 1, 2개만으로 이용하고 있습니다. 해커들은 일반인들보다 머리가 좋은 전문가들입니다. 디지털에서 보안은 인터넷 보안과는 차원이 다릅니다. 항상 조심하고 안전한 방법으로 사용해야 하며 의심스러운 사이트는 회원 가입을 자제하고 수상한 앱을 설치하면 안됩니다.

패스워드가 많아서 Google Drive에 적어서 보관 시에는 2차 인증 등 안전조치를 꼭 하시기 바랍니다. 동일한 패스워드를 여러 군데 사용하는 것은 위험합니다. 최소한 다음과 같은 정책을 사용하세요.

구분	목적	비고
단순 가입용	중요한 데이터가 없고 단순 가입용	• 기본 패스워드 사용 • 규칙적인 여러 개 사용
개인용	• 포털 사이트 등 대부분 사이트 이용 • 내 정보를 인터넷에 보유	안전 패스워드 사용
금융용	• 은행, 보험, 증권 등 금융에서 사용 • 패스워드 조건이 복잡	금융용 안전 패스워드 사용
업무용	회사 업무나 관련 업무용	• 별도의 패스워드 생성해 사용 • 사이트별로 패스워드 관리

특히 금융용 패스워드는 주기적으로 변경하는 것이 가장 좋지만 쉽지는 않습니다. 공인인증서 등 추가적인 인증 방법과 함께 사용해 안전하게 패스워드를 관리하세요.

크롬 브라우저에서는 패스워드를 기억하고 복잡한 패스워드를 제공하는 기능이 있습니다. 이 기능을 이용하면 브라우저가 안전하게 기억을 하고 비밀번호 입력 시 알아서 입력해줍니다. 또한 패스워드를 만들어야 할 경우에도 알아서 복잡하게 만들어 줍니다. 사용자는 해당 브라우저의 클라우드 ID 만 안전하게 관리하면 되기 때문에 관리도 편합니다.

패스워드 관리는 인터넷을 사용하는 데 중요합니다. 패스워드 관리 방법을 알아보고 패스워드의 안정성을 테스트하여 관리 절차를 이해한 다음에 자동 로그인 기능을 이용하시길 바랍니다. 그렇지 않으면 온전치 못한 패스워드 관리로 낭패를 볼 수 있습니다.

6.3 랜섬웨어

어느 날 출근하니 한 통의 이메일이 있습니다. 이메일의 내용은 다음과 같습니다.

메일 내용 전문

한국 헌법 재판소에서 알려 드립니다.

귀하는 3월4일 오후 3시에 헌법 재판소에 출두해야 합니다. 신분을 확인할 수 있는 여권이나 다른 서류를 지참하십시오.
아울러 조사에 참석함에 있어, 귀하는 스스로 보호인을 초대하거나 무료 변호사를 신청할 권리가 있습니다.
정해진 시간에 출두하지 못할 사유가 있고, 또한 변호사를 고용할 계획이면,
귀하는 사전에 저희에게 이메일이나 다른 방법으로 통보해야 합니다.
저희 연락처와 신청서 양식이 이 편지에 동봉되어 있습니다.

귀하의 사건 번호: #3258 29 742
경찰서 출두 날짜: 2019-03-04

귀하의 사건 자료를 주의 깊게 살펴보십시오. 저희는 필요한 모든 서류와 함께 기록을 이 편지에 동봉합니다.

- 이상 -

사건 자료를 실행하니 열리지는 않고 이상합니다. 주간 미팅을 한다고 해서 별거 아닌 걸로 생각하고 회의에 참석하고 나서 다시 컴퓨터에 있는 파일을 열려고 하니 열리는 파일이 하나도 없습니다. 프로젝트 문서, 예전에 작성했던 기획 문서, 음악 파일도 열리지 않습니다. 그때 갑자기 사무실 뒤쪽에서 커다란 절망의 목소리가 들립니다.

"회사 네트워크 드라이브에 보관한 문서에 암호가 걸렸다!"

랜섬웨어입니다. 랜섬웨어는 내 컴퓨터를 포함해서 네트워크에 연결된 다른 네트워크 드라이브 파일도 모두 암호화합니다. 백업이 잘 되어 있는 회사나 개인이라면 포맷하고 백업한 파일을 다시 복사해서 일하면 되겠지만, 그렇지 않을 경우에는 파일을 복구할 수 없어 절망적인 상황이 되겠지요.

▲ 랜섬웨어 화면

랜섬웨어를 유포하는 해커들은 천재급의 머리 좋은 사람들입니다. 겉으로 보기에는 멀쩡해 보일 수도 있고 봉사활동을 많이 하는 착한 청년일 수 있습니다. 하지만 사이버상에서는 인정도 없고 돈만 밝히는 무자비한 폭군입니다. 이렇게 암호화를 하고 비트코인을 보내지 않으면 암호키를 주지 않습니다. 돈을 보낸다고 해도 키를 받을 확률은 낮습니다. 평소에 백업 및 관리를 잘 하는 방법밖에 없습니다.

6.4 크리덴셜 스터핑(Credential Stuffing)

모 연예인의 스마트폰이 해킹되어 많은 사람들이 충격을 받은 사건이 있었습니다.

'이제는 핸드폰도 해킹하는 구나.'

하지만 더욱 충격적인 사실은 해킹 방법이었습니다. 스마트폰이 바이러스에 감염되어서가 아니라, 사이트에 동기화되어 저장된 스마트폰 채팅 내용 때문이었습니다. 하필 동기화된 사이트의 비밀번호는 평소에 다른 사이트에서도 사용하는 비밀번호였습니다. 해커는 유사 계정을 만들어 연예인의 아이디와 패스워드를 알아낸 다음, 동기화되어 사용자 정보가 저장된 사이트에 로그인해서 해당 정보를 유출했습니다. 이것을 크리덴셜 스터핑 공격이라 합니다. 이는 가장 단순하면서도 쉬운 방법인데 패스워드 관리가 취약하다 보니 실제로 가장 많이 당하는 해킹 방법입니다.

▲ 크리덴셜 스터핑

2020년 3월에 마스크 대란이 일어났습니다. 갑자기 마스크 수요가 늘어나니 공급이 충분한 마스크를 생산하지 못하고 마스크 구하는 것이 어려워졌습니다. 이때 어느 인터넷 공구 사이트에 어디에 마스크가 있다고 하는 게시물이 올라왔습니다. 급한 마음에 해당 사이트를 방문해보니 유명한 마스크를 팔고 있었습니다. 구입하려고 하니 회원가입을 하라고 해서 평소에 사용하는 아이디와 패스워드로 가입을 했습니다. 그런데 벌써 다 품절입니다. 아쉬운 마음에 다른 사이트를 가보지만 거기도 모두 품절이죠. 여기에서 여러분은 평소에 사용하는 아이디와 패스워드를 해커에게 선물했습니다. 마스크를 판매한다는 사이트는 실제로는 마스크가 없고 여러분의 아이디와 패스워드를 탈취하기 위한 피싱사이트입니다.

피싱사이트는 개인정보(Private data)와 낚시(Fishing)의 합성어로 해커가 마치 낚시를 하는 것처럼 사용자의 정보를 낚아 올린다는 의미로 사용합니다. 이렇게 수집된 사용자의 정보를 해커는 퇴근하면서 자동화 프로그램으로 유명 사이트에 로그인을 시도합니다. 아침에 출근하면 몇 개의 사이트에 로그인이 되는지 리포팅을 받을 수 있고, 그 사이트에 접속해서 부가적인 공격을 합니다.

이런 사회적 공격은 사람의 심리를 이용하는 것이라 전문가도 식별하기 어렵습니다. 요즘에는 재난지원금 등이 핫 이슈이니 이런 정보를 이용하여 급한 사람들에게 보내고 정보를 탈취합니다. 이처럼 사회적 공격으로 인한 피해 사례를 소개하겠습니다. 어느 날 카톡 단톡방에 교수님이 좋은 앱이라고 소개하면서 링크를 하나 올렸습니다. 이 앱을 설치하면 근처에 코로나 감염자가 있었는지 확인할 수 있다고 합니다. 평소 여러 학생에게 존경받는 교수님이 올린 앱이라 의심없이 앱을 설치합니다. 이렇게 그들의 스마트폰은 해커의 손에 들어갔습니다. 교수님은 나중에 자신이 해킹을 당했다고 합니다. 여러분의 스마트폰을 통해서 통장에 있던 돈은 이미 인출되거나 쇼핑몰에서 비싼 물건이 결제된 후입니다.

6.5 소셜로그인을 통한 회원가입

앞으로는 회원가입도 가능하면 소셜로그인 방식으로 가입해야 합니다. 가입이 간편하며 정보관리는 소셜업체(구글, 페이스북, 카카오, 네이버 등)에서 안전하게 관리합니다. 소셜로그인을 이용하면 부가적인 정보를 서비스 업체에 전달하지 않아도 되니 사용자는 소셜 업체만 잘 관리하면 됩니다.

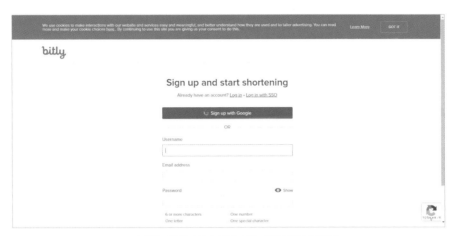

▲ 소셜로그인으로 Bit.ly(단축 URL 서비스)에 가입하기

 조코디의 YouTube 강좌

Google 계정으로 Bitly에 소셜로그인하기

▶ https://bit.ly/CSC-F7

G Suite

+

Remote Work

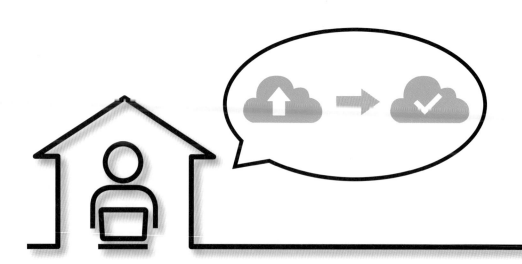

PART 3
재택근무
새로운 업무 방법

🔍 CHAPTER   × ▼

🔍 CHAPTER

📄 CHAPTER 00   재택근무의 업무 방식
📄 CHAPTER 01   업무에 따른 협업 서비스
📄 CHAPTER 02   커뮤니케이션 채널 구성
📄 CHAPTER 03   효율적인 영상 회의
📄 CHAPTER 04   문서중앙화 시스템
📄 CHAPTER 05   대시보드
📄 CHAPTER 06   재택근무 관리 기능
📄 CHAPTER 07   변화관리

G

CHAPTER. 00
재택근무의 업무 방식

☆ ⊡ ☁

0.1 재택근무 소통 방법

재택근무 시 소통 방법은 전화나 대면 대신에 이메일과 영상미팅, 그리고 채팅으로 진행됩니다. 가장 효율적인 방법을 회사에서 팀원들이 업무 방법을 정의를 하고 진행합니다. 내부에서 사용하는 통신 방법을 정의하는 것을 프로토콜을 정의한다고 합니다. 통신 환경에서 우리는 많은 프로토콜을 사용합니다. HTTP, FTP, SMTP, POP3 등 용도와 목적에 따라서 프로토콜을 다르게 사용합니다. 이와 같은 회사에서 G Suite와 같은 클라우드 서비스는 사용할 수 있는 방법이 많아서 사용자의 자유도(Degree of Freedom)가 높습니다. 즉, 메시지를 보내는 방법을 여러 가지로 응용할 수 있다는 의미입니다. 이것은 장점이 되기도 하지만 단점이기도 합니다.

회사에서의 소통 방법을 정의하고 해당 업무별로 프로토콜을 정의하는 과정이 필요합니다. 재택근무가 갑자기 결정되었다면 약간은 불편하더라도 회사에서 사용하던 방식을 사용해야 혼란을 최소화할 수 있습니다. 추가적으로 필요한 프로토콜은 정기적으로 회의를 열고 하나씩 팀원들이 결정하면서 만들어 가는 것을 추천합니다. '다른 회사는 이렇게 사용하니 우리도 사용하자'고 결정하기 보다는 우리 회사의 디지털 역량이나 업무 환경을 고려하여 결정하는 것이 중요합니다.

가장 기본적인 소통 방법을 소개하면서 이용할 수 있는 G Suite 서비스는 다음과 같습니다. 각각의 서비스를 잘 이해하는 것이 선행되어야 합니다.

구분	설명	G Suite 서비스
메시지	정보 및 알람을 보낼 수 있는 방법	Gmail, Groups
화상회의	영상을 이용한 소통 방법	Google Meet
채팅	채팅을 이용한 소통 방법	Google Chat
협업소통	문서, 캘린더, 화이트 보드 등을 이용한 소통 방법	Google 문서, Google Calendar, Jamboard
Social	SNS 방식의 소통 방법	Google Currents

0.2 문서 및 콘텐츠 저장 · 보관 방법

클라우드 저장소를 이용해 문서 및 콘텐츠를 저장할 수 있습니다. 그 예로, PART 2에서 소개한 Drive File Stream이 있습니다. Drive File Stream을 이용하면 문서 등의 작업 동기화가 금방 이루어지고, 스트리밍 방식을 쓰기 때문에 정보 유출을 막을 수 있습니다. 또한 버전 관리 기능을 이용해 작업한 파일을 복구할 수 있습니다. 이러한 기능을 이용하면 랜섬웨어 등 다양한 해킹으로부터 콘텐츠를 안전하게 관리할 수 있습니다.

보안 외에도 콘텐츠 보관 시 유의할 점이 있는데, 점점 불어나는 콘텐츠 보관량으로 인해 검색하기 어려워진다는 것입니다. 보통 작은 조직에서는 윈도우 네트워크 드라이브 공유 드라이브를 이용하고 큰 기업에서는 별도의 CMS(Contents Management System)를 이용합니다. 하지만 검색 엔진들의 한계로 가지고 있는 콘텐츠나 파일도 필요할 때 정확하게 찾고 이용하는 것은 쉽지 않습니다.

Google Drive는 클라우드에서 안전하게 대규모 파일 관리가 가능하고, Google의 강력한 검색 엔진을 이용하여 본문의 내용까지 모두 검색할 수 있는 Full-Text Search(본문검색)가 가능합니다. 아무리 많은 문서를 가지고 있는 기업도 쉽게 원하는 문서를 권한에 따라 검색할 수 있습니다(참고로 기업에서 가지고 있는 문서의 양은 TB 단위입니다). 또한 G Suite for Business와 G Suite for Enterprise에서는 Cloud Search라는 나의 자료를 통합검색할 수 있는 강력한 검색 도구를 제공합니다. '나만을 위한 검색엔진'은 정말 재택근무에서 강력한 도구입니다.

G Suite를 이용해 협업하려면 함께 사용하는 G Suite Drive에 사용하는 파일을 업로드하고 업무 방식을 클라우드로 전환하는 것이 중요합니다. 단기적으로는 Drive File Stream을 이용하여 로컬에서 작업하는 파일을 클라우드로 자동 동기화하여 사용하는 과도기적인 방법을 사용하지만 결과적으로는 크롬 브라우저에서 사용하는 것이 가장 정확하고 안전합니다. 아래아 한글의 편집 등의 특별한 목적이 있을 때나 Drive File Stream을 사용하고 나머지 경우는 모두 Google 문서를 사용하여 협업 플랫폼의 사용 가치를 높이도록 노력해야 합니다.

크롬 브라우저에서 사용하는 브라우저는 개인 공간과 협업을 위한 공유 공간으로 구분합니다. 개인 공간은 개인적인 파일과 콘텐츠, 작업 중인 문서를 이용하고, 흔히 ver 1.0의 단계부터는 공유 폴더나 드라이브로 옮겨서 회사의 다른 사람과 함께 이용합니다.

클라우드 구조가 안정적이고 데이터 센터 간의 백업을 지원하기 때문에 개인적으로 백업은 필요하지 않습니다. 다만 중간 작업본에 대한 보관이 필요할 경우에는 PDF 문서로 변환하거나 압축 파일로 만들어서 별도의 아카이브(Archive) 공간에 보관하는 것을 추천합니다. 단, 보관 시에는 폐기 날짜를 기록하여 많은 문서 관리를 피해야 합니다. 문서가 많아지면 필요한 문서를 찾는 데 시간이 많이 걸리고 못 찾을 수 있습니다. 때문에 가장 효율적인 문서량을 유지하는 것도 기업에서 스마트하게 일하는 방법 중에 하나라고 생각합니다.

PC에 백업을 위해 보관 중인 문서나 파일은 PC에 그대로 관리하거나 별도의 도메인 또는 장소에 별도 보관하는 것을 추천드립니다.

0.3 보고 방법

많은 회사에서 결재 시스템 등 워크플로우 서비스를 많이 사용합니다. 회사의 결재시스템에 접속한다면 별 문리가 없지만, 결재 시스템이 없거나 있어도 효율이 낮다면 G Suite의 서비스를 이용하여 구성하는 것도 좋은 방법입니다. 외국의 엔지니어와 이야기 하다보면 우리나라에만 사용하는 몇 가지 시스템 및 도구를 발견합니다. 게시판, 조직도, 카톡, 네이버, 아래아 한글 그리고 결재 시스템입니다. 결재 시스템은 우리나라와 일본에게만 있는 독특한 문화이고 시스템입니다. 외국에서는 대부분 메일로 처리하거나 워크플로우(workflow) 시스템으로 업무를 처리합니다.

이런 문화때문에 일부 리셀러에서 오프라인에서 진행하던 결재시스템을 G Suite에서 사용할 수 있도록 3rd party App을 지원하기도 합니다. Gmail은 대량의 메일도 쉽게 찾을 수 있도록 아카이빙되기 때문에 이메일을 이용하더라도 간단한 결재는 구현할 수 있고, 큰 어려움 없이 검색해서 내용을 확인할 수 있습니다. 프로세스가 복잡하거나 결재 중심의 회사라면 Docswave와 같은 G Suite 전용 워크플로우 결재시스템을 사용하는 것을 추천 드립니다.

회사에서 효율적인 방법을 찾아서 이용해 보면 좋겠습니다. 방금 소개한 서비스 외에도 프로그래밍 없이 간단하게 Appsheet(appsheet.com) 등의 도구를 이용해서 구현하는 것도 좋은 방법입니다.

0.4 문서 작성 및 협업 방법

0.4.1 문서 작성 방법

문서 작성은 특별한 목적, 예를 들어서 회사 공식 작성 방법, 고객사 요청사항, 국가제출 서류 등이 아니라면 Google에서 제공하는 Google 문서를 사용합니다. 저자도 고객사의 요청 사항이 아니면 Google 문서(docs, presentation, spreadsheet, forms)를 이용해서 업무를 하고 있으며 크게 복잡하거나 어렵지 않습니다(이 책의 내용도 모두 Google 문서를 이용하여 작성했습니다.

Google 문서를 사용한다면 DFS(Drive File Stream)를 사용할 필요없이 웹브라우저에서 모든 문서의 작성 및 업무가 가능합니다. 브라우저가 곧 업무 환경이기 때문에 하루 종일 브라우저 사용만으로 업무를 할 수 있습니다. 문서 작성 시에는 회사 내 작성 규칙, 파일 이름 작성법, 버전, 관리, 키워드 등록 등을 고려하여 이름 및 관리를 진행합니다.

문서를 저장하는 드라이브는 다음과 같은 기준으로 계획해서 작성합니다.

- **내 드라이브**: 임시 작업 문서 또는 개인 문서

- **공유 드라이브**: 버전 1.0의 공식 문서, 문서 업데이트 작업
- **공유된 문서**: 나에게 공유된 문서

문서의 종류에 따라서 위치를 다르게 작업하세요. 문서가 많을 경우에는 보통은 최근의 문서를 작업하는 경우가 많습니다. 최근 문서함을 이용하면 쉽게 작업하던 내용을 찾을 수 있습니다. 또한, 다음과 같은 방법도 있으니 편리한 방법을 사용해서 빨리 문서를 찾고 작업 환경을 구성하는 것이 중요합니다.

▶ Google 드라이브에서 제공하는 작업 환경

방법	설명
최근 문서함	최근에 작업했던 문서 순으로 작성
중요 문서함 표시	자주 사용하는 문서를 중요문서로 표시
우선순위	나의 작업 패턴에 의한 AI 가 문서 제시 (사용자 데이터가 일정량 누적되야 하므로 드라이브를 자주 사용 해야 함)
작업 공간	문서를 가상의 공간에 모아서 업무별로 사용
키워드 검색 북마크	키워드로 검색한 결과의 URL을 북마크하여 사용
항상 사용하는 문서	해당 문서를 북마크하여 사용

0.4.2 협업 방법

문서를 협업하는 방법은 다양합니다. 또한 문서의 종류에 따라서 방법이 다르니 필요한 방법을 확인하고 작성하는 것이 중요합니다. 우리는 학교에서 늘 다른 사람과 협업과 협동을 해야 한다고 배웠지만 사실 방법에 대해서 알려준 선생님은 많지 않았습니다. 그 이유는 선생님들도 협업을 해본 적이 없기 때문에 잘 몰랐고, 경쟁중심의 사회여서 다른 사람보다 내가 잘되어야 하는데 협력을 하게 되면 경쟁에서 이길 수 없기 때문이었죠. 마지막으로 협업을 할 수 있는 적절한 도구 및 방법이 없었습니다.

G Suite는 협업 솔루션이고 다양한 방법으로 협업을 할 수 있도록 도와줍니다. 우리가 이상적으로 생각하던 다양한 협업 방법을 실제로 사용할 수 있고, PC 이외에도 스마트폰 패드 등 다양한 디바이스에서 문서 작성 및 메시지 전달이 가능합니다. 통신망만 가능하면 장소에 상관없이 Anywhere, AnyTime, AnyDevice를 지원합니다.

재택근무 이전에는 오프모임에서 다양한 협업 방법이 있었지만, 재택근무로 이제는 물리적인 공간이 아닌 가상의 클라우드 공간에서 더 자유롭고 다양한 협업이 가능합니다. 문서 협업 외에도 회의, 생각, 작은 파편의 정보도 함께 관리할 수 있고 지도, 영상, 아이디어 등 다양한 콘텐츠도 협업할 수 있습니다.

협업 방법 및 대상은 점점 넓어질 것이고 과거에 불가능했던 다양한 업무 방법이 등장하여 거리와 시간의 장벽을 무너뜨릴 수 있을 것입니다. 협업 방법에 대해서 정의를 하고 약속을 하여 그동안 불필요하게 낭비되던 많은 불합리했던 요소들을 없애보세요. 업무 생산성이 올라갈 것입니다.

0.4.3 문서 백업

보관을 위해서는 백업을 하여 클라우드에 안전하게 보관합니다. 공유 드라이브를 백업 용도로 사용하게 되며, 문서를 검색할 수도 있습니다. 백업 파일은 별도의 저장 공간이나 다른 종류의 클라우드를 사용하면 안전하게 관리할 수 있습니다.

이용할 수 있는 다른 클라우드 저장 공간은 다음과 같습니다.

- **개인용 구글 드라이브**: 15G
- **네이버 클라우드 저장소**: 30G
- **메가클라우드 저장소**: 50G
- Dubox: 1TB

바이두(Baidu)의 Dubox는 1TB 무료 공간을 제공하지만 제약 사항이 있기 때문에 세 저장소 중 하나를 골라쓸 것을 추천합니다. 용량이 부족하다면 유료로 결제해서 사용해보세요. 외장형 드라이브보다 저렴하면서도 백업 파일을 안전하게 관리할 수 있습니다. 각 클라우드를 사용해보며 장단점을 파악한 이후에 골라 쓰시기 바랍니다. 클라우드 저장소는 저장 후 다른 클라우드나 PC로 이동하기 어렵다는 점도 참고하시길 바랍니다.

문서 백업 시에는 내용 검색을 원하면 폴더 그대로 문서를 백업하고, 단순히 보존만 원한다면 ZIP으로 압축해서 저장하는 방법을 사용합니다.

CHAPTER. 01

업무에 따른 협업 서비스

☆ ⇥ ☁

지금까지는 메시지, 이벤트, 콘텐츠 중심의 협업에 대해서만 언급을 했지만, 실제 회사에서 협업은 다양한 방식으로 진행됩니다. 최근에 개발 회사나 디자인 회사와 같이 대화 중심으로 업무를 한다면 Slack과 같은 채팅 서비스로 협업을 하기도 하고, 프로젝트 중심으로 업무를 하는 회사는 프로젝트 관리 방식으로 협업을 하는 경우도 있습니다. 그리고 결재 중심의 회사는 워크플로우를 이용해서 협업합니다.

협업이라는 개념에 스테레오 타입이 존재하지 않기 때문에 상황이나 업무에 따라 정형화된 방식으로 해결이 안되는 경우가 점점 많아집니다. 그러다 보니 Google G Suite만으로는 해결하기 어려운 부분이 생기고, 이러한 부분을 해결하기 위한 다양한 서비스들이 생기고 있습니다. Google 입장에서도 모든 서비스를 제공하려 하지 않고, 오히려 이런 3rd party를 플랫폼 차원에서 지원하는 경우도 있습니다. 상생의 길이죠.

Google G Suite의 장점은 모든 서비스를 골고루 제공하는 것이지만, 이는 특화된 서비스를 제공하지 못한다는 단점이 되기도 합니다. Google Meet가 계속 업데이트되고는 있지만, 줌(Zoom)이나 웹엑스(Webex)와 같이 온라인 미팅에 특화된 서비스를 사용하기도 하고, 채팅을 특화한 경우에는 Slack이나 잔디를 사용합니다. 프로젝트 관리는 Google 스프레드시트로도 할 수 있지만, 전문적인 프로세스를 제공하는 Jira나 Asana, Monday.com을 사용합니다. 그리고 결재는 Docswave를 많이 이용합니다.

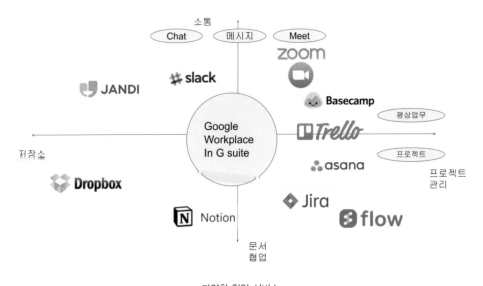

▲ 다양한 협업 서비스

조직에서 일을 잘할 수 있는 방법을 정리하고 해당 요구사항을 잘 만족할 수 있는 서비스를 선택합니다. 그리고 해당 서비스를 테스트해서 생산성이 올라갈 수 있는지 파악한 다음에 사용합니다. 서비스 도입 시 다음을 꼭 고려해야 실패 없는 도입이 가능합니다.

① **요구사항 정리**: 우리 회사에서 협업에 필요한 사항을 정리합니다.

② **서비스 선택**: 서비스를 선택하기 위해서 해당 서비스에 대한 이해가 선행되어야 합니다. 실제로 환경을 구성해서 사용해보고 해당 기능이 우리 조직에 적합한지 확인해야 합니다.

③ **테스트 환경 구성**: 선택한 서비스로 실제 우리 업무 환경 사용을 위한 업무 환경 구성, 테스트 시나리오를 준비합니다.

④ **갭(Gap) 분석**: 제공되는 서비스가 우리 회사 환경에 딱 맞으면 좋지만 갭이 발생합니다. 갭의 차이에 대한 처리가 중요합니다. 과거에는 이런 갭이 발생하며 우리 회사에 맞추기 위해서 커스터마이징(수정개발)을 했지만, 커스터마이징을 하게 되면 오히려 많은 문제가 발생하고 업데이트를 하지 못하는 문제가 발생합니다. 클라우드 서비스에서는 수정하는 방식이 아닌 오히려 서비스에 우리 회사의 업무 방식을 변경해서 표준 방식으로 접근해야 합니다. 또는 일부만을 적용하여 갭의 차이를 피해갈 수도 있습니다.

⑤ **단계적 적용**: 전 직원의 디지털 능력의 차이가 있다면 서비스를 단계적으로 도입해서 사용하는 방안을 검토해야 합니다. 물론 교육이나 변화관리가 지속적으로 지원되어야 모든 직원의 역량을 높일 수 있고, 원하는 서비스와 프로세스를 회사에 도입할 수 있습니다. 많이 하는 실수가 G Suite를 도입했는데 왜 협업이 안되는지 묻는 임원들이 많은데 변화관리가 안되면 세상 최첨단 장비도 효과가 없습니다.

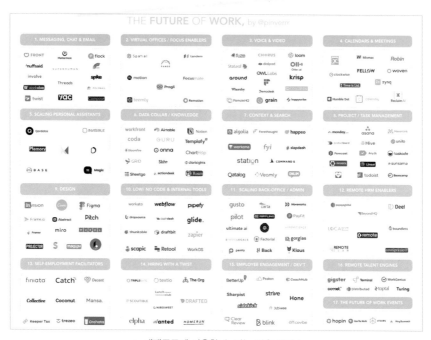

▲ 재택근무에 사용할 수 있는 많은 서비스

우리나라는 유무선 통신강국이며 디지털 역량도 높고 많은 사용자의 디바이스도 대부분 최근에 출시된 고사양입니다. 최신 다바이스가 발표되면 어느 나라보다 빨리, 그리고 많은 사용자가 구입을 합니다. 전화 통화만 하는 사용자도 최신 스마트폰을 사용합니다. 하지만 한글 사용이라는 특수성과 결재 문화, 네이버, 외국어 등의 여러 가지가 복합적인 요인으로 외국의 좋은 클라우드 서비스를 외면하고 있습니다. 그러다 보니 환경과 장비는 좋은데 아직도 아날로그식으로 사용하거나 개인에 한해서 좋은 디지털 서비스를 이용하는 한계를 가지고 있습니다.

Google G Suite를 이용하면 적은 비용으로 최신의 트렌드에 맞는 서비스를 사용하고 해킹 및 서버 관리 등 보안 문제에도 대비할 수 있습니다. 하지만 그럼에도 아직도 회사에 서버를 구축해서 사용하려고 하는 회사가 많습니다. 보안이 중요하면 회사 임원실 청소나 보안 관리를 용역 업체에 맡기면 안되지만, 전문성 및 비용 문제로 모든 문이 열리는 보안키를 주는 것을 아무렇지도 않게 생각합니다. 클라우드 상에 저장하지만 컴플라이언스를 준수하고 다중 백업을 하기 때문에 회사 서버실보다 더 안전합니다.

기존 방식의 문제점을 개선해서 다양한 스타트업에서 좋은 프로세스와 방법을 제공합니다. 디지털 클라우드의 장점은 프로세스만 효과가 있으면 적은 비용으로 오늘 바로 사용할 수 있고, 클라우드 상에서는 사용자가 많더라도 자동으로 Scale 관리를 하기 때문에 많은 사용자로 서버가 다운되지도 않습니다. 기존의 복잡하고 비효율적인 프로세스 대신에 스타트업에서 제공하는 좋은 아이디어를 회사에 빠르게 도입할 수 있는 역량이 이제는 중요합니다.

▲ 안전한 Google Data Center (출처 : YouTube)

CHAPTER. 02

커뮤니케이션 채널 구성

재택근무를 하면서 가장 중요한 것은 커뮤니케이션 채널 구성입니다. 재택근무에서는 모든 커뮤니케이션 수단이 원격으로 진행이 되어야 하기 때문에 채널 사용 방법에 대해서 협의가 필요합니다. 앞에서는 프로토콜이라는 용어로 설명했었습니다.

회사 업무에는 다양한 커뮤니케이션 방법이 있습니다. 전화나 이메일, 카톡 외에도 다양한 커뮤니케이션 방법을 사용하고 있습니다. G Suite에는 다양한 커뮤니케이션 방법이 있으니 목적과 환경에 따라 선택해서 사용하는 것을 추천드립니다.

▲ 규모와 회신 필요성에 따른 커뮤니티 도구

2.1 채팅

채팅은 빠른 커뮤니케이션이 가능합니다. 전달하는 메시지도 빠르게 전달할 수 있고, 응답도 빠르게 받을 수 있습니다. 다만 간편하고 쉽게 사용할 수 있다 보니, 메시지를 남용하는 경우도 생깁니다. 전달할 사항을 준비하지 않고 생각날 때마다 메시지를 보내면 받는 사람은 소통하기 불편하므로 주의하도록 합니다.

- **서비스**: Google Chat
- **접속방법**: 웹화면(chat.google.com)에 접속해서 사용. Chat Client 프로그램 설치, 스마트폰에 Chat 앱 설치

- **사용방법**
  - 업무 중심으로 rooms를 구성하고 필요한 인원만 참여
  - 사적인 대화는 가급적 하지 말고 다른 커뮤니케이션 이용
  - rooms 단위로 대화, 문서 조회 및 이용
  - 비디오 컨퍼런스로 전환 가능
  - 복잡한 내용은 chat 대신에 메일로 이용
  - 소통하는 내용 및 콘텐츠에 따라 문서, Currents, Gmail, Google Sites 등 이용
  - 대화가 많은 사람은 Chat Client 설치 이용
  - 외부에서는 스마트폰의 chat앱으로 빠른 응대

2.2 비디오 컨퍼런스

비디오 컨퍼런스를 이용하면 실시간으로 화면을 보면서 화상통화하거나 발표 자료를 함께 보면서 소통할 수 있습니다. 직원 중에 비디오 회의 시 부담감을 느낀다면 화면을 꺼도 괜찮습니다. 중요한 것은 얼굴 모습이 아니고 소통 그 자체입니다. 외부인과 소통해야 하는 영업직이나 콜센터의 경우에는 화면 배경을 회사에서 제작해서 이용하는 것도 회사 경쟁력에 도움이 될 것입니다.

- **서비스**: Google Meet
- **접속 방법**: Google Meet(meet.google.com) 웹 브라우저 이용, 스마트폰 Meet 앱 이용, Google Nest Hub Max, Google Meet Hardware
- **사용 방법**
  - Calendar에 이벤트 등록하여 상대방 초대하여 Meet 회의방 입장
  - 회의방을 만들고 직접 호출
  - 특정 시간에 미리 약속한 방으로 입장 (예: salesteam1, mondaymeeting)
  - 회의방에 들어가서는 인사 후 마이크 오프
  - 필요할 때만 마이크를 켜고 대화
  - 참석자가 많을 때는 채팅으로 질문 및 대화
  - 화면 공유를 통하여 참석자에게 자신의 화면 자료 공유
  - 화면 레이아웃을 변경(자동, 타일식, 스포트라이트 사이드바)
  - Enterprise 버전은 화면 녹화 기능 제공
  - Gmail, Chat, Classroom, Calendar 등 다양한 접속 방법 제공
  - 개인 사용자(id@gmail.com) 사용 가능
  - 회의방 개설자가 참석자 관리 기능

2.3 이메일

이메일은 회사 업무의 기본이고, 회사 도메인으로 사용하는 내용은 공적인 내용이라 법적으로도 효력이 있습니다. 공적인 문서이니 쉽고 공식적인 언어를 사용해야 합니다.

- **서비스**: Gmail
- **접속 방법**: Gmail 웹 버전, 스마트폰 앱 이용. 이메일 클라이언트 SW 사용 금지
- **사용 방법**
  - 지메일은 별도의 메일 클라이언트 사용하지 말고 웹에서 바로 이용
  - Chat은 짧은 대화 중심, Gmail은 문서 중심
  - 수신자, 참조자를 정확하게 선택
  - 회신 시 참조자가 있으면 참조자를 포함해 전체 회신
  - 문서 첨부 시에는 드라이브에 문서 먼저 등록 후 링크 첨부
  - Google 문서 내용은 링크로 보내고, 수신자의 디지털 리터러시가 낮을 경우에는 PDF로 첨부
  - 메일의 스레드 구조 이해하고, 주제가 변경되면 새로운 이메일로 작성
  - 분류, 자동분류, 스펠링, Smart reply 등 AI 기능 이용
  - 수신자를 선택하면 자동으로 관련된 다른 사람을 추천함

2.4 게시판

게시판은 여러 사람에게 공지 성격의 글을 게시하거나 문서를 포스팅할 때 주로 사용합니다. G Suite에는 Google Currents라는 서비스가 있는데, 회사의 페이스북이라 보시면 이해하기 쉽습니다. 이 서비스를 이용하면 사내 게시판 기능을 할 수 있으며, 스마트폰으로 언제든 게시글을 확인할 수 있습니다. 또한 도메인 내부에서만 사용하기 때문에 회사나 조직에서만 사용할 수 있습니다. 사내 정보가 유출될 위험이 적으니 보안도 우수하며, 정보를 전달하기 쉽고 효과적입니다. 이외에도 G Suite는 Groups도 제공하나 약간은 복잡하고 이메일 형태라 Currents를 추천합니다.

- **서비스**: Google Currents, Groups
- **접속 방법**: currents.google.com, 스마트폰 Currents 앱
- **사용 방법**
  - Currents에 회원가입 후 개인 프로필 작성
  - 필요한 사람 펠로우, 커뮤니티 가입
  - 커뮤니티 만들고 필요한 사람 초대
  - 관련내용, 뉴스, 문서 포스팅하여 사용
  - 회사 페이스북처럼 사용

CHAPTER. 03
효율적인 영상 회의

다른 사람과의 회의는 늘 복잡하고 시간이 많이 걸립니다. 또한 빈번한 회의로 회사원들이 소중한 업무 시간을 뺏기고 있습니다. 어떤 경우는 참석 이유도 모르고 참석하는 회의도 있습니다. 우리가 일반적으로 모여서 하는 회의를 분석해보면 다음 분류로 나눌 수 있습니다.

▶ 분류에 따른 회의 방법

구분	설명
정보공유형	보고, 점검회의 등 참석하는 사람에게 정보를 공유하기 위한 회의
문제해결형	의사결정을 통하여 주제나 문제를 바탕으로 결정을 내리는 회의
아이디어형	새로운 사업이나 생각을 만들기 위하여 서로의 의견을 공유하고 새로운 아이템을 만드는 회의
이해조정형	이해가 상충했을 때 서로의 입장을 설명하고 범위, 방법등을 조율하는 회의

많은 회의를 하고 있지만, 우리가 일반적으로 부르는 회의는 4가지 범주에 속할 것입니다. 그럼 이 4가지 회의 중에서 모두 떨어져 있는 재택근무 시 효율적인 방법을 찾는 것이 중요합니다.

① **정보공유형**: 공유하려는 정보를 사전에 확인하고 공유하려는 정보 중에서 궁금한 내용만 회의 시간에 질문하거나 요점 정리
② **문제해결형**: 문제의 현황에 대해서 문제를 정리하고 정리한 내용을 문서로 정리해서 회의 시간에 회의 후 결정
③ **아이디어형**: 사전에 주제를 공유하고 일정 시간 동안 자유롭게 메모, 촬영, 온라인 채팅 등을 통하여 생각을 브레인 스토밍하여 나온 자료를 가지고 회의
④ **이해조정형**: 상충되는 내용을 서로 작성하고 공유하여 의견을 다시 수집하고 이 결과를 가지고 회의

이로써 회의 방법을 분류하고 효율적으로 회의하는 방법을 정리했습니다. 이제 효율적인 회의를 하려면 회의 방법을 아는 것에 그치치 말고, 각자의 상황에 맞게 낭비되는 시간을 찾고 개선하려는 조직 문화가 필수입니다.

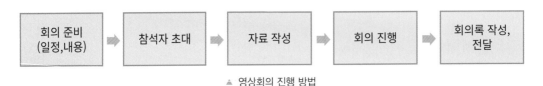

▲ 영상회의 진행 방법

3.1 회의 준비

회의를 하기 위해서는 어떤 회의를 누구와 할 건지 정해야 합니다. 회의 자료를 함께 만들어서 전달하면 좋겠지만 현실적으로 회의를 준비하는 단계에서는 회의 내용과 참석자를 정하는 것이 중요합니다.

일단은 캘린더에 원하는 날짜 이벤트를 생성하고 세부 내용을 작성합니다. 세부 내용에는 관련된 자료, 링크, 동영상 등 다양한 자료를 등록하여 참석자가 회의에 대해서 충분한 정보를 얻을 수 있도록 도와줍니다. 회의에 무슨 이야기 하는지도 모르고 참석하는 것처럼 비효율적인 시간 낭비는 없습니다.

▲ Google 캘린더로 회의 만들기

오프라인에서 한다면 회의실을 지정하고 온라인으로 진행된다면 Google Meet 화상 회의를 추가합니다. 오프라인에서는 해당 회의실의 사용여부를 확인 후 중복이 안 되게 회의실을 예약합니다.

3.2 참석자 초대

참석자를 초대할 때에는 꼭 필요한 사람만 초대합니다. 여러 사람의 일정을 확인하고 싶을 경우에는 회사의 캘린더를 조회하여 해당 시간에 참석이 가능한지 확인합니다. 이런 환경을 만들기 위해서는 회사 직원 모두가 회사 캘린더에 자신의 일정을 빠짐 없이 기록해야 합니다. 참석자에게 초대 메시지가 도착하면 참석자는 초대받은 회의에 참석 여부를 알려서 일정을 정합니다. 참석, 미참석, 미정에 따라서 캘린더의 표시가 다르게 표시됩니다. 또한 스마트폰과 연동이 되어 알람이 표시가 되어 미리 참석 여부를 알 수 있습니다.

참석이 불가한 시간이 있다면 사전에 자신의 캘린더에 부재중 표시를 해서 회의 시간 조정에 시간을 낭비하지 않도록 합니다.

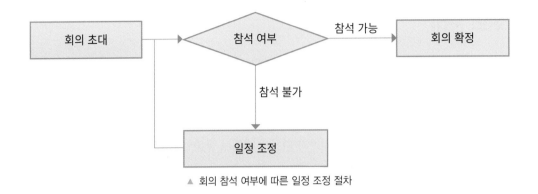

▲ 회의 참석 여부에 따른 일정 조정 절차

3.3 자료 작성

이벤트 초대 전에 회의 자료를 작성하는 것이 중요합니다. 회의 자료는 Google 문서, YouTube 영상 등 다양한 멀티미디어를 사용하여 회의 내용을 최대한 쉽게 설명하는 것이 중요합니다. 특히 영상은 문서보다 더 많은 내용을 전달할 수 있어 유용합니다. 여러분이 가진 스마트폰만으로도 충분히 좋은 영상을 촬영할 수 있으니 잘 활용해보면 좋겠습니다. Google Drive는 동영상 스트리밍을 지원하는 플랫폼으로 동영상을 업로드하면 회의에 참석하는 참석자는 스트림 방식으로 동영상을 시청할 수 있습니다.

3.4 회의 진행

회의를 진행할 때 준비한 회의 문서에 추가로 내용을 작성할 수 있고, 또는 회의록을 하나 공유해서 모두가 볼 수 있도록 함께 작성하면 좋습니다. 특히, 회의에서 나오는 Action Plan을 작성하면서 해당 당사자에게 코멘트를 한다면 놓치지 않고 회의 결과를 처리할 수 있습니다.

온라인 미팅으로 진행이 된다면 외부에 있는 사용자는 스마트폰으로 참석을 할 수 있습니다. 이제는 버스나 지하철로 이동 중이라 회의에 참석할 수 없다는 변명은 통하지 않습니다(참고로 G Suite Enterprise 버전에는 주위 소음을 줄이는 기능(노이즈 캔슬링)도 제공합니다).

다음을 참조하여 웹캠을 이용하여 회의에 참석할 시 중요한 점을 확인하세요.

① **주변 정리**: 과거 BBC 실시간 방송 중에 아이가 배경에 노출된 경우가 있습니다. 해당 사고는 오히려 재미있는 이야기거리로 전환이 되어 웃음을 주었지만, 중요한 비즈니스 영상 회의에 이런 일이 발생한다면 좋은 영향을 주지는 못할 것입니다. 아주 기본적인 내용이지만 회의를 할 때 불필요한 소음도 차단하고, 배경의 정리도 필요합니다.

② **조명**: 영상회의에서 조명의 역할을 간과하기 쉬운데, 조명은 사람의 표정을 밝게 하는 효과가 있습니다. 집에 있는 스탠드로 본인의 얼굴을 밝게 비춰보세요. 좋은 인상을 줄 수 있습니다.

▲ 영상회의용 조명 기구

③ **눈높이**: 노트북에 있는 웹캠을 사용하다 보면 본인의 시선이 아래로 향한 모습이 보여 다른 사람에게 불편한 느낌을 줄 수 있습니다. 이럴 땐 노트북 스탠드를 이용하여 웹캠을 눈높이로 올려보세요. 자세도 바르게 교정되고 눈높이를 올바르게 맞춘 모습이 보이게 됩니다. 우리가 일반적으로 영상회의 사진에서 보는 화면을 만들기 위해서 테스트를 해보세요. 보다 신뢰감이 있는 화면을 만들 수 있습니다.

▲ 눈높이용 노트북 스탠드

④ **웹캠(Webcam)**: 노트북 웹캠은 대부분이 SD급 카메라입니다. 로지텍(Logitech)의 웹캠을 하나 구입하면 오랫동안 사용할 수 있으니 좋은 영상을 위하여 하나 구입하는 것을 추천드립니다. 네이버 중고나라에 접속하면 c9XX 시리즈가 많이 올라와 있으니 HD를 지원하는 웹캠을 별도로 구매하시는 것을 추천드립니다. 또한 한 명 이상 회의에 참여할 때는 스피커/마이크도 구매하면 좋습니다. 국내 제품도 좋고 제브라(Zebra) 제품도 좋습니다. 블루투스 제품도 있으니 무선 환경을 원한다면 골라보는 것도 좋겠습니다.

▲ 다양한 로지텍의 웹캠

3.5 회의록 작성, 전달

회의 후에는 해당 이벤트에 회의록을 첨부해도 좋고, 이메일로 회의록을 공유해도 좋습니다. G Suite의 Enterprise 버전을 이용하는 경우 회의를 녹화했다면 녹화한 영상을 함께 공유해도 좋습니다.

CHAPTER. 04
문서중앙화 시스템

회사에서 꼭 필요한 기간계 시스템(업무의 기반이 되는 시스템)은 회사 규모와 환경에 따라 다르지만 공통된 시스템이 몇 가지 있습니다. 이메일 시스템, 인사 시스템, 회계 시스템, 자원관리시스템(ERP), 결재 시스템 등입니다. 여기에 대부분의 회사에서 문서 사용이 많기 때문에 문서관리 시스템을 기간계 시스템에 사용합니다. 문서관리 시스템은 공유문서 외에도 결재 문서, 지식 문서, 보고 문서 등 회사의 모든 문서를 등급에 따라 관리합니다. 또한 회사의 지식과 노하우가 모두 문서에 들어있기 때문에 문서관리 시스템이 멈추면 회사도 멈추게 되므로 반드시 주의해야 합니다. EDMS, ECM, CMS, 문서중앙화 시스템 등으로 부르며 회사 내 다양한 시스템과 연계되어 있습니다.

재택근무를 하면 가상화나 VDI, 원격접속을 이용하여 회사 내부에 접속하지 않으면 회사의 문서에 접근하기가 어렵습니다. 가상화나 원격접속이나 회사 내 나의 접속 환경을 하나 더 만드는 것이라 예산적인 면에서 많은 투자를 해야 하고, 다양한 환경에서 이용하는 데 제약 사항이 많습니다. 또, 문서 유출 대비를 위하여 DRM(Digital Rights Management)을 이용하면 사외에서 이용하기 어려운 단점이 있습니다.

문서관리 시스템은 문서가 많은 제약회사에서 체계적인 관리를 위하여 개발한 시스템이지만, 과거의 환경에 맞춰 개발했기 때문에 지금의 환경과는 잘 맞지 않습니다. 지금처럼 디지털 환경에서는 개념을 더 넓게 변화할 필요가 있습니다.

Google G Suite에는 회사의 문서관리 시스템으로 사용할 수 있는 서비스를 제공합니다. 공유 드라이브는 문서를 보관, 작성, 검색할 수 있고, 필요한 사람에게 공유하고 스마트폰으로 제약 없이 이용할 수 있습니다. G Suite Business는 5인 이상이면 저장할 수 있는 용량도 무제한이니 회사의 모든 문서를 저장해서 이용할 수 있습니다. G Suite에서 제공하는 API를 사용하면 다른 시스템에서 생성되는 문서도 자동으로 저장할 수 있습니다.

Google Drive에 저장되는 콘텐츠는 클라우드에 저장이 됩니다. 클라우드에 저장되는 콘텐츠는 각각 고유의 URI(Uniform Resource Identifier)를 가지고 있고, 이를 URL이라 부릅니다. 크롬 브라우저에서 Ctrl+T(새 탭 열기)를 눌러 탭을 만들고 주소창에 slide.new 라고 입력해보면 바로 Google 프레젠테이션이 하나 만들어집니다. 그리고 상단의 주소창에 보면 https://docs.google.com/presentation/d/ 로 시작하는 긴 URL을 확인할 수 있습니다. 마지막에 긴 식별자가 있고 이것이 여러분이 방금 클라우드 상에 만든 프레젠테이션의 주소로 사용됩니다. 그러면 걱정하시는 분이 생기겠죠. 우리 회사의 중요한 문서를 클라우드에 보관한다면 누군가 실수로 저 식별자 주소를 입력해서 볼 수 있는 거 아니냐고 걱정할 수 있겠지만, 그것은 불가능합니다. 긴 URL을 잘못 입력할 확률도 없지만, 정말로 희박한 확률로 URL을 입력했다고 하더라도 여러분의 문서를 볼 수 없습니다. 해당 문서를 볼 수 있는 조회 권한이 없기 때문입니다.

권한은 우리가 이메일 주소로 알고 있는 'id@gmail.com', 'name@company.com', 'code@school.ac.kr' id에 권한을 부여하고 해당 id로 로그인이 되어 있어야 문서를 조회하고 수정할 수 있습니다. 이 책에서 클라우드 ID로 호칭을 하고 있습니다(도서 참고 페이지 참고).

회사의 G Suite Drive에서 공유 드라이브를 만들어 관련 문서를 저장하고 사용하는 것이 안전하고 업무 효율 성을 높이는 방법입니다. 오히려 로컬에서 사용하는 것보다 더 안전하게 사용할 수 있고, DRM을 사용하지 않아도 유출을 방지할 수 있습니다. 자세한 내용은 Google G Suite 관리자 설명 페이지를 참고하세요.

최근에는 클라우드 시대를 맞이하여 클라우드 문서 중앙화 서비스가 많은 기업에서 도입 및 활용되고 있습니다. 그 일례로 Google Drive의 장점을 이용하면서 회사 업무에 최적화된 클라우드 기반의 문서 중앙화 서비스가 있습니다. 바로 앞에서도 여러 번 언급한 ;Docswave라는 서비스입니다. ;Docswave를 이용하면 Google Docs 문서를 양식에 따라 작성하고 여러 사람에게 순차적으로 공유할 수 있으며, Gmail로 실시간으로 통지되어 더욱 빠르게 업무를 처리할 수 있습니다. 이렇게 작성된 문서는 프로세스상 정의한 사람에게만 공유되어 문서 클라우드 보안까지 확립할 수 있습니다.

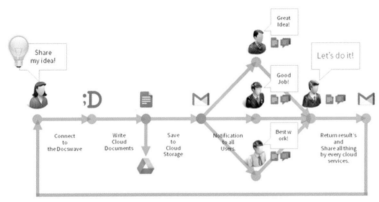

▲ Docswave를 통한 문서 중앙화

CHAPTER. 05

대시보드

재택근무 시 회사 출근 때와는 다르게 종합적인 정보 접근이 어렵습니다. 회사에 앉아 있으면 여러 가지 보고 자료도 볼 수 있고, 각종 수치에 대해서 대화하는 소리나 분위기로 알 수 있습니다. 궁금하면 바로 자리로 가서 물어볼 수도 있겠죠. 재택근무를 하면서 원격으로 대화를 하는 것은 어렵지 않지만, 가급적 다양한 정보를 제공할 수 있는 환경 구성이 중요합니다. 다양한 정보에는 매출이나 회사의 경영 정보를 포함해서 다른 직원의 휴가 정보, 업무 내용, 프로젝트 진행 상황, 관련 문서 등록 내용 등 다양합니다. 회사의 팀장이나 경영진은 더 많은 정보를 쉽게 확인하고 PC나 노트북이 아닌 스마트폰에서도 동일하게 확인하고 상황 파악을 할 수 있어야 합니다.

전문적인 대시보드 시스템을 개발해서 이용할 수도 있지만, 스프레드시트나 사이트 도구에서도 충분히 구성할 수 있기 때문에 사이트 도구로 구성하는 내용에 대해서 살펴보겠습니다. 개념적인 내용이라 전문적인 정보를 원할 경우에는 전문적인 대시보드나 CRM 서비스를 이용하기 바랍니다. 재택근무 시 커뮤니케이션 단절과 정보 공유의 측면에서 구성하는 것을 이해하시기 바랍니다.

5.1 데이터 입력

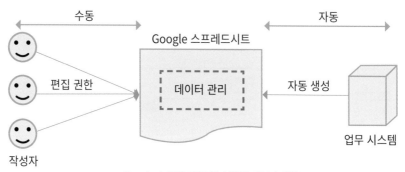

▲ Google 스프레드시트를 이용한 데이터 입력

데이터 입력은 사람 또는 시스템, 서비스에서 데이터를 수동, 자동으로 입력합니다. 중간에 데이터를 저장하는 공간이 있어야 하며 G Suite에서는 스프레드시트를 사용합니다. G Suite의 스프레드시트는 정형 데이터베이스로 사용할 수 있도록 다양한 API를 제공합니다. 사람에게는 수정할 수 있는 권한을 부여하고, 특정 부분에 대해서 수정을 못 하게 할 수도 있습니다. 이 스프레드시트는 데이터를 수집하는 용도로 사용합니다.

반드시 정확한 데이터를 수집하여야 합니다. 만약 자료의 의미가 사전에 정의되지 않으면 기준이 다른 데이터로 서로 다른 해석을 할 수 있기 때문입니다. 특히 사람이 입력할 때에는 정확한 기준을 정의하는 것이 중요합니다.

5.2 데이터 처리

데이터 입력 및 수집을 위하여 스프레드시트를 사용했습니다. Google 스프레드시트는 MS의 엑셀처럼 피벗테이블(pivot table) 외에도 다양한 AI 기능 및 빅데이터 처리도 가능한 다재다능한 서비스입니다. 또한 다양한 함수를 제공하기 때문에 필요한 데이터 처리를 할 수 있고, 함수로 제공하지 않는다면 App Script로 함수를 만들어서 데이터 처리가 가능합니다. 이외에도 다양한 방법으로 입력된 데이터를 처리, 가공할 수 있습니다.

5.3 데이터 조회

재택근무를 하면서 회사의 현황이나 프로젝트 진행 상황을 파악하는 것은 같은 공간에 있지 않기 때문에 어렵습니다. 진행 내용을 알기 위해서 문서를 볼 수도 있고 전화나 메신저로 물어볼 수 있지만, 매번 하는 것도 좀 번거로운 일입니다. 이럴 때는 대시보드를 이용하면 원할 때 바로 확인을 할 수 있고 디지털에서는 다양한 방법으로 확인이 가능합니다. 우리처럼 재택근무 시에는 간단한 방법으로 이용할 수도 있습니다.

수집되고 처리된 데이터는 Google G Suite의 차트를 통해서 실시간으로 표현될 수 있습니다. 차트의 모양이 마음에 들지 않으면 Marketplace에서 다양한 차트를 제공하는 앱이 있는지 검색해서 사용하세요.

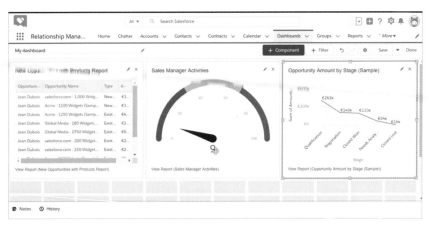

▲ 대시보드 예시: salesforce.com

5.4 대시보드 만들기

Google 스프레드시트를 이용하여 차트를 만들고 실시간으로 현행화하는 방법으로 대시보드를 만들 수 있습니다. 이외에도 그래프나 대시보드를 제공하는 3rd party를 이용해 대시보드를 만들 수 있습니다.

5.4.1 Google 스프레드시트

Google 스프레드시트는 MS의 엑셀과 같은 계산을 위한 서비스입니다. 하지만 구성을 보면 권한만 있으면 셀 단위로 액세스할 수 있고 정보를 불러올 수 있습니다. 데이터베이스에서 할 수 있는 기본적인 쿼리(query)가 가능한 셈입니다. 정리하자면 Google 스프레드시트는 정형화된 데이터를 관리할 수 있고 클라우드 상에 있으니 권한만 있으면 필요한 데이터를 언제든지 이용할 수 있습니다.

데이터에 대해서 업데이트가 보장되었으니 간단하게 차트를 만들고 그 차트를 원하는 표시 방법을 이용하여 슬라이드나 사이트 도구를 이용하여 외부에 표시할 수 있습니다. 요즘에는 55인치 TV도 25만원이면 구입할 수 있으니 해당 사이트나 스프레드시트를 계속해서 보여줄 수 있도록 구성하면 비싼 대시보드 시스템 대신에 간편하게 이용할 수 있습니다.

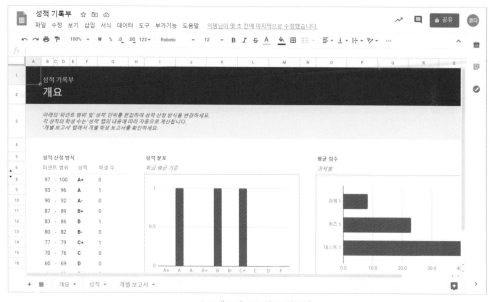

▲ 스프레드시트로 차트 만들기

5.4.2 Bitrix24

Bitrix24는 무료 CRM 서비스입니다. 협업 프로젝트에 최적화된 마케팅 도구를 제공하면서 프로젝트의 성과 및 진도를 확인할 수 있도록 CRM 도구인 그래프도 표시할 수 있습니다. 자세한 내용은 해당 사이트(www.

bitrix24.com)에서 확인하세요.

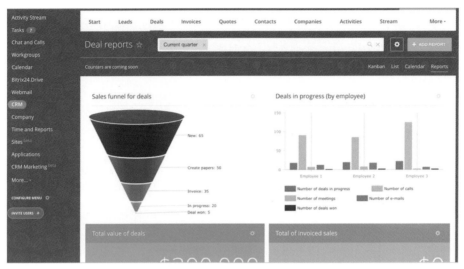

▲ Bitrix24의 무료 CRM 도구

5.4.3 Tableau Online

Tableau Online은 클라우드에서 완벽하게 호스팅되는 분석 플랫폼입니다. 대시보드를 게시하고 발견 내용을 다른 사람과 공유합니다. 대화형 데이터 시각화가 가능해 다양하게 분석할 수 있습니다.

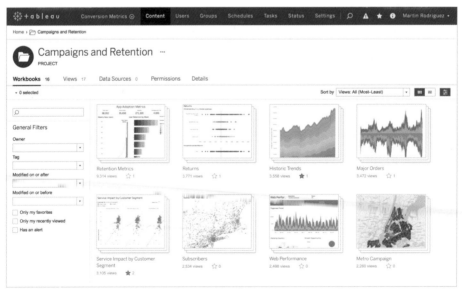

▲ Tableau Online CRM

CHAPTER. 06
재택근무 관리 기능

일반적인 Google G Suite의 관리 기능이 아닌 재택근무에서 사용 시 필요한 관리 기능에 대해서 소개를 합니다. Google G Suite 관리자 기능에 관심이 있는 분은 Coursera(www.coursera.org)에서 제공하는 G Suite Admin 기능을 학습하시길 바랍니다.

6.1 개인 Gmail 접속 기록 확인 (개인별)

Gmail 우측 하단의 세부정보 를 확인하면 Gmail에 접속한 모든 이력을 확인할 수 있습니다. 다른 디바이스를 통해 접속 이력을 확인해보고 수상한 IP가 있다면 비밀번호를 변경해서 접속을 차단해야 합니다. 업무용으로 사용하는 G Suite 계정은 꼭 2단계 인증을 설정해야 하고, 회사 차원에서 정책적으로 2단계 인증을 강제하는 것도 고려해야 합니다(2단계 인증에 관해서는 도서 참고 페이지를 참고).

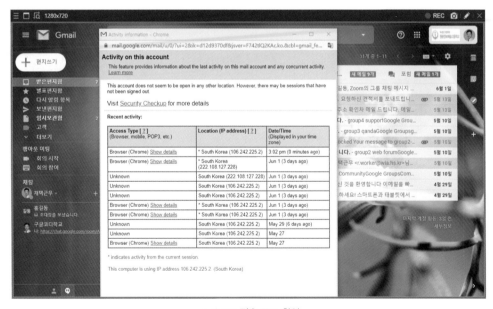

▲ Gmail 접속 로그 확인

6.2 관리자 접속 디바이스 관리 (관리자)

G Suite 관리자라면 사용자의 접속을 확인해서 비정상적인 접속을 탐지할 수 있습니다. 허용되지 않는 디바이스라면 접속을 강제로 끊어서 안전한 정보 관리를 보장할 수 있습니다.

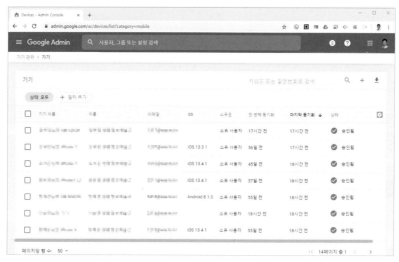

▲ 도메인 접속 디바이스 관리

또한 추가적으로 감사 로그를 이용한다면 민감한 계정이나 디바이스에 대해서는 다양한 통제가 가능합니다. 해당 기능은 꼭 Google 도움말과 테스트를 확인한 후 사용하세요.

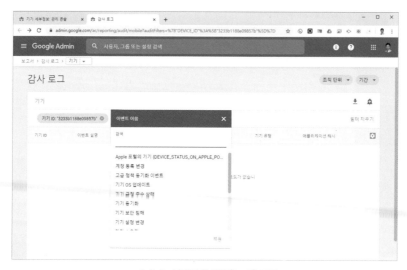

▲ G Suite 관리자용 감사(Audit) 도구

관리자는 의심스러운 접속에 대해서는 확인을 하고 세부 내용을 확인해서 내부 정보 유출 등에 대비해야 합니다.

6.3 관리자 보안센터 (관리자)

최근에는 해커들도 자동화 기능은 기본이고 AI 기능도 이용한다는 뉴스들이 있을 정도로 해킹은 사람의 일반적인 인식 이상으로 치밀하게 진행이 되고 있습니다. 회사 계정에 대해서 관리자가 많은 주의를 가지고 관리하더라도 사용자의 부주의나 다양한 공격에 취약할 수 있습니다. G Suite의 보안센터의 알람 기능은 다양한 보안 문제에 대해서 관리자에게 정보를 제공합니다.

▲ 2단계 인증 사용자 확인 (관리자용)

6.4 2단계 인증 확인 (관리자)

회사 G Suite 보안 관리의 가장 쉽고 효과적인 방법은 2단계 인증을 이용하는 방법입니다. 2단계 인증은 변화된 환경에서 로그인 시 다른 디바이스를 통하여 사용자가 정상인지 확인하는 방법으로 새로운 PC나 디바이스에서 로그인 시 등록해 놓은 스마트폰으로 인증을 하는 것이 대표적인 방법입니다.

▲ 2단계 인증 개념도 (출처 :Google)

관리자는 전체 사용자에 한해서 2단계 인증을 강제로 설정할 수 있습니다. 2단계 인증은 보안 관리에 강력하지만 디지털 리터러시가 낮을 경우에는 오히려 관리 문제가 발생하기 쉽습니다. 따라서 충분히 교육하고 매뉴얼을 배포하는 것이 좋고 Help Desk 운영도 고려해볼 만합니다.

▲ 2단계 인증 설정 관리

6.5 비밀번호 길이 강제 설정 (관리자)

어쩌다가 사용자 비밀번호를 볼 일이 생겨서 통계를 보면 love, apple, password 등 지극히 평범한 비밀번호를 많이 사용하는 것을 발견합니다. 한동안은 특수문자를 사용하고 주기적인 변경을 하라는 가이드가 있지만, 개인적인 경험 상으로 이러한 관리 규칙 때문에 오히려 비밀번호 해킹 문제가 종종 발생하였습니다. 앞에서 설명한 2단계 인증과 다른 곳에서 사용하지 않았던 비밀번호를 사용한다면 크리덴셜 스터핑(PART 2의 '6.4 크리덴셜 스터핑'을 참고)과 같은 가장 기초적이고 쉬운 해킹은 피할 수 있습니다. 따라서 업무적으로 사용하는 클라우드 아이디의 비밀번호는 꼭 개인적인 비밀번호를 사용하면 안됩니다.

클라우드 특성상 한 명이 해킹을 당하면 회사의 모든 정보가 한꺼번에 유출될 수 있습니다. 마치 고도에 뜬 비행기가 바늘 구멍 하나 때문에 추락할 위기에 놓이는 것과 같이 말이죠.

비밀번호 길이를 강제로 제한하는 것도 좋은 방법입니다.

관리자 〉보안 〉비밀번호 관리 에서 다양한 설정이 가능합니다. OU(조직 단위)별로 관리를 할 수 있기 때문에 회사 전체에서 민감한 조직에는 보다 강력한 보안 정책을 적용할 수 있습니다.

▶ 보안 설정 항목

구분	설명
안전한 비밀번호 적용	사용자가 강력한 암호를 사용. 연속된 문자, 숫자, 과거 사용한 패스워드 등
세션 시간	최소, 최대 길이
재사용 허용	비밀번호 재사용 허용 여부
만료일 지정	비밀번호를 재설정하는 만료일 설정

▲ 보안 설정 – 비밀번호 설정 관리

6.6 기타 보안 설정

보안은 창과 방패의 싸움이라 할 정도로 보안 기술이 발전하면 해킹 기술도 함께 발전합니다. 이제 해커를 포함하여 공격 도구들은 인간의 인식 범위를 넘었기 때문에 사람이 잘 관리한다는 것은 위험할 수 있습니다. 보다 안전한 방법에 대해서 개개인이 준비를 해야 하며, 개별 로그인보다는 소셜 로그인 사용 등 안전한 방법을 사용해야 합니다.

최근에 관리자가 인식을 못하는 해킹방법이 3rd party 앱에 의한 유출입니다. 유출이라기 보다는 권한 오남용의 문제입니다. 안전하지 않은 앱이 나의 Google Drive에 접속할 수 있는 권한을 부여받고 나의 소중한 데이터를 확인한다면 문제가 될 수 있습니다. 개인적인 문제를 넘어서 회사의 데이터나 문서에 접속한다면 더 큰 문제이지만 그것을 인식하지 못하는 것이 더 큰 문제입니다. 관리자는 보안을 포함해서 기술적인 발전에도 관심을 가져야 하지만 쉬운 이야기는 아니겠죠.

불필요한 앱의 설치, 그리고 내부 시스템과 자동화를 위한 SAML[1] 연계는 조심해야 할 부분입니다. 추가적인 정보가 필요한 분은 Google 검색이나 도움말을 참고하세요.

 조코디의 YouTube 강좌

다음의 URL을 통해 2단계 인증에 대해 알아보고, Google G Suite 계정에 직접 설정해보세요.

▶ (설명) Google 계정 2단계 인증 설정하기   https://bit.ly/CSC-H20
▶ (설정 방법) 클라우드 계정 2단계 인증 설정하기   https://bit.ly/CSC-F118

---

1   SAML(Security Assertion Markup Language): 한번의 로그인으로 여러 사이트나 서비스를 이용할 수 있게 돕는 공개 표준

CHAPTER. 07

변화관리

시대적, 기술적 변경에 따라서 많은 시스템이 도입되고, 다양한 변화관리 캠페인을 통해 변화관리를 진행하고 있습니다. 대기업의 경우에는 많은 경우에는 한번에 3~4개의 변화관리 프로그램이 운영되기도 합니다. 그만큼 우리는 변화의 시대에 살고 있습니다.

Google G Suite는 디지털 클라우드 서비스로 과거 경험해보지 못한 변화를 극복해야 조직 전체가 잘 사용할 수 있습니다. 클라우드 서비스는 사전에 준비된 서비스를 제공하기 때문에 회사에 서비스를 맞추는 개념이 아닌 반대로 서비스에 회사 프로세스를 적용해야 합니다. 변화관리는 조직에서 G Suite를 이용하여 다양한 업무에 적용하고 이를 통하여 생산성 향상과 업무 정확성을 높이기 위하여 조직 전체를 대상으로 진행합니다.

7.1 변화관리 효과

Google에서 변화관리를 잘한 기업과 안 한 기업의 투자비용대 회수비용을 비교한 자료를 보면 변화관리를 안 하면 35% 밖에 회수가 안되지만 변화관리를 진행했던 기업은 오히려 43% 투자보다 많은 회수가 발생했습니다.

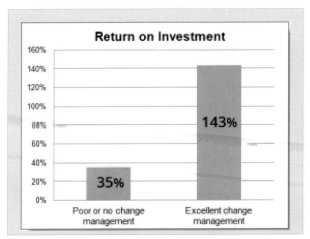

▲ 투자대비 회수비용 (출처: Google)

7.2 변화관리의 유형

변화관리는 세분화하면 제품의 변화, 정책의 변화, 프로세스의 변화로 구분할 수 있습니다. Google G Suite를 이용한 재택근무에서는 3가지 모두 해당되기 때문에 가장 큰 변화가 필요합니다. 3가지 변화가 모두 힘들다면 단계적으로 하나씩 변경을 해야 합니다. 가장 기본적으로는 원격에서 근무하기 때문에 Product(제품)의 변경부터 진행을 하고 단계적으로 정책과 프로세스를 변경해야 합니다.

- 제품 변경(Product changes)
  - 사용자가 익숙해지기 위해서는 시간이 필요
  - 간단한 기능부터 사용
  - 중요 사용자는 support나 특별 교육이 필요 (예: 임원, 클라우드 서비스에 익숙하지 못한 사람)
- 정책 변경(Policy changes)
  - 클라우드 서비스는 많은 기능을 보유하며, 계속 변화(진화)
  - 어떤 기능을 어떻게 사용할지 결정. (예: Mobile phone 사용 여부)
- 프로세스 변경(Process changes)
  - 내부 프로세스 변경
  - 외부 메일주소(sales@yourdomain.com), 결제, 대량 메일 등

7.3 변화관리 프로그램

변화관리 프로그램은 업무 생산성 향상에 집중합니다. 환경과 비용에 맞는 프로그램을 선택해서 디지털 세계로 전환해야 합니다.

구분	설명
G Suite 디플로이	메일 도메인 변경, 마이그레이션, SSO 연동, LDAP 연동, 사용자/그룹 등록, 그룹스 생성, OU 구성
정책 수립	사용자 관리 정책 수립, 비밀번호 관리 정책, 사용지역 제한, 사용자 디렉토리 검색 제한, 조직별 서비스 관리, 팀드라이브 사용 정책, 모바일 기기 사용 정책
사용자 서비스 교육	클라우드 기초 교육, 디지털 리터러시, 협업방법, 이메일 아카이빙(관리자), 공유, 드라이브 문서중앙화, G Suite 앱 교육
G Suite 사용 테스트	체크리스트에 의한 테스트
신입사원 교육	Classroom을 이용한 Self Paced Learning
관련 뉴스레터 발행	관련 뉴스, 변화관리 사례, 긴급정보, G Suite 업데이트, 교육정보 등
교육	• 매월 기본교육, 분기별 세미나 • 원포인트 교육, 방문교육, 화상교육 진행
Q&A	Q&A, FAQ, 기본 매뉴얼 제공 및 업데이트

7.4 Google 변화관리 시간표

구글에서 제시하는 변화관리 시간표는 기본적으로 4개월의 시간표를 제시합니다. 단계별(계획, 핵심 IT, 얼리어답터, 전사 적용, 사후관리)로 교육을 통하여 변화관리를 진행합니다. Google G Suite를 도입할 때 가장 많이 하는 실수가 라이선스만 구입하고 바로 사용하는 것입니다. 준비가 안된 상태에서의 사용은 오히려 혼란만 가중시키고 협업 도구인 G Suite의 첫 만남이 어려움으로 가득차게 됩니다. 다른 회사에서는 G Suite을 도입해서 효과가 있었다고 우리 대표님이 말씀하셨는데 생산성 향상보다는 오늘 내일을 끝내지 못할 것 같은 불안감이 다가옵니다. 환경과 역량에 따라 단계적으로 도입을 해야 합니다.

Plan	Core IT	Early Adopters	Global Go Live	Post Go Live
Approach	**Approach**	**Approach**	**Approach**	**Approach**
• Identify which users must move together to Google Apps • Validate if Calendar Connector is required • Plan for it accordingly	• **Contacts** Provision Groups, Legacy Users and External Contacts (ie: vendors) addresses as Shared Contacts • **Calendar** No provision	• **Contacts** Legacy Users • **Calendar** - Provision only resources that are managed entirely by EA users - Such resources must be removed from Legacy Platform	• **Contacts** Already in place • **Calendar** Provision of remaining resources	• **Contacts** Managed entirely in Google Apps • **Calendar** Managed entirely in Google Apps
Timeline • 30 days	**Timeline** • 30 days	**Timeline** • 30-60 days	**Timeline** • 30 days	

▲ Google 변화관리 프로그램

7.5 회사 내 변화관리 프로그램 구축

회사에서 자체적으로 변화관리 프로그램을 구축시에는 다음의 항목을 준비해야 합니다.

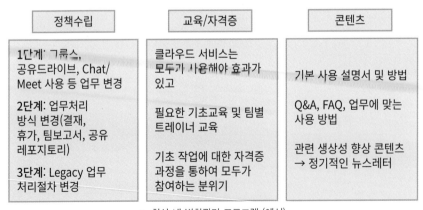

정책수립	교육/자격증	콘텐츠
1단계: 그룹스, 공유드라이브, Chat/Meet 사용 등 업무 변경 2단계: 업무처리 방식 변경(결재, 휴가, 팀보고서, 공유 레포지토리) 3단계: Legacy 업무 처리절차 변경	클라우드 서비스는 모두가 사용해야 효과가 있고 필요한 기초교육 및 팀별 트레이너 교육 기초 작업에 대한 자격증 과정을 통하여 모두가 참여하는 분위기	기본 사용 설명서 및 방법 Q&A, FAQ, 업무에 맞는 사용 방법 관련 생상성 향상 콘텐츠 → 정기적인 뉴스레터

▲ 회사 내 변화관리 프로그램 (예시)

7.6 조코디의 변화관리 프로그램

대학교 및 회사에서도 전사 규모로 변화관리를 진행하는 사례가 있습니다. 다음과 같은 내용으로 진행하고 있습니다. 전체가 모두 잘 사용하기 위해서는 다각적인 접근이 필요합니다.

▲ 조코디의 변화관리 프레임워크

Remote Work

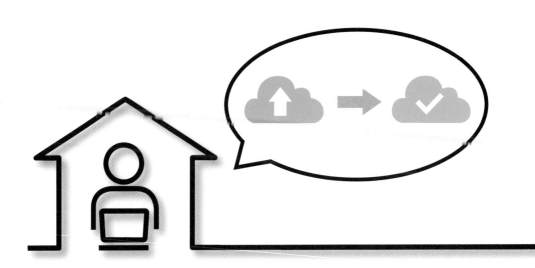

PART 4
G Suite 소개 및 설명

OK.

🔍 CHAPTER   ✕   ▼

🔍 CHAPTER

📄 CHAPTER 00   G Suite 소개
📄 CHAPTER 01   Gmail
📄 CHAPTER 02   Google 주소록
📄 CHAPTER 03   Google 드라이브
📄 CHAPTER 04   Google 캘린더
📄 CHAPTER 05   Google 문서
📄 CHAPTER 06   Google 스프레드시트
📄 CHAPTER 07   Google 프레젠테이션
📄 CHAPTER 08   Google 설문지
📄 CHAPTER 09   Google 사이트 도구
📄 CHAPTER 10   Google Hangouts
📄 CHAPTER 11   Google Meet
📄 CHAPTER 12   Google Chat
📄 CHAPTER 13   Google Keep
📄 CHAPTER 14   Google Groups
📄 CHAPTER 15   Google Classroom
📄 CHAPTER 16   Google Currents
📄 CHAPTER 17   Google Tasks
📄 CHAPTER 18   Google Cloud Search

CHAPTER. 00

G Suite 소개

☆ →] ☁

0.1 G Suite란?

G Suite는 Google에서 제공하는 서비스로 클라우드 컴퓨팅 생산성 및 협업 소프트웨어 도구, 소프트웨어 모음입니다. 과거에는 App들의 모음이라는 의미로 Google Apps라고 불렸지만 최근에는 브랜드를 리네임 (rename)하여 G Suite로 부르고 있습니다.

G Suite에는 Gmail, Drive, Meet/Chat, Google Calendar, Google 문서도구 등 Google의 인기 있는 웹 애플리케이션이 모두 포함되어 있습니다. G Suite는 클라우드 컴퓨팅 솔루션으로 Google의 안전한 데이터 센터 네트워크에 고객 정보를 호스팅합니다.

전 세계 6백만 개 이상의 기관/단체가 G Suite를 사용하고 있으며, 포춘 500 선정 기업의 60% 이상이 여기에 포함됩니다.

▲ Google G Suite

0.2 G Suite 종류

G Suite는 종류별로 가격과 제공 용량, 기능에 차이가 있습니다. 교육용으로 제공하는 G Suite for Education은 G Suite for Business 버전입니다. 도메인이 있다면 홈페이지에서 간편하게 14일 무료 신청할 수 있습니다.

▶ G Suite 버전 종류

구분	설명	가격(월)
G Suite Basic	30GB의 저장용량이 제공되는 업무용 오피스 제품군	6$
G Suite Business	무제한 저장용량 및 보관처리가 제공되는 향상된 오피스 제품군	12$
G Suite Enterprise	고급 제어 및 기능이 제공되는 프리미엄 오피스 제품군	25$
G Suite for Education	• 초중고, 대학교, 특수학교 등 학교기관에서 사용할 수 있는 G Suite Business 버전 • 보안을 강화한 G Suite Enterprise for Education 버전은 유료 판매	무료
G Suite for NonProfits	비영리단체에서 사용할 버전 (30G, G Suite Basic 버전)	무료
G Suite Drive Enterprise	• Gmail은 사용하지 않고 Drive만 사용하는 기업용 버전 • USD $8 per active user, per month, plus $0.04 per GB	참고
G Suite Essentials	영상회의 Meet와 Drive Storage 100G 제공	참고

0.3 G Suite 학습센터

G Suite의 다양한 제품에 대해서 체계적으로 학습할 수 있는 프로그램을 운영합니다. 정보가 필요하거나 학습을 하고 싶다면 Google에서 제공하는 학습센터를 이용해보세요. 많은 정보를 체계적으로 학습할 수 있습니다. 저자도 늘 학습센터를 이용해서 새로운 정보를 학습하고 있습니다.

G Suite 학습센터 홈페이지: https://gsuite.google.co.kr/intl/ko/training/

- 7단계로 시작하기
- 제품별 학습, 도움말 모음
- 업무에 활용
- 다양한 동영상 제공

▲ G Suite for Education

0.4 G Suite 서비스 종류

G Suite에는 대표적인 서비스 외에도 너무 많은 서비스를 제공해서 어떤 서비스가 있는지 모르는 경우가 많습니다. 또한 그 서비스는 계속 증가하고 있습니다.

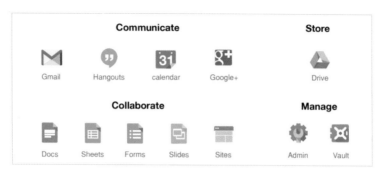

▲ G Suite 서비스 종류

0.4.1 소통(Communication)

협업에서 가장 중요한 것은 소통입니다. 이메일 사용을 위한 Gmail, 영상과 채팅을 위한 Google Meet과 Chat, 일정 중심 캘린더, Google의 페이스북이라 할 수 있는 Google Currents를 제공합니다. 많은 사용자와 소통을 원할 때는 Groups를 사용합니다. Groups의 사용 방법에 따라서 G Suite의 활용도에 영향을 크게 미칠 수 있으므로 꼭 사용을 추천드립니다.

0.4.2 만들기

Google G Suite에서는 다양한 콘텐츠를 만들 수 있습니다. PC나 노트북을 사용할 경우에는 별도의 소프트웨어를 설치할 필요 없이 크롬 브라우저에서 모두 실행할 수 있습니다.

▶ Google G Suite의 다양한 콘텐츠

구분	설명	비고
문서(Docs)	MS Word나 아래아한글과 같은 서술식 문서를 작성	
스프레드시트	엑셀과 같은 표 계산, 데이터 보관	
설문지	다양한 설문 및 퀴즈 작성	
프레젠테이션	파워포인트와 같은 발표용 문서	동영상 제공
사이트 도구	사이트를 만들기 위한 도구	호스팅 제공
Apps Script	간단한 웹 베이스의 인터프리터 방식 프로그래밍	Javascript 지원
G Suite Add-ons	3rd party를 이용해 G Suite에서 제공하지 않는 기능을 제공	Marketplace
Keep	메모 및 할 일	
Task	개인적인 할 일 목록을 작성 관리	

0.4.3 저장소(Repository)

다양한 콘텐츠를 클라우드에 저장하고 언제든지 이용, 검색할 수 있습니다. Drive는 클라우드에서 권한 기반으로 콘텐츠를 이용할 수 있고, Google의 강점인 검색 기능을 이용하면 저장된 모든 콘텐츠를 풀 텍스트 검색할 수 있습니다. 또한 Business 이상에서는 나의 Gmail, Drive, Groups, Sites, Calendar에서 통합 검색할 수 있는 CloudSearch를 사용할 수 있습니다. CloudSearch는 나를 위한 검색엔진입니다.

0.4.4 관리도구(Admin)

관리도구인 admin.google.com에서는 사용자 관리, 그룹 관리를 포함하여 Google G Suite에 관련된 다양한 내용을 세팅 및 관리를 할 수 있습니다. 또, 서비스에 대한 통제 및 컨트롤을 할 수 있습니다. 클라우드 환경이라 보안이 취약할 거라는 생각을 하는 분도 있지만, Admin 환경에 대해서 살펴보시면 오히려 회사 내부의 환경보다 더 안전하고 다양하게 컨트롤할 수 있다는 것을 발견할 수 있습니다.

Enterprise 환경에서 사용할 수 있도록 구성된 G Suite에는 다양한 관리 도구를 제공합니다.

① **관리자 어드민**: 다양한 세팅 및 모니터링, 로그 확인
② **Vault**: 아카이빙 기능으로 다양한 메시지, 콘텐츠에 대한 Audit 기능
③ **엔드포인트(endpoint) 관리**: PC 외에 다양한 디바이스 사용을 위한 기기 관리

Google의 순다르 피차이(Sundar Pichai) 회장이 밝혔듯이 Google은 이제는 AI First 회사이고 점점 더 많은 AI 기능이 G Suite에 도입되고 있습니다. 개인적인 상상으로는 미래에는 브라우저에 접속하면 이미 내가 어떤 작업을 할지 알고 작업 환경을 구성해주고, 회사의 자료를 해킹하려고 하는 시도를 하면 관리자에게 알림이 가고 의심스러운 계정을 잠가서 아무 것도 못하게 할 정도로 진화할 거 같습니다. 영화의 한 장면 같지만 이미 많은 부분에 적용되고 있는 내용들입니다.

0.5 G Suite 앱 소개

0.5.1 Gmail (URL: gmail.com, mail.google.com)

Gmail은 지난 2004년 출시 후 현재까지 수많은 사람들이 사용하고 있는 이메일 서비스입니다. 현재는 대부분의 스마트기기가 Google 계정과 연동되어 있고 Gmail 계정은 모두가 하나씩은 가지고 있습니다. Gmail은 이메일의 내용을 분석하여 유형에 따라 자동 분류하고 사용자의 필요에 따라 라벨을 지정하면 더욱 효율적으로 이메일을 관리할 수 있습니다. 또한 버전에 따라서 무제한의 사용 공간을 제공하여 메일함을 주기적으로 관리할 필요가 없습니다.

이메일은 가장 많이 사용하면서도 보안에 대해서 간과하기 쉽습니다. 이메일은 태생적으로 보안에 취약하고 쉽게 메일을 탈취당하거나 위·변조될 수 있습니다. 엽서와 같다고 이해하면 됩니다. 안전한 환경에서 사용이 중요하고 기업의 보안에도 가장 많은 영향을 미칠 수 있습니다. 그러기 때문에 가급적 메일 클라이언트 (예: 아웃룩(outlook), 선더버드(thunderbird) 등)를 사용하지 말고 크롬 브라우저의 강력한 보안 기능을 이용하여 웹에서 Gmail을 사용해야 합니다. 과거에는 웹메일의 UI나 기능을 사용하기 불편해서 클라이언트 프로그램을 사용했지만, 이제는 Gmail이 통합 업무 환경입니다. 익숙하지 않아서 사용하기를 주저하고 있다면 오늘 바로 메일 클라이언트 대신에 브라우저에서 사용해보세요. 처음 며칠은 어렵지만 안전하고 편리한 사용 환경을 경험할 수 있습니다.

▲ Gmail 화면

0.5.2 **Google 주소록** (URL: contacts.google.com)

새롭게 디자인된 Google 주소록은 Gmail과 함께 가장 대중적으로 사용되는 서비스입니다. Gmail과 마찬가지로 라벨 기능을 제공하여 연락처를 그룹화하여 관리할 수 있습니다. 스마트기기와 동기화하여 한 번의 작업으로 모든 동기화된 장치에서 최신의 정보를 사용할 수 있습니다. 또한 다른 서비스에서 연락처를 가져오거나 주소록을 다른 서비스에서 사용할 수 있도록 내보내기 기능을 지원합니다. 스마트폰에서는 등록한 클라우드 ID 계정별로 주소록을 관리할 수 있기 때문에 명함 자동 인식앱을 이용한다면 저장할 클라우드 ID 계정을 선택해서 동기화를 할 수 있습니다. 필요할 때마다 계정을 등록하면 해당 주소록을 스마트폰에 저장해서 사용할 수 있습니다.

▲ Google G Suite 주소록

0.5.3 **Google 드라이브** (URL: drive.google.com)

G Suite에서 작성한 모든 문서 및 콘텐츠는 Google 드라이브에 저장되어 클라우드에 안전하게 보관됩니다. 필요할 때는 언제든지 다양한 디바이스에서 이용할 수 있고, 최근에 작업 파일이나 자주 사용하는 문서에 손쉽게 접근할 수 있습니다. MS 오피스, 아래아한글 등으로 작성한 문서, 이미지/동영상 등 모든 문서 및 파일을 드라이브에 쉽게 보관하고 다른 PC 및 스마트 기기에서 자유롭게 이용할 수 있습니다. 강력한 검색 기능을 제공하여 원하는 문서를 빠른 시간에 찾을 수 있으며, 특정 버전에서는 무제한 저장 공간을 제공합니다.

공유 드라이브 기능을 통해 다양한 문서를 손쉽게 구성원들과 공유하고 협업할 수 있도록 편리성을 제공합니다. 드라이브에 저장된 콘텐츠는 정교한 권한 설정으로 도메인 내부의 모든 사용자나 외부 사용자와 공유할 수 있습니다.

▲ Google G Suite Drive

0.5.4 **Google 캘린더** (URL: calendar.google.com)

Google 캘린더는 일정을 관리하는 서비스입니다. 프로젝트 일정, 회사 내 개인 약속, 팀 미팅 등 다양한 일정을 관리하고 공유할 수 있습니다. 다른 사용자를 일정(이벤트)에 초대할 수 있으며 중요한 일정은 스마트폰과 연동되어 미리 알람을 해 줍니다. 회사에서 회의를 하기 위해서 일정 조정하는 것은 복잡하고 시간이 많이 걸리는 일입니다. 한 사람이 일정이 가능하면 다른 사람은 안되는 경우가 있어서 사람이 많을 경우에는 모든 사람을 이벤트에 초대하고 일정을 스스로 조정하는 것이 좋습니다. 회사에서는 반복되는 일정 이벤트에 내용을 작성하고 관련된 Google 문서를 작성하여 등록하면 지식관리시스템(KMS)로도 사용할 수 있어 효율적입니다. 스마트폰에 계정을 등록해서 가젯을 사용하면 개인 일정과 회사 일정을 모두 확인할 수 있어서 편리합니다. 재택근무에서는 외부 고객사나 파트너 외에도 내부 직원들과 미팅을 할 수 있고, Google Meet로 수다방을 만들어서 즐거운 이야기를 할 수 있습니다.

▲ Google G Suite 캘린더

0.5.5 **Google 문서** (URL: docs.google.com)

Google 문서는 응용 프로그램을 설치할 필요 없이 크롬 브라우저에서 문서 작성할 수 있는 서비스입니다. 상용 워드프로세서 못지 않은 강력한 문서 편집 기능을 제공합니다. 공동 작업 기능을 통해 다른 사람과 협업하여 문서를 작성할 수 있고 문서의 변경 내용에 대한 히스토리를 조회할 수 있습니다. PC나 스마트기기가 있으면 언제 어디서든 원하는 문서를 즉시 열람하거나 편집할 수 있습니다. 이제는 문서를 포함하여 콘텐츠의 조회(소비)가 출력 형태가 아닌 브라우저 형태로 변하고 있습니다. 출력을 위한 전문적인 조판 SW인 워드 프로세스나 아래아한글보다는 Google 문서를 사용해 온라인으로 배포하면 문서에 접근하기 쉽고 별도의 비용도 발생하지 않습니다. MS워드 파일을 업로드하여 Google 문서로 전환하여 편집 및 작성하고 다시 MS의 Doc, Docs파일로 변환할 수 있습니다. 브라우저에서 MS의 오피스 프로그램이 없어도 편집을 할 수 있습니다.

▲ Google 문서

0.5.6 **Google 스프레드시트** (URL: sheets.google.com)

Google 스프레드시트는 웹 브라우저에서 복잡한 데이터 연산 및 표 작성을 편리하게 수행할 수 있습니다. 엑셀과 같이 수식 사용, 표 생성, 차트 삽입 등을 할 수 있으며 URL만 전달하면 다른 사람과도 쉽게 공유할 수 있습니다. 엑셀과 비교해서도 제공하는 함수가 적지 않으며, 다양한 차트를 만들어서 다른 Google 문서나 사이트 도구를 이용하여 공유할 수 있습니다. 스프레드시트의 데이터가 변경되면 자동으로 해당 차트의 표가 변경됩니다.

▲ Google 스프레드시트

0.5.7 **Google 프레젠테이션** (URL: slides.google.com)

Google 프레젠테이션은 MS의 파워포인트와 같이 발표를 위한 문서입니다. 문서 작성 기능 외에도 애니메이션 효과, 화면 전환 등을 사용해 멋진 발표 자료를 간편하게 작성할 수 있습니다. 다양한 도형이나 표 등도 쉽게 삽입 가능하며 이미지도 Google 검색을 통해 간편하게 슬라이드에 삽입할 수 있습니다. 필요에 따라 인터넷에 슬라이드를 게시하여 공유할 수 있습니다. MS의 파워포인트를 업로드후 전환하여 Google 프레젠테이션으로 작성할 수 있고, 작업이 끝나면 다시 MS PPT 또는 PPTX로 다운받을 수 있습니다.

▲ Google 프레젠테이션

0.5.8 Google 사이트 도구 (URL: sites.google.com)

Google 사이트 도구를 이용하면 웹 서버, 데이터베이스 설치 등 IT 지식을 요구하는 작업 없이 문서를 작성하듯이 홈페이지를 만들 수 있습니다. 또한 별도의 비용을 지불할 필요도 없고 사용자가 많이 접속해도 안정적으로 운영할 수 있습니다. 따라서 관리자는 인프라, 비용, 보안, 관리 정책 등 운영에 필요한 제반 사항은 하나도 신경쓰지 않고 오로지 내용에만 집중해서 관리하면 됩니다.

웹 페이지에 Google 문서, 캘린더, 지도, 파일 등 다양한 자료를 게시할 수 있으며 전문 디자이너가 기본으로 제공하는 템플릿을 사용하여 간편하게 보기 좋은 홈페이지를 쉽게 만들 수 있습니다. 반응형 웹페이지를 지원하여 PC, 스마트폰, 패드, 스마트 TV 등 다양한 디바이스에 맞는 레이아웃으로 자동 변환하기 때문에 별도의 모바일 페이지를 구축하지 않아도 됩니다. 요즘에는 70% 이상의 사용자가 스마트폰으로 인터넷을 이용합니다. 따라서 30%(PC 이용자)를 위한 멋있는 웹 페이지보다는 70%(스마트폰 이용자)를 위한 콘텐츠 중심의 웹 페이지가 가성비 차원에서 좋습니다.

▲ Google 사이트 도구

0.5.9 Google 설문지(Form) (URL: forms.google.com)

Google 설문지는 온라인 폼(form)을 통해 설문조사, 의견 수렴, 자료 제출 및 취합 등 다양한 용도로 활용할 수 있습니다. 응답을 받고자 하는 대상자들에게 URL만 전송하면 별도의 프로그램을 설치할 필요 없이 정해진 폼에 입력하는 것으로 응답이 조사자에게 전송됩니다. 조사자는 응답 현황을 실시간으로 확인할 수 있고 첨부된 파일 등도 Google 드라이브에서 열람할 수 있습니다. 응답 시간이 타임스탬프로 작성되어서 선착순 등에 활용할 수 있고, 복잡하고 긴 설문이나 분기형 설문도 작성이 가능합니다. 용도에 따라 다양한 양식을 만들어 사용하면 설문지를 빠르게 배포할 수 있고, 관리하기 편해집니다.

▲ Google 설문지

설문지에 퀴즈 기능을 설정하면 간단한 시험을 볼 수 있고 점수로도 확인할 수 있습니다. 온라인 교실인 Google Classroom에서 사용하면 성적도 연동할 수 있습니다.

▲ 설문지를 퀴즈로 만들기

0.5.10 **Google Meet** (URL: meet.google.com)

Google Meet에서는 텍스트 메시지 전송 및 음성/영상 대화를 지원합니다. 기존에 많이 알려졌던 행아웃의 기능이 영상회의와 채팅으로 분리되면서 새로운 제품으로 대체된 서비스입니다. 스마트 기기 및 PC로 이동 중 즉석회의, 원격 교육 및 인터뷰 등을 할 수 있습니다. 대화 중 PC 화면을 다른 사람에게 공유할 수 있으며 대화가 진행 중이더라도 언제든지 다른 사용자를 추가하여 여럿이 대화를 할 수 있습니다. PC 및 스마트폰 앱에서 쉽게 대화를 시작할 수 있습니다. 재택근무로 직원들과 친밀감이 떨어지면 점심 식사 후에 수다방을 개설해서 직원들과 이야기 해보세요. 4시에 몸이 굳어 있으면 스트레칭 잘하는 직원의 시범에 따라 함께 실내 체조를 할 수도 있습니다. 화상회의 이외에도 회사에서 다양한 활용이 가능합니다.

▲ Google Meet

기존에 Google 개인 계정(id@gmail.com)에서 제공하던 Classic Hangout은 사용이 중지됩니다. 개인 계정에서도 기존의 Hangout 대신에 Google Meet, Chat을 사용할 수 있습니다. Google Hangout과 Google Meet은 기능과 생긴 모습은 비슷하지만 전혀 다른 서비스입니다. 업그레이드가 아닌 새로운 서비스입니다.

▲ Google Meet (출처 : Google.com)

0.5.11 **Google Chat** (URL: chat.google.com)

Google Chat은 채팅으로 실시간 대화를 지원하는 서비스입니다. Google Meet에서는 텍스트 메시지 전송 및 음성/영상 대화를 지원합니다. 기존에 많이 알려졌던 행아웃의 기능이 영상회의와 채팅으로 분리되면서 새로운 제품으로, 기존의 행아웃 대신 대체된 새로운 서비스입니다. Google Chat 대화는 1:1 대화, 업무별 '채팅방(Rooms)'에서 업무에 관련된 사람만 초대하여 진행할 수 있으며, 각 채팅방에는 주고 받은 모든 대화가 기록됩니다. 이러한 대화는 대화별로 기록되므로 회사 자산으로 관리할 수 있습니다. 카톡의 단톡방에서는 오래된 대화나 등록한 파일을 이용할 수 없지만 Google 서비스에서는 사용자가 삭제하지 않는 이상 영원히 보존됩니다. 이제는 대화를 기록할 자료도 백업할 필요 없이 아카이브(Archive) 형태로 이용하세요.

▲ Google Chat

0.5.12 **Google Keep** (URL: keep.google.com)

Google Keep을 이용하여 갑자기 떠오른 아이디어나 온라인에서 찾은 정보를 저장하고, 수행해야 하는 작업의 목록을 가상 스티커 메모지에 기록할 수 있습니다. Google Keep은 기억해야 할 모든 것에 대한 간단한 메모를 작성하는 훌륭한 도구입니다. 별도로 사용하는 메모 프로그램 대신에 Keep만 사용해도 충분합니다. PC에서는 Gmail, Calendar, Drive의 사이드바에서도 쉽게 이용할 수 있습니다. 스마트폰에서는 앱을 이용하여 음성으로 쉽게 저장할 수 있고, 위치 정보를 입력하면 해당 위치에 도달하면 메모가 나타나게도 할 수 있습니다. 거래처에 가서 중요한 처리를 해야 하는 경우에는 메모에 상대방 거래처 위치를 입력하면 실수 없이 처리할 수 있습니다. 퇴근할 때 마트에서 생필품을 사야할 때도 이용하면 좋습니다. 링크, 그림, 펜 인식, 사진 등 다양한 콘텐츠를 등록할 수 있습니다. 또한 사진을 찍고 OCR 기능을 이용하면 사진 속의 글자를 추출할 수도 있습니다. 타이핑하기 귀찮을 때 이용하면 좋습니다.

▲ Google Keep

0.5.13 **Google Tasks**

Google Tasks는 PC에서 이용할 때는 Gmail, Calendar, Drive의 사이드 바에서 이용하고, 앱에서는 별도로 사용할 수 있습니다. 오늘의 할 일 정도로 개념을 잡으면 됩니다. 메모로 오늘 할 일을 작성해도 좋지만 Tasks로 아침 출근길에 생각해서 작성하고 출근하자 마자 하나씩 격파해 나가는 재미도 좋습니다. 일하는 게 재미있지 않지만 이런 소소한 재미를 부여하면 마치 도장깨기 하듯이 업무를 줄여나갈 수 있습니다.

0.5.14 **Google 그룹스** (URL: groups.google.com)

Google 그룹스는 그룹에 소속된 사용자들과 주제에 따른 토론, 의견 및 자료 공유 등을 할 수 있는 포럼을 만들 수 있는 기능으로 출발했습니다. 다만 이 서비스는 포럼보다는 전체 메일이나 콘텐츠 공유할 때 사용하면 정확하고 편리합니다. G Suite를 전문적으로 사용하기 위해서는 꼭 Groups를 사용해야 합니다.

그룹을 만들 때 생성되는 이메일을 통해 이메일을 수신하는 경우, 해당 메일이 토론 주제로 사용할 수 있습니다. 게시판이 없던 시절 많이 사용했습니다. 우리나라는 일찍부터 PC 통신이 발전하여 게시판만 사용하지만 외국에서는 게시판 대신에 그룹스를 많이 사용하고 요즘에는 SNS 형태로 이용합니다. 직원들 간의 정보 공유, 모임, 질의 응답 등 다양한 용도로 할 8하고, 무서를 공유하고, 캘린더에서 이벤트 초대, Chat/Meet에서 전체 초대 등 다양한 목적으로 사용합니다.

▲ 새로운 그룹스 UI

0.5.15 **Google Classroom** (URL: classroom.google.com)

Google Classroom은 선생님과 학생의 커뮤니케이션 도구이면서 동시에 학습 관리를 할 수 있습니다. 교사는 수업을 개설할 수 있고 학생을 초대하여 수업에 참가할 수 있게 합니다. 수업 과정에 따라 공지/과제/질문 등을 작성하여 학생들에게 공유할 수 있고 과제 제출 및 질의/응답 현황을 실시간으로 관리할 수 있습니다. LMS라고 하기에는 약간은 부족하지만 최근에 원격수업으로 초·중·고에서 많이 사용하고 있고, 대학교에서도 많은 교수님이 도입해서 수업에 병행해서 사용하고 있습니다.

회사에서는 OJT, 의무 교육, 신기술 교육 등 다양한 분야에 사용할 수 있고, 관심이 비슷한 직원끼리 모여서 새로운 기술에 대해서 함께 커뮤니티로 사용해도 좋습니다. 외부 스터디 모임에서도 사용하면 좋습니다.

세부적인 사용 방법에 대해서 궁금하신 분은 다음을 참고하세요. 계속 업데이트도 진행하고 있습니다.

 조코디가 알려주는 Google 사용 설명서

Google Classroom 설명서
▶ https://bit.ly/CSC-O01

(YouTube 영상) 구글의 온라인 교육 서비스, Google Classroom
▶ https://bit.ly/CSC-B21

▲ Google Classroom

0.5.16 **Google Currents** (URL: currents.google.com)

과거에 Facebook에 경쟁하기 위해서 Google Plus(+) 서비스를 출시했습니다. 하지만 사용자도 적고 보안 문제도 있어 개인 사용자에게는 서비스를 중지하고, 현재는 Google Currents라는 이름으로 도메인 사용자에게만 제공하는 커뮤니케이션 서비스입니다. 회사나 학교의 페이스북이라 생각하면 이해하기 쉽습니다. 게시판, 커뮤니티, 동호회 등 다양한 용도로 사용할 수 있으며 태그와 스트림(stream) 기능을 이용하면 다양한 포스팅을 빠르게 찾고 이용할 수 있습니다.

Google Currents는 G Suite 계정을 이용하는 서비스입니다. 따라서 개인 사용자는 이용할 수 없지만 실수로 외부에 정보를 유출할 가능성을 막습니다. 이 점 덕분에 보안성이 우수하고 다양한 사내 커뮤니케이션을 하기에 좋습니다. 외국에서 G Suite를 잘 사용하는 회사에서는 직원 소통에 Currents를 적극적으로 사용합니다. 재택근무를 할 때 회사 생활에 대한 전반적인 내용을 페이스북 포스팅처럼 작성하면 떨어져 있어도 회사 직원들과 소통을 할 수 있습니다. 오늘 집에서 만든 점심 식사 사진도 올리고, 아이들 생일 축하 사진도 올려보세요. 서로에 대해서 더 많이 알 수가 있습니다. 혹시 대표님이 생일 축하 사진 밑에 댓글로 쿠폰이라도 보내주실지도 모릅니다. 내 생일이라고 알리면 카톡으로 선물이 도착할지도 모르겠네요.

▲ Google Currents

0.5.17 **Google Photo** (URL: photo.google.com)

Google Photo에서는 Google 계정과 연동된 모든 장비와 동기화되어 스마트폰으로 촬영한 사진 또는 PC에 저장되어 있는 사진을 동기화(Sync)하여 관리할 수 있습니다. Google의 AI가 얼굴 인식, 사물 인식을 지원하여 사람, 사물에 대한 검색이 가능합니다. AI의 성능을 결정하는 Layer가 아주 많아서 사람보다 더 정확하게 인식을 할 수 있습니다. 위치 태그가 기록되어 있는 사진의 경우 장소별로 검색할 수도 있습니다. 또한 자동으로 주제에 맞는 영상이나 앨범을 생성하며 과거의 사진을 주기적으로 모아서 보여줍니다. 카톡이나 이메일로 대량의 사진을 공유하는 것은 짜증이 나는 일입니다. 앨범을 만들어서 링크로 권한을 부여하여 다른 사람들과 공유해보세요. 아주 간단하게 사진을 공유할 수 있습니다. 고화질로 저장을 하면 용량에 상관없이 무제한 용량을 제공합니다. 가정에 있는 아이들 사진, 가족 사진을 개인 계정에 업로드해서 공유하면 많은 대화를 할 수 있습니다. 꼭 추천하고 싶은 서비스입니다.

Google Photo에는 강력한 AI가 많은 사진을 분석해줍니다. 사진을 저장하고 가족을 지정하고 Google Nest Hub를 연동하면 책상 위에서 하루 종일 아이들의 어릴 때 사진이 보여집니다. 결혼해서 자녀가 있는 분들이라면 "우리 아이들 저때도 있었네~" 하고 재택근무에 재미를 줄 수도 있습니다.

세부적인 사용 방법이 궁금하신 분은 다음을 참고하세요.

 조코디가 알려주는 Google 사용 설명서

▶ Google Photo 설명서 https://goo.gl/ncR6jV
Google Photo 사용하기

▶ 사람, 사물 검색하기 https://bit.ly/CSC-F184

▶ 3가지 기본 세팅 https://bit.ly/CSC-F4

▶ 사진을 Photo에 저장하기 https://bit.ly/CSC-F27

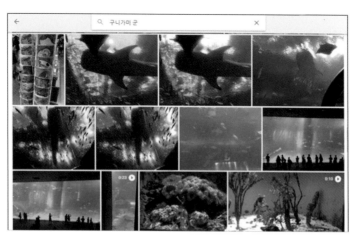

▲ Google Photo

0.5.18 **Google Cloud Search** (URL: cloudsearch.google.com)

Google Cloud Search는 Gmail, Drive, Calendar, 사이트 도구, 그룹스 등 다양한 정보를 한꺼번에 검색할 수 있습니다. 또한 권한이 있는 콘텐츠만 검색이 되기 때문에 내부 문서가 유출되는 문제도 해결됩니다. 나만의 검색엔진이며 Google의 강력한 검색 서비스를 제공하기 때문에 문서 내용에 있는 검색어도 찾을 수 있습니다. 회사에서 특정 공유 드라이브를 검색하면 검색엔진에 대한 불만이 한순간에 사라질 정도로 강력한 검색 기능을 제공합니다.

▲ Google Cloud Search

 조코디의 YouTube 강좌

브라우저 검색창에서 Cloud Search 이용하기

▶ https://bit.ly/CSC-F274

CHAPTER. 01
Gmail

1.1 Gmail 개요

1.1.1 개념

Gmail은 Google에서 제공하는 이메일 서비스로 Google 20% 프로젝트에 의해서 탄생하여 2004년 4월 서비스를 시작하였습니다. 당시에는 엄청난 용량의 저장공간(1GB)을 제공하면서 화제를 끌었으며, 유료 메일 서비스에서만 제공하던 메일 프로토콜인 POP3/IMAP을 지원하면서 많은 사용자를 끌어모았습니다. 참고로 그 당시 다른 무료 이메일 서비스는 10M 정도의 용량을 무료로 제공했으니 비교가 되지 않는 용량이었습니다.

지난 2016년에는 Gmail의 전 세계 사용자 수가 10억을 돌파하였으며, 현재까지 지속적으로 사용자가 증가하여 15억 명에 달합니다. Gmail은 다른 Google 제품들과 마찬가지로 지속적으로 사용자 편의성 향상을 위한 업데이트 및 디자인 변경 등이 진행되고 있으며 최근에는 AI를 적용하여 생산성 및 보안 향상에 주력하고 있습니다.

▲ Gmail

1.1.2 특징

목적	다양한 메시지 메일을 송수신하고, 아카이빙, 검색을 할 수 있고, Gmail에 통합된 채팅과 영상 통화를 통해 업무 환경 구축	개념	Google G Suite에서의 Gmail은 메시지 서비스 중 하나. 개인 Gmail을 조직에서 이용
제공 버전	• G Suite 모든 버전 (Basic, Business, Enterprise, Education, Nonprofit) • 개인 버전	제공	• 개인 15G • G Suite Basic: 30G • G Suite Business, Enterprise: 1TB ~ 무제한
활용 방법	G Suite 내의 다양한 메시지 수신 받은 편지함 자동분류 이용	경쟁 제품/ 서비스	네이버 메일, 카카오메일, 회사 자체 메일
사용 용도	회사, 기관 공식 이메일 다양한 메신저의 통합 사용	URL	• Gmail.com • mail.google.com

limit	1. **발신 건수**: 하루 2,000건 2. **첨부파일 크기**: 전송(25MB), 수신(50MB) 　→ 25MB를 넘는 파일 전송 시에는 드라이브에 저장하고 링크 제공
관리자	• 메일 라우팅 세부 확인할 수 있는 관리자 페이지 제공 • 스팸메일 등에 대한 AI 기술 이용한 관리 • 이메일 아카이빙 및 e-Discovery 제공 • 데이터 손실 방지(DLP) 제공 • S/MIME 암호화 제공 • SPF, DKIM, DMARC 설정 • 고급 및 맞춤 검색어를 사용하여 BigQuery의 Gmail 로그 분석

1.1.3 UI

Gmail의 UI는 계속 변경되기 때문에 독자의 사용 시점에 따라 화면이 변경될 수 있습니다. 참고해서 이용하시기 바랍니다(Gmail의 업데이트 소식이 있으면 도서 참고 페이지를 통해 알려 드리겠습니다).

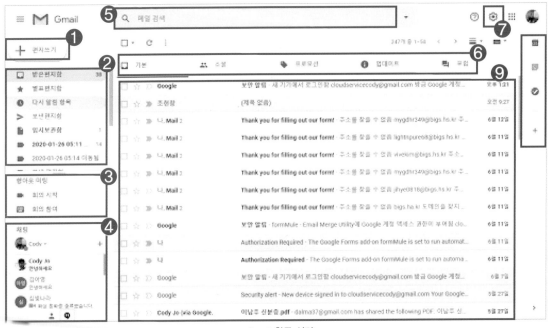

▲ Gmail 항목 설명

❶ **편지쓰기 버튼**: 메일을 작성할 때 작성 화면을 제공

❷ **편지함**: 기본으로 제공하는 편지함 및 사용자가 추가한 편지함

❸ **Google Meet**: Google Meet을 개설 및 참여 가능

❹ **Google Chat**: Google Chat 이용

❺ **검색창**: 이메일 검색

❻ **분류탭**: 여러 가지 분류탭 제공

❼ **설정**: Gmail 설정 메뉴

❽ **사이드바**: 우측에 캘린더, 메모, 작업(Task)외 다양한 App 추가 사용

❾ **메일 리스트**: 송수신 등 메일 리스트

1. 메일 조회 화면

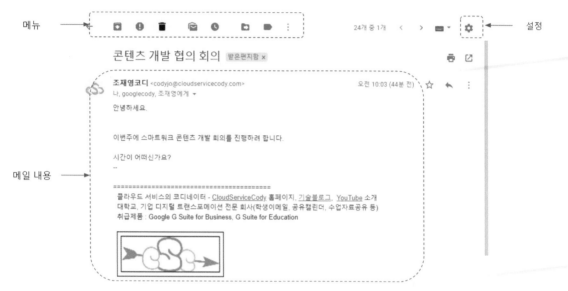

▲ Gmail 조회 화면 설명

구분	설명	비고
메일 내용	메일 내용을 직접 확인하는 창	첨부파일은 바로 Drive에 저장
메뉴	메일에 대한 작업 메뉴를 선택	메일 처리 메뉴
설정	다양한 메일 설정	

2. 이메일 작성 화면(Composer)

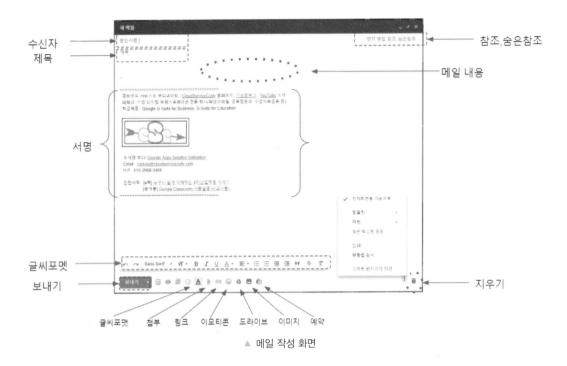

▲ 메일 작성 화면

구분	설명	비고
수신자	메일을 받을 대상을 작성 (이메일 아이디, 그룹스 등)	주소록 연동
제목	255자 한도에서의 제목 작성	
내용	메일 본문 내용, 파일 드래그 첨부 지원	Drive 파일 링크 첨부
글씨 포맷	다양한 글씨 포맷	
설정	첨부, 링크, 이모티콘, 드라이브 콘텐츠 선택, 이미지 추가, 예약 기능	
보내기	지금 보내기, 예약 보내기	
지우기	해당 메일 삭제	휴지통으로 이동

 조코디의 YouTube 강좌

다음을 통해 Gmail의 기본 세팅, 기능 등에 대해 알아보세요.

▶ https://bit.ly/CSC-C12
▶ https://bit.ly/CSC-F319
▶ https://bit.ly/CSC-H37
▶ https://bit.ly/CSC-H82
▶ https://bit.ly/CSC-I9

3. 검색 화면

많이 검색하는 복잡한 내용은 필터로 만들어 사용하면 편리합니다.

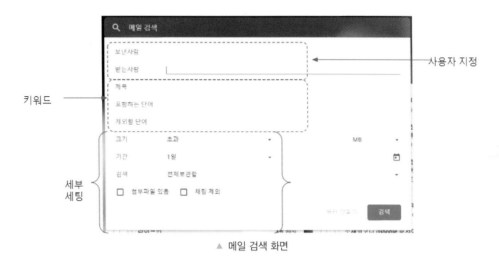

▲ 메일 검색 화면

구분	설명	비고
사용자 선택	수신자, 발신자 선택	
키워드	제목, 포함하는 단어, 제외할 단어	
세부 세팅 내용	메일함, 기간, 첨부파일, 채팅 여부 결정	

1.1.4 기능

구분	설명	비고
이메일 작성하여 발신	• 이메일을 작성하고, 즉시/예약 발송하기 • 수신, 참조, 숨은참조 입력하기, 그룹스 이용 • 보내기 취소 • 템플릿 작성 • 맞춤법, 문법 수정하기 • 비밀모드 사용하기	텍스트 에디팅 제공
수신 메일 관리하기	• 메일 편지함 관리 • 이메일 알림 받기 • 부재중 관리 • 첨부파일 정리하기 • 수신 이메일 사용자 추가하기	주소록 연동
이메일 검색	• 필터 이용하기 • 회사 내 예약된 검색어 이용하기	자주 검색은 주소 북마크 사용
Gmail 관리	• 이메일 프로필 등록 • 클라우드 ID별(이메일별) 배경 테마 추가 • 개인별 라벨 관리	
다른 정보 연계하기	• 캘린더, 메모장, Task 연계 • 메일 분류함 관리하기	

구분	설명	비고
화면 설정	화면 밀도, 받은 편지함 설정, 설정, 테마	
설정	기본 설정, 라벨, 받은 편지함, 계정, 필터 및 차단된 주소, 전달 및 POP/IMAP, 부가기능, 채팅, 고급, 오프라인, 테마	
관리자 기능	eDiscovery 제공	Business 이상

1.1.5 고려사항

1. 클라이언트 프로그램 사용

기업이나 학교의 G Suite 도입 프로젝트를 할 때 어려운 점 중에 하나는 기존에 사용하던 이메일 환경을 버리지 못한다는 것입니다. G Suite의 Gmail도 이메일 서비스이지만, UI 환경도 다르고 사용 방법도 달라서, 기존에 사용하던 이메일 시스템을 그대로 사용하려고 하는 심한 저항을 경험하게 됩니다.

도입이 어려운 이유는 이렇게 저항하는 직원들이 대부분 연차가 많은 차장이나 부장, 학교로 따지면 나이 드신 교수님 그룹이기 때문입니다. 이런 분들을 설득하는 것은 쉽지 않고 대부분 설득이 안되어서 기존 환경을 그대로 사용할 수 있도록 지원을 해드립니다. 그렇지만 가능한 사용 환경을 변경할 것을 추천 드립니다.

▶ 메일 클라이언트 프로그램 사용 vs 브라우저 사용

메일 클라이언트 사용	브라우저에서 사용
• 동일한 환경 사용으로 업무 집중 • 이메일 중심의 업무 처리(Add-on) • 기존에 메일 이용 시 • 메일 클라이언트에서 다양한 규칙 설정 • 통합된 클라이언트환경에서 편리성 높음 • POP3, IMAP 사용	• 브라우저만으로 이메일 서비스 이용 • 메일 백업 및 관리 필요 없음 • 강력한 검색 기능 및 AI 기능 이용 • 다양한 멀웨어, 바이러스 방지 기능 • 스마트폰에서 동일하게 이용 • G Suite 다양한 서비스 이용 • 제공되는 새로운 기능 이용 • 이메일 아카이빙 기능 이용 • 편리한 사용을 위한 실험실 제공

이 색을 보기는 부이라면 메일 클라이언트 대신 브라우저 사용을 강력히 추천 드립니다. 이제는 보안이나 위험을 사람이 관리하는 시대는 지났고, Gmail에는 다양한 AI 기능을 포함되어 있어 악성코드 검색 등 다양한 보안 기능을 제공하고 있고 계속 추가되고 있습니다. 상대적으로 안전하지 못한 클라이언트 프로그램을 사용하면서 이런 것까지 신경쓰기에는 너무 할 일이 많습니다. 또한 Gmail은 이제 하나의 업무 공간입니다. 메일 클라이언트에서도 편리한 방법들을 제공하고 있지만 조직에서 다양한 커뮤니케이션을 하기 위해서는 이제는 브라우저에서 사용해야 합니다. 클라이언트 프로그램보다 웹 브라우저에서의 사용이 업무에 최적화된 기능과 강력한 보안을 제공합니다.

2. 클라우드 ID (이메일)

사용자 이메일을 보면 어떤 사람인지 아는 경우가 있습니다. 유명해서가 아니라 자신의 존재를 이메일에 잘 표현하는 경우입니다. 눈 오는 날 눈을 맞으면서 보도했던 KBS 박대기 기자의 이메일 아이디는 waiting@ kbs.co.kr 입니다. 한 번만 보면 이름도 쉽게 기억하고 이메일도 인식하기 좋습니다. 이제는 개인 PR 시대이니 이메일도 특색있게 만드는 것도 중요합니다. G Suite를 사용하면 이메일 외에도 채팅, 콘텐츠 공유 등 다양한 용도로 사용하기 때문에 어려운 이메일 주소보다는 다른 사람이 기억하기 좋은 이메일 주소(클라우드 ID) 사용을 추천 드립니다.

아이디어가 필요하신 분은 KBS 기자들의 이메일을 확인해보세요. 재미있는 아이디어가 생각날 것입니다.

▶ 재미있는 KBS 기자들의 아이디

정세배 기자	newboat@kbs.co.kr	김빛이라 기자	glory@kbs.co.kr
이규명 기자	investigate@kbs.co.kr	신지혜 기자	new@kbs.co.kr
노태영 기자	lotte0@kbs.co.kr	조태흠 기자	jotem@kbs.co.kr
신선민 기자	freshmin@kbs.co.kr	최선중 기자	best-ing@kbs.co.kr
김난영 기자	imzero@newsys.co.kr	이효용 기자	utility@kbs.co.kr

3. 서명

회사나 비즈니스에서 이메일 서명은 명함이며 자신을 홍보할 수 있는 광고판입니다. 자신을 좀 더 인상 깊게 알리고 싶다면 영상을 함께 이용해보세요. YouTube 채널을 개설하고 자신의 홍보 영상을 업로드한 후 서명에 YouTube 동영상 링크를 추가해서 회사나 비즈니스에 사용해보세요. 상대방이 자신을 더 가치 있게 판단합니다. 회사의 공식적인 서명이 있으면 서명에 추가적으로 사용하면 상대방에게 좋은 인상을 줄 수 있습니다.

4. 이메일 사용법 숙지

이메일은 매일 사용하고 많이 사용하는데도 적절하게 사용하지 못하는 사람들을 쉽게 찾을 수 있습니다. 다음은 기본적인 사용 방법에 대한 체크리스트입니다. 꼭 사용 방법을 숙지한 후 확인해보세요.

조코디의 YouTube 강좌

다음을 통해 Gmail의 기본 세팅, 기능 등에 대해 알아보세요.
▶ https://bit.ly/CSC-F259
▶ https://bit.ly/CSC-F245
▶ https://bit.ly/CSC-F280

■ <이메일 사용 능력 체크리스트>

[체크리스트 항목]

이메일 사용 능력 검사하러 가기

▶ https://forms.gle/3FgBReDdQZ5qnxMt5

- 이메일 작성 시 업무적 작성 방법을 알거나 템플릿을 가지고 있다.
- 여럿이 수신되는 메일에 대해서 회신 방법을 알고 있다. (개별 회신, 전체 회신)
- 숨은참조 사용 방법을 알고 있다.
- 스마트폰으로 이메일을 작성 및 회신할 수 있다.
- 파일 첨부와 링크 첨부의 차이를 이해한다.
- 서명을 사용할 줄 안다. (복수 서명)
- 자주 작성하는 내용은 작성된 이메일 템플릿을 사용한다.
- 늦은 시간에 보내지 않고 아침에 예약 발송 기능을 이용한다.
- 많은 이메일 분류를 위하여 라벨을 사용할 수 있다.
- 스팸메일을 분류 및 관리할 수 있다.
- 메일 수신이 어려울 경우 부재중 자동 응답을 사용한다.
- 받은 편지함을 카테고리별로 사용, 관리한다. (기본, 소셜, 프로모션, 업데이트, 포럼)
- 자주 확인하는 메일은 중요 표시를 한다.
- 메일 수신 시 상대방 이메일 주소를 주소록에 저장한다
- 다른 이메일 주소로 메일을 전달할 수 있다.
- 다른 계정의 메일을 현재 메일함에서 확인할 수 있다.
- 상대방이 메일을 읽었는지 확인하는 방법을 알고 있다.
- 필요한 부가 기능을 설치 및 사용한다.
- 테마 기능을 이용해 멋진 배경 화면을 설정할 수 있다.
- 스팸 및 피싱에 대한 처리 방법을 알고 있다.

1.1.6 사용 절차

이메일을 보내는 절차는 다음과 같습니나. 업무에 따라서 참고만 하세요. 본 내용은 업무에 미숙한 사용자를 위한 내용입니다. 숙달자에게는 도움이 되지 않습니다.

1. 메일 쓰기

이메일은 하루에도 수십 통씩 쓰는 가장 기본적이면서 중요한 내용입니다. 그렇기 때문에 이메일 작성 시간을 아끼는 효율적인 방법을 습득하고 사용해야 합니다.

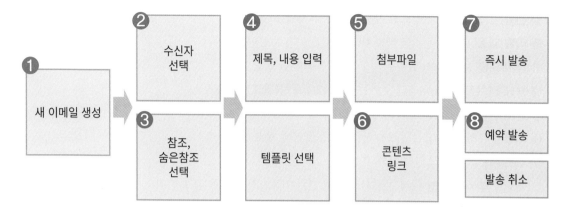

① **새 이메일 생성**: 새로운 이메일을 작성(기본 설정에서 '키보드 단축키 사용'을 활성화할 시: 단축키 C, D)

② **수신자 선택**: 메일을 받는 대상자 선택, 최대 2,000명(개인 또는 그룹)

③ **참조, 숨은참조 선택**: 참조, 숨은참조로 받을 사람 선택(개인 또는 그룹)

④ **제목, 내용 입력**: 제목과 메일 내용 입력(제목 최대 255자)

⑤ **첨부파일 업로드**: 최대 25M, 이상 시 드라이브 저장 후 링크 전송(실행 파일 첨부 불가)

⑥ **콘텐츠 링크**: Google Drive, 타 서비스 콘텐츠 링크

⑦ **즉시 발송**: 전송 시 바로 발송. 전송 취소 기간 설정 시 해당 시간 후 전송(보낸편지함으로 이동)

⑧ **예약 발송**: 보내는 날짜, 시간 선택

    템플릿 선택: 메일을 미리 작성한 템플릿을 선택 발송(설정 〉 고급 〉 템플릿 사용)

    보내기 취소: 보내기 취소가 설정된 경우 취소 가능(설정 〉 보내기 취소)

2. 메일 답변 및 관리

많은 메일은 수신하고 답변하며 관리하면서 업무에 실수가 없도록 합니다.

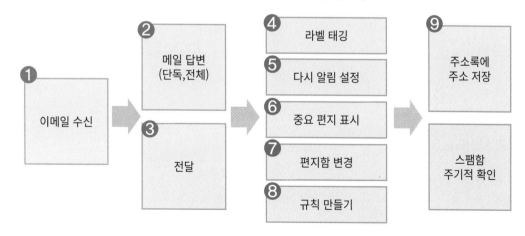

① **이메일 수신**: 새로 수신된 이메일 확인(확인한 메일은 처리하여 새로운 메일 확인)

② **메일 답변**: 준비된 답변 등을 이용하여 답변(참조에게도 모두 회신)

❸ **전달**: 수신된 메일을 필요한 사람에게 전달(사람, 그룹스)

❹ **라벨 태깅**: 메일의 성격에 따라 태그 지정

❺ **다시 알림 설정**: 다시 알림을 받고 싶을 경우 알림 설정

❻ **중요 편지 표시**: 꼭 처리해야 하는 메일 중요 표시(별표)

❼ **편지함 변경**: 소셜, 프로모션 등 편지함 변경

❽ **새로운 규칙 만들기**: 메일에 대한 처리 규칙(스팸, 중요편지함 등)

❾ **주소록에 주소 저장**: 송신자의 주소를 주소록에 저장

스팸함 주기적 확인: 잘못 분류된 메일이 있는지 주기적으로 확인(주 단위(매주 월요일))

1.2 Gmail 시작하기

- **이메일 보내기**: 회사나 학교에서 이메일을 사용하기 위해서 사용
- **이메일 수신**: 이메일 주소로 업무문서 및 내용 수신
- **이메일 대화 검색**: 업무 히스토리 및 이메일 내용 검색
- **메시지, 환경 세팅**: G Suite 사용 시 다양한 메시지, 알림을 수신
- **문서 보관**: 많은 메일을 분류하고 체계적으로 확인하여 관리

1.2.1 이메일은 업무의 시작이자 끝

학교를 졸업하고 회사에 입사를 하면 제일 처음 겪는 당혹감은 이메일입니다. 출근해서 하루 종일 이메일 처리하다가 퇴근을 합니다. 나에게 오는 메일이 아닌 참조 메일도 아침에 출근하면 쌓여 있고, 회신에 또 회신을 하다 보면 전체 메일 내용 확인하기도 쉽지 않습니다.

이메일은 회사 업무의 시작이자 끝입니다. 이메일을 잘 처리하고 관리하는 것은 가장 기본이자 중요한 업무 역량입니다. 이메일은 항상 정중하면서도 업무에 맞게 작성해야 합니다.

1.2.2 이메일 vs 카톡

사람이 많아지면 소통하는 것이 쉽지 않습니다. 그것도 재택근무라면 더 복잡하고 어려워집니다. 이메일을 카톡처럼 사용하는 회사도 있고 반대로 카톡을 이메일처럼 사용하는 회사도 있습니다. 또한 불필요한 메일을 계속 보내는 경우도 있죠. 업무에 가장 효율적인 방법으로 소통 및 커뮤니케이션을 해야 합니다.

1.2.3 문서 첨부

클라우드가 사용되기 전에는 이메일은 메일 프로토콜(SMTP, POP3, IMAP)로 메일 서버에서 메일을 보내고 받았습니다. 문서를 보내기 위해서는 메일에 실제 메일을 첨부해서 보내고 받는 사람도 첨부된 문서를 메일에서 다운받아 자신의 PC 폴더에 관리를 했습니다. 제안서를 함께 작성한다면 문서의 버전은 끝도 없이 계속 올라가기만 합니다. 그러다가 버전이 충돌되면 변경된 내용을 확인하기도 어렵습니다. 클라우드 환경에서는 문서를 직접 첨부하지 말고 클라우드에서 작성, 관리하고, 링크와 권한만 제공해도 충분히 전달과 활용이 가능합니다.

1.2.4 메시지

G Suite를 사용하기 시작한다면 이제는 이메일이라고 부르기보다는 '메시지'라고 부르는 것이 맞습니다. 내부 소통도 다양한 방법으로 교환이 되고, 사람만 메일을 보내는 것이 아닌 기계도 보내고 서비스도 보내다 보니 알람도 많이 섞입니다. 앞으로는 Gmail이라고 쓰고 메시지로 읽어야 합니다.

G Suite를 사용하면서 가장 처음으로 느끼는 당혹감은 메시지가 많아진다는 것입니다. 문서를 수정해도 이메일이 오고, 문서가 공유되어도, 일정에 초대되어도 메시지가 옵니다. 상당한 양의 메일이 쌓이니, 아침마다 주기적으로 메시지 삭제 및 정리 작업을 해야 합니다. 메일 정리법을 알고 싶다면 도서 참고 페이지를 통해 알아보세요.

1.3 Gmail 기능 소개

1.3.1 세팅하기

Gmail을 잘 사용하기 위해서는 가장 처음 관련된 세팅 및 설정을 해야 합니다. Gmail 자체가 이메일 중심의 업무 시스템이기 때문에 다양한 설정과 사용 방법이 있고, 업무 및 환경에 따라 효율적으로 이용하는 것이 중요합니다. 처음 사용하시는 사용자는 다음 세팅을 확인하세요

① **프로필 (사용자 프로필 등록)**: 업무적으로 사용하는 회사 메일이라면 프로필 사진을 등록해야 합니다. 상대방에게 가장 믿음을 줄 수 있는 사진으로 등록을 합니다.
② **이름 (회사의 공식 직함)**: 자신을 부를 때 사용하는 공식적인 이름과 직급을 설정합니다.
③ **서명 작성하기(개인 및 회사의 공식 서명)**: 개인 이메일, 전화번호, 회사 홈페이지 주소 등 자신과 회사

를 소개하는 다양한 정보를 입력합니다.

→ G Suite 관리자는 회사 전체 서명을 입력할 수 있습니다. '업무와 관련이 없는 경우에는 삭제해 주세요'와 같이 보안에 관련된 문구를 입력할 수 있고, 이 서명은 사용자의 선택여부와 상관없이 모든 메일에 서명되어 발송됩니다.

④ **받은편지함 세팅(받은 메일의 효율적인 분류)**: 다양한 메일을 Google의 인공지능 기능을 이용하여 분류하여 관리합니다. 잘못 분류된 메일은 사용자별로 메일을 분류 학습시킬 수 있습니다.

⑤ **테마 설정하기(사용자 선호 테마 사용)**: 하루 종일 사용하니 자신이 좋아하는 테마를 선택해서 사용하면 좋습니다.

⑥ **메일 관리 세팅**: 회신 방법, 부재중 처리 방법, 본문 미리보기 등 다양한 세팅을 할 수 있습니다.

⑦ **라벨 관리(메일 분류를 위한 라벨)**: 라벨별로 색상을 지정할 수 있습니다. 메일을 받고 라벨을 지정하면 해당 색상으로 메일을 분류할 수 있고, 해당 메일만 리스팅하여 볼 수 있습니다.

⑧ **계정 등록(다른 사용 계정 등록)**: 업무용 또는 개인용 계정을 추가할 수 있습니다. 다른 계정은 이메일 아카이빙에 영향을 줄 수 있기 때문에 업무용인지 판단하는 것이 중요합니다.

⑨ **주소록 정리**: 메일을 보내기 위해서 업무 주소록 정리가 필요합니다.

1. 프로필 사진 선택

회사 메일이기 때문에 내부, 외부 직원들이 확인할 수 있는 프로필을 등록합니다. 이메일은 가장 많이 사용하는 메시지이면서, 보안이 탄생적으로 취약합니다. 상호 간에 신뢰할 수 있는 소통 환경을 위하여 노력해야 합니다.

▲ 프로필 사진 변경

2. 이메일 받은 편지함 설정

Gmail에서 많은 메시지를 관리하기 때문에 많은 메일을 효과적으로 분류해 관리할 수 있습니다. Google의 자동 분류 기능은 메일을 자동으로 정확하게 분류하여 메일을 처리하는 시간을 단축시켜 줍니다. 아침마다 분류된 메일을 확인하고 빠르게 많은 메일을 처리하세요. 불필요한 메일은 꼭 삭제해서 메일 박스를 항상 효율적으로 관리해야 합니다.

▲ 편지함 설정

3. 서명 작성

업무적으로 사용하는 서명을 작성합니다. 서명이 여러 개 필요할 경우에는 여러 개를 작성해서 메일별로 서명을 선택할 수 있습니다.

▲ 서명 만들기

1.3.2 **이메일 받기**

Gmail을 사용하기 위해서는 브라우저 로그인(브라우저 로그인 참고)을 한 후 주소창에 gmail.com 또는 mail.google.com을 입력합니다. G Suite 사용 시에는 항상 우측의 사용 계정을 확인하는 습관을 가져야 합니다. 사용하는 계정도 정확하고 Gmail 주소도 정확하게 입력했으면 Gmail 초기 화면을 볼 수 있습니다.

▲ Gmail 초기 화면

앞에서 기본적인 세팅 내용에 대해서 설명한 내용 중 중요한 내용은 꼭 세팅을 해야 합니다. 세팅이 완료된 분은 스킵하세요.

1. 수신 이메일 확인

브라우저를 이용하여 Gmail을 사용할 때 UI/UX가 트렌드에 맞게 변경되기 때문에 항상 관심을 가지고 확인하는 습관을 들여야 합니다. 기본적인 화면이 변경되면 안내 아이콘이 나옵니다. 사용법은 크게 변경되지 않으니 UI가 변경되면 천천히 확인하면 쉽게 변경된 내용을 이해할 수 있습니다.

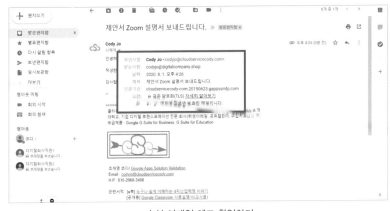

▲ 수신 이메일 헤드 확인하기

이메일 헤더 정보를 확인하면 다음과 같은 내용을 확인할 수 있습니다.

구분	설명	비고
보낸사람	보낸 사람의 이름과 이메일을 확인	
받는사람	메일 수신자가 누구인지 확인 받은 사람이 다수이면 모두 표시	그룹스의 경우에는 그룹 이메일만 표시
참조	참조가 있을 경우 이메일 표시	
날짜	이메일 수신한 날짜	
제목	이메일 제목	
인증기관	이메일의 정보를 인증한 메일 서버	
보안	전달될 때 사용한 보안 체계	TLS, S/MIME, 암호화가 없을 경우에는 중간에 탈취 및 조작 가능성 있음
중요메일	메일 분류 내용	

첨부파일은 실제 파일을 첨부한 것인지 아니면 드라이브의 Google 문서의 링크를 전달한 것인지 확인해야 합니다. Google 문서의 링크를 첨부했으면 문서 소유자가 어떤 권한을 부여했는지에 따라서 다른 사람에게 전달하더라도 볼 수 없을 수 있습니다.

① **문서 첨부**: 실제로 문서가 메일에 첨부되며, 다른 사람에게 전송하더라도 조회 가능
② **링크 첨부**: 실제 문서가 아닌 드라이브 콘텐츠의 링크와 권한만 전달받아서 다른 계정에서는 확인이 안될 수 있음. 특히, 회사 계정으로 받고 다시 개인 계정으로 확인 시 문서가 열리지 않음

첨부파일로 받은 문서는 검색이 가능하기 때문에 1) 이메일에서 필요할 때 검색해서 확인 2) 내 드라이브 또는 공유드라이브에 저장해서 사용할 수 있습니다. 링크로 받은 문서는 내 소유권이 아니지만 내 문서에 저장해서 조회할 수 있습니다. 물론 드라이브에서 키워드로 검색도 가능합니다.

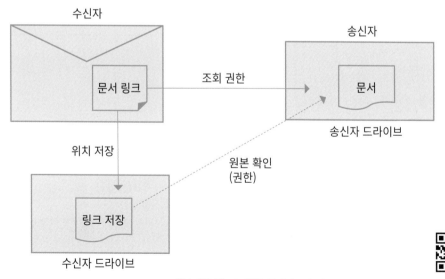

▲ 첨부파일, 링크로 받은 문서의 소유권

1.3.3 메일 보내기

메일은 보통 아래의 프로세스로 작성을 해서 보냅니다.

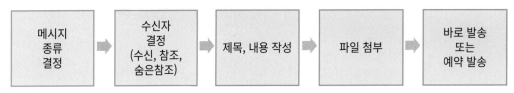

```
메시지        수신자
종류          결정          제목, 내용 작성    파일 첨부      바로 발송
결정      →  (수신, 참조,  →              →            →   또는
             숨은참조)                                     예약 발송
```

▲ 메일 프로세스 송신 절차

메일을 작성하고 송신할 때에는 누구에게 보낼 것인지를 먼저 경정합니다. 메일 수신자에는 3가지가 있으며 상황에 따라 수신자를 택해야 합니다.

① **수신**: 실제로 메일을 받는 사람, 1명 이상
② **참조**: 수신자 외에 참조해야 하는 사람 (선택)
③ **숨은참조**: 수신자에게는 보이지 않고 이메일이 전송됨

수신자를 선택했으면 메일 제목과 내용을 작성합니다. 메일 제목은 인식하기 좋으면서 최대한 축약해서 작성해야 합니다. 또한, 나중에 검색도 고려해서 작성하세요. 회사에서 약속한 키워드를 사용하면 상호 간에 이해하기도 쉽습니다. 다음은 메일 제목으로 사용할 수 있는 접두사입니다. 보통 '[공지] 4월 팀 회의 장소 안내' 이런 식으로 사용하면 제목만 보더라도 내용을 유추할 수 있고 검색도 용이합니다.

▶ 메일 제목 작성의 핵심 요소

성격별	공지, 중요, 필독, 초대장, 회신 요청, 요청, 통보, 긴급 등
종류별	고객사 이름, 제품 이름, 프로젝트 명, 업무별
업무, 부서별	인사팀, 총무1팀, TFT팀, 연말정산, 재고 관리 등

내용은 간단한 인사 후에 쉬운 용어로 핵심을 중심으로 작성하되, 하고 싶은 이야기를 처음에 쓰면 오해를 줄일 수 있습니다. 첨부파일도 가능하면 드라이브에 먼저 등록을 하고 링크를 첨부하면 관리도 용이하고, 첨부파일 내용을 수정하라도 다시 메일을 발송할 필요가 없습니다.

▲ 드라이브에서 첨부파일 선택

받은 메일에 대해서는 아래 방법으로 회신을 합니다.

- **회신**: 메일을 보낸 사람에게 회신. 전체 회신은 메일에 포함된 수신, 참조자에게 그대로 다시 전달
- **전달**: 송수신지가 아닌 다른 3자에게 전달

신입사원의 경우 받은 메일에 대해서 회신 시 전체 회신을 하지 않고 송신자에게만 회신해서 중간에 포함되어 있던 직원들이 중간에 진행 내용을 모르는 경우가 있기 때문에 항상 전체 회신으로 회신을 해야 하는 것에 주의해야 합니다.

1.3.4 메일 검색 및 관리

이메일은 1년에 몇천 개를 수신하고 발송합니다. 어제 보낸 메일을 찾는 것은 쉽지만, 한 달 전에 보낸 메일을 찾는 것은 쉽지 않고, 1년 전에 보낸 메일은 이미 기억 속에서 사라졌습니다. 내가 작성했던 메일도 찾기는 쉽지 않습니다. 상대방 이름이 생각이 안 난다면 몇시간을 이메일 찾는 데 허비해야 합니다. Google의 최대 장점인 막강한 검색 기능을 잘 사용하면 찾지 못한 이메일도 쉽게 찾을 수 있습니다. 검색 시 중요한 점은 검색이 잘되는 이메일을 작성하는 것입니다.

▲ Gmail 검색 화면

구분	설명	비고
보낸사람	메일의 송신자 이름, 이메일 주소	주소록 연동
받는사람	메일의 수신자 이름, 이메일 주소	주소록 연동
제목	메일 제목에 포함된 키워드	
포함하는 단어	검색 키워드 중 포함 메일	
제외할 단어	검색 키워드 중 제외할 단어	
크기	첨부파일을 포함한 크기(MB)	초과/미만
기간	1일, 3일, 1주, 2주, 1개월, 2개월, 6개월, 1년	기타 날짜 지정
검색 대상	검색 편지함 선택	
첨부파일	'첨부파일 있음'을 선택하거나 해제	
채팅	채팅 제외	

자주 검색하는 조건은 해당 조건을 필터로 만들면 메일 관리를 통하여 쉽게 메일을 찾을 수 있습니다.

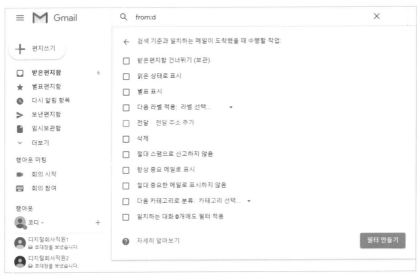

▲ 검색 조건 필터 만들기

기타 아래와 같은 방법으로 메일 관리를 쉽게 할 수 있습니다.

- **중요 메일**: 메일별 중요 표시를 해서 식별이 용이하게 하고, 중요편지함에서 확인
- **라벨**: 사용자가 만든 라벨로 지정하고 색상을 정할 수 있음. 해당 라벨로 정리
- **다시 알림**: 메일을 다시 특정 시간에 알림
- **할 일에 추가**: Task에 추가

1.4 재택근무 활용 방법

1.4.1 아침 이메일 확인

재택근무를 위하여 책상에 출근을 하면 제일 먼저 메일을 확인하고 회신을 보내고 필요 없는 메일을 삭제하는 것입니다. 필요 없는 메일은 1) 우리의 아까운 시간을 뺏어가고 2) 검색 시 검색이 안되게 방해하며 3) 우리의 신경을 분산시킵니다. 가장 쉬운 방법은 받은 편지함을 종류별로 만들고 해당 탭으로 들어가서 메일을 확인하고 소셜, 프로모션, 업데이트 메일은 모두 삭제하는 것입니다. 메일함이 비워지면 여러분의 기분도 좋아집니다. 물론 삭제하기 전에 중요한 메일은 기본 편지함으로 이동을 하든지, 메일 내용을 확인해야 합니다.

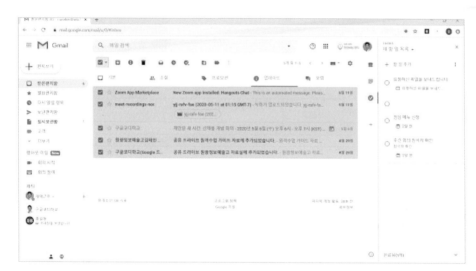

▲ 매일 아침, 필요 없는 메일을 편지함마다 삭제

1.4.2 스마트폰 이용

일단 아침에 필요한 메일 작업이 끝나면 드라이브로 이동하여 업무를 진행합니다. 이메일은 스마트폰으로 오는 알림을 확인합니다. 스마트폰 알림도 중요하지 않거나 급하지 않은 이메일은 알림을 끄고 주기적으로 시간대에만 확인하는 습관을 만들어서 나의 소중한 시간을 아낍니다.

1.4.3 이메일 화면에서 통합 작업

집에서 사용하는 모니터가 크다면 Gmail 사이드바의 캘린더, 할 일, 메모 등을 활용합니다. 또한, 간단한 대화는 이메일 대신에 Chat이나 Meet을 이용하여 커뮤니케이션의 수를 늘리는 것도 재택근무의 좋은 아이디어입니다. 하루 종일 이메일만 보고 있으면 우리의 생활이 피폐해질 수 있습니다. 가급적 좋은 HD급 웹캠을 달고 다른 사람과 이야기를 해보세요.

▲ 사이드바– 캘린더

▲ 사이드바– Keep(메모)

▲ 사이드바– Tasks(할 일)

▲ Gmail에서 Meet 연결

1.5 사용 능력 체크리스트

자신이 어느 정도 사용하는지 체크하는 사용 능력 체크리스트입니다. 다양한 기능을 확인하고, 자신의 업무에 필요한 기능은 웹, YouTube, 도서 참고 페이지를 통해 사용법을 확인하세요.

초급	중급	고급
• 이메일에 프로필 사진 추가하기 • 받은편지함에 배경 테마 추가하기 • 받은편지함에서 바로 일정 만들기 • 받은편지함으로 일일 일정목록 받기 • 메일 보내기를 취소 • 이메일 템플릿 만들기 • 이메일 대화 숨기기 • 드라이브에 있는 대용량 첨부파일 보내기 및 저장하기 • Gmail에 포함된 일정 자동 추가하기 • Gmail에서 맞춤법 및 문법 수정하기 • 나중에 전송할 이메일 예약하기 • Gmail 도구를 사용하여 정확성 개선하기 • 스마트폰 이메일 작성하기	• 그룹을 만들어 빠르게 연결하기 • 새 이메일 알림 받기 • Gmail에서 미리보기 창 열기 • Gmail 및 캘린더 연락처 그룹 만들기 • 이메일 주소 하나를 작업별 주소 여러 개로 전환하기 • 인라인으로 이메일에 답장하기 • 이메일 또는 리마인더에 다시 알림 설정하기 • 대화목록 상단에 새 메시지 표시하기	• 전송한 메일을 수신자가 언제 읽었는지 확인하기 • 필터를 사용해 수신 메일에 자동으로 라벨 지정하고 분류하기 • 필터를 사용하여 Gmail 받은편지함에서 캘린더 응답 이동하기 • 자주 받는 메일에 자동 응답하기 • 나는 인히고 이메일 입력하기 • Gmail을 기본 이메일 프로그램으로 설정하기 • 한 번에 여러 계정에 로그인 • 여러 주소에서 메일 보내기 • 부가기능 및 스크립트로 더 많은 작업하기 • 전문가 수준의 뉴스레터 만들기 • 비밀 모드로 메일 보호 • Gmail을 사용하여 Acrobat에서 PDF 보내기

확인	구분	항목	예상결과	참고ID
☑ 체크리스트			체크리스트는 서비스 사용 방법을 습득하기 위해서 단계별로 나눈 리스트입니다. 하나씩 체크하면서 사용법을 배우고 익숙해져 보세요.	
☐	선택	이메일 서명 설정	설정을 클릭, 기본설정 탭에서 서명 섹션으로 스크롤하여 서명을 설정	CSC-G01
☐	필수	메시지 작성하기	편지쓰기를 클릭하고 메일 작성하기, 제목과 수신자(받는사람, 참조 또는 숨은참조) 추가, 창 크기 변경하기	CSC-G02
☐	선택	보내기 취소 설정	이메일을 보낸 후 왼쪽 하단에서 보내기 취소를 클릭, 설정에서 전송을 취소할 수 있는 시간 설정 가능	CSC-G03
☐	선택	이메일 알림 설정	새 메일이 도착하면 학교 메일에서 바탕화면에 팝업 알림을 표시하도록 허용하도록 설정	CSC-G04
☐	필수	라벨 사용하기	새 라벨을 만들고 이메일을 선택 후 라벨을 지정하여 편지함 정리	CSC-G05
☐	필수	메일 삭제/보관	보관처리 하면 받은편지함 목록에서 사라지지만 전체보관함에서 검색 가능, 삭제시 휴지통에 30일간 보관 후 영구 삭제	CSC-G06
☐	필수	첨부파일 찾기 및 저장	첨부파일 기기에 저장하거나 드라이브에 저장하기	CSC-G07
☐	필수	이메일 검색하기	본문/제목 또는 송/수신자 등 키워드 검색, 고급 검색 사용하기	CSC-G08
☐	선택	필터 설정	특정 조건에 해당하는 메일 자동분류 또는 삭제하도록 필터 설정, 스팸필터 설정	CSC-G09
☐	선택	부재중 설정	부재중 자동응답을 설정하고 부재중인 기간과 메시지를 추가, 응답을 받을 사용자 선택하기	CSC-G10
☐	선택	템플릿 만들기	자주 발송하는 메일을 템플릿으로 저장, 미리 준비된 답변을 불러와서 발송하기	CSC-G11
☐	선택	별표 및 중요도 마커	중요한 이메일을 별표 또는 중요 마커 표시하여 별표 편지함 또는 중요편지함에서 일괄 관리하기	CSC-G12

참고ID는 각 항목의 실행 방법을 자세히 다룬 매뉴얼 문서의 이름입니다. 이 문서는 도서 참고 페이지(https://bit.ly/jocody)에서 검색하여 열람할 수 있습니다.

도서 참고 페이지에서 페이지 우측 상단의 돋보기 아이콘( )을 클릭한 후 해당 항목의 참고ID(예: CSC-G01)를 검색해보세요.

 조코디의 YouTube 강좌

다음의 URL을 통해 Gmail의 기능을 알아보세요.
▶ 상대방의 부재 여부를 확인하기 https://bit.ly/CSC-F303
▶ 중요 메일의 만료일 설정 https://bit.ly/CSC-F58
▶ 메일 발송 후 취소하기 https://bit.ly/CSC-F26
▶ Gmail을 중심으로 일하는 방법, Google Home for Work https://bit.ly/CSC-I32

CHAPTER. 02

Google 주소록

2.1 Google 주소록 개요

2.1.1 개념

스마트폰이 대중화되면서 모든 연락처 목록이 수첩 대신에 휴대폰에 저장되고 있습니다. 개인적인 연락처 외에도 업무 연락처, 기타 생활에 필요한 연락처들이 포함되어 있어, 시간이 지날수록 많은 연락처가 저장되며 이에 따라 체계적인 관리가 필요합니다. Google 주소록은 PC, 스마트기기 등과 동기화되며 Google의 다른 서비스(Gmail, 그룹스, 캘린더 등)과 연동되어 통합적인 사용과 관리가 가능합니다.

구글 주소록은 다음과 같은 장점을 가지고 있습니다.

- 클라우드 자동 동기화
- 안드로이드, iOS 등 다양한 OS에서 사용 가능
- 라벨 기능을 통한 편리한 그룹핑 (1명의 사람을 여러 그룹에 지정 가능)
- 다양한 형식의 연락처 가져오기/내보내기
- 행아웃과 연동하여 편리하게 음성/영상통화 및 텍스트 채팅
- 기본 필드 이외의 정보도 추가 가능
- 연락처 정보의 거의 모든 필드에 대한 검색기능
- 다른 사람과 간편한 연락처 공유

▲ Google Contacts(주소록)

2.1.2 **특징**

목적	받은 연락처를 저장, 분류하고 사람들의 많은 정보를 관리하며 다양한 곳에서 사용	개념	개인별로 관리하는 연락처. 조직 내 직원 주소록은 디렉토리 이용
제공 버전	• G Suite 모든 버전 (Basic, Business, Enterprise,Education, Nonprofit) • 개인 버전	제공	• 계정별로 주소록 제공 • 동기화 기능 제공 • 명함등록 앱에서 자동으로 저장
활용 방법	• 클라우드 ID별 개인 주소록 관리 • 명함 인식 앱 연동 자동 저장	경쟁 제품/ 서비스	네이버 주소록, 삼성 주소록, iCloud 주소록
사용 용도	주소록 관리 및 연락 히스토리 기록	URL	contacts.google.com
limit	1. 25,000개(또는 20MB, 사진은 포함되지 않음)까지 저장 2. 전체 저장 공간: 20MB 3. 연락처별 저장 용량: 128KB 4. 입력란 당 '메모' 제외 1,024자(영문 기준) 5. 입력란 총 500개		

2.1.3 **UI**

1. 주소록 UI

▲ Google 주소록 화면 설명

❶ **연락처 만들기**: 새로운 주소록 입력

❷ **디렉터리**: 회사/학교의 등록된 사용자

❸ **라벨**: 라벨을 관리하기 위한 묶음

❹ **검색창**: 사용자 검색

❺ **설정**: 설정 메뉴

2. 주소록 입력 UI

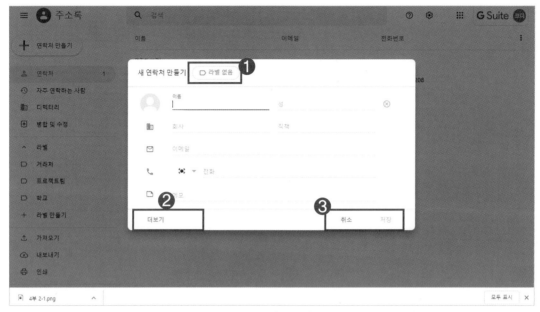

▲ 주소록 입력 화면 설명

❶ **라벨**: 입력한 라벨을 표시

❷ **더보기/간략히 보기**: 추가적인 항목

❸ **저장**: 작성한 내용 저장하기

2.1.4 메뉴/주요 기능

주소록에는 다음과 같은 유형과 기능이 존재합니다.

- **연락처**: 사용자가 직접 등록했거나 아웃룩(outlook) 등 다른 프로그램에서 가져온 연락처가 포함됩니다.
- **자주 사용하는 사람**: 자주 연락을 주고 받은 주소가 자동으로 업데이트됩니다.
- **디렉터리**: G Suite 관리자가 공유 주소록을 설정한 경우 조직(회사, 학교) 구성원들의 연락처가 모두 표시됩니다. 이 연락처 목록은 개인이 수정할 수 없습니다.
- **기타 연락처**: 연락처에 아직 없는 사람에게 이메일을 보내면 기타 연락처에 해당 연락처가 자동으로 추가됩니다.
- **라벨 만들기, 연결**: 만든 연락처를 라벨에 매핑하여 라벨 기준으로 관리할 수 있습니다.
- **가져오기/내보내기**: 다른 주소록 서비스와 연동하기 위하여 주소록을 가져오거나 다른 주소록 용으로 내보내기 할 수 있니다
- **검색하기**: 등록된 연락처를 다양한 방법으로 검색합니다.

2.1.5 환경 설정/고려 사항

구분	설명
액세스 위임	명함을 많이 주고 받을 경우에는 개인적으로 주소록을 관리하지 못하는 경우도 있습니다. 이럴 때는 비서에게 주소록 위임을 해서 관리를 요청할 수 있습니다.
전화번호 국가코드	사용하는 전화번호의 국가코드를 지정합니다.
정렬 기준	표시 방식(이름 + 성, 성 + 이름)을 결정합니다.

2.1.6 사용 절차

주소록을 사용하는 절차는 다음과 같습니다 .업무에 따라서 참고만하세요. 본 내용은 업무에 미숙한 사용자를 위한 내용입니다. 이미 잘 사용하는 숙달자는 사용하는 방식으로 이용하시고 아래 내용은 참고만 해 주세요

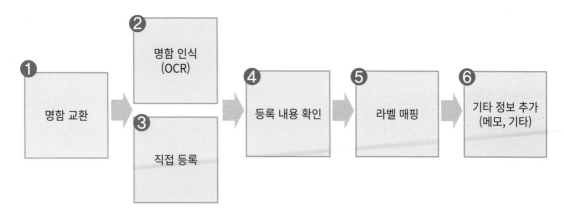

- ❶ **명함교환**: 직접 명함을 주고 받습니다.
- ❷ **명함인식(OCR)**: 스마트폰 명함인식 앱(리멤버 또는 Camcard)에 명함 추가(등록 계정 연결)
- ❸ **직접 등록**: Contacts.google.com 에 새로 등록
- ❹ **등록 내용 확인**: 정확하게 등록되었는지 확인(메일보내서 인사하기)
- ❺ **라벨 매핑**: 관련 라벨 추가(라벨로 검색)
- ❻ **기타 정보 추가**: 만난 날, 이유, 이후 연락 히스토리 관리

 **조코디의 YouTube 강좌**

다음의 URL을 통해 CSV 기능으로 연락처를 등록하는 방법을 알아보세요.

▶ https://bit.ly/CSC-C8
▶ https://bit.ly/CSC-F237

2.2 Google 주소록 시작하기

구분	설명
주소록 등록하기	• 동료 및 거래처 주소록을 등록합니다. • 공통으로 사용하는 주소록을 CSV로 등록 • 명함 등록 서비스를 이용하여 자동으로 등록
주소록 검색하기	• 주소록 내용 검색 • 스마트폰에서 검색 • 다양한 정보 등록 및 업데이트 필요
그룹핑하기	연락처를 그룹핑하여 단체로 문자나 연락 시 이용
업데이트하기	연락처에 기재된 인원과의 히스토리를 지속적으로 업데이트하면 많은 사람과의 관계를 효과적으로 관리

2.2.1 연락처 등록하기

G Suite에서는 계정별로 연락처를 관리할 수 있습니다. 즉, 회사 계정의 연락처에는 회사와 관련이 있는 사람들 주소를 등록하고, 개인 계정의 연락처에는 개인적인 만남을 하는 지인이나 가족들을 등록하면 연락처가 공사로 구분을 할 수 있습니다. 활용 방법에 따라서 필요 없는 사용 계정은 스마트폰에서 삭제하고 다시 필요하면 계정을 추가해서 사용하면 좋습니다.

연락처는 최근에는 직접 입력하는 방법보다는 1) 명함을 명함 앱을 이용하여 자동으로 글을 인식하고 입력하거나 2) 받은 이메일에서 주소록에 저장하는 방법을 사용합니다.

2.2.2 주소록 검색하기

주소록에 등록된 상대방의 연락처는 G Suite의 다양한 서비스에서 메일 및 콘텐츠 공유 시 사용할 수 있습니다. 검색을 많이 하는 연락처는 자동으로 제시해주고, 함께 보내는 경우에도 자동으로 제시해서 수신자 선택을 오류 없이 빠르게 할 수 있는 기능을 제공해줍니다. 자신만의 태그를 사용하면 정보 검색이 편해집니다.

2.2.3 그룹핑하기

주소록을 그룹핑하면 소속을 쉽게 확인하고 동명이인 등의 문제로 메시지나 콘텐츠 공유의 오류를 줄일 수 있습니다. 또한, 그룹 단위로 메시지를 보내면 빠른 정보 교환도 가능합니다. 그룹은 여러 개로 구분할 수 있으니, 연락처에 대하여 지속적으로 정제하고 관리하면 필요할 때 업무 시간을 단축할 수 있습니다. 너무 많은 그룹핑은 오히려 관리가 어려워집니다. 적정한 수준의 그룹 관리가 필요합니다.

2.2.4 정보 업데이트

저자는 Google 서비스를 초기부터 사용을 했었고, 늘 활용 방법에 대해서 고민하는 것을 즐기니 남들이 모르는 방법들을 알게 되는 경우가 있습니다. 그중 하나는 명함을 받으면 스마트폰 앱으로 명함을 인식해서 자동으로 Google 주소록과 동기화를 하고 밤에는 꼭 명함을 보면서 새로 추가된 사람들의 연락처 메모에 언제 어디서 만났는지 어떤 이야기를 했는지 등을 기록을 합니다. 물론 프로젝트도 많고 사건도 많으니 그런 사건마다 가급적 메모란에 중요 내용을 업데이트합니다. 지금도 주소록에 몇천 개의 연락처가 있다 보니 모든 사람을 기억하지는 못하지만, 연락처를 보면 대충 히스토리도 기억이 납니다.

언젠가는 이름을 기억하지 못하는 연락처에 등록된 사람에게 연락이 왔습니다. 바로 연락처를 확인하고 메모란에 적힌 단서를 통해 프로젝트 준비를 같이 했던 담당자라는 사실을 알았죠. 거의 1년 넘게 통화를 하지 않았지만 전화를 받고서는 마치 어제 통화한 것처럼 그때 사정도 이야기하고 대화를 진행했었습니다. 전화를 건 사람은 시간이 오래 지났어도 그때 일을 기억해주니 좋은 감정을 느끼게 됩니다. 당연히 함께 진행하는 비즈니스에도 도움이 되겠죠. 작은 습관 하나가 좋은 기회를 만들 수도 있습니다.

연락처 메모에 아이들 이름을 적어놓거나 생일 등 특별한 개인적인 내용을 작성해도 좋습니다. 이런 내용은 보통 대화하다가 본인이 이야기를 많이 하죠. 그런 기회를 놓치지 말고 바로 적어놓으면 좋습니다.

2.2.5 주소록 아카이빙

예전에는 한 회사에 입사하면 보통 퇴사할 때까지 다니거나 적어도 10년 이상은 근무를 했지만 지금은 그 기간도 짧아지고 많은 이직과 정보 변경이 잦습니다. 또한, 만남이라는 것이 미팅에서 만나서 명함을 주고받는 것에서 Social 공간에서 연결도 많아지기 때문에 주소록을 정확하게 관리한다는 것은 의미가 점점 없어지는 것 같습니다.

과거에는 진급을 해서 직책이 변경되면 다시 받아서 명함철에 기존의 명함을 버리고 새로운 명함으로 관리했지만, 이제는 그런 시도도 점점 어려워집니다. 그래서 저자는 기존의 연락처는 변경하거나 삭제하지 않고 추가만 합니다. 물론 이렇게 하면 관리할 연락처가 많아지긴 하지만, 연락처가 없어질 걱정은 하지 않아도 됩니다. 또한 주기적으로 Google 연락처 앱에서 중복되는 사람은 정리를 하라고 알림을 보내주기 때문에 큰 문제는 없습니다. 연락을 했는데 변경이 되거나 회사를 이직했다면 그때 필요 없는 정보를 삭제하면 되겠죠. 클라우드 시대에서는 주소록 관리에 많은 시간을 투자하지 않아야 합니다.

2.3 Google 주소록 기능 소개

2.3.1 연락처 등록하기

주소록 좌측 상단의 ＋ 연락처 만들기 를 클릭해서 연락처를 등록합니다. 기본적으로 다른 주소록과 유사하게 연락처를 등록합니다. 성과 이름을 구분해도 좋고, 개인적인 규칙으로 작성해도 됩니다. 단, 회사와 연락처를 공유한다면 포맷에 맞게 작성하는 것이 좋겠죠.

▲ 주소록에 새로운 연락처 등록

TIP ✎ **연락처에 이름을 효율적으로 등록하는 방법**

연락처를 등록할 때 성과 이름을 구분하지 말고 스마트폰에 표시되는 형태로 저장하면 전화를 받을 때 상대방을 빠르게 스캔할 수 있습니다. 저자의 경우에는 성에는 이름과 호칭, 그리고 이름에는 회사나 소속을 입력합니다. 스마트폰으로 동기화가 되어 전화가 온다면 '홍길동과장 정의상사' 이렇게 표시가 됩니다.

여러 연락처를 한꺼번에 등록할 때에는 CSV, vCard로 등록합니다.

▲ CSV, vCard 이용 여러 연락처 만들기

2.3.2 라벨 만들고 매핑하기

연락처가 백 개가 넘어가고 천 개가 넘어가면 이름순으로 정렬해서 찾는 것은 포기해야 합니다. 그 대신 라벨을 만들어서 관리하면 쉽게 찾고 관리할 수 있습니다. 라벨을 만들 때 규칙은 없습니다. 가장 간단하게는 집, 친구, 회사, 거래처 정도겠지만, 회사 업무가 복잡해지면 그만큼 연락처를 관리하기도 복잡해집니다. 이럴 때 라벨을 이용해 연락처를 세부적으로 분류하면 좋습니다. 또한 여러 개의 라벨을 만들고 한 연락처에 중복 등록할 수 있으니 참고하세요.

연락처를 라벨에 등록하는 방법은 1) 해당 라벨에서 연락처 만들기, 2) 연락처 만들 때 라벨 추가하기, 3) 만든 연락처를 해당 라벨에 드래그 앤 드롭하는 방법이 있습니다. 연락처를 클릭해서 해당 라벨에 떨어뜨리면 라벨이 생성됩니다.

▲ 새로운 라벨 만들기

라벨을 매핑한 다음에는 해당 라벨을 선택하면 매핑된 연락처만 확인할 수 있습니다. 연락처는 여러 개의 라벨에 매핑할 수 있습니다.

▲ 라벨을 선택하면 해당 연락처만 조회

2.3.3 연락처 검색

제공하는 검색 기능으로 쉽게 연락처를 검색할 수 있습니다. 검색 시에는 등록된 모든 항목에서 검사를 합니다. 분류탭 이외에도 본인의 키워드를 만들고 태그(#)를 함께 사용하면 복잡한 인간 관계도 검색을 할 수 있습니다. Google 서비스는 Google의 최고 기술 검색 엔진을 함께 사용하기 때문에 검색도 잘되고 정확합니다. 개인이 정한 태그를 주기적으로 추가하면 검색이 도움이 됩니다. 지역(예: 여의도, 강남 등), 업무 내용, 부서 등 다양한 내용으로 검색하고 쉽게 결과를 찾을 수 있습니다. 메모를 많이 하면 할수록 빠르게 찾을 수 있으니 메모 업데이트를 많이 하세요.

▲ 태그를 지정해서 검색 시 결과

2.3.4 연락처 이용

G Suite의 연락처에 기록된 이메일은 이메일을 보내거나 드라이브에 저장된 콘텐츠를 공유하거나 캘린더 이벤트에 인바이트(Invite)를 할 때 사용합니다. 또한 Meet, Chat 등 G Suite의 모든 서비스에서 통합하여 연락처에 등록된 사용자와 협업 및 소통할 수 있습니다.

▲ Google Drive에서 연락처에 있는 사용자와 문서 공유하기

2.4 재택근무 활용 방법

2.4.1 사용자 연결

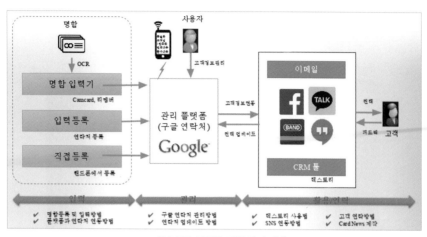

▲ 주소록을 이용한 명함 관리 체계

Google 주소록은 스마트폰 주소록과 연동됩니다. 계정별(개인 계정, 회사 계정)로 관리할 수 있고, 각각의 서비스에서 각각의 서비스에서 SNS 등을 통하여 친구 추천을 받기도 합니다(물론 연동 과정에서 사용자의 동의가 필요하죠). 회사 계정에는 회사에 관련된 사람들 연락처를 등록하고, 개인 계정에는 개인과 관련된 연락처를 등록합니다. 필요할 때는 계정을 등록하고 필요 없으면 계정을 삭제하는 방법만으로 삶이 한결 편해집니다.

회사 계정을 등록하면 회사 주소록이 스마트폰에 동기화되고 소통이 가능합니다. 음성통화의 사용이 줄어들기 때문에 스마트폰 주소록 동기화를 하지 않더라도 소통에 문제는 발생하지 않습니다.

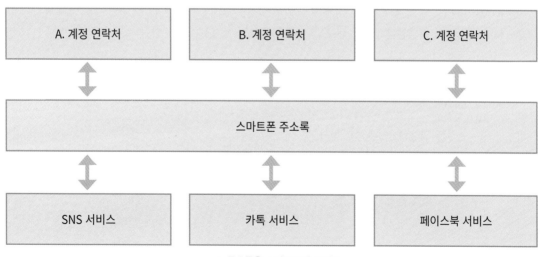

▲ 주소록을 스마트폰에 동기화

2.4.2 비서 업무

회사 대표나 많은 연락처를 가지고 있는 영업사원의 경우에는 혼자서 주소록을 관리하는 것은 어렵습니다. 최근에는 명함을 인식해서 자동으로 입력하는 리멤버와 같은 앱들이 있지만, 과거에는 회의가 끝나고 명함을 한 묶음 받아오면 담당 비서가 명함을 수첩이나 명함 관리 프로그램에 정리하던 때도 있었습니다. 물론 영업사원들은 외부에서 필요한 전화번호가 있으면 회사 사무실에 전화해서 명함첩을 확인해달라고 하던 것은 그 당시에는 흔한 풍경이었죠. 지금이야 이해를 못하지만 말입니다. 라떼는 말이야~

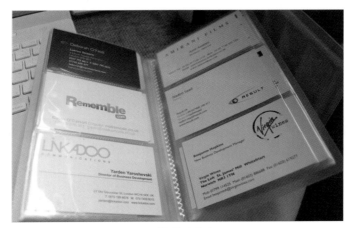

▲ 명함 관리 홀더

2.4.3 명함 자동 등록

최근에는 리멤버와 같은 명함 스캔 앱들이 많습니다. OCR 기능을 이용하던 시기를 지나서 이제는 사람이 직접 스캔 내용을 입력해주는 서비스도 있습니다. 아무리 많은 명함도 한꺼번에 정확하게 입력해서 관리할 수 있습니다. 입력한 명함 정보는 구글 주소록에 연동이 됩니다. 리멤버에서 입력한 명함 정보는 바로 구글 Gmail에서 이메일을 보낼 수 있고, 캘린더에서 회의에 초대할 수 있습니다. 리멤버 서비스 외에도 많은 종류의 명함 서비스가 있으니 다양하게 사용해보고 자신에게 맞는 서비스를 사용하는 것이 중요합니다.

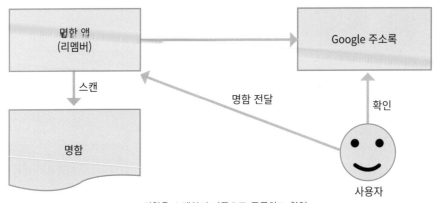

▲ 명함을 스캔하여 자동으로 등록하고 확인

▲ 명함 자동 정리 서비스 앱, 리멤버(Remember)
(출처 : 리멤버 홈페이지)

2.4.4 주소록 이용하기

개인별 주소록은 3가지 용도로 사용할 수 있습니다. 1) 소통, 2) 공유, 3) 정보용입니다. 소통을 하기 위해서는 대상이 있어야겠죠.

▶ 주소록을 이용하는 세 가지 방법

구분	설명	서비스
소통용	메시지 전달 및 알림	Gmail, Calendar, Meet/Chat, Currents
공유용	협업하여 정보를 작성·제공	Drive, Keep, Sites, Classroom
정보용	연락처 정보 확인	Contacts

상대방의 연락처는 외부의 사용자는 개인 연락처를 사용하고 조직 내부 사용자는 회사에서 구성한 디렉터리를 이용합니다. 물론 디렉터리 정보는 조직 관리자에 의해서 관리되기 때문에 추가적인 정보 관리가 필요할 경우에는 개인 주소록에 관리하고 업데이트합니다.

소통이나 공유 시에는 동일한 사용자의 경우에도 개인 주소록과 디렉토리 정보를 함께 사용할 수 있습니다.

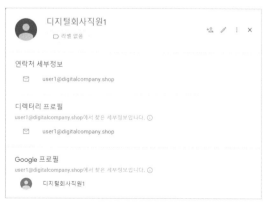

▲ 동일한 사람의 연락처와 디렉터리 정보

2.5 사용 능력 체크리스트

자신이 어느 정도 사용하는지 체크하는 사용 능력 체크리스트입니다. 다양한 기능을 확인하고, 자신의 업무에 필요한 기능은 웹, YouTube, 도서 참고 페이지를 통해 사용법을 확인하세요.

초급	중급	고급
• 연락처 추가, 이동, 가져오기 • 중복된 연락처 병합 • 연락처 내보내기 또는 백업 • 연락처 수정 또는 삭제하기 • 연락처 보기, 그룹 생성 및 공유 • 기기 연락처 백업 및 동기화 • 연락처로 저장되거나 추천되는 사용자 변경	• 스크린 리더로 Google 주소록 사용 • 다른 사용자가 내 연락처에 액세스하도록 허용하기 • 휴대기기 또는 컴퓨터에서 Google 주소록 보기 • 주소록 오류 표시됨	

☑ 체크리스트	체크리스트는 서비스 사용 방법을 습득하기 위해서 단계별로 나눈 리스트입니다. 하나씩 체크하면서 사용법을 배우고 익숙해져 보세요.

확인	구분	항목	예상결과	참고ID
☐	필수	새 연락처 추가하기	⊕ 연락처 만들기 를 클릭하여 새 연락처 추가, 기본 정보를 입력한 후 자세한 정보를 입력하려면 입력란 더보기를 클릭하고 세부 정보를 입력	CSC-C01
☐	필수	조직 디렉터리 연락처 추가	메뉴에서 디렉터리를 클릭하고 필요한 연락처를 검색하여 개인 연락처에 추가	CSC-C02
☐	필수	그룹 연락처 만들기	라벨을 사용하여 연락처를 연락처 그룹으로 정리함. 새 그룹 라벨 생성하고 그룹으로 지정할 연락처 선택	CSC-C03
☐	선택	주소록에서 이메일 보내기	주소록에서 개인 및 그룹에 이메일 보내기. 연락처나 연락처 그룹을 선택하고 이메일 아이콘을 클릭하여 메일 작성	CSC-C04
☐	선택	Gmail에서 연락처 선택하기	Gmail 편지쓰기 창에서 받는사람의 주소 또는 연락처 그룹을 입력하기 시작하면 일치하는 주소 목록이 표시되면 원하는 주소를 클릭하여 선택	CSC-C05
☐	선택	중복된 연락처 병합하기	메뉴에서 중복된 연락처를 클릭하면 표시되는 옵션에 따라 단일 또는 모든 중복된 연락처를 병합	CSC-C06
☐	필수	연락처 업데이트	연락처로 마우스를 가져가면 연락처 세부 정보를 보고 바로 수정할 수 있음. 수정/별표 표시/연락처 숨기기 또는 삭제	CSC-C07
☐	선택	연락처 내보내기	연락처를 CSV(Outlook 및 Google에 호환되는 형식)나 vCard(iOS에 호환) 형식으로 내보내기	CSC-C08
☐	선택	연락처 가져오기	CSV 또는 vCard 형식의 파일을 불러와서 연락처 가져오기	CSC-C09

 조코디의 YouTube 강좌

다음의 URL을 통해 Google 주소록의 연락처를 관리하는 방법을 알아보세요.
▶ 주소록 관리 방법 https://bit.ly/CSC-H73
▶ 실수로 삭제한 연락처 복원하기 https://bit.ly/CSC-F344

CHAPTER. 03

Google 드라이브

3.1 Google 드라이브 개요

3.1.1 개념

Google 드라이브는 클라우드 상에서 모든 작업을 한 곳에서 관리하고, PC 및 모바일 기기를 포함한 모든 기기에서 언제, 어디서나 파일을 이용할 수 있으며, 추가적인 프로그램을 구입하거나 설치하지 않아도 다양한 형식의 파일을 조회할 수 있고 작성할 수 있습니다.

아직도 많은 사용자가 PC 로컬에 자신의 파일과 각종 콘텐츠를 저장하여 사용하고 있습니다. 이런 경우에 노트북이면 가지고 다니기 때문에 이동성에 문제가 없지만, PC의 경우에는 해당 파일의 정보가 필요할 경우에는 다시 사무실이나 집으로 가서 조회해야 하는 불편함이 있습니다. 또한 분실, 훼손 등의 이유로 중요한 파일이나 정보가 없어진 경험을 누구나 가지고 있습니다. 최근에는 USB 같은 이동형 저장매체를 사용하다가 분실되어서 정보가 유출되는 보안 사고도 계속 일어나고 있죠. 회사에서 개인의 저장매체를 이용하는 것은 언제든 개인의 문서를 소유하고 바로 사용할 수 있는 장점이 있습니다. 하지만 상당히 보안에 취약해진다는 문제점도 또한 가집니다.

▲ Google Drive

3.1.2 특징

목적	다양한 콘텐츠, 파일을 클라우드에 안전하게 저장. 다양한 콘텐츠를 작성할 수 있는 환경 제공	개념	로컬에는 C 드라이브, 클라우드에서는 Google 드라이브
제공 버전	• G Suite 모든 버전 (Basic, Business, Enterprise, Education, Nonprofit) • 개인 버전	제공	• 개인 15G • G Suite Basic: 30G • G Suite Business, Enterprise: 1TB ~ 무제한
활용 방법	드라이브 파일 스트림(DFS)사용 (개인 버전은 사용 못 함)	경쟁 제품/ 서비스	네이버 클라우드, Dropbox(드롭박스), OneDrive(원드라이브)
사용 용도	• 클라우드 저장소 • 문서 협업 공간 • 문서 폴더 및 드라이브 공유	URL	• PC: drive.google.com • Mobile: 앱 사용
limit	1. 문서: 최대 102만 자. 텍스트 문서를 Google 문서 형식으로 변환하는 경우 최대 50MB 2. 스프레드시트: Google 스프레드시트로 만들어지거나 변환된 경우 최대 2백만 셀 3. 슬라이드: Google 슬라이드로 변환할 수 있는 PPT의 크기는 최대 100MB. 4. 저장할 수 있는 파일 최대 크기: 5TB 5. 하위 폴더: 최대 20개 depth		
기타	Google Drive Enterprise 제공. 이메일은 회사 이메일 사용하면서 Drive만 사용하는 특화된 버전. Drive 사용량만큼 추가로 비용 지불		

3.1.3 UI

1. 기본 화면

▲ Google Drive 화면 설명

❶ **새로 만들기**: 폴더 생성, 파일/폴더 업로드, Google 문서 만들기

❷ **우선순위**: 많이 쓰는 문서 및 작업 공간 제공/ 만들기

❸ **드라이브**: 내 드라이브, 공유 드라이브, 공유 문서함

❹ **문서함**: 공유/최근/중요문서함, 휴지통

❺ **검색창**: 풀(Full) 텍스트 검색 UI 제공

❻ **설정**: 환경 설정, DFS 다운로드, 단축키 안내

❼ **리스트**: 다양한 콘텐츠가 보이는 창, 미리보기 제공

❽ **사이드바**: 일정, 메모, 태스크 바로가기 및 작업

2. 검색창

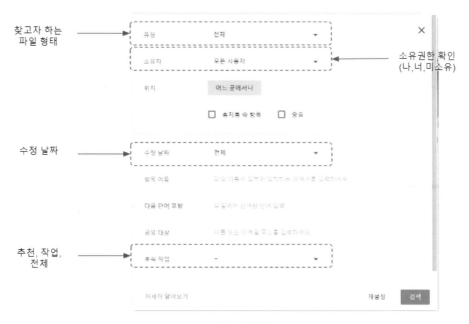

▲ Drive 검색창

구분	설명	비고
유형	콘텐츠 종류 지정, 이미지, PDF, Google 문서, 오디오, 동영상, 압축, 바로가기, 폴더 등	미리보기 제공
소유자	모든 사용자, 내가 소유한/소유하지 않은, 특정 사용자	나, 너, 그룹, 회사, 인터넷
위치	폴더 지정(내/공유 드라이브), 휴지통, 중요 문서함	
수정 날짜	수정한 특정 날짜, 기간	
항목 이름	파일 이름에서 일치하는 키워드	
다음 단어 포함	본문 내용에 검색된 단어	
공유 대상	공유한 이름이나 이메일 주소	
후속 작업	전체, 추천, 작업 항목	

3. 새로 만들기

▲ Drive 새로 만들기 메뉴

구분	설명	비고
폴더 생성	현 위치에서 새로운 하위 폴더 만들기	
업로드	파일/폴더 업로드	드래그 & 드롭 지원
Google 문서	다양한 종류의 Google 문서 만들기	
템플릿 이용	전문 디자이너가 제공하는 문서 템플릿 이용	

3.1.4 메뉴/주요 기능

파일 저장 및 조회	기존에 PC에 저장하는 파일을 브라우저에서 드래그 앤 드롭으로 저장
Google 문서 작성	Google 문서(Docs), 프레젠테이션, 스프레드시트, 설문지 작성
문서 다른 사람과 공유하기	권한으로 다른 사람과 문서 공유 및 문서 협업
공유 드라이브 이용하기	공유 드라이브에 팀원을 초대하여 함께 문서 및 콘텐츠 공유
탐색기에서 연결(G Suite만 가능)	Drive File Stream을 이용하여 문서를 공유

 조코디의 YouTube 강좌

다음의 URL을 통해 Google 드라이브의 유용한 기능을 알아보세요.

▶ 동영상 공유하기 https://bit.ly/CSC-F45

▶ 문서, 폴더 바로가기 만들기 https://bit.ly/CSC-F228

▶ 중요 문서함에 문서, 폴더 넣기 https://bit.ly/CSC-F192

▶ 영문 PDF 문서 번역하기 https://bit.ly/CSC-F195

3.1.5 설정 사항

구분	설명	비고
일반 사항	저장 용량	저장 용량, 세부 정보 보기
	업로드 변환	업로드된 파일을 Google 문서 편집기 형식으로 변환
	언어	사용 언어 설정
	오프라인	오프라인에서도 사용할 수 있도록 지원
	밀도	넓게/보통/좁게
	추천 위젯	빠른 액세스로 필요한 파일을 간편하게 열기 공유 문서함에서 중요한 사용자와 파일 표시 우선순위를 내 기본 홈페이지로 설정
알림	브라우저	브라우저를 통해 Google 드라이브 항목과 관련된 모든 업데이트 받기
	알림 사용	새로 공유된 항목, 액세스 요청, 댓글/제안/작업 항목
	이메일	이메일을 통해 Google 드라이브 항목과 관련된 모든 업데이트 받기
	Google Chat	Google Chat을 통해 Google 드라이브 항목과 관련된 모든 업데이트 받기
앱 관리	앱 리스트	드라이브에 연결된 앱 표시

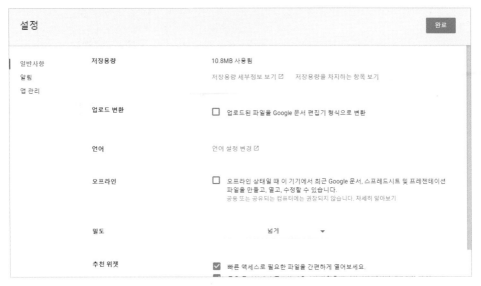

▲ 드라이브 설정하기

3.1.6 Google 드라이브 이용 시 고려 사항

Google 드라이브는 클라우드 환경에서 리포지토리(repository) 서비스를 제공합니다. 브라우저만으로 문서 작업과 다양한 문서를 조회할 수 있고, 다른 사람에게는 권한을 부여해서 사용을 통제할 수 있습니다. 문서를 클라우드에 저장하면 PC에 저장하는 것보다 많은 장점이 있고, 파일 용량이 큰 캐드(CAD) 작업도 할 수 있습니다. PC에 저장하지 않고 Google 드라이브를 사용하기로 결정했다면, 다음과 같은 방법으로 변화관리를 사용하는 것을 추천 드립니다. 기존의 파일을 그대로 업로드해서 DFS(Drive File Stream)로 연결해서 사용하는 것보다는, '새 술은 새 부대에' 라는 말이 있듯이, 파일을 정리하고 정제한 이후에 업로드해서 사용하면 관리하기 쉽고 검색도 잘 됩니다.

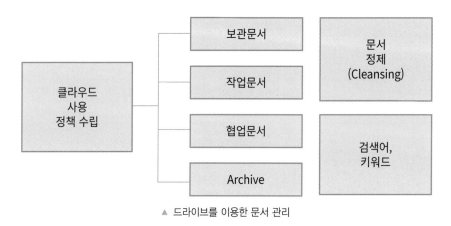

▲ 드라이브를 이용한 문서 관리

회사뿐만 아니라 개인도 사용 정책을 수립해야 혼란을 방지하여 문서 찾는 시간이나 재작업 시간을 줄일 수 있습니다. 다음의 사항을 참조하고 드라이브를 이용 시 유의하시기 바랍니다.

① **문서 작업 방법**: 문서를 작업을 개인 문서로 작업을 할지, PC에서 오피스나 아래아한글로 작업을 할지, 그리고 완성이 되면 어디에 공유를 할지 결정합니다. 재택근무 환경에서는 네트워크 드라이브 연결이 어려워서 사용이 불편하다고 네트워크 드라이브를 그대로 공유 드라이브로 옮기는 것은 좋지 않습니다.

② **파일 이용 정책**: 문서가 많으면 문서를 찾기가 쉽지 않습니다. 문서 관리자를 지정해서 업로드나 새로 만들어지는 문서에 대해서 모니터링을 하면 체계적인 문서 관리가 가능해집니다.

③ **공유 드라이브**: 공유 드라이브를 하나로 사용하는 것보다는 사용자 권한와 목적에 따라 여러 개 사용하는 것이 좋습니다. 어차피 Google 검색 기능으로 권한만 있으면 모두 찾을 수 있습니다.

④ **공유 폴더와 드라이브 사용**: 용도에 맞게 공유 드라이브와 공유 폴더를 사용합니다.

3.1.7 **사용 절차**

Google Drive의 기본 사용 절차는 다음과 같습니다. 업무에 따라서 참고만 하세요. 본 내용은 업무에 미숙한 사용자를 위한 내용입니다. 이미 잘 사용하는 숙달자는 사용하는 방식으로 이용하시고 아래 내용은 참고만 해주세요.

▲ 드라이브 사용 절차

❶ **폴더, 드라이브 만들기**: 새롭게 폴더 또는 드라이브를 생성(폴더, 드라이브 차이)

❷ **파일 정리, 파일명 수정**: 업로드할 파일 정리, 검색 잘 되게 파일명 수정(파일명에 관련 태그 등록)

❸ **파일 업로드**: 직접 업로드 또는 DFS 이용

❹ **Google 문서로 변환**: 드라이브 용량 문제 시 Google 문서로 변환(선택 사항)

❺ **폴더, 드라이브 선택**: 작성할 폴더 및 드라이브 선택(가급적 2~3레벨)

❻ **작성할 Google 문서 선택**: Google Docs, Slides, Sheets, Forms 결정

❼ **협업자 지정**: 함께 작성할 협업자 지정(이미 공유가 된 폴더나 드라이브는 불필요)

❽ **문서 협업 작업**: 문서 협업 작업, 메일 보내기, 댓글 작성

❾ **문서 공유, 유통 설계**: Ver 1.0 완성 후 회사 또는 외부 공유 방법(특정 사용자, 웹 공유)

검색 확인: 검색 시 해당 문서가 검색되는지 확인

 조코디의 YouTube 강좌

다음의 URL을 통해 Google 드라이브에서 문서를 관리하는 기능을 알아보세요.

▶ 구글 문서를 다른 포맷으로 다운로드하기 https://bit.ly/CSC-F105

▶ 문서, 폴더를 중요 문서함에 표시하기 https://bit.ly/CSC-F292

▶ 업무별 작업 공간 만들기 https://bit.ly/CSC-C10

▶ 바로가기 이용하기 https://bit.ly/CSC-H87

3.2 Google 드라이브 시작하기

업로드 보관하기	• 웹 브라우저, 컴퓨터, 휴대기기에서 파일을 업로드하고 동기화 • 폴더 전체 업로드 가능 • PC의 경우 DFS사용 가능
파일보기 사용하기	• 웹 브라우저에서 업로드한 파일을 미리 보고 다운로드 • MP4 동영상 파일은 스트리밍 제공 • 오프라인에서도 사용 가능
파일 관리하기	• 폴더 만들고 정리 업로드 • 검색해서 파일 찾기 테스트
문서 공유하기	상대방의 클라우드 아이디를 이용하여 문서 공유(수정, 댓글, 보기권한), 공유 대상(웹, 내부 도메인, 특정 대상)

다른 G Suite 서비스와 달리 Drive는 문서 및 콘텐츠를 저장하는 민감한 기능입니다. 때문에 전체적으로 읽어본 후에 꼭! 테스트(서비스 테스트 부분 참고)를 해본 후에 기능에 대해서 이해를 하고 사용하시기를 추천드립니다. 테스트 없이 바로 업무에 적용하다가 문제가 생기면 난감합니다. 이해하는 만큼 사용해야 합니다.

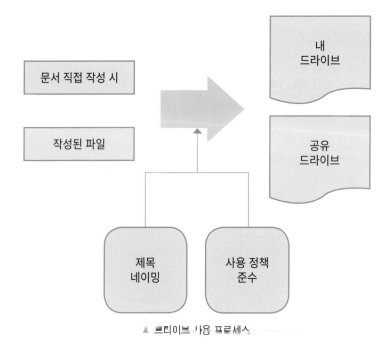

▲ 드라이브 사용 프로세스

3.2.1 문서 관리/사용 정책

문서를 업로드하기 선에는 필요한 문서를 정리해서 업로드해야 합니다(cleansing). 업로드 시에는 다음 사항을 사전에 정리해야 합니다.

① **제목**: 정의한 키워드로 파일 이름 구성
② **파일 정보**: 작성자 및 생성일 등 정보를 정리
③ **버전 통일**: ver1.0, ver 1.1, ver2.2 등 불필요한 파일은 제거
④ **폴더명 고려**: PC에서 사용할 때는 파일명과 폴더를 함께 작성
⑤ **사용 목적**: 원본 문서 그대로 사용할 것인지 Google 문서로 변환 결정
⑥ **문서 소유자**: 문서 소유자의 결정. 공유 드라이브의 경우에는 공유 드라이브 생성자. 기존 소유자 표시 제거

PC에서 프로젝트나 업무 폴더를 만들 때 습관적으로 만드는 폴더가 몇가지 있습니다. 백업, 참고 자료, 기타 자료, Archive 등 공통으로 사용하는 폴더입니다. 그래서 파일을 그대로 옮기게 되면 '참고 자료' 폴더만 몇십 개 검색이 됩니다. 불필요한 정보가 많이 검색이 되면 찾는 정보는 전혀 이용할 수가 없습니다.

3.2.2 공유 드라이브 만들기

공유 드라이브는 G Suite Business, Enterprise 사용자라면 꼭 사용하시기 바랍니다. Basic은 현재는 기능 제공을 하고 있지 않습니다. Basic 사용자는 공유 폴더 형태로 사용할 수 있기 때문에 공유 폴더 사용 시에는 설명하는 내용과 약간 다를 수 있습니다.

회사에서 사용하던 윈도우 네트워크 드라이브 대신에 클라우드에 저장되는 공유 드라이브를 사용하기 위해서 가장 중요한 것은 자료 정리입니다. 공유 드라이브에 필요한 최신 자료를 업데이트 하세요. 지속적으로 업데이트가 잘 이루어진다면 별다른 사내 캠페인 없이도 모두가 자료를 사용하기 좋을 것입니다.

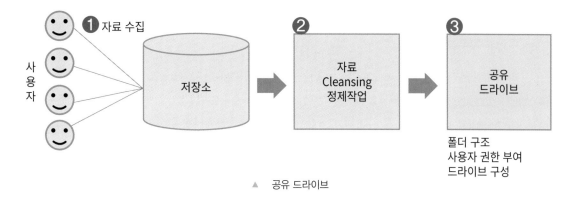

▲ 공유 드라이브

❶ **자료 수집**: 네트워크 드라이브 또는 개인적으로 가지고 있는 자료 수집
❷ **자료 정리**: 데이터 확인 및 정리
❸ **공유 드라이브 이관**: 폴더 및 사용자 권한 부여

공유 드라이브는 하나의 드라이브보다는 업무별로 사용자의 권한에 따라 분류해야 합니다. 공유 드라이브별로 검색하면 원하는 자료를 찾을 수 있습니다.

예를 들면 다음과 같이 업무별로 사용 권한을 분리할 것을 추천 드립니다.

① **전체 공유용**: 전체 직원이 이용하는 드라이브, 회사 공식 문서, 서식, 규정, 프로세스 등
② **팀별**: 부서별 업무 내용
③ **프로젝트별**: 프로젝트별 진행 내용 정리. 프로젝트 종료 후에는 정리하여 보관
④ **보안문서함**: 권한이 있는 사용자만 볼 수 있는 보안 문서

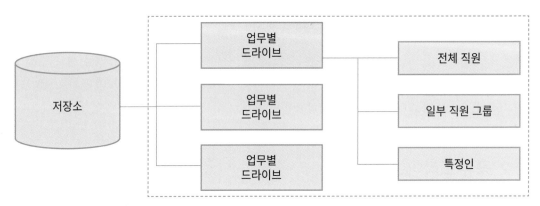

▲ 공유 드라이브를 업무별로 분류 및 사용자에게 사용 권한 부여

3.2.3 문서 작성 및 이용

Google 드라이브에서는 문서를 작성할 수 있도록 Google Docs, Google Presentation, Google Spreadsheets를 제공합니다. 각각 Microsoft사의 워드, 파워포인트, 엑셀과 같은 기능을 제공하고, 설문지나 퀴즈로 사용할 수 있는 Forms도 사용할 수 있습니다. G Suite Marketplace에서 App을 추가하면 다양한 종류의 문서들도 작성하고 콘텐츠로 저장할 수 있습니다.

공유 드라이브는 브라우저 웹이나 모바일 디바이스의 앱, DFS(Drive File Stream)에서 바로 이용할 수 있습니다. DFS는 Google 드라이브 동기화를 위한 새노운 개념의 서비스 입니다 내 컴퓨터에서 클라우드 기반의 Google 드라이브 모든 파일들을 사전에 동기화하지 않고도 내 컴퓨터의 파일 탐색기에서 미리 보고 액세스할 수있는 스마트 파일 스트리밍 기능을 제공합니다. 스트림 방식으로 필요한 폴더 리스트, 파일 리스트만 보여주고 폴더나 파일을 클릭했을 때 또 필요한 리스트나 파일을 다운로드하는 방식입니다.

Google DFS는 개인이 무료로 사용하는 버전(@gmail.com)에서는 제공하지 않고 G Suite Basic, Business, Enterprise, Education, Non-Profit에서만 제공합니다. 자세한 사용법은 아래 매뉴얼 링크를 참고하세요.

▲ Google Drive DFS

Google 드라이브에서 볼 수 있는 파일 형식은 다음을 참고하세요. 크롬 브라우저를 사용해야 원하는 기능을 모두 이용할 수 있습니다

▶ Google 드라이브에서 볼 수 있는 파일 형식

구분	종류
일반 파일	• 아카이브 파일(.ZIP, .RAR, .tar, .gzip(또는 gz)) • 오디오 형식(.MP3, .MPEG, .WAV, .OGG) • 이미지 파일(.JPEG, .PNG, .GIF, .BMP) • 마크업/코드(.CSS, .HTML, .PHP, .C, .CPP, .H, .HPP, .JS) • 텍스트 파일(.TXT) • 동영상 파일 (.WebM, .MPEG4, .3GPP, .MOV, .AVI, .MPEGPS, .WMV, .FLV, .OGG)
Adobe 파일	• Autodesk AutoCad(.DXF) • Illustrator(.AI) • Photoshop(.PSD) • Portable Document Format(.PDF) • PostScript(.EPS, .PS) • Scalable Vector Graphics(.SVG) • Tagged Image File Format(.TIFF) (*RGB는 .TIFF 이미지가 가장 적합함) • TrueType(.TTF)
Microsoft 파일	• Excel(.XLS 및 .XLSX) • PowerPoint(.PPT 및 .PPTX) • Word(.DOC 및 .DOCX) • XML Paper Specification(.XPS)
한글 파일	HWP파일. 단, 일부 기능은 미리보기 안 됨. (대체 수단으로 Synap 뷰어를 이용해볼 수 있음)

3.2.4 문서 협업

팀원끼리 같은 공간에 있지 않고 각자의 공간에서 재택근무를 하더라도 G Suite 드라이브를 이용하면 협업이 쉬워집니다. 팀원이나 같은 회사 직원에게 도움을 요청하고 함께 문서를 작성한다면 시간도 단축되고 정확한 내용 작성에 도움이 됩니다.

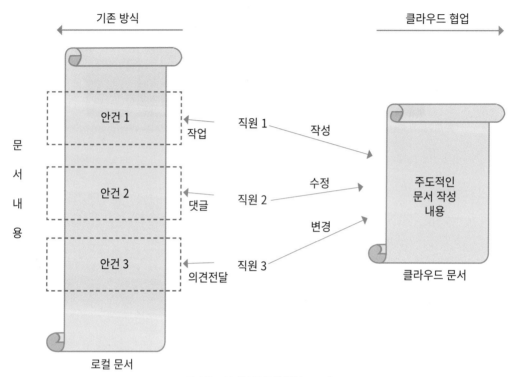

▲ 클라우드 상에서의 문서 협업 프로세스

3.3 Google 드라이브 기능 소개

3.3.1 개인 설정

Google Drive에서 사용하는 다양한 설정을 개별적으로 세팅하여 사용합니다. 개별 알림 등의 내용을 설정하면 업무에 방해되지 않으며, 개인적으로 작업 환경을 구성합니다.

구분	항목	설명
일반 사항	저장 용량	현재 사용하고 있는 드라이브의 저장된 용량 (단, Google 문서는 용량이 0)
	업로드 변환	오피스 문서 업로드 시 자동 변환
	언어	사용하는 언어
	오프라인	오프라인(네트워크 미연결 시) 사용 여부
	밀도	리스트의 줄간격
	추천 위젯	함께 사용하면 좋은 위젯 추천 기능
알림	브라우저	브라우저에서 알림 기능 온/오프
	알림 사용	알림 기능 사용여부
	이메일	이메일 알림여부
	행아웃 채팅	Google Chat 알림 여부
앱 관리	앱 선택	사용할 수 있거나 사용 중인 앱 관리

3.3.2 작업/보관 파일 업로드

기존의 PC에 보관하던 파일을 업로드하는 방법은 2가지가 있습니다. 웹 브라우저에서 업로드하는 방법과 DFS를 이용하는 방법입니다.

1. 웹 브라우저 이용 방법

웹 브라우저에서 이용하는 방법은 1) 오피스 문서를 드래그 앤 드롭해서 업로드한 이후에 2) Google 문서에서 변환 작업을 하면 바로 편집을 할 수 있습니다. Google 문서를 작성한 이후에는 해당 오피스 문서로 저장하기 기능을 제공하니, Google 문서로 관리하고 필요할 때만 저장해서 이용해도 좋습니다. 특정 오피스 문서에 특화된 복잡한 기능을 사용하지 않는다면 Google 문서로 전환을 해서 사용해도 큰 문제는 없습니다. 이렇게 사용하기 위해서는 사전에 꼭 테스트 후에 업무에 사용하시기 바랍니다. 혹시 Google 문서로 전환이 되지 않는다면 두 번째 DFS를 이용하여 해당 오피스 문서로 그대로 사용할 수 있습니다.

2. DFS 사용

DFS(Drive File Stream)를 설치해서 사용한다면 마치 내 PC의 로컬 드라이브처럼 사용할 수 있습니다. 단, 네트워크가 연결이 안되면 사용할 수 없는데, 우리나라에서 네트워크가 안되는 곳은 고장이나 장애가 아니라면 강원도의 아침가리계곡 정도입니다. 외국은 네트워크가 안되는 곳들이 있어서 Offline 기능을 제공하는데 통신강국인 우리나라는 Offline 기능을 쓸 일이 없습니다. 어디를 가더라도 4G와 Wifi를 이용할 수 있습니다.

DFS를 사용한다면 파일을 옮기거나 관리할 필요 없이 오피스 프로그램 및 아래아한글을 사용할 수 있고, 기타 디자인 프로그램도 별 속도 저하 없이 사용합니다. 버전 관리도 Google Drive에서 자동으로 되고 권한 관리도 제공하기 때문에 안전하게 사용할 수 있습니다.

단, 클라우드 문서가 아닌 파일로 저장되는 파일은 두 사람 이상이 작업할 수 없습니다. 한 사람이 작업을 마무리하고 다른 사람이 작업을 해야 합니다.

▲ DFS 사용 계정 정보 및 설정 내용

3.3.3 버전 관리

클라우드 문서가 아닌 파일로 저장해서 문서를 작성할 때 가장 어려운 점이 버전 관리입니다. 버전을 관리하지 않으면 과거의 내용을 확인할 수가 없습니다. 그래서 v.1.1 0.9, 최종, 진짜 최종 등 많은 버전을 만듭니다. 혼자서 작성할 때도 버전 관리가 어렵지만 팀에서 제안서를 함께 작성한다면 수많은 문서 버전이 존재하게 됩니다. 가끔씩은 버전 때문에 제안서팀에서 소란이 일어나는 일도 비일비재합니다.

재택근무 시에는 DFS로 문서 작업을 하면 버전 관리가 쉽습니다. 단, 사용 기한(1개월)과 제한 횟수(100회)가 있습니다. 특별한 버전은 별도로 관리하는 것이 좋습니다.

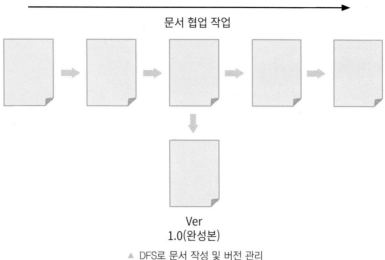

▲ DFS로 문서 작성 및 버전 관리

3.3.4 문서 검색

Google Drive의 최대 장점은 무제한 용량의 저장 공간의 매력보다는 원하는 문서를 정확하게 찾을 수 있는 강력한 Google 검색 엔진입니다. 제목 및 내용으로 원하는 문서를 빠르고 정확하게 찾을 수 있습니다. 우선 순위 기능에서는 사용자의 패턴을 AI가 계속 학습하고 있어, 작업하려는 문서를 AI가 자동으로 제시해주는 경험을 하게 되면 많이 놀라게 됩니다. 미래에는 PC에서 문서 작업을 하려고 하면 Google Drive가 문서를 제시해 줄지도 모릅니다. "오늘은 이 문서 작업할거죠?"

문서 검색은 다양한 검색 조건을 이용할 수 있습니다.

▲ Google Drive 검색 화면

검색 방법	내용	비고
유형	이미지, PDF, Google 문서, 오디오, 동영상, 압축 파일, 폴더 등	
소유자	모든 사용자, 내가 소유한 항목, 내가 소유하지 않은 항목, 특정 사용자	내가 조회한 문서도 조회 가능, 이메일 첨부 포함
위치	어느 곳에서나, 내 드라이브, 공유 드라이브, 공유문서함, 사용자에게 표시, 휴지통 속 항목, 중요	
수정 날짜	전체, 오늘, 어제, 지난 7일, 최근 30일, 최근 90일, 맞춤(기간 설정)	
항목 이름	파일 이름의 일부와 일치하는 검색어	
다음 단어 포함	파일에서 검색된 단어 입력	
공유 대상	공유된 이름 또는 이메일 주소로 검색	
후속 작업	전체, 추천 항목만, 작업 항목만	

3.4 재택근무 활용 방법

3.4.1 공유 드라이브 만들기

공유 드라이브는 개인버전과 G Suite for Basic에서는 사용하지 못합니다. 하지만 Business, Enterprise, Education에서 공유 드라이브를 만들고 함께 사용할 사용자를 초대하여 권한을 부여하여 사용할 수 있습니다.

1. 공유 드라이브 만들기

공유 드라이브는 공유 드라이브를 선택하고 상단의 ⊕ 새로만들기 를 클릭해서 만들 수 있습니다. 회사에서 공유 드라이브는 누구나 만들 수 있지만, 회사 전체나 팀에서 사용할 경우에는 누가 생성하는지가 중요합니다. 가장 추천하는 것은 회사의 대표 계정이나 팀 계정을 별도로 하나 더 추가해서 관리하는 방법입니다. 물론 이렇게 하면 사용계정+1 라이선스가 필요하지만 퇴사나 이동 시에도 안전하게 관리할 수 있는 장점이 있습니다.

▲ 새 공유 드라이브 만들기

2. 사용자 초대

공유 드라이브를 사용할 사용자를 초대합니다. 팀원이 적을 때는 한 명씩 초대해도 문제가 없지만 팀원이 많을 경우에는 그룹으로 초대해야 합니다. 그룹으로 초대하면 한 명씩 초대하는 것보다 다음과 같은 장점이 있습니다.

① **빠른 초대**: 그룹에 사용자를 추가하고 그룹 이메일을 사용하기 때문에 간편함
② **변경 시 대응**: 퇴사, 입사 등의 변경 시에도 해당 인원을 변경할 필요 없음
③ **일관된 권한**: 직원, 팀장, 임원 등 포지션에 따른 권한 부여 용이

▲ 공유 드라이브에 사용자 추가

그룹에 따라서 권한을 부여할 수 있기 때문에 적절한 권한 정책 수립이 필요합니다. 권한은 다음과 같습니다.

① **관리자**: 콘텐츠, 사용자 및 설정 관리
② **콘텐츠 관리자**: 파일 추가,수정, 이동, 삭제
③ **참여자**: 파일 추가 및 수정
④ **댓글 작성자**: 문서 내용은 수정하지 못하나 해당 내용은 블럭으로 지정하고 의견(댓글) 작성 가능
⑤ **뷰어**: 콘텐츠 조회만 가능

> **TIP** 📝 **문서량에 따른 문서 공유 방법**
>
> 팀 공유 드라이브를 사용하다가 사용자의 지위 및 역할에 따라 권한을 다르게 부여해야 할 경우가 있습니다. 대기업에서 사용하는 문서관리시스템, 문서중앙화 시스템 등에서는 이럴 경우 권한을 확인해서 복잡하게 만들지만, 클라우드 서비스에서는 제공하는 기능에 맞게 쓰는 방식이 중요합니다. 다음과 같은 방법 중에서 선택하세요.
>
> **[방법1] 문서량이 적을 때**
>
> 문서별로 권한을 부여합니다. 물론 소유자와 사용 방법을 이해해야 합니다. 사용자가 많으면 그룹스 이메일로 권한을 부여합니다. 내 드라이브에 공유 폴더를 만들어서 이용해도 좋습니다.
>
> **[방법2] 문서량도 많고 사용자도 많을 경우**
>
> 별도의 공유 드라이브를 하나 더 만들어서 사용합니다.

3. 폴더 구성하기

폴더는 권한이 있는 사용자가 구성합니다. PC 탐색기와 다르게 검색 기능이 좋기 때문에 탐색적으로 찾는 방법보다 검색을 이용해서 찾는 방식이 좋습니다. 1) 최대 3레벨로 구성 2) 이름은 260자 이내 글자수 3) 특수 문자나 숫자보다는 키워드 이용하는 방법이 좋습니다.

▲ 새로운 컨텐츠 생성하기

4. 검색하기

Google Drive에서는 전체 검색 기능도 제공하지만, 범위를 특정해서 검색하는 방법도 제공합니다. 특정 폴더 하위로만 검색도 가능합니다. 직장인들이 불필요하게 낭비하는 시간 중에 하나는 필요한 문서를 찾는 시간입니다. Google은 강력한 검색 엔진을 제공하기 때문에 대량의 문서도 쉽게 찾을 수 있고, 반영 내용도 바로 반영됩니다. 이런 좋은 기능을 업무에 최대한 활용해서 불필요하게 검색하는 시간을 줄이세요.

▲ 해당 공유 드라이브에서만 검색하기

3.4.2 작업 공간 구성하기

웹 브라우저에서 문서를 작성하고 조회할 경우에 작업 공간 구성이 빠르고 간편합니다. 브라우저만 있으면 바로 사용할 수 있기 때문입니다. 재택근무를 하게 되면 가상으로 업무 진행이 많아지고 사람들을 대면하는 업무보다는 가상의 공간을 이용하는 횟수가 많으니 넓은 화면으로 구성하면 좋을 겁니다. 최근에는 울트라 와이드 모니터가 출시되고 있어 게임하기도 좋지만 문서 작업하기도 좋습니다.

▲ 삼성전자 슈퍼 울트라 와이드 모니터(32:9)

작업 공간은 실제로 업무를 하는 단위로 분류하여 빠른 액세스가 쉽도록 구성합니다. 프로젝트 몇개만 동시에 진행해도 많은 파일로 관리하는데도 시간이 많이 걸립니다. 작업 공간은 Drive의 우선순위 기능을 이용하여 구성합니다. 작업 공간은 폴더나 공유 드라이브에 있는 파일과 콘텐츠를 복사하는 것이 아니고 가상으로만 구성합니다.

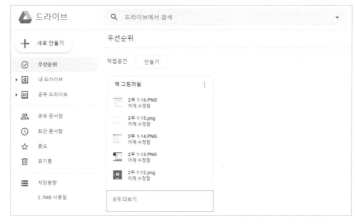

▲ 많이 사용하는 파일들로 가상의 작업 공간 만들기

3.4.3 외부 협업 자료

재택근무나 내부근무나 외부에 자료를 제공하고 협업하는 환경이 필요합니다. 이메일로 파일만 전달하면 업데이트 문제와 보안 문제가 발생합니다. 공유 폴더를 만들고 협력 업체나 파트너들을 초대해서 협업 환경을 구성하면 안전하고 쉽게 이용할 수 있습니다. 공유 폴더도 이용 가능하고, 해당 폴더는 Google 사이트 도구를 이용하여 외부공개도 쉽게 할 수 있습니다. 게시판이나 자료실에 파일 업로드해서 전달하는 것보다 관리도 쉽고 이용하기 좋습니다.

디자인 작업을 위한 회사 디자인 파일 및 AI, 폰트 공유 시 사용하면 불필요한 소통을 줄일 수 있습니다. 관리가 안되면 아까운 시간이 낭비됩니다.

사례

파트너 : 대리님 회사 로고 AI 파일 좀 주세요.
김대리 : 네 찾아보고 메일로 드릴게요.
마케팅 : AI 파일은 회사 그룹웨어 게시판에 있어요.
김대리 : 다운받아서 이메일로 보내드렸어요
파트너 : 김대리님 보내주신 로고 파일은 예전 파일인데요. 최근 업데이트 파일 보내주세요.
김대리 : (이거 하나 때문에 벌써 몇시간을 낭비하는지…)

▲ 생성한 공유 폴더에 자료를 업로드한 후 링크가 있는 사용자만 조회, 편집 권한 부여

3.4.4 내부 동영상 스트리밍

최근에는 동영상 파일도 많이 생산하고 유통합니다. PC에서 볼 때는 파일을 플레이어로 보면 되지만, 다른 사람에게 동영상을 전달할 때는 1G짜리 동영상 파일을 보내기도 그렇고 사용하기도 불편합니다. 가장 많이 사용하는 YouTube에 올리면 유출 문제도 고민해야 하고, 관리가 안되는 문제가 있습니다.

Google Drive에는 YouTube와 같은 동영상 스트리밍 서비스를 제공하기 때문에 MP4 파일이나 동영상 파일을 업로드하면 자동으로 스트리밍 형태로 변경이 됩니다. 다운로드 받으면 물론 MP4 파일로 이용도 할 수 있습니다. 회사 동영상이나 교육, 업무 영상 등에 사용할 수 있습니다.

▲ Google Drive에서 동영상 재생

3.5 사용 능력 체크리스트

자신이 어느 정도 사용하는지 체크하는 사용 능력 체크리스트입니다. 다양한 기능을 확인하고, 자신의 업무에 필요한 기능은 웹, YouTube, 도서 참고 페이지를 통해 사용법을 확인하세요.

초급	중급	고급
• 드라이브에 있는 대용량 첨부 파일 보내기 및 저장하기 • 오프라인으로 저장된 드라이브 파일에 액세스하기 • 문서 템플릿 만들기 • 드라이브 파일 및 폴더의 변경사항 보기 • 내 파일의 다른 버전으로 전환하기 • 파일의 PDF 버전 링크 공유하기 • Microsoft Office 파일로 작업하기 • Office 파일을 수정 중인 사용자 확인하기 • 휴대기기를 사용하여 PDF 양식 작성하기 • 해결되지 않은 댓글 찾고 처리하기	• 공동 작업자에게 이메일 보내기 • 파일이 나와 공유된 경우 알림 받기 • 여러 사용자와 콘텐츠 공유하기 • 파일 액세스 권한의 만료일 설정하기 • 공유 파일을 최종 파일로 표시하기 • 드라이브 파일의 공유 옵션 제한하기 • 파일 소유권 이전하기	• 공유 드라이브 테마 변경하기 • 드라이브에 자동으로 다운로드 동기화하기 • 부재중 문서 만들기 • 휴대전화를 사용하여 파일을 PDF로 스캔하기 • 화상 회의 녹화하기 • 행아웃 채팅에서 드라이브 관련 알림 받기 • 공개적으로 파일 공유하기 • 설명으로 이미지 파일 검색하기 • 공유 드라이브에서 소유자로 파일 찾기 • 원하는 공유 드라이브만 표시하기 • Google 문서를 다른 언어로 번역하기

☑ 체크리스트	체크리스트는 서비스 사용 방법을 습득하기 위해서 단계별로 나눈 리스트입니다. 하나씩 체크하면서 사용법을 배우고 익숙해져 보세요.

확인	구분	항목	예상결과	참고ID
☐	필수	파일 업로드하기	드라이브에 사진, 문서, 동영상 등 파일을 저장하고 다른 기기에서 액세스 하기	CSC-S01
☐	선택	파일 관리하기	별표 및 폴더 색상으로 중요 폴더 강조 표시하기	CSC-S02
☐	필수	파일 버전 관리하기	드라이브에서는 모든 초안을 하나의 파일로 보관하며 이전 버전도 간편하게 보거나 복원할 수 있음	CSC-S03
☐	필수	파일 및 폴더 공유 설정 맞춤 설정하기	특정 사용자와 조직에 파일 또는 폴더 공유하기 및 액세스 수준 설정	CSC-S04
☐	필수	드라이브에서 파일 검색하기	드라이브 검색 결과를 필터링하여 드라이브에서 파일을 더 쉽게 검색 (파일 유형, 제목, 키워드, 위치 등)	CSC-S05
☐	선택	공유 만료일 설정하기	공유 만료일을 설정하여 일정 기간 동안만 파일을 공유	CSC-S06
☐	선택	파일 링크 공유하기	드라이브의 문서나 파일을 URL 링크로 공유	CSC-S07
☐	필수	파일 삭제/복원하기	파일이나 폴더를 삭제하면 휴지통으로 이동하며 휴지통에서 비워지기 전까지 드라이브로 복원할 수 있음	CSC-S08
☐	필수	공유 드라이브 설정하기	공유 드라이브를 만들고 멤버 추가하고 삭제하기, 멤버의 액세스 수준 설정하고 변경하기	CSC-S09
☐	선택	드라이브 활동 및 파일 세부 정보 보기	드라이브에서 작성했거나 드라이브에 업로드한 항목의 변경사항을 추적하고 파일이나 폴더에 관한 구체적인 정보 확인	CSC-S10
☐	필수	드라이브 파일 스트림 설치하기	Drive File Stream을 설치하여 데스크톱 환경의 탐색기에서 드라이브의 파일에 액세스하기	CSC-S11

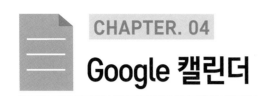

CHAPTER. 04
Google 캘린더

4.1 Google 캘린더 개요

4.1.1 개념

Google 캘린더는 구글에서 제공하는 일정 관리 서비스입니다. 개인의 일정 관리뿐만 아니라 협업 솔루션에 맞게, 팀, 회사, 학교 등 다양한 조직의 일정을 함께 관리하고 이용할 수 있습니다. 개인의 일정은 약속이나 기념일, 과거 내용 등의 기록이 대부분이지만, 조직이나 회사에서 사용할 때는 개인적인 일정 외에도 다음과 같은 기능을 추가로 사용할 수 있습니다.

① 단체, 팀의 일정 계획 및 협의에 대한 결과 기록
② 다른 동료의 일정 확인 및 회의 일정 계획
③ 오프라인 미팅 외 온라인 미팅에 대한 계획
④ 회의실 및 각종 장비 등의 사용 예약
⑤ 개인 부재 표시 및 면담 가능 시간 안내 및 예약

Google 캘린더를 사용하면 회의 및 이벤트를 신속하게 예약하고, 예정된 활동에 대한 알림을 받을 수 있습니다. 개인과 팀의 협업을 위하여 일정을 공유하면 불필요한 시간 낭비를 줄일 수 있고, 다양한 일정 협업이 가능합니다. 스마트폰이나 태블릿에서도 쉽게 이용할 수 있고, 다양한 알림 기능을 이용하면 많은 약속도 빠짐없이 잘 지킬 수 있습니다. 회사나 학교의 회의실이나 다양한 리소스의 예약 관리에 사용할 수 있고, 사용 빈도를 확인해서 회의실 관리의 계획을 세울 수도 있습니다.

Google 캘린더를 사용하여 다음 작업을 추가로 할 수 있습니다.

• 일정 예약하기
• 리마인더 만들기
• 캘린더 공유 및 보기
• 캘린더 맞춤 설정하기
• 메모 및 할 일에 액세스하기

개인뿐만 조직의 시간을 낭비 없이 효율적으로 사용하기 위해서 다양한 기능을 사전에 약속하고 사용해보세요. 다른 서비스와 마찬가지로 스마트폰에 사용 계정 등록을 해야 모든 기능을 사용할 수 있습니다. 또한 조직의 일정 중심의 지식 관리에도 사용할 수 있습니다.

▲ Google Calendar

4.1.2 특징

목적	일정을 생성, 관리하고 일정을 공유하여 업무 협업 여러 캘린더를 생성하여 목적별로 사용	개념	일정, 약속, 일정 관련 자료, 회의실 예약 등 일정에 관련된 모든 약속 저장 및 확인
제공 버전	• G Suite 모든 버전 (Basic, Business, Enterprise,Education, Nonprofit) • 개인버전	제공	• 도메인 버전은 부재중, 약속 시간대 기능 제공 • 공개 캘린더 주소 제공 • HTML 삽입기능 제공 • 이벤트 초대 및 영상 회의 개설
활용 방법	회사, 조직의 개인 캘린더 관리 및 공유 캘린더 이용, 회의실 관리	경쟁 제품/ 서비스	네이버 캘린더, iCloud 캘린더
사용 용도	• 업무에 관련된 업무내용 기록 및 회의일정, 자료 공유 • 회의실 예약 현황 확인 및 사용 통계	URL	• calendar.google.com • 앱사용
limit	캘린더 최대 750명 공유		

4.1.3 UI

Google 캘린더를 처음 접속하면 시간 중심으로 캘린더의 일정이 나타납니다.

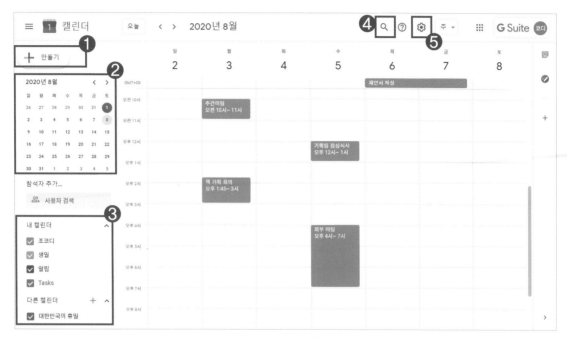

▲ Google Calendar 화면 설명

❶ **만들기**: 이벤트 만들기

❷ **달력**: 원하는 날짜를 쉽게 선택

❸ **내 캘린더**: 내가 소유하거나 권한이 있는 캘린더 리스트

❹ **검색**: 이벤트 내용을 검색

❺ **설정**: 캘린더 설정

새로운 일정을 등록할 때에는 좌측 상태의 추가 버튼을 눌러서 일정을 등록합니다.

▲ 새로운 캘린더 이벤트 등록하기

등록된 일정은 다음과 같이 확인할 수 있습니다.

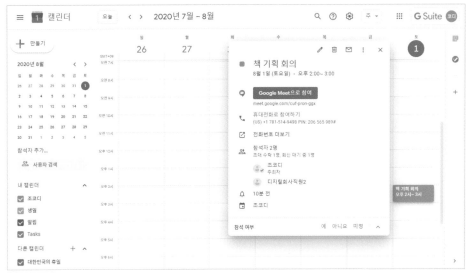

▲ 생성된 이벤트 세부 내용 확인하기

이벤트를 검색할 때는 필요한 항목에 키워드를 입력합니다.

▲ 캘린더 이벤트 검색하기

 조코디의 YouTube 강좌

다음의 URL을 통해 Google 캘린더의 기능을 알아보세요.

▶ Gmail로 온 초대 일정을 Google 캘린더에 자동 등록하기   https://bit.ly/CSC-F19

▶ Calendar Event 초대하고 참석 여부 확인하기   https://bit.ly/CSC-F21

▶ 브라우저에서 상대방 일정 확인하고 이벤트 추가하기   https://bit.ly/CSC-F349

4.1.4 메뉴/주요 기능

구분	설명	사용 방법
만들기	• 이벤트, 부재 중, 알림, 휴일, 약속 시간대 를 캘린더에 입력 • 해당 날짜 시간에 클릭해서 바로 입력도 가능	종류에 따라 시간과 참석자, 회의실, 권한, 반복여부, 슬롯 시간등을 작성
캘린더 선택	소유하거나 권한이 있는 캘린더를 표시하거나 감출 수 있음	해당 캘린더 좌측의 체크박스를 선택하여 표시
다른 캘린더 추가	새로운 캘린더나 제공되는 다양한 캘린더를 추가	다른 캘린더 옆에 '+'를 눌러서 구독, 만들기, 리소스 조회, 추가, 가져올 수 있음
이벤트 조회	표시되어 있는 캘린더 이벤트를 클릭하여 해당 내용을 조회	해당 캘린더 클릭
검색	이벤트의 내용을 키워드로 검색	해당 항목에 키워드 입력 후 검색
설정	• 캘린더에 관련한 설정을 세팅 • 언어 및 지역, 시간대(보조시간대), 세계시계, 일정 설정, 보기 옵션 등 설정	휴지통, 밀도 및 색상, 인쇄, 부가기능 설치
보기 옵션	일, 주, 월, 연도, 일정, 4일 단위로 표시	주말 및 거절한 일정 표시 결정

4.1.5 환경 설정

① **설정**: 캘린더 사용 및 관리에 필요한 다양한 세팅 등록

- 언어 및 지역
  - 언어, 국가, 날짜 형식, 시간 형식,
- 시간대
  - 보조 시간대 표시
  - 세계 시계 표시
- **일정 설정**: 기본 일정 시간
- 기본 참석자 권한
- **보기 옵션**: 주말, 거절한 일정 표시
- Gmail에 포함된 일정
- 기본 직장 위치
- 단축키

② **휴지통**: 삭제한 일정 표시

- 일정을 복원하거나 휴지통 비우기

③ 밀도 및 색상

- 색상 설정
  - 모던(흰색), 기본(검은색)
- 밀도
  - 화면 자동 맞춤, 좁게

④ 인쇄

- 인쇄 범위
- 글꼴 크기
- 방향
- 색상 및 스타일
- 주말 표시 여부, 거부한 일정 표시

④ 부가 기능

캘린더와 연동되는 다양한 Add-on 서비스 추가 설치

 조코디의 YouTube 강좌

다음의 URL을 통해 Google 캘린더의 기능을 알아보세요.
- ▶ Google 캘린더를 출력하는 다양한 방법   https://bit.ly/CSC-F345
- ▶ meet.new로 바로 화상회의 시작하기   https://bit.ly/CSC-F340
- ▶ Gmail로 오늘의 일정 확인하기   https://bit.ly/CSC-F293
- ▶ Google 캘린더에서 업무 시간 정하기   https://bit.ly/CSC-F39

4.1.6 사용 절차

캘린더를 사용하는 절차는 다음과 같습니다.업무에 따라서 참고만 하세요. 본 내용은 업무에 미숙한 사용자를 위한 내용입니다. 이미 잘 사용하는 숙달자는 사용하는 방식으로 이용하시고 아래 내용은 참고만 해주세요.

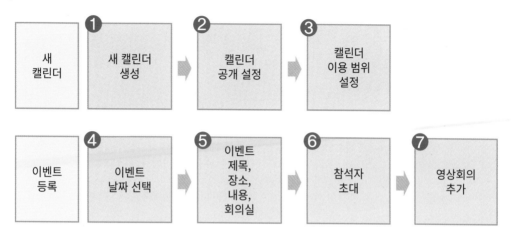

❶ **새 캘린더 생성**: 새로운 캘린더를 생성(무제한 생성 가능)

❷ **캘린더 공개 설정**: 모든 일정 세부 정보 표시 설정(한가함/바쁨, 보기)

❸ **이용 범위 설정**: 생성한 캘린더 타인과 공유(한가함/바쁨, 보기, 변경, 권한 관리)

❹ **이벤트 날짜 선택**: 날짜, 시간 단위 설정(최소 15분 단위)

❺ **이벤트 내용 입력**: 내용 입력, 구글 드라이브 문서 등록

❻ **참석자 초대**: 참석자 초대(Invite) (참석 여부 확인)

❼ **영상회의 추가**: Google Meet 링크 생성

4.2 Google 캘린더 시작하기

일정 등록	• 자신의 일정을 등록하기 • 일정 검색하기 • 문서 작성해서 동료 초대
캘린더 등록	필요한 캘린더를 추가하여 업무를 분류하여 관리 및 이용
동료 일정 확인	다른 사람의 일정을 확인
회사 공유 일정	회사나 팀 일정을 공유하고 이용 관리
회의실 예약	회의실 및 공용 장비를 관리

4.2.1 일정 조회

Google 캘린더를 사용하기 위해서는 가장 좋은 것은 회사나 업무 일정은 개인 일정과 분리하여 캘린더에 등록하는 것입니다. 또한 개인의 업무를 회사 계정의 캘린더에 기록을 해야 합니다. 보통 회사의 일과 시간인 9시에서 저녁 6시까지의 업무를 기록하고 권한이 있는 다른 사람에게 공유해야 합니다.

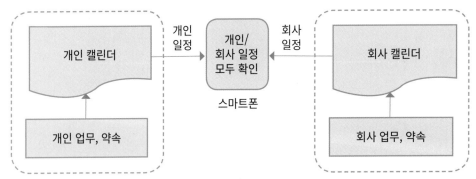

▲ 개인 일정과 회사 · 업무 일정을 분리해 캘린더에 등록

예전에는 포털(Portal) 시스템을 사용하여 여기저기 산재되어 있는 정보를 한 곳에서 조회하려는 노력을 많이 했었습니다. 하지만 지금은 스마트폰이라는 개인에 특화된 디바이스를 누구나 가지고 있고, 회사에서 관리를 하지 않아도 개개인이 별도의 요청 없이 알아서 업데이트 및 최신의 폰으로 유지를 하는 노력을 게을리 하지 않습니다. 그래서 스마트폰은 개인적인 사용에도 좋지만 회사 업무를 할 때도 장점이 많습니다.

4.2.2 캘린더 관리

개인적인 일정은 개인 계정에 저장을 합니다. 네이버 캘린더도 좋고 구글 개인 캘린더도 좋습니다. 중요한 것은 회사 일정이나 약속은 꼭 회사 캘린더에 저장해야 합니다.그리고 회사 일정을 업무에 맞게 지속적으로 등록을 해야 합니다.

① 개인 일정은 개인 캘린더, 회사 일정은 회사 캘린더
② 회사 일정은 지속적으로 업데이트 및 작성
③ 캘린더 작성 시에는 이벤트 이름 뿐만 아니라 관련된 콘텐츠 링크, 등록
④ 회사 업무도 종류에 따라서 캘린더 신규 등록
⑤ 자신의 캘린더를 참조할 수 있도록 권한 부여

▲ 캘린더를 이용한 일정 관리

4.2.3 캘린더 공유

회사에서도 업무 시에는 용도에 맞는 캘린더를 사용해야 합니다. 캘린더 하나하나도 클라우드 콘텐츠의 성격('2부, 새로운 업무 환경 콘텐츠' 참고)을 가지고 있기 때문에 새로 만든 캘린더에 소유자가 있고 사용자는 권한에 따라 이용할 수 있습니다.

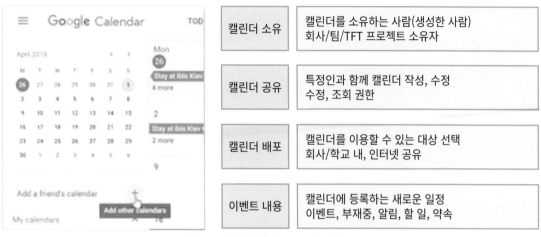

캘린더 소유	캘린더를 소유하는 사람(생성한 사람) 회사/팀/TFT 프로젝트 소유자
캘린더 공유	특정인과 함께 캘린더 작성, 수정 수정, 조회 권한
캘린더 배포	캘린더를 이용할 수 있는 대상 선택 회사/학교 내, 인터넷 공유
이벤트 내용	캘린더에 등록하는 새로운 일정 이벤트, 부재중, 알림, 할 일, 약속

▲ 캘린더 작성 및 공유, 사용 절차

4.2.4 이벤트 등록

종이 수첩에 일정을 등록할 때는 나의 업무 중심으로 작성을 하지만, Google 캘린더를 이용할 때는 나 자신과 다른 사람을 함께 고려해야 합니다. 캘린더에 추가할 수 있는 것은 일반적인 이벤트 외에도 나의 부재중, 간단한 알림, 할 일을 등록해서 G Suite의 다른 서비스와 함께 이용할 수 있습니다. 큰 개념에서 보면 개인이나 조직의 캘린더에는 다양한 내용을 작성할 수 있습니다. 또한 약속 시간대라는 기능은 내가 약속이 가능한 시간을 상대방에게 알려서 특정 시간에 미팅을 역 제안하는 방법입니다.

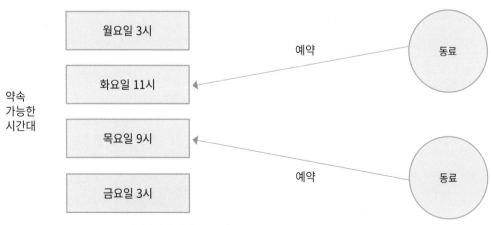

▲ 상대방에게 자신의 일정을 공유하고 약속 가능한 시간대 맞추기

4.2.5 회의실 예약

회의실 캘린더를 만들고 이를 공유해서 필요한 사람이 시간을 등록하고 사용하면 체계적이고 빈 시간을 쉽게 확인할 수 있습니다. 회의실 앞에 해당 회의실 캘린더 QR code를 하나 붙여놓으면 이용하려는 사람이 쉽게 사용 내역을 확인할 수 있습니다.

▲ 회의실에 예약 메모 붙여 놓기

4.3 Google 캘린더 기능 소개

4.3.1 일정 등록 기능

캘린더 메인 화면에는 기본적으로 일주일의 일정이 표시됩니다. 일정표는 일 단위에서 연도 단위로 변경할 수 있습니다. 캘린더 좌측 상단의 를 선택하여 일정 이벤트를 등록합니다.

▲ 캘린더에 일정 등록하기

[간편 일정 등록]

- 일정을 등록하고자 하는 날짜의 시간대를 클릭하면 일정 등록창이 표시됩니다.
- 일정의 제목을 입력하고 시간대를 지정합니다. 세부적인 일정을 지정하려면 옵션 더보기를 클릭합니다.

1. 일정의 종류

일정에는 캘린더별로 등록할 수 있는 이벤트, 부재중, 약속 시간대가 있습니다.

- **이벤트**: 일반적인 약속, 알림으로 상대방을 초대할 수 있는 일정
- **부재중**: 자신의 일정이 초대될 수 없음을 알리는 표시
- **알림**: 특정한 시간에 알림을 울림 (예: 약 먹을 시간)
- **할 일**: 할 일 목록에 추가하면 Task에도 입력됨

2. 세부 일정 등록

일정 등록 윈도우에서 '옵션 더보기'를 클릭하거나 캘린더 메인 화면 우측 하단의 '옵션 더보기' 버튼을 클릭하면 일정 세부 등록 윈도우가 표시됩니다.

[일정 세부 정보 입력]

▲ 세부 일정 등록하기

- 📍 : 장소를 추가할 수 있습니다. Google 지도에서 검색한 위치를 추가할 수 있습니다.
- 👤 : 화상통화 진행 여부를 설정할 수 있습니다.
- 🔔 : 일정을 알릴 시간, 알림 방법을 설정합니다.
- 📅 : 일정을 쉽게 구분할 수 있도록 캘린더에 표시될 색상을 선택합니다.
- 💼 : 일정이 진행되는 동안 표시해 줄 자신의 상태를 지정합니다.
- ≡ : 일정에 대한 설명을 추가합니다. 파일 첨부 및 서식 지정이 가능합니다.

[참석자 추가]

▲ 참석할 사용자 추가하기

- **참석자 추가**: 입력란에 사용자의 이름이나 이메일 주소 일부를 입력하면 디렉터리에서 일치하는 정보를 표시해 줍니다. 추천 항목 중 참석을 요청하는 사용자를 선택합니다. 이메일 주소를 수동으로 입력해도 됩니다.
- **권장 시간**: 권장 시간을 클릭하면 참석자 모두 참석이 가능한 시간을 선택할 수 있습니다.
- **권한 설정**: 게스트 권한에서 초대 받은 참석자가 일정을 수정하거나 다른 사용자를 초대할 수 있도록 권한을 설정할 수 있습니다.

[일정 확인]

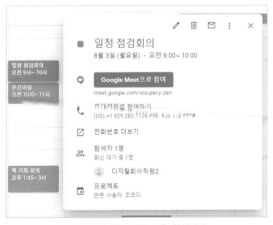

▲ 작성된 세부 일정 내용 확인하기

등록된 일정은 지정된 색상으로 표시되며 해당 일정을 클릭하면 일정의 세부 내용이 표시됩니다.

- ✏️ : 일정을 수정합니다.
- ✉️ : 참석자에게 일정 정보가 포함된 메일을 보냅니다.
- ⋮ : 소유자를 변경하거나 일정을 게시하기 위한 링크를 생성합니다.

주기적으로 반복되는 일정은 해당 이벤트의 주최자가 캘린더를 팀원이나 프로젝트 팀 또는 특정인과 공유해서 이벤트를 반복적으로 등록하면 한번에 정기적인 이벤트를 등록할 수 있어 쉽습니다. 프로젝트처럼 종료 일자가 있을 경우에는 반복되는 이벤트의 종료일을 등록할 수 있습니다.

4.3.2 새로운 캘린더 만들기

도메인 내의 개인 디폴트 캘린더 외에 새로운 캘린더를 여러 개 추가할 수 있습니다. 수동으로 추가하는 데는 제약이 없습니다. Google Classroom에서 수업을 생성하거나 참여하면 캘린더가 자동으로 생성 및 공유됩니다.

▲ 새 캘린더 만들기

구분	설명
캘린더 설정	이름, 설명, 시간대
초대 자동 수락	리소스용 캘린더에서는 초대가 자동으로 수락
액세스 권한	공개 및 도메인 내 액세스 권한(모든 일정, 한가함/바쁨)
특정 사용자와 공유	다른 사용자와 캘린더를 공유
일정 알림	이 캘린더의 일정에 관한 알림을 수신
종일 일정 알림	종일 일정에 관한 알림 수신
기타 알림	다양한 알림 설정(새 일정, 변경된 일정, 취소된 일정, 일정 응답, 일일 일정 목록)
캘린더 통합	캘린더 ID, 공개 URL, 삽입 코드, iCal 공개/비공개 주소
캘린더 삭제	구독 취소, 캘린더 삭제

4.3.3 회의 초대 및 수락

다른 팀원과 회의를 하고 싶을 때는 전화나 이메일로 시간을 물어보지 말고 이벤트를 생성한 후에 함께 회의를 하고 싶은 상대를 초대(Invite)합니다. 회의 자료를 사전에 만들어서 함께 공유를 하면 가장 이상적이지만 그렇지 못할 경우가 많기 때문에 일단 일정부터 잡는 것도 나쁘지 않습니다. 상대방은 회의 초대 이메일을 받고 회의가 가능하면 초대에 응답을 합니다. 초대에 응답하는 방법은 다음과 같습니다.

- **예**: 회의에 참석. 나의 캘린더에 참석 표시
- **아니오**: 다른 일정으로 참석 불가, 나의 캘린더에 취소선 표시
- **미정**: 초대받은 이벤트에 사선으로 표시
- **새로운 시간 제안**: 참석이 가능한 다른 시간을 초대자에게 제시

또한 새로운 시간을 제안할 때는 메모를 추가하여 부가적인 설명도 할 수 있습니다.

소개한 방식을 이용하면 사용자가 많더라도 일일이 전화해서 물어보지 않고도 빠른 시간에 확인을 할 수 있습니다. 물론 조직 내에 초대장에 빠르게 응답하는 문화가 정착이 되어야 효과가 있습니다.

또한 사용자가 여러 명이고 일정이 많을 경우에는 해당 사용자의 일정을 확인하면서 가능한 일정을 찾는 것을 수동으로 또는 Google 캘린더에서 자동으로 할 수 있습니다. 이 기능이 조직에서 효과가 있기 위해서는 모든 사용자가 일정을 조직 자신의 캘린더에 잘 기록을 해야 합니다.

4.3.4 회의실 예약

회의실 예약 시스템 없이도 G Suite 캘린더만으로도 간단하게 회의실을 관리할 수 있습니다. 장기간 사용하면 회사의 회의실에 대한 통계도 분석해서 효율적인 회의실 운영에 대한 도움도 받을 수 있습니다.

관리자 화면에서 회의실을 등록하면 캘린더에 회의실이 나타납니다. 사용가능한 회의실을 예약할 수 있고, 회의실 URL을 QR Code로 만들어서 앞에 붙여놓는다면 회의실이 비어 있는지 누가 예약했는지도 스마트폰으로 바로 확인할 수 있습니다.

▲ 회의실 URL 확인하기

▲ 이벤트 등록 시 회의실 지정 만들기

▲ 회의실 URL 클릭 시 회의실 예약 현황 조회

4.4 재택근무 활용 방법

4.4.1 원격회의

재택근무 시에는 실제로 만나서 회의를 할 수 없기 때문에 주로 원격으로 회의를 하게 됩니다. 같은 공간에 없을 경우에는 회의 시간을 예약하고 원격으로 Meet에 접속해서 회의를 진행합니다. PC도 가능하지만 스마트폰으로도 회의에 참석할 수 있기 때문에 이동 중이거나 외부에 있어도 회의에 참석할 수 있습니다. 단, 다른 미팅과 시간이 겹칠 수 있으니 참석자의 미팅을 확인하고 가능한 시간에 미팅을 하는 것이 좋겠죠. 상대방의 시간을 확인할 때는 캘린더에서 참석자를 먼저 입력하고 권장 시간을 선택하면 비어있는 시간 중에서 적절한 시간을 찾아줍니다.

▲ 회의 예약 시 참석자들의 일정을 고려한 권장 시간 선택하기

이벤트 만들기 창에서 옵션 더보기를 클릭해서 세부적인 시간을 확인하면서 회의 시간을 예약할 수도 있습니다.

▲ 참석자의 시간을 확인하면서 시간 결정하기

회의에 초대받은 직원은 참석 여부를 알려주면 회의 진행에 도움이 됩니다. 만약에 제안된 시간에 다른 약속이 있다면 전화를 하거나 이메일로 사정을 이야기 하는 대신에 참석 여부만 알리거나 다른 시간을 제안하면 됩니다. 디지털로 효율적으로 일하는 방식입니다.

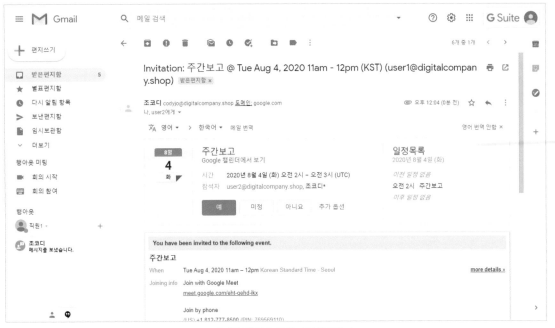

▲ 초대된 회의에 참석 여부 확인하기

다른 시간이 제안되었다면 다른 참석자가 동일하게 참석 여부를 알려줍니다. 회의 시간을 정하는 것을 실시간으로 쉽게 결정할 수 있습니다.

▲ 다른 시간 제안하기

▲ 다른 시간으로 제안된 시간 확인하기

4.4.2 지식 관리

회사에서 경험한 지식을 관리하기 위하여 많은 비용을 투자하고 시스템으로도 개발을 해서 암묵적 지식을 형식적 지식으로 문서화, 매뉴얼화하려고 노력을 많이 합니다. 하지만 지식관리시스템이 성공한 사례는 많지 않고 오히려 직원들이나 구성원들에게 관심을 받지 못하고 폐기되기 쉽습니다. 우리가 많은 일을 하고 있지만, 정리해보면 회사에서 반복되는 업무가 많다는 것을 알 수 있습니다. 그런 반복을 시간을 내서 문서화하는 것보다는 Google 캘린더를 잘 사용하는 것도 효과적인 일입니다. 물론 비슷한 업무가 반복되어야 하겠죠. 새로운 업무나 과정이 필요한 경우에는 새롭게 시작해야 합니다

일정을 만들 때 매뉴얼과 같은 관련 문서를 첨부하고 반복해서 사용하면 생산성도 올라가고, 첨부한 관련 문서를 구글 문서로 작성하면 변경이나 공유도 쉽습니다. 담당자가 권한을 가지고 문서를 관리하기 때문에 체계적인 관리도 가능합니다.

▲ 캘린더 이벤트 복제해서 재사용하기 (학교 사용 예)

4.4.3 공유 캘린더 만들기

회사 캘린더나 팀 캘린더를 만들고 함께 일정을 관리하면 공유가 쉽고 일중 중심의 커뮤니케이션에 도움이 됩니다. 앞에서 캘린더 만들기에서 한 것처럼 새 캘린더를 하나 만듭니다. 팀 캘린더도 좋고 TFT 캘린더도 좋습니다.

팀원을 사전에 그룹으로 만들어 놓으면 공유가 더 간편합니다. 해당 인원이나 그룹에 필요한 권한을 부여합니다. 예제에서는 함께 일정을 관리해야 하기 때문에 '변경 및 공유 관리' 권한까지 부여했습니다.

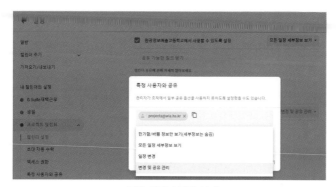

▲ 공유 캘린더 권한 부여

이렇게 캘린더를 공유하면 추가된 담당자에게 이메일로 공유 내용이 전달됩니다. 공유받은 사람은 캘린더 추가하기를 통해서 자신의 캘린더에 추가할 수 있습니다.

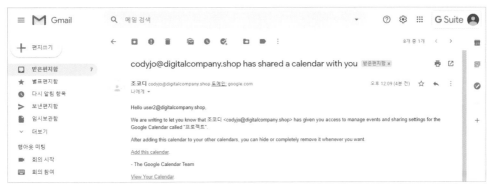

▲ 공유된 캘린더 이메일로 확인해서 추가하기

4.5 사용 능력 체크리스트

자신이 어느 정도 사용하는지 체크하는 사용 능력 체크리스트입니다. 다양한 기능을 확인하고, 자신의 업무에 필요한 기능은 웹, YouTube, 도서 참고 페이지를 통해 사용법을 확인하세요.

초급	중급	고급
• 캘린더에 약속 시간대 추가하기 • Gmail에 포함된 일정 자동 추가하기 • 다른 캘린더 시간대에서 작업하기 • 목록에서 간편하게 캘린더 삭제하기 • 참석자에게 일정 변경 알리기 • 받은편지함으로 일일 일정 목록 받기 • 이동 중에 캘린더 응답 빠르게 전송하기	• 내 일정을 다른 사용자가 관리하도록 허용하기 • 근무 시간 이외의 일정 예약에 관해 알리기 • 캘린더를 추가하여 모두가 참여할 수 있는 시간 확인하기 • 직장 위치 설정하기 • Gmail 및 캘린더 연락처 그룹 만들기 • 여러 사용자와 콘텐츠 공유하기	• 일정에 개인 목표 추가하기 • 캘린더에서 대규모 일정 관리하기 • 팀 캘린더 만들기 • 필터를 사용하여 Gmail 받은편지함에서 캘린더 응답 이동하기

조코디의 YouTube 강좌

다음의 URL을 통해 Google 캘린더의 일정 관리 기능을 알아보세요.
▶ 삭제한 일정 복원하기 https://bit.ly/CSC-F101
▶ 상대방의 일정 확인 후 회의 일정 만들기 https://bit.ly/CSC-F348

☑ 체크리스트			체크리스트는 서비스 사용 방법을 습득하기 위해서 단계별로 나눈 리스트입니다. 하나씩 체크하면서 사용법을 배우고 익숙해져 보세요.	

확인	구분	항목	예상결과	참고ID
☐	필수	캘린더 알림 설정하기	일정 알림 수신을 관리할 방법을 결정 (사용 안함, 데스크톱 알림 표시, 알림)	CSC-A01
☐	선택	근무 시간 설정	근무 시간 이외의 일정에 초대받지 않으려면 Google 캘린더 설정을 조정하여 주최자에게 근무 시간에 맞게 일정을 변경해야 한다는 사실을 알림	CSC-A02
☐	선택	동료의 캘린더 추가	다른 사용자의 캘린더를 추가하면 해당 팀원이 회의할 시간이 있는지 일정을 바로 확인할 수 있음	CSC-A03
☐	필수	캘린더 일정 만들기	회의와 같은 일회성 활동 및 주간 회의와 같은 반복 일정을 예약하고 일정 초대에서 클릭 한 번으로 모두에게 참석 여부를 알릴 수 있음	CSC-A04
☐	필수	팀 회의 가능 시간 찾기	사용자가 나와 캘린더를 공유했거나 나와 같은 회사, 학교 또는 기타 조직에 속한 경우, 일정에 사용자를 추가할 때 사용자에게 일정이 있는지 또는 없는지 확인할 수 있음	CSC-A05
☐	선택	새 회의 시간 제안	모든 참석자는 새로운 시간을 제안할 수 있음	CSC-A06
☐	필수	회의실 또는 리소스 찾기	일정에 회의실과 프로젝터 등 기타 리소스를 추가할 수 있음	CSC-A07
☐	선택	다양한 시간대에서 일정 예약	캘린더에 세계 시계를 추가하거나 시간대를 추가할 수 있음	CSC-A08
☐	필수	캘린더 부재중 설정	부재중인 기간을 설정하고 부재중 상황에 관한 설명을 추가하여 부재 기간 동안 회의를 자동으로 거부할 수 있음	CSC-A09
☐	필수	받은 편지함에서 일정 만들기	Gmail에 포함된 일정을 캘린더에 직접 등록하거나 자동으로 등록	CSC-A10
☐	필수	일정에 파일 첨부하기	일정에 회의 자료를 업로드하거나 드라이브 첨부 파일로 추가하여 참가자들에게 공유	CSC-A11
	필수	비공개 또는 비밀 일정 설정하기	캘린더를 공유하는 경우 내 일정이 공개될 수 있으므로 특정 일정에서 다른 사용자에게 표시되는 정보를 비공개 처리	CSC-A12

 조코디의 YouTube 강좌

자동 이체 일정 관리하기
▶ https://bit.ly/CSC-H39

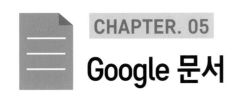

CHAPTER. 05
Google 문서

☆ ⊡ ☁

5.1 Google 문서 개요

5.1.1 개념

Google 문서는 다양한 디바이스(PC, Mobile)에서 문서를 작성하는 도구입니다. Google의 워드나 아래아한글이라 생각하고 사용합니다. 기능도 비슷하고 사용 방법도 비슷합니다. Google 문서 도구에는 Google 문서(Docs) 외에도 프레젠테이션과 스프레드시트가 있습니다. 작성하는 문서의 목적에 맞는 도구를 사용해야 합니다.

Google 문서를 이용하면 다양한 디바이스에서 클라우드에 문서를 새로 만들고 수정할 수 있습니다. 권한에 따라서 동료, 팀원들과 함께 작성할 수 있고, 수정 및 조회가 가능합니다. 회의록, 보고서, 공동 프로젝트 제안서 등 다양한 문서를 작성할 수 있고, 모든 변경 사항은 자동으로 저장됩니다.

Microsoft 사의 워드나 Adobe 사의 PDF 문서를 변환하여 작성할 수 있고, Google 문서로 작성한 내용을 다시 Word나 PDF로 저장할 수 있습니다. 아래아한글(HWP)은 저장 포맷을 공개하지 않아서 제한적으로 조회만 제공됩니다.

이미지, 표, 그림, 링크, 차트, 북마크, 목차 등 다양한 기능을 문서에 추가할 수 있습니다. 문서 공유 기능을 통하여 다른 사람과 공동 작성을 할 수 있고, 사용 권한을 부여하여 실시간 공동 작업을 할 수 있습니다.

▲ Google Docs

5.1.2 특징

목적	서술식 문서 작성. 다양한 Google 콘텐츠를 추가하여 풍부한 내용 구성.	개념	Google의 워드, 아래아한글
제공 버전	• G Suite 모든 버전 (Basic, Business, Enterprise,Education, Nonprofit) • 개인 버전	제공	웹 브라우저에서 문서 저장 기본 템플릿 제공
활용 방법	• MS word 저장 및 변환 • 회사,개인 문서 작성 및 보관	경쟁 제품/ 서비스	MS 워드, 아래아한글
사용 용도	• 서술형 문서 작성 • 회사 템플릿 등록 및 이용	URL	• Docs.google.com • docs.new
limit	1. 글씨 크기나 페이지에 상관없이 1백만 자 2. 변환 시 용량 제한 : 50 MB		

5.1.3 UI

Google 문서의 화면은 일반적인 워드나 아래아한글과 유사합니다. 다른 워드 프로세스에 익숙하다면 별 어려움 없이 사용할 수 있습니다

1. PC UI

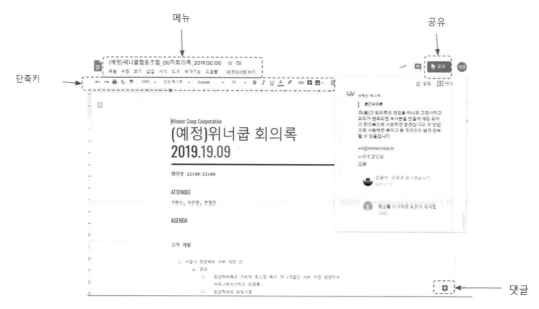

▲ Google Docs UI

2. Mobile UI

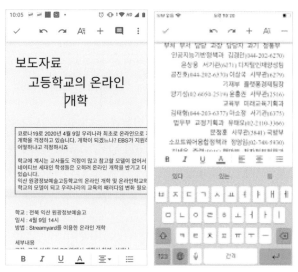

▲ Google 문서 앱 (좌: Android, 우: iOS)

5.1.4 메뉴/주요 기능

구분	설명	사용 방법
파일	• 작성하는 Google 문서 다양한 관리 기능 • 파일 복사, 첨부, 이름, 이동, 삭제 게시 등 다양한 형태로 다운로드 페이지 설정	
수정	• 복사, 붙여 넣기(서식 없이 붙여 넣기), 삭제 • 실행 취소, 재실행 • 찾기 및 바꾸기	단축키 및 우측 마우스 이용
보기	• 화면에 보여지는 내용 세팅 • 인쇄 레이아웃 • 수정, 제안, 보기 모드 설정 • 눈금자, 문서 개요, 등식 툴바, 섹션 나누기 표시 • 전체 화면	
삽입	이미지, 표, 그리기, 차트, 가로줄, 각주, 머리글 및 바닥글, 페이지 번호, 나누기, 링크, 북마크, 목차	
서식	테스트, 단락 스타일, 정렬 및 들여쓰기, 줄간격, 열, 글머리 기호 및 번호 매기기, 머리글 및 바닥글, 페이지 번호, 서식 지우기	
도구	맞춤법 및 문법, 단어 수, 제안된 수정 사항 검토, 휴대 문서 비교, 탐색, 연결된 개체, 사전, 문서 번역, 음성 입력, 스크립트 편집기, 환경 설정, 접근성 설정, 활동 대시보드	
부가 기능	Google 문서 부가 기능 설치	설치 및 관리하기
도움말	• 메뉴 검색, 도움말, 교육, 업데이트, 문제 신고 등 • 단축키 안내	

5.1.5 환경 설정/고려 사항

Google 문서에서 AI를 이용한 음성입력 기능을 이용하면 직접 타이핑하지 않아도 문서를 쉽게 작성할 수 있습니다. 최근에는 AI의 음성인식 기술의 정확성이 높아지고 지향성 마이크를 사용한다면 말하는 내용을 거의 100% 정확하게 의도한 대로 입력할 수 있습니다. 음성은 손보다 빠르고 생각의 속도로 작성할 수 있어서 많은 내용을 빠르게 작성해야 할 경우에는 초안 작성에 사용하면 효과적입니다.

또한 MS 워드나 아래아한글에서도 유사한 기능들이 있는데 Google 문서는 클라우드에서 사용하는 다양한 장점을 잘 이용하는 것이 바람직합니다. 책으로 만들고자 편집, 조판을 한다면 아래아한글처럼 전문 워드프로세스를 사용하는 것이 좋겠지만, 그렇지 않은 경우에는 웹 상에서 사용할 수 있는 Google 문서가 더 편합니다. 점점 출력을 하여 사용하는 문서의 양은 줄어들고 있습니다. 점차 콘텐츠의 사용 문화가 변화되고 있습니다.

5.1.6 사용 절차

Google 문서를 사용하는 절차는 다음과 같습니다.업무에 따라서 참고만 하세요. 본 내용은 업무에 미숙한 사용자를 위한 내용입니다. 이미 잘 사용하는 숙달자는 사용하는 방식으로 이용하시고 아래 내용은 참고만 해주세요.

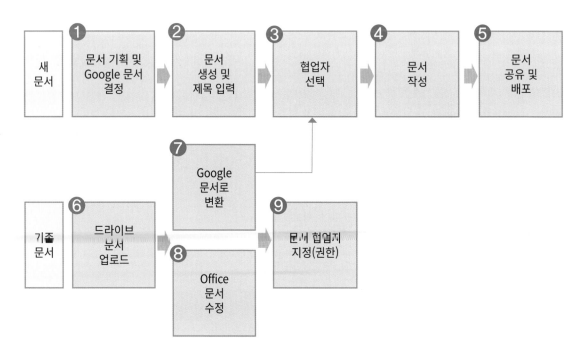

❶ **문서 기획 및 결정**: 작성할 문서를 기획하고 Google 문서 결정(Docs, Slides, Sheets)

❷ **문서 생성 및 제목 입력**: 정의한 키워드와 폴더에 생성(사용 키워드 관리 대장)

❸ **협업자 선택 (선택사항):** 함께 작성할 내,외부 사용자 지정(수정, 댓글, 보기 권한)

❹ **문서 작성:** 문서를 브라우저나 앱에서 작성(음성인식 이용 편리)

❺ **문서 공유 및 배포:** 작성 후 필요한 사람에게 전달(내부, 외부)

❻ **문서 업로드:** MS 파일이나, 아래아한글 업로드

❼ **Google 문서로 변환:** 편집을 위한 Google 문서 업로드(아래아한글 불가능)

❽ **브라우저에서 문서 수정:** 크롬 브라우저에서 바로 수정

❾ **문서 다운로드:** 작성 후 MS 파일 다운로드

5.2 Google 문서 시작하기

문서 만들기	• 서술형 문서를 작성할 때 • 파워포인트 형태가 아님 • 별도의 프로그램 설치 없어도 조회 및 편집 가능 • 자동으로 문서를 만들 때	• 보통 세로 문서 • 스마트폰으로 작성 • 음성으로 작성 • 스프레드시트 데이터 차트 연결
회사 템플릿 이용	양식에 내용을 작성할 때	
문서 협업하기	함께 작성, 댓글 달기	
문서 변환하기	다른 종류의 문서를 전환하여 조회하거나 작성하기	

5.2.1 Google 문서 만들기

 조코디의 YouTube 강좌

새로운 Google 문서를 만드는 3가지 방법

▶ https://bit.ly/CSC-C7

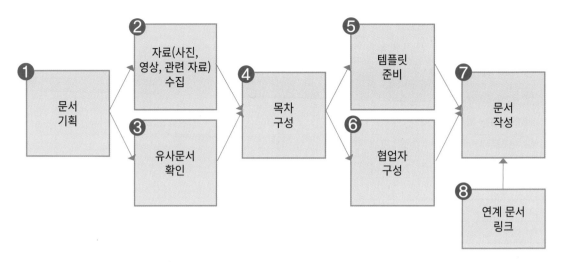

❶ **문서 기획**: 어떤 문서를 만들지 개요 구상

❷ **자료(사진, 영상, 관련 자료) 수집**: 사용할 자료 수집

❸ **유사문서 확인**: 회사의 문서 시스템에 비슷한 자료가 있는지 확인

❹ **목차 구성**: 작성할 내용의 목차 작성

❺ **템플릿 준비**: 회사 또는 외부 템플릿 준비

❻ **협업자 구성**: 문서를 함께 작성할 작업자 지정

❼ **문서 작성**: 클라우드 문서 작성

❽ **연계 문서 링크**: 관련된 내용은 링크로 연계

5.2.2 Google 문서 작성하기

문서를 작성하는 내용에 대해서는 독자분들도 모두 잘 하실 거라 생각합니다. 이 의미는 회사나 가정에서 많은 문서를 작성했고 지금도 작성한다는 의미입니다. 직장인이라면 누구나 많은 문서를 작성합니다. 하루 종일 문서 작성과 이메일 보내다가 퇴근하기도 합니다. 예전에는 프로젝트를 진행하면 문서 작성만 하는 직원을 한 명 배당 받아 문서 작업만 시킬 정도로 문서를 많이 작성합니다. 지금도 문서를 많이 작성하고 표준화된 회사, 프로세스화 된 회사일수록 더 많은 문서를 작성합니다.

문서는 다른 사람과 소통하고 정보를 전달할 때도 사용하기만, 미래의 나 자신에게 전달하기 위해서도 작성을 합니다. 또한, 문서를 작성하다 보면 생각도 정리가 되고 빠진 부분도 다시 한번 생각해 볼 수 있습니다. 하지만 문서 작성은 늘 어렵고 복잡하고 하기 싫습니다.

클라우드 환경에서 문서를 잘 작성하는 방법은 개인적으로 다음과 같은 방법을 추천 드립니다.

[회사나 조직에서 문서 작성을 잘 하려면?]

- 생각날 때 바로 수정하고 작성하라
- 필요한 사람과 공유해서 협업해라
- 다른 사람 문서에 관심을 가지고 함께 작성한다
- 필요한 내용은 평소에 조금씩 작성하다
- 빨리 작성하는 방법을 찾는다 (예: 키보드, 음성 등)
- 검색을 이용하여 필요한 문서를 찾고 내용을 복사해서 작성한다
- 적절한 제목과 키워드를 문서 제목 및 내용에 넣는다
- 복잡하지 않고 활용이 가능한 템플릿 및 표준을 개발하라
- 사용하는 도구에 대해서 틈틈이 공부해서 실력을 쌓는다
- 조직이나 회사 모두가 작성 도구를 잘 사용할 수 있도록 가이드한다.
- 문서 공유 및 협업은 필요한 사람들로 구성한다.
- 쉬운 용어 및 문장을 사용하고, 길지 않게 짧게 쓴다.
- 설명 및 전달하기에 가장 좋은 콘텐츠/매체를 선택한다
- 사용하지 않는 문서는 폐기하거나 아카이빙해서 다른 공간에 보관한다
- 문서 검색 및 사용, 보관이 우수한 클라우드 시스템을 사용하다
- 회사에서 작성하는 문서는 내 것이 아니고 회사 것이다
- 문서는 공유되고 지식은 체계화되어야 한다.
- 스마트폰이나 패드로 문서를 작성하라.
- 문서만 가지고 모든 설명이 될 수 있도록 필요한 내용을 작성하라.
- 재택근무에서 성과와 역량의 평가는 오직 문서로 평가받는다.

문서 작성은 메모를 작성하고 간단한 생각을 작성해서 사진을 찍고 Google 문서를 스마트폰으로 열어서 음성으로 입력하는 모든 작은 노력이 쌓여서 작성됩니다. 걸어가거나 다른 일을 할 때 아이디어가 생각이 더 잘 되고, 음식을 하거나 청소를 할 때 생각이 나면 '오케이 구글'을 외쳐서 바로 메모를 작성하세요. 손에 고무장갑이 있어도 가능합니다. 사진을 찍고 Google 킵(Keep)에 메모를 하면 Google의 OCR 기능이 복사할 수 있는 글자로 인식해서 제공해줍니다.

어릴 때부터 경쟁만이 살 길이라는 교육 환경 속에서 회사에 입사하더라도 함께 협동이나 협업을 하는 것은 익숙하지 않습니다. 각자 일을 분담하여 수행한 경험은 있어도 프로젝트에서 서로의 업무에 따라 다른 사람을 도와서 하는 협업은 거의 경험하지 못했을 겁니다. 협업은 교과 과정에도 없었고, 대학 시절에 주로 겪은 조별과제는 협동을 생각한 교수님의 의도와는 다르게 흘러가는 경우가 많았을 겁니다. 어떤 이들에게 조별과제, 팀 프로젝트는 인간에 대한 증오만을 남긴 채 악몽같은 기억으로 남기도 합니다. 하지만 이제는 인간끼리 협업하지 않으면 AI와 경쟁에서 뒤쳐질 것은 누구나 예상할 수 있을 정도로 기술 발전이 빠릅니다. 공장이나 경비, 택배도 잘하지만 AI가 정말로 잘하는 것은 사무실의 업무들입니다. 몇십 명의 변호사 일을 잠자지도 않는 컴퓨터가 하고, 고객에게 이메일을 보내고 재고 파악을 해서 필요한 주문을 적시에 할 수도 있

습니다. 어떤 고객이 어떤 조건에서 구매를 할지 분석을 해서 정확한 광고 집행과 결정을 한다면 사람이 할 일은 점점 없어지겠죠. 그래서 이제는 인간끼리 협업을 해서 AI나 자동화에 맞서야 합니다.

협업을 하게 되면 문서를 정확하고 내가 부족한 부분을 다른 사람이 서로 채워줄 수 있습니다. 과거의 하던 대로 하는 방식이 아닌 새로운 업무 방식으로 변경이 쉬워집니다. 비효율인적인 부분은 개선해서 효율적이고 생산적인 업무 방식으로 변경해야 합니다.

이 모든 작업은 하나의 안정적인 플랫폼에서 해야 하고, 시간, 장소에 상관없이 누구나 정확한 권한으로 작업해야 합니다. 필요한 문서나 정보는 키워드 몇개로 빠르게 얻을 수 있고, 버전 관리나 바이러스 등의 걱정을 하지 말아야 합니다. 밖에서도 필요하면 언제든지 스마트폰으로 작성하고 바로 전달할 수 있어야 합니다.

5.2.3 출력 대신 모니터 조회

과거 이야기이지만 과거에는 뉴스도 모두 출력해서 읽고 버렸습니다. 모니터로 보면 글자가 눈에 잘 안 들어 온다는 사람들이 많았습니다. 이제는 지하철을 타면 남녀노소 모두 스마트폰으로 뉴스를 읽습니다. 그런데 아직도 회사에서는 출력을 하고 복사를 해서 문서를 전달하고 회의를 진행합니다. 다양한 스마트기기들이 출시되고 있고, 모니터도 이제 휴대할 수 있을 정도로 간편해졌습니다.

출력을 목적으로 하는 문서와 조회를 목적으로 하는 문서는 다릅니다. 하이퍼링크를 넣을 수도 움직이는 GIF 영상을 넣을 수도 없습니다. 시스템 사용설명서를 글로 작성하면 몇십 줄이 될 것을 움직이는 GIF 그림으로 만들면 간단하고 이해하기 쉽습니다.

5.2.4 편·장·절·관·조 구성

문서를 만들 때나 책을 만들 때 정한 것은 아닌데 누구나 암시적으로 행동하는 습관이 하나 있습니다. 바로 분량입니다. 책을 작성할 때는 보통 책은 150페이지에서 500페이지 정도로 작성을 합니다. 1000페이지 책은 별로 없고 30페이지 책도 별로 없습니다. 종이라는 형태로 출력하기 때문에 너무 많아서도 너무 적어서도 안됩니다. 그러다 보니 보고서 같은 경우도 어느 정도 분량을 만듭니다.

책이 복잡해지면 편·상·실·편 그 형태로 세부 목차를 가지게 됩니다. 각각의 목차 크기와 폰트도 다르게 해서 읽는 사람이 구분이 잘 가도록 합니다. 하지만 클라우드 문서에서 이런 형태가 필요할까요? 출력을 하지 않는다면 분량도 의미가 없을 것이고, 꼭 하나의 문서에 작성해야 한다는 제약도 없어집니다. 링크로 기존 문서를 연결하고 기존 영상으로 문제를 공감하면 이해가 잘 될 수 있습니다. 스마트폰에서 편·장·절·관·조 형태로 목차가 세분화되면 읽는 사람은 도대체 내가 어디를 읽는지 찾기도 쉽지 않습니다.

책의 분량을 조절해서 읽기 편한 형태, 즉 이해하기 좋은 형태로 분량을 조절해 가는 방법도 고민해야 겠습니다.

5.2.5 정보

예전에는 글로 된 문장을 작성하여 정보를 전달했지만, 디지털 세계에서는 정보 전달 방법이 다양하게 존재합니다. YouTube로 전달할 수도 있고, 표나 그래프가 더 많은 정보를 전달할 수도 있습니다. 어떤 회사는 아침에 그래프로 모든 보고를 하는 회사도 있습니다. 영업3팀 눌러봐~ 실시간으로 회사의 모든 영업 정보 및 세부적인 정보를 그래프 하나로 파악할 수 있습니다.

다른 문서에 있는 내용을 다시 작성할 필요도 없고, 웹에 있는 내용도 때로는 필요한 정보일 수 있습니다. 어차피 출력을 하지 않는다면 하이퍼 링크를 이용하여 문서에는 핵심 내용만 기술하고 많은 내용을 연결해서 사용하면 문서 작성의 시간도 줄이고 내용 업데이트에도 신경쓰지 않아도 되겠죠.

5.3 Google 문서 기능 소개

5.3.1 문서 작성

아래아한글이나 마이크로소프트 사의 워드는 워드프로세서(word processor)라고 통칭합니다. 다양한 전자 문서를 읽고 수정하거나 작성할 수 있는 출력을 목적으로 하는 사무용 소프트웨어를 의미합니다. 과거에는 수정하거나 작성하는 역할을 타자기가 했기 때문에 워드프로세서는 보이는 그대로 인쇄 기능이 중요했습니다.

하지만 디지털 시대가 오며 콘텐츠의 소비 형태는 달라졌습니다. 이에 따라 인쇄 기능만이 중요시되던 워드프로세서의 지원 기능이 변화하였습니다. 이제는 클라우드 웹 환경에서는 웹 브라우저나 스마트폰으로 문서를 작성할 수 있도록 지원합니다. 이제는 문서의 유통에서 소비도 종이로 출력이 되는 것이 아니고 스마트폰이나 노트북의 모니터에서 끝나는 경우가 많습니다. 출력 형태가 필요하면 PDF문서로 만들고 상대방에게 전달하고 보관합니다.

▶ 문서 프로그램과 Google 문서 비교

구분	아래아 한글, 워드	Google 문서
용도	출력 및 저장용	조회용(출력 지원)
작성 방법	웹 브라우저 + 설치형 SW	웹 브라우저
전달 방법	파일(HWP, DOC)	권한부여 후 URL 전달
장점	세부적인 표현 및 다양한 작성 도구 제공	웹 브라우저에서 쉽게 작성하고 클라우드에 안전하게 보관

Google 문서 홈페이지에서는 기존의 사용한 Google 문서를 조회하고 사용할 수 있습니다. 대부분의 문서는 최근에 작성했던 것을 이용하는 경우가 많으니, 특정 Google 문서를 많이 사용한다면 해당 홈페이지 주소를

북마크해서 이용하세요. 크롬 브라우저에서 북마크 단축키는 Ctrl+D 입니다. 해당 북마크를 클릭하면 문서에 바로 접속해서 작성 및 조회가 가능합니다.

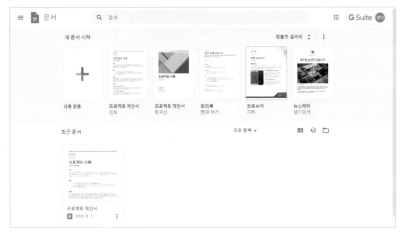

▲ Google 문서 홈 화면(docs.google.com)

문서 생성은 기본 빈 문서에서 작성하든지 Google Docs에서 제공하는 템플릿을 이용할 수 있습니다. 또한 외부에서도 제공하는 템플릿이 있으니 무료 또는 약간의 비용으로 구입할 수 있는 멋있는 템플릿을 이용할 수 있습니다.

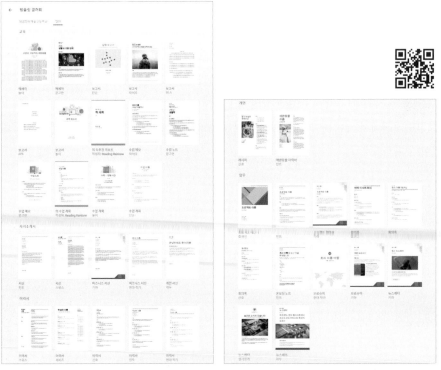

▲ Google Docs에서 제공하는 다양한 문서 템플릿

또한 간단하게 브라우저 주소창에 docs.new를 이용해도 바로 문서를 작성할 수 있는 편집 화면으로 접속됩니다.

TIP 🖊 **Google 문서를 이용해 간편하게 맞춤법 검사하기**

게시판이나 SNS 등 글을 쓰는 장소는 많습니다. 그런데 맞춤법이 틀리면 글의 내용이 품격이 떨어집니다. 문서를 작성하고 포스팅하기 전에 해당 내용을 전체 복사해서 맞춤법을 미리 검사해본다면 좀 더 정제된 글이 되겠지요.

Google 문서의 맞춤법 기능을 사용하면 맞춤법을 쉽게 검사할 수 있으며, 오류가 있는 글자에는 빨간색 밑줄이 생깁니다. 단축키로 Ctrl + Alt + X 를 누르거나 문서 페이지 상단 메뉴에서 맞춤법 및 문법 검사(A̲)를 클릭하면 실행됩니다.

[참고] Google 문서에 빠르게 접속하기

크롬 브라우저에서 새 탭 만들기(Ctrl + T) → 주소창 또는 검색창에 docs.new 입력 → Google 문서 접속

5.3.2 기존 문서 변환 기능

독자분들의 PC나 노트북 또는 외장 하드에 많은 문서가 저장되어 있을 것입니다. 각각의 파일을 PC에서 이용할 수 있지만 클라우드 Drive에서도 이용할 수 있습니다. 파일을 업로드한 후 Google Drive에서 이용할 때, 문서를 편집하지 않고 조회만 한다면 원래의 포맷으로만 저장해서 사용해도 문제는 없습니다. 하지만 문서를 편집을 하거나 일부분을 복사해서 사용해야 한다면 Google 문서인 Docs로 변환해서 사용하시는 것을 추천 드립니다.

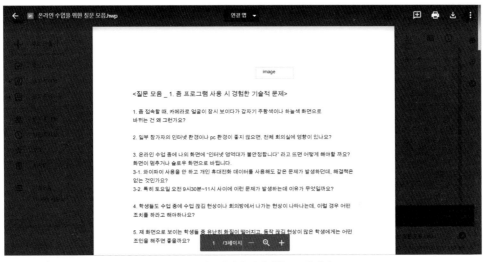

▲ 크롬 브라우저에서 아래아한글 조회하기

아래아한글의 뷰어는 제공하나 전체 기능에 대해서는 한글과 컴퓨터에서 아래아한글 포맷을 공개하지 않아서 완벽하게 보여지지 않습니다. 네이버의 웨일 브라우저를 사용하면 복잡한 아래아한글 조회도 가능합니다. 이외에도 폴라리스 오피스를 사용하거나 Chrome 웹 스토어에서 Synap 크롬앱을 설치하면 바로 조회할 수 있습니다.

Google 문서는 다양한 종류의 문서를 변환해서 사용할 수 있습니다. 현재 많이 사용하는 마이크로소프트 사의 워드(Doc), PDF 문서, txt 문서 정도입니다. Opendocument 텍스트 형식인 Odt 파일과 서식 있는 텍스트 파일인 rtf도 Google 문서로 변환할 수 있습니다.

5.3.3 협업 기능

Google 문서를 협업하는 것은 목차 작성 단계부터 고려를 해야 합니다. 문서는 문장과 문단으로 구성이 되기 때문에 내부적인 논리적 연결성이 있고 중간 부분을 다른 사람이 작성하는 것은 쉽지 않습니다. 프레젠테이션의 경우에는 슬라이드 개념이기 때문에 문서 기획을 통해서 시나리오가 나오면 협업 단위를 정하기 쉽지만 문서는 단락 단위도 앞뒤 연관성이 있어서 협업 작성이 어렵습니다.

문서 협업 시에는 내용 전개 상의 구성을 협업하기 보다는 단계나 절차 단위, 업무별로 협업하는 것이 효율적입니다. 물론 내용을 작성할 때는 다른 사람이 작성하는 내용을 참고해서 작성해야 전체적인 흐름에 문제가 없습니다.

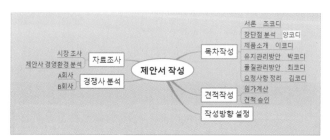

▲ 문서 작성 시 협업을 위해서는 내용 시나리오 담당자 구성

협업을 위한 문서 설계 및 역할이 정리가 되었으면 해당 제안서의 소유자(Owner)인 제안 팀장이 템플릿을 이용하여 공유 폴더나 공유 드라이브 또는 내 드라이브에 Google Docs를 생성합니다.

▲ Google 문서에서 편집자 권한 협업자 추가

제안서를 작성할 때는 팀장이 특정인이나 그룹에게 권한을 주어 문서를 함께 협업해서 작성합니다. 프로젝트에 참여하는 팀원을 미리 그룹스로 만들면 그룹스 이메일만 넣어주면 바로 권한을 부여할 수 있습니다.

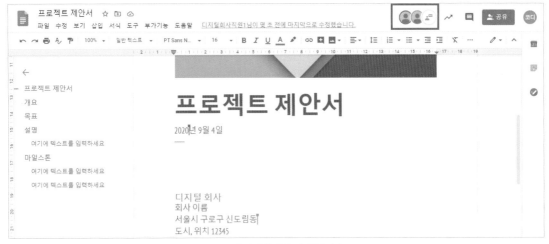

▲ 공유자와 함께 문서 협업하기

5.4 재택근무 활용 방법

5.4.1 MS 오피스 변환

Google 문서로 작성한 내용은 언제나 다른 문서로 변환이 가능합니다. 아래아한글은 포맷 공개 문제로 MS 워드, rft, odt로 저장 후에 아래아한글에서 불러와야 합니다. 이 경우를 제외한다면 회사 문서를 사용하기 좋고 접근하기 좋은 Google 문서로 업데이트, 현행화를 하고 필요한 경우에만 워드나 PDF로 변환해서 유통(제출 및 전달)합니다.

Google Docs를 다르게 저장할 수 있는 형태는 다음과 같습니다.

구분	설명	포맷
Microsoft Word	일반적인 doc 문서	.doc, .docx
OpenDocument 형식	공통 포맷으로 저장한 문서	.odt
서식 있는 텍스트 형식	텍스트 형태의 문서인데 서식을 지원하는 포맷	.rtf
PDF 문서	브라우저에서 조회할 수 있는 보관용 포맷	.pdf
일반 텍스트	서식 없이 글만 작성	.txt
웹 페이지	텍스트와 HTML이 혼재되어 서식도 표시	.html
EPUB 출판물	출판용 포맷	.epub

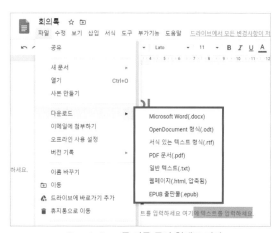

▲ Google Docs를 다른 문서 형태로 저장　　　▲ 아래아한글에서 다른 포맷 불러오기

5.4.2 음성으로 작성하기

최근에는 AI의 음성인식 기능이 향상되어 정확성이 높은 문서를 작성할 수 있습니다. 연구논문들을 보면 최근 AI의 사람인식, 언어인식 기능은 모두 사람보다 뛰어납니다. Google 또한 다양한 AI 기능을 제공하는데, 음성인식 기능이 그중 하나입니다. 키보드 입력 없이 작성할 내용을 말하면 알아서 작성해줍니다. 문장 기호도 일부 지원하기 때문에 편리합니다. 예를 들어 '물음표'라고 말하면 '?' 마크가 나타납니다.

▲ 음성으로 Google Docs 작성하기

타이핑보다 음성으로 작업하는 것이 생각의 속도를 따라서 작성하기 좋기 때문에 음성으로 작성하면 더 빠르고 끊김 없이 업무를 할 수 있습니다. 음성으로 작성한 이후에 틀린 부분을 고치고 수정하면 빠르게 문서 작성을 할 수 있습니다.

5.4.3 템플릿 등록하고 이용하기

회사나 조직에서 사용하는 템플릿을 등록해서 사용합니다. 보통은 서식 폴더 등에 문서 포맷을 넣어 사용하지만, Google 문서 템플릿을 이용하면 필요할 때 브라우저에서 바로 사용할 수 있어 활용도가 높습니다.

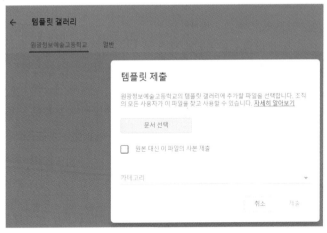

▲ 회사 템플릿 등록하기

문서의 표준화는 조직 내에서 지식을 공유할 때 가장 중요합니다. 많이 사용하는 템플릿을 등록하여 조직의 업무 생산성을 올릴 수 있습니다. 내부에서 사용하는 템플릿은 가급적 단순화하여 아름다운 문서보다 내용에 집중하는 문서 작성 문화를 만들어야 합니다.

5.5 사용 능력 체크리스트

자신이 어느 정도 사용하는지 체크하는 사용 능력 체크리스트입니다. 다양한 기능을 확인하고, 자신의 업무에 필요한 기능은 웹, YouTube, 도서 참고 페이지를 통해 사용법을 확인하세요.

초급	중급	고급
• 오프라인으로 저장된 드라이브 파일에 액세스하기 • 문서 템플릿 만들기 • 드라이브 파일 및 폴더의 변경 사항 보기 • 내 파일의 다른 버전으로 전환하기 • 파일의 '사본 만들기' 링크 공유하기 • 파일의 PDF 버전 링크 공유하기 • Microsoft Office 파일로 작업하기 • 단축키를 사용하여 새 파일 만들기	• 이미지 추가 및 수정하기 • 파일에 순서도 및 다이어그램 추가하기 • Google 문서에서 자동 개요 만들기 • 화상 회의 중 발표하기 • 여러 사용자와 콘텐츠 공유하기 • 공동 작업자에게 이메일 보내기 • 공유 파일을 최종 파일로 표시하기 • 드라이브 파일의 공유 옵션 제한하기 • 파일 액세스 권한의 만료일 설정하기 • 파일 소유권 이전하기	• 부재중 문서 만들기 • 부가 기능 및 스크립트로 더 많은 작업하기 • 전문가 수준의 뉴스레터 만들기 • 표의 행 및 열을 균등하게 맞추기 • Google 문서를 다른 언어로 번역하기 • 인용을 검색하여 문서에 추가하기 • 음성으로 입력하기 • 문서에 Keep 메모 추가하기 • 공개적으로 파일 공유하기 • 파일을 웹 페이지로 게시하기

CHAPTER. 06

Google 스프레드시트

6.1 Google 스프레드시트 개요

6.1.1 개념

스프레드시트는 브라우저에서 사용하는 Google의 엑셀입니다. 팀원들과 함께 브라우저에서 바로 스프레드시트를 만들고 협업해서 동시에 수정할 수 있습니다. 차트 및 필터를 사용하여 데이터를 분석하고, 작업 목록을 처리하며, 프로젝트 계획을 작성하는 등 다양한 작업을 수행하세요. 모든 변경 사항은 자동으로 저장됩니다. 필요한 정형화된 데이터를 저장하고 다양하게 이용할 수 있습니다.

▲ Google SpreadSheets

6.1.2 특징

목적	MS 엑셀과 같은 복잡한 수식 계산 권한에 따라 정형 데이터를 관리할 수 있는 데이터베이스	개념	브라우저에서 사용하는 MS 엑셀. 클라우드 데이터 저장소
제공 버전	• G Suite 모든 버전 (Basic, Business, Enterprise,Education, Nonprofit) • 개인 버전	제공	다양한 함수 제공, Big Query, 기본 템플릿 제공
활용 방법	팀원과 함께 정형데이터 공유 및 복잡한 계산, 차트 만들기	경쟁 제품/ 서비스	MS 엑셀, 비지시트 한셀
사용 용도	게산 용도의 표 이용 • 정형 데이터 저장 관리 • 회사 템플릿 제공 및 이용	URL	• http://sheets.google.com/ • http://spreadsheets.google.com/ • sheets.new
limit	1. 글씨 크기나 페이지에 상관없이 1백만 자 2. 변환 시 사이즈: 50 MB		

6.1.3 UI

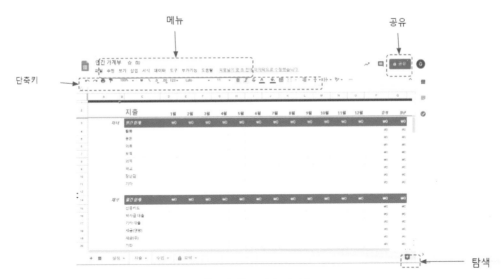

▲ Google Spreadsheets UI

6.1.4 메뉴/주요 기능

메뉴	기능	설명
파일	공유, 새 문서, 열기, 가져오기, 사본 만들기, 다운로드, 이메일에 첨부하기, 오프라인 사용 설정, 버전 기록, 이름 바꾸기, 이동, 드라이브에 바로가기 추가, 휴지통으로 이동, 웹에 게시, 문서 세부 정보, 스프레드시트 설정, 인쇄	새로운 스프레드시트를 만들거나 관리하는 용도
수정	실행 취소, 재실행, 잘라내기, 복사, 붙여넣기, 선택하여 붙여넣기, 찾기 및 바꾸기, 값 삭제, 행/열 삭제, 셀을 삭제하고 기존 셀을 이동, 메모 삭제	작업 시 본문 내용을 작성, 수정하는 용도
보기	고정, 격자선, 보호된 범위, 수식 바, 수식 표시, 숨겨진 시트, 확대/축소, 전체 화면	브라우저 화면에서 다양하게 표시하고 업무에 적합하게 작업
삽입	위/아래에 행 삽입, 왼쪽/오른쪽에 열 삽입, 셀을 삽입하고 기존 셀 이동, 차트, 이미지, 그림, 양식, 함수, 링크 삽입, 체크박스, 댓글, 메모	이미지, 셀, 링크 등 다양한 요소 삽입 작성
서식	테마, 숫자, 굵게/기울임/밑줄/취소선, 글꼴 크기, 정렬, 셀 병합, 텍스트 줄바꿈, 텍스트 회전, 조건부 서식, 교차 색상, 서식 지우기	글씨에 대한 서식 지정
데이터	기준 시트 정렬(정순/역순), 범위 정렬, 필터 만들기, 필터 보기, 슬라이서, 데이터 확인, 피벗 테이블, 범위 임의로 섞기, 이름이 지정된 범위, 보호된 시트와 범위, 텍스트를 열로 분할, 중복 항목 삭제, 공백 제거, 그룹화/해제, 데이터 커넥터	데이터를 가공해서 원하는 형태로 표시하는 방법
도구	설문지 만들기, 스크립트 편집기, 매크로, 맞춤법 검사, 자동 완성 사용, 알림 규칙, 시트 보호, 접근성 설정, 활동 대시보드	다양한 사용 도구 제공
부가 기능	부가 기능 설치하기, 부가 기능 관리	
도움말	도움말, 함수 목록, 단축키	

6.1.5 환경 설정/고려 사항

Google 스프레드시트는 설치형 MS 엑셀과 사용 방식이나 기능이 유사하나 스프레드시트는 웹에서 사용하고 엑셀은 프로그램 방식이나 태생적으로 차이가 있습니다. 엑셀에서는 이 기능이 되는데 스프레드시트는 왜 안돼? 라는 접근보다는 엑셀에서 지원 안 하는 기능을 사용해보면 업무 생산성이 올라갑니다. 업무 상 복잡한 수식 계산이 필요할 때에는 스프레드시트보다는 엑셀을 사용하는 것을 추천 드립니다. 또한 회사 내에서 복잡한 엑셀을 사용하는 직원은 일부이기 때문에 전 직원이 엑셀을 사용할 필요는 없습니다. 필요한 직원만 엑셀을 사용하고 나머지 직원은 스프레드시트를 이용해도 업무에 영향이 없습니다.

Google 스프레드시트에서는 마치 정형 데이터베이스처럼 사용할 수 있기 때문에 전문적인 Database가 없어도 다양한 정보를 권한에 따라 저장, 관리도 할 수 있습니다.

6.1.6 사용 절차

Google 스프레드시트를 사용하는 절차는 다음과 같습니다 .업무에 따라서 참고만 하세요. 본 내용은 업무에 미숙한 사용자를 위한 내용입니다. 이미 잘 사용하는 숙달자는 사용하는 방식으로 이용하시고 아래 내용은 참고만 해주세요.

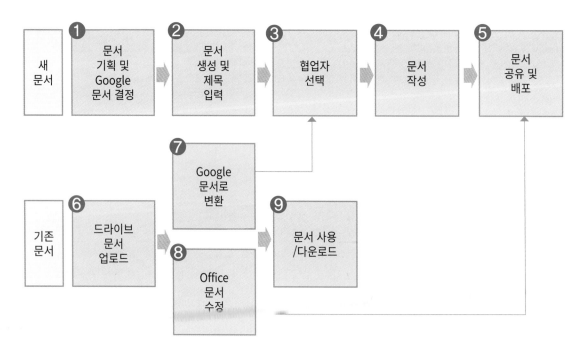

❶ **문서 기획 및 결정**: 작성할 문서를 기획하고 Google 문서 결정(Docs, Slides, Sheets)

❷ **문서 생성 및 제목 입력**: 정의한 키워드와 폴더에 생성(사용 키워드 관리 대장)

❸ **협업자 선택(선택사항)**: 함께 작성할 내,외부 사용자 지정(수정, 댓글, 보기 권한)

❹ **문서 작성**: 문서를 브라우저나 앱에서 작성(음성인식 이용 편리)

❺ **문서 공유 및 배포**: 작성 후 필요한 사람에게 전달(내부, 외부)

❻ **문서 업로드**: MS 파일이나, 아래아한글 업로드

❼ **Google 문서로 변환**: 편집을 위한 Google 문서 업로드(아래아한글 불가능)

❽ **브라우저에서 문서 수정**: 크롬 브라우저에서 바로 수정

❾ **문서 다운로드**: 작성 후 MS 파일 다운로드

6.2 Google 스프레드시트 시작하기

계산 문서	• 스프레드시트를 이용하여 수집된 각종 데이터를 항목별로 분류하여 일목요연하게 정리해주는 기본적인 데이터베이스 기능 • 자료를 가지고 다양하고 복잡한 계산을 정확하게 처리해주고 자료 분석을 통하여 각종 통계 자료와 다양한 차트를 이용해 보고서를 작성 • 다양한 업무에서 활용될 수 있는 만능 소프트웨어 • 사무 관련 데이터를 처리하기 위한 최고의 소프트웨어
통계작업	• 수치가 많이 포함된 문서 작업 • 차트를 이용한 시각적인 문서 작업 • 대량의 데이터에 대한 통계 분석 작업 • 많은 연산을 수행하는 작업
양식작업	표 또는 템플릿 중심의 문서 작업 시

6.2.1 스프레드시트 선택

조코디의 YouTube 강좌

새로운 Google 스프레드시트를 만드는 3가지 방법

▶ https://bit.ly/CSC-C4

스프레드시트는 복잡한 숫자 계산을 하기 위한 용도입니다. 어떤 회사에서는 심지어 MS의 엑셀을 문서로 많이 사용했었지만, 스프레드시트는 표 계산을 위한 용도로 사용해야 합니다. 우리가 사용하는 많은 문서는 숫자에 기반하기 때문에 문서와 숫자를 구분하기 애매한 문서들이 있지만, 숫자가 중심인지 글이 중심인지에 따라서 문서를 선택하세요. 숫자를 입력하고 처리하여 계산하는 작업이 필요하면 Google 스프레드시트를 선택합니다.

6.2.2 스프레드시트 만들기

스프레드시트를 새로 만드는 것은 시간도 오래 걸리고 어렵습니다. 가급적 기존의 문서를 변환하거나 템플 릿에서 양식을 선택해서 사용하는 것이 가장 효율적이겠죠. 회사에서 스프레드시트 작업은 대부분은 비슷 비슷한 업무일 확률이 높습니다. 만약에 새로운 것을 만들어야 한다면 검색을 해서 비슷한 문서나 아니면 지 인에게 추천을 받아서 사용하세요.

Google 스프레드시트에서도 많은 함수를 제공합니다. 전체 함수를 익혀서 사용하면 업무에 도움이 됩니다.

6.2.3 정형 데이터베이스

기존에 사용하던 엑셀은 PC에 파일로 저장하는 방식이라서 강력한 엑셀에서 매크로나 다양한 기능을 이 용하여 마치 독립된 업무 프로그램처럼 사용하는 경우도 있었습니다. 엑셀 파일 하나가 몇백MB이고 열 어보면 공장 품질관리시스템이 들어있던 경우도 있었습니다. Google의 스프레드시트는 엑셀과 비교하면 데이터베이스 성격에 가깝습니다. 데이터베이스는 항목별로 컬럼에 데이터를 보관하는 데이터 저장소입 니다. 클라우드에 저장하기 때문에 URL과 권한만 있으면 언제든지 접속해서 데이터를 사용할 수 있습니 다. 데이터베이스에서는 쿼리(query)를 이용하지만, 스프레드시트에서는 조건식, 필터, 피봇 등을 이용하 여 분석을 하고 빅쿼리를 이용하면 몇백만 건 몇천만 건의 자료를 다룰 수 있습니다. 로컬에서 사용하는 엑셀이었으면 환경에 따라 불가능하거나 시간이 많이 걸리지만, 클라우드에서 동작하기 때문에 이런 것 들이 가능합니다.

가장 강력한 기능은 앱 스크립트(App Script)[1]와 API를 이용하여 원하는 데이터를 찾고, 결과를 다시 입력하 는 등 업무 자동화에 사용할 수 있습니다. 또한 다양한 3rd party 앱들이 Google 스프레드시트를 데이터베이 스로 사용할 수 있기 때문에 다양한 응용 어플리케이션 사용이 가능합니다.

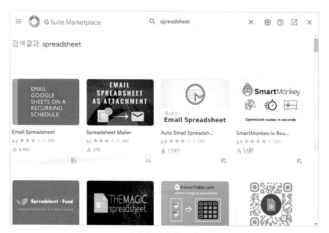

▲ G Suite Marketplace

---

1   Apps Script는 G Suite 플랫폼에서 간단한 응용 프로그램 개발을 위해 Google에서 JavaScript 기반으로 개발한 스크립팅 플랫폼입니다. Google Apps Script는 인터프리터 방식으로 동작하기 때문에 별도의 개발 환경이 필요없고 내용을 바로 확인할 수 있는 장점이 있습니다.

6.3 Google 스프레드시트 기능 소개

6.3.1 새로 만들기

스프레드시트를 만드는 가장 쉬운 방법은 스프레드시트 홈 화면(sheets.google.com)에서 새로운 스프레드
시트를 만드는 방법입니다.

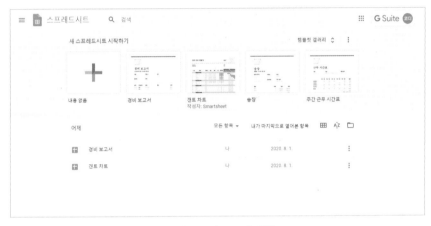

▲ Google Sheets 홈 화면

Google에서는 전문적인 디자인의 스프레드시트를 제공합니다. 템플릿에서 필요한 형태가 있는지 확인해보
세요.

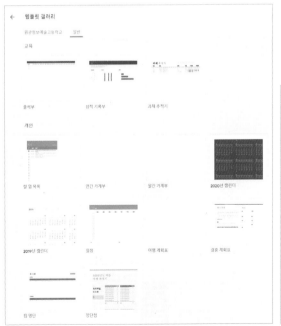

▲ Google Spreadsheet에서 제공하는 다양한 템플릿

스프레드시트를 간단히 여는 또다른 방법은 브라우저 주소창에 sheets.new 입력하여 새로운 시트에서 이용하는 방법입니다.

6.3.2 함께 작성해보기

스프레드시트를 함께 작성하고 사용하기 위해서는 Google 문서나 Google 프레젠테이션보다도 더 권한 관리에 신경을 써야 합니다. 만약에 회사에서 모두가 사용하는 기준 데이터를 신입직원이 실수로 잘못 수정하면 회사에 많은 혼란이 발생할 수 있습니다. 다른 문서가 기준 문서를 참조할 수 있습니다.

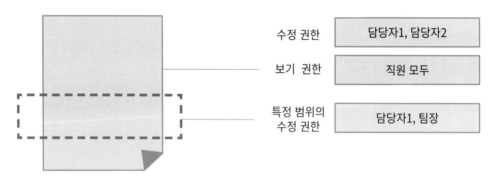

▲ 스프레드시트를 함께 작성하고 특정 범위는 보호하기

스프레드시트를 생성한 후에는 필요한 담당자에게 권한을 부여합니다.

▲ Google Spreadsheets 문서 공유하기

특정 범위에 대해서는 특정인에 대해서만 권한을 부여합니다. 아래 내용에서는 문서는 공유하지 않고 해당 부분만 특정인이 수정할 수 있도록 권한을 부여합니다. 회사에서 사용하는 문서 중 기준 데이터가 있거나 참고만 하는 중요한 셀은 나만 권한을 갖고 다른 사람이 수정하지 못하게 할 수 있습니다.

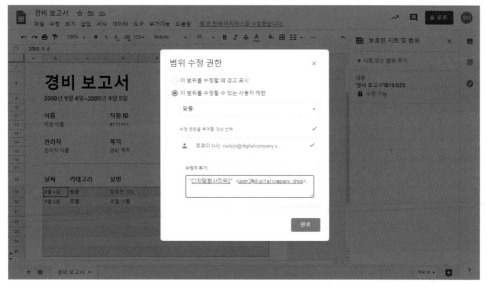

▲ 특정 셀을 특정 사람에게만 권한 부여

또한 수정에 대한 히스토리도 확인이 가능합니다. 변경한 시점, 내용, 사람을 확인할 수 있습니다.

특정 시점에 대한 데이터를 보관하고 싶을 경우에는 해당 데이터의 버전을 선택하여 별도의 문서로 생성합니다. 예를 들어서 2020년 6월 기준 프로젝트 현황표 또는 매주 단위의 회사 재무제표 데이터입니다. 키워드와 제목만 정리가 잘 되면 언제든지 찾을 수 있고 저장 공간은 무제한이라 제약도 없습니다.

▲ 작업 히스토리 확인하기

▲ 특정 작업 버전을 별도의 문서로 저장하기

Google 문서는 드라이브에 저장하더라도 용량을 계산하기 않기 때문에 많은 문서를 저장할 수 있습니다. 또한 브라우저만으로 다양한 환경에서 접속해서 이용할 수 있습니다.

6.3.3 엑셀을 변환하기

마이크로소프트 사의 엑셀은 오랜 기간 동안 많은 사람들에게 사랑받은 SW입니다. PC에 저장된 많은 엑셀 파일을 Google 드라이브에서 조회하고 작성하면 관리도 쉬워지고 협업도 할 수 있습니다.

탐색기의 파일을 드래그 앤 드롭해서 Gogole 드라이브에 업로드합니다. 드라이브에서 새로 만들기나 DFS 로 복사하는 방법도 가능합니다. 업무 환경에서 효율적인 방법으로 업로드하세요.

▲ 마이크로소프트 사의 엑셀을 드라이브에 업로드하기

엑셀은 Google의 크롬 브라우저로 조회가 가능합니다. 다만 일부 특화된 기능은 지원하지 않을 수 있으니 참고하세요.

▲ 크롬 브라우저에서 MS 문서 확인하기

상단의 Google 스프레드시트로 열기를 클릭하면 스프레드시트 서비스로 MS의 엑셀을 열게 됩니다.

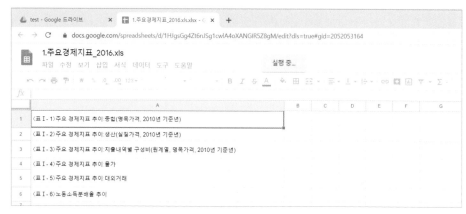

▲ Google 스프레드시트에서 MS Excel 조회하기

작업 및 협업을 위해서는 마지막으로 이 문서를 Google 스프레드시트 파일로 저장합니다.

▲ MS 엑셀을 Google 스프레드시트로 저장하기

변환한 후 드라이브에서 저장된 파일은 아이콘의 모습을 관심 있게 확인해야 합니다.

▲ (좌) Google 스프레드시트, (우) MS 엑셀 아이콘

6.4 재택근무 활용 방법

Google 스프레드시트의 기능은 마이크로소프트 사의 엑셀과 아주 유사합니다. 또한 다소 시간의 차이는 있지만 MS엑셀에서 새로 제공되는 기능도 제공됩니다. 두 회사가 경쟁 관계라서 기능이 서로 발전을 하는 선순환 효과가 있습니다. 엑셀과 스프레드시트는 기본적인 기능은 유사하지만 장점은 약간은 다릅니다.

▶ MS 엑셀과 Google 스프레드시트 비교

마이크로소프트 엑셀	Google 스프레드시트
• 작업 후 출력 시	• 브라우저 기반 이용
• 많은 데이터를 직접 처리할 시	• 3rd Party 부가 기능 이용 또는 연결 시
• 다양한 함수 사용 시	• 앱 스크립트 이용 프로그래밍
• 혼자서 작업 후 배포용	• 협업 작업용

활용 방법에서는 엑셀처럼 사용하는 방법보다는 엑셀에서 제공하지 못하는 부분을 소개할 예정입니다. 평소에 시간도 많이 걸리고 불편했던 부분에 대해서 업무에 어떻게 적용할지 확인해보세요. 스프레드시트의 자세한 사용법은 도서 참고 페이지를 방문하거나 책 앞날개에 적힌 저자의 이메일로 문의해주세요.

6.4.1 프로젝트 진행률

재택근무를 하면서 사람들과 소통의 시간이 줄어들게 되고 전체적인 분위기나 상황에 대해서 파악하기 어렵습니다. 사무실에서는 팀장이 전략적으로 큰소리도 내고 분위기도 험악하게 만들어서 프로젝트 진행을 추진할 수 있지만, 각각이 클라우드에서 업무를 진행할 때에는 프로젝트 참여자의 업무를 정확하게 파악하는 것이 중요합니다.

▲ 프로젝트 추적 템플릿(Google 제공)

프로젝터 리더나 사업관리 담당자는 새로운 스프레드시트를 생성하고 이 문서를 프로젝트 팀원과 경영진에게 공유합니다. 공유 시에는 다음과 같이 그룹으로 권한을 부여하고 액세스 권한은 그룹에 따라 차별화로 프로젝트 관리를 편리하게 합니다.

▶ 문서 사용 권한 부여

프로젝트 팀원	경영진
수정 권한	댓글 권한
• user1@digitalcompany.shop • user2@digitalcompany.shop	ceo@digitalcompany.shop

▲ 프로젝트 진행률 권한 부여

이 문서는 프로젝트 팀원은 누구나 수정할 수 있지만, 프로젝트의 중요 정보(예: 참여자, 기간, 예산, 세부 개발 내용 등)가 수정되면 모두가 참고하는 부분이라 혼동이 있을 수 있습니다. 이런 셀은 문서 생성자가 제약(권한)을 만들어서 수정을 못 하게 합니다.

권한을 부여하는 방법은 다음과 같습니다.

보호할 범위 선택 → 상단 메뉴에서 [데이터] – [보호된 시트와 범위] 선택 → '권한 설정'을 클릭한 후 담당자 수정 권한 지정

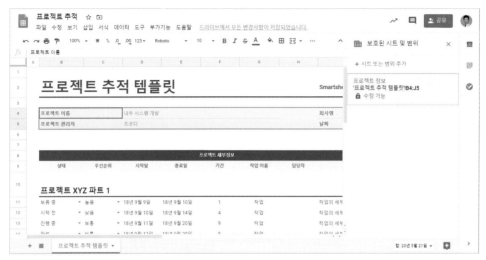

▲ 셀 보호할 범위

프로젝트 팀원이 수정한 내용을 확인시에는 수정 내역을 확인합니다. V1.2, v1.3 이렇게 관리하지 않고 한 달 100회 수정까지는 버전 기록으로 사용합니다.

버전 기록을 보는 방법은 다음과 같습니다.

상단 메뉴의 [파일] – [버전기록] – [버전 기록 보기]

▲ 버전 기록 확인하기

6.4.2 스프레드시트 전달

내부에서만 사용하면 팀 동료에게 권한을 부여하거나 공유 드라이브에 저장해서 누구나 쉽게 이용할 수 있게 합니다. 물론 검색을 하면 문서를 빠르고 정확하게 찾을 수 있습니다. 하지만 외부에 있는 사람에게 전달할 경우에는 다른 방법도 고려합니다.

상대방의 디지털 역량	방법	설명
높음	상대방의 클라우드ID로 문서 공유	상대방이 사용하는 Google 계정을 확인하고 문서에 권한 부여
중간	링크 공유	이메일로 문서의 URL을 공유함
낮음	기존 방식 이용	엑셀로 변환하여 상대방 이메일에 첨부함

스프레드시트의 문서를 공유하면 당연히 협업 및 댓글, 변경 내용에 대해서도 실시간으로 확인이 가능합니다. 재고나 이번 달 가격처럼 계속 변경하는 자료를 공유하면 외부 파트너사도 정보를 쉽게 얻을 수 있습니다. 하지만 아웃룩을 사용하고 잘 모를 때는 기존처럼 엑셀 또는 PDF로 다운받아서 이메일에 첨부해서 보내주세요.

▲ Google 스프레드시트를 다른 문서로 저장하기

상대방에게 매번 문서를 공유해야 하기 때문에 보내는 사람이나 받는 사람이나 번거롭고, 데이터 업데이트에도 한계가 있습니다.

스프레드 시트 문서를 공유하는 또 다른 방법은 웹에 게시를 하는 방법입니다. 누구나 링크만 알면 쉽게 확인이 가능합니다. 회사 홈페이지나 SNS, 문자로도 공유가 가능합니다.

문서를 웹에 게시하는 방법은 다음과 같습니다.

상단 메뉴의 [파일] - [웹에 게시]

▲ 작성한 Google 스프레드시트를 웹에 게시하기

다양한 방법은 계속 업데이트가 되고 있습니다. 여러분이 이 책을 읽을 시점에서 새로운 방법이 제공되겠죠. 중요한 것은 구슬이 서말이더라도 테스트해보고 사용해보세요. 회사에서 어떻게 사용하면 좋을지 고민해야 합니다. 기존처럼 엑셀로 다운받아서 보내면 클라우드의 가장 좋은 점을 하나도 사용하지 못하는 꼴이 됩니다. 용기를 내서 사용해보세요. 여러분의 근무 시간을 줄일 수 있습니다.

6.4.3 통계 보고서 만들기

회사에 출근한다면 어려운 일이 있을 경우에는 커피라도 한 잔 사가지고 가서 다른 직원에게 부탁할 수 있습니다. 하지만 재택근무 중인 상황에서는 어떨까요? 물론 같은 회사 직원이 부탁하는데 거절하기는 쉽지 않지만, 다른 직원에게 부탁하는 것은 역시 쉽지 않습니다. 또, 비대면 상태에서 도움을 받기 어려운 문제도 있어 혼자 해결해야 하는 상황이 생길 수 있습니다. 혼자 해결해야 할 상황으로, 분석 업무를 예로 들어볼까요? 분석 업무는 수학이나 통계와 같은 전문지식과 전문 소프트웨어(SAS, SPSS, Minitab 등)가 필요해 수행하기 어렵습니다. 또한 결과가 나온다고 하더라도 많은 결과를 정확하게 분석하는 것도 어렵습니다.

Google 스프레드시트는를 이용하면 이런 고민을 할 필요 없이 간단하게 분석 업무를 수행할 수 있습니다. 팀 빼서 데이터 분석(PDA)이라는 기점을 통해 대량의 데이터를 다양한 관점으로 분석해줍니다. 또한 AI가 사용자에게 이런 그래프를 원하지 않냐고 제시해주는 경우도 있습니다. 현재 Google AI의 성숙 수준은 예측(forecast) 초기 단계까지 진화했습니다. 회사 내 데이터 사이언티스트분들도 긴장하셔야 할 거 같습니다.

Google 스프레드시트로 하는 통계 분석은 생각보다 아주 간단합니다. 데이터를 입력하고 분석할 데이터를 선택하고 우측 하단의 '탐색'을 누르면 끝입니다.

▲ '탐색' 기능으로 그래프 자동 생성

그래프 그리는 것이 아주 간단합니다. 또한 다양한 그래프 및 다양한 통계도 제공해줍니다. 우리는 복잡한 분석을 하는 것처럼 생각하지만, 이런 일을 수천억 번을 한 Google AI한테는 아주 쉽습니다. 알파고는 인간을 상대로 바둑도 이기는데 이 정도 데이터 분석은 식은 죽 먹기죠. 데이터 분석을 잘 못하는 분들을 위해서 친절하게 설명도 달아놓습니다.

'계열 1', '계열 2', '계열 3' 외 2개은(는) '1971'까지 감소하는 추세로 변화합니다. 및 '2015'까지 증가.

데이터 분석을 할 때 가장 기본적이면서 중요한 것은 데이터의 생긴 모양(분포도)입니다.

▲ 기본적인 데이터 분석

데이터 분석과 그래프 생성을 완료했으면 이제 이 그래프를 사용해야죠. 사용하는 방법도 너무 간단하고 쉽습니다. 스프레드시트에 원하는 차트를 입력하면 끝입니다. 이 그래프를 다른 곳에서 이용하기 원한다면 차트를 복사해서 원하는 문서에 삽입하면 끝입니다. Ctrl+V 키 한번이면 원하는 위치에 그래프를 삽입할 수 있습니다.

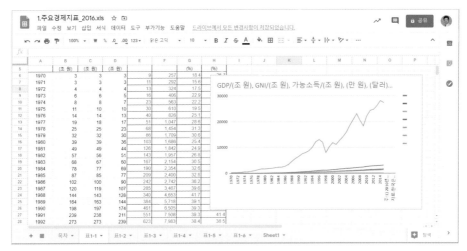

▲ 차트 만들어서 시트에 붙여넣기

삽입을 할 때 다음과 같은 질문을 합니다. 시트에 연결한다는 것은 원본 데이터가 변경되면 자동으로 그래프가 수정되는 것을 의미합니다. 자주 변경되는 데이터는 이렇게 연결하면 업데이트가 간편해집니다.

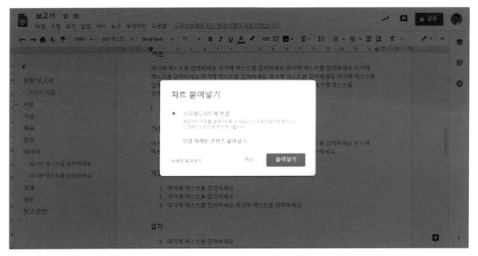

▲ 스프레드시트의 차트를 Google 문서(또는 슬라이드)에 붙여 데이터 연결하기

차트를 아까처럼 웹에 게시할 수도 있습니다. 웹에 게시를 하더라도 원본 데이터가 변경되면 자동으로 변경이 가능합니다. 중요한 회사 지표를 홈페이지 만드는 사이트 도구로 회사 내부 대시보드를 만들면 누구나 회사 성과에 대해서 쉽게 확인이 가능하겠네요.

▲ 차트 웹에 게시한 주소 복사하기

여기까지 보신 분이라면 크롬 브라우저만 있으면 다양한 정보 접근이 가능하고 기존의 출력 형태가 아닌 다양한 방식으로 정보와 문서를 공유한다는 개념을 확인했을 겁니다. 이제 출력을 위한 문서라는 개념보다는 콘텐츠라는 개념이 더 적절한 표현이라 생각합니다.

6.4.4 기준 데이터

회사에서 근무할 때 총무팀이나 인사팀에게 문의하는 내용중에 회사 정보에 대한 문의가 많습니다. 우리 회사 직원이 현재 몇명이냐? 작년 매출액이 얼마냐? 등 수시로 변경되는 자료는 주기적으로 업데이트되지만 문서화해서 관리하는 것은 복잡하고 시간이 많이 걸립니다. ERP 프로그램이나 관련 시스템에서 변경시 해당 스프레드시트 문서의 특정 셀에 자료를 업데이트하고 변경된 자료를 누구나 이용할 수 있으면 가장 이상적인 환경이 됩니다.

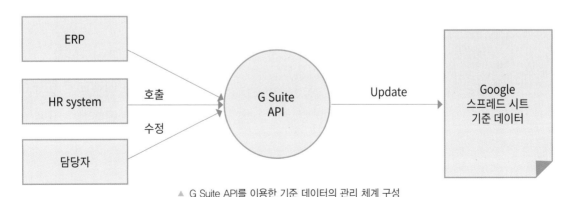

▲ G Suite API를 이용한 기준 데이터의 관리 체계 구성

6.5 사용 능력 체크리스트

자신이 어느 정도 사용하는지 체크하는 사용 능력 체크리스트입니다. 다양한 기능을 확인하고, 자신의 업무에 필요한 기능은 웹, YouTube, 도서 참고 페이지를 통해 사용법을 확인하세요.

초급	중급	고급
• 오프라인으로 저장된 드라이브 파일에 액세스하기 • 문서 템플릿 만들기 • 드라이브 파일 및 폴더의 변경사항 보기 • 파일의 다른 버전으로 전환하기 • 파일의 '사본 만들기' 링크 공유하기 • 파일의 PDF 버전 링크 공유하기 • Microsoft Office 파일로 작업하기 • 단축키를 사용하여 새 파일 만들기 • 스프레드시트에 체크박스 추가하기 • 데이터에 대한 정보 즉시 파악하기	• 스프레드시트에 이미지 추가하기 • 파일에 플로 차트 및 다이어그램 추가하기 • 차트를 사용하여 데이터 요약하기 • 프레젠테이션에서 차트 삽입 및 수정하기 • 화상 회의 중 발표하기 • 여러 사용자와 콘텐츠 공유하기 • 공동 작업자에게 이메일 보내기 • 스프레드시트의 데이터 필터링하기 • 스프레드시트의 콘텐츠 보호하기 • 조건부 서식으로 데이터 변경 사항 보기 • 스프레드시트 변경 사항에 대한 알림 받기 • 공유 파일을 최종 파일로 표시하기 • 드라이브 파일의 공유 옵션 제한하기 • 파일 액세스 권한의 만료일 설정하기 • 파일 소유권 이전하기	• 다른 스프레드시트에서 데이터 가져오기 • 스프레드시트에서 특정 데이터로 연결되는 링크 추가하기 • 스프레드시트로 애널리틱스 데이터 이동하기 • 스프레드시트에서 통화 사용하기 • 스프레드시트에 재무 관련 데이터 추가하기 • 쿼리가 있는 시트에서 데이터 검색하기 • 피봇 테이블 만들기 및 수정하기 • 매크로를 사용하여 작업 자동화하기 • 열로 데이터 분할하기 • 표의 행 및 열 간격을 균등하게 맞추기 • 공개적으로 파일 공유하기 • 파일을 웹 페이지로 게시하기 • 캘린더에서 대규모 일정 관리하기 • 일정용 디지털 로그인 시트 만들기 • 부가 기능 및 스크립트로 더 많은 작업하기

6.6 참고 내용

Google 스프레드시트 함수 목록

▶ https://support.google.com/docs/table/25273?hl=ko

Google 스프레드시트에서 데이터 분석 및 차트 생성

▶ https://bit.ly/CSC-F269

차트 수정하기

▶ https://bit.ly/CSC-F327

Google 스프레드시트에서 새해 캘린더 이용하기

▶ https://bit.ly/CSC-H30

CHAPTER. 07

Google 프레젠테이션

7.1 Google 프레젠테이션 개요

7.1.1 개념

Google 프레젠테이션은 Google에서 만든 파워포인트(PPT)로 이해를 하는 것이 가장 쉽습니다. 마이크로소프트 사의 파워포인트와 기능이 유사하고 PPT 파일과 호환도 잘 되기 때문에 PPT파일을 Google 프레젠테이션 문서로 변환하여 사용하고 다시 파워포인트로 변환해서 전달할 수 있습니다. 파워포인트는 출력을 목적으로 만들고, Google 문서인 프레젠테이션은 다양한 디바이스에서 보기 위해서 만든 문서로 출생이 다르기 때문에 100% 호환은 안됩니다. 하지만 일반적으로 사용하는 기능들에 대해서는 많이 지원됩니다. 꼭 스스로 확인을 해보시고 업무에 사용하시기 바랍니다. 기능과 사용 시기에 따라서 달라질 수 있습니다. 공동작업을 통해 뛰어난 수준의 슬라이드 자료, 프로젝트 프레젠테이션, 교육 모듈 등에 이용할 수 있습니다. 작업한 모든 변경 사항은 자동으로 저장됩니다.

▲ Google Presentation

7.1.2 특징

목적	프레젠테이션을 위한 자료 작성, 인터넷 공개를 통한 자료 유통, 전달, 동영상 플레이	개념	Google의 파워포인트(PPT), 동영상 플레이어
제공 버전	• G Suite 모든 버전 (Basic, Business, Enterprise,Education, Nonprofit) • 개인 버전	제공	• 기본 템플릿 제공 • 파워포인트로 변환 저장 • YouTube 삽입 후 웹에 게시 • 프레젠테이션 모드 캡션 제공
활용 방법	발표용 프레젠테이션 작성 자료를 웹에서 공유	경쟁 제품/ 서비스	MS Powerpoint, Mac Keynote
사용 용도	• 회사 템플릿 등록 및 이용 • 발표 자료 만들기 • 동영상 플레이 리스트 만들기	URL	• http://slides.google.com/ • https://side.new
limit	Google 슬라이드 기본 100MB까지		

7.1.3 UI

▲ Google 프레젠테이션만 확인

7.1.4 주요 메뉴

메뉴	기능	설명
파일	• 작성하는 프레젠테이션의 다양한 관리 기능 • 파일 복사, 첨부, 이름, 이동, 삭제 게시 등 • 페이지 사이즈 변경, 공유 관리 • 인쇄 설정 및 미리보기	1.작성하는 문서의 사본 문서 만들기 2. 변경 내용 버전 확인하기 3. 다른 슬라이드 내용 가져오기
수정	• 복사, 붙여넣기(서식 없이 붙여넣기), 삭제 • 실행 취소, 재실행 • 찾기 및 바꾸기	단축키 및 우측 마우스 이용
보기	• 화면에 보여지는 내용 세팅	
삽입	• 이미지, 텍스트, 오디오, 동영상, 다양한 도형, 표, 차트, Work Art, 선 추가 • 댓글 추가 • 새로운 슬라이드 추가	애니메이션 제공
서식	• 텍스트 크기 및 꾸미기, 문단 모양 • 글머리 기호 및 번호 매기기 • 표 서식, 서식 옵션	
슬라이드	• 슬라이드 추가, 복사, 삭제, 건너뛰기, 이동 • 배경, 레이아웃, 마스터, 테마 변경	화면 전환 기능 지원
정렬	눈시, 씽팅, 배시, 회긴, 그룹회 등 내용니드 사실사는 내무 징력	져렬, 베치는 한무간위 위치에 대하 정력
도구	맞춤법 검사, 탐색, 사전, Q&A 기록, 발표자 노트 음성 입력, 스크립트 편집기, 환경 설정, 접근성 설정, 활동 대시보드 제공	
보기 기능	프레젠테이션에서 다양한 기능 제공	
도움말	메뉴 검색, 도움말, 교육, 업데이트, 문제 신고 등 단축키 안내	

7.1.5 환경 설정/고려 사항

Google 프레젠테이션이 다양한 기능도 제공하고 웹에서 표시하기 편하지만, MS의 파워포인트가 기능적으로 더 풍부한 작업 환경을 제공합니다. 설치형 제품과 클라우드 서비스의 차이가 있으니 목적에 맞게 서비스나 제품을 선택하는 것이 좋습니다. 각각의 특징을 정확하게 이해하고 필요에 맞게 사용하면 생산성이 올라갑니다. 또한 최근에 프레젠테이션의 개념이 변경되어 복잡한 글씨보다는 개념 위주의 그림과 동영상을 이용하는 방식이 선호하기 때문에 목적에 맞게 사용하면 생산성이 올라갑니다. 또한 최근에는 대부분의 콘텐츠를 스마트폰으로 소비하기 때문에 복잡한 환경보다는 가벼운 콘텐츠 사용을 선호합니다.

7.1.6 사용 절차

Google 프레젠테이션을 사용하는 절차는 다음과 같습니다. 업무에 따라서 참고만 하세요. 본 내용은 업무에 미숙한 사용자를 위한 내용입니다. 이미 잘 사용하는 숙달자는 사용하는 방식으로 이용하시고 아래 내용은 참고만 해주세요.

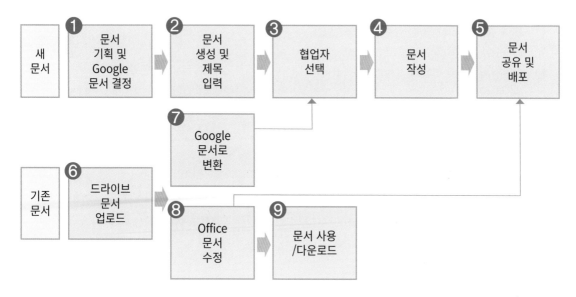

❶ **문서 기획 및 결정**: 작성할 문서를 기획하고 Google 문서 결정(Docs, Slides, Sheets)

❷ **문서 생성 및 제목 입력**: 정의한 키워드와 폴더에 생성(사용 키워드 관리 대장)

❸ **협업자 선택(선택사항)**: 함께 작성할 내, 외부 사용자 지정(수정, 댓글, 보기 권한)

❹ **문서 작성**: 문서를 브라우저나 앱에서 작성(음성인식 이용 편리)

❺ **문서 공유 및 배포**: 작성 후 필요한 사람에게 전달(내부, 외부)

❻ **문서 업로드**: MS 파일이나, 아래아한글 업로드

❼ **Google 문서로 변환**: 편집을 위한 Google 문서 업로드(아래아한글 불가능)

❽ **브라우저에서 문서 수정**: 크롬 브라우저에서 바로 수정

❾ **문서 다운로드**: 작성 후 MS 파일 다운로드

7.2 Google 프레젠테이션 시작하기

새 문서 만들기	• 파워포인트 문서 작성 시 • 횡으로 문서 작성 시 • 서술식이 아닌 이미지와 그림형태로 작성 • 템플릿을 이용해 새로운 문서 생성합니다. 템플릿 이용 • 별도의 프로그램 미설치 • YouTube 등 동영상과 스프레드시트 그래프 연결
문서 변환하기	다른 종류의 문서를 전환하여 조회하거나 작성하기
발표자료	프레젠테이션을 위한 문서 작성
동영상	자동 재생되는 동영상 리스트

7.2.1 새로 만들기

 조코디의 YouTube 강좌

새로운 Google 프레젠테이션을 만드는 3가지 방법

▶ https://bit.ly/CSC-C1
(Google 문서로 콘텐츠를 만드는 방법은 PART2의 'CHAPTER 02. Google 문서로 콘텐츠 만들기'를 참조하세요.)

템플릿을 이용하는 방법

1) slides.google.com에 접속

문서를 작성하는 것은 언제나 어렵고, 시간이 많이 걸립니다. 그래서 프레젠테이션은 항상 템플릿을 이용하는 것이 좋습니다. 또한 템플릿을 변형하는 것보다는 템플릿의 형식에 맞춰서 작성하는 것이 보다 논리적이고 노력 대비 성과를 올릴 수 있습니다. 하지만 고품질의 자료를 만든다면 디자이너와 별도의 디자인 작업을 통하여 템플릿 작업을 하면서 작성을 해야 겠죠.

차후에 설명할 프레젠테이션에서 문서를 만드는 방법은 Google에서 제공하는 템플릿을 이용하는 방법을 기준으로 설명하겠습니다.

2) 템플릿 갤러리에서 원하는 템플릿 선택

Google G Suite에서도 다양한 고품질의 템플릿을 제공합니다. 제공하는 템플릿을 하나하나 확인해보고 필요할 때 기억해서 사용하면 작업 시간을 줄일 수 있습니다.

▲ Google G Suite에서 제공하는 프레젠테이션 템플릿
(링크: https://docs.google.com/presentation/u/0/?tgif=c&ftv=1)

7.2.2 기존 문서 사용하기

새로 만들지 않으면 기존에 사용하는 문서를 재활용하거나 수정작업을 합니다. 크롬 브라우저에서는 기본적으로 대부분의 포맷에 대해서 미리보기를 제공하고 있습니다. 즉, 별도의 Viewer가 없더라도 해당 파일을 크롬 브라우저에 드래그 앤 드롭(끌어서 놓기)을 하면 해당 파일의 내용을 확인할 수 있습니다. PC나 스마트폰이나 크롬 브라우저만 있으면 지원합니다.

▲ 크롬 브라우저에서 오피스 문서를 조회하기 위한 Office 호환성 모드

기존 Office 문서는 Office 호환 모드를 이용하여 크롬 브라우저의 Google 프레젠테이션에서 수정할 수 있고, 다시 PPT나 PPTX로 변환하여 저장할 수 있습니다. Mobile에서는 프레젠테이션 앱을 이용합니다.

7.2.3 프레젠테이션 만들기

20년전에 PPT자료를 생각하면 정말로 글씨 밖에 없었던 기억이 납니다. 그렇게 만든 자료는 사람들이 잘 만들었다고 생각을 했었죠. 20년이 지난 지금 이런 발표 자료를 설명하면 사람들은 모두 자신의 스마트폰 보느라 발표에는 관심을 가지지 않을 겁니다. 요즘에 슬라이드 자료와 비교하면 많은 차이가 있습니다. Apple의 창업자 스티브 잡스의 프레젠테이션이 가장 깔끔하며 전달력이 좋았습니다.

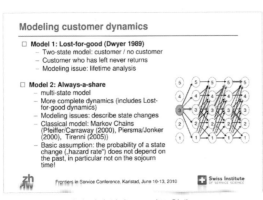

▲ 과거 인기 있던 PPT 자료 형태 1

▲ 과거 인기 있던 PPT 자료 형태 0

프레젠테이션을 출력해서 정보를 전달하는 형태 대신에 발표 형태로 이용해야 합니다. 이제 우리는 대다수가 스마트폰을 가지고 있고, 65인치 대형 모니터도 350,000원이면 살 수 있는 세상에 살고 있습니다. 발표의 새로운 형태를 새로운 도구를 이용하세요.

7.2.4 동영상 모음

Google 프레젠테이션은 크롬 웹 브라우저로 사용할 때 가장 활용성이 좋습니다. 브라우저에서는 많은 작업을 할 수 있고, 요즘에는 브라우저로 동영상도 많이 시청하죠. 그래서 Google 프레젠테이션과 동영상 특히 YouTube[2]와 좋은 궁합을 보입니다. 로컬에 저장하는 PPT의 경우에는 동영상을 파일 안에 같이 저장하는 방식 이라 크기가 크지만 Google 프레젠테이션은 별도의 URL만 호출하는 방식입니다. 그래서 동영상을 Google 프레젠테이션에 삽입하고 프레젠테이션 권한만 주더라도 동영상과 자료를 한번에 이용할 수 있습니다.

7.3 Google 프레젠테이션 기능 소개

7.3.1 문서 작성 기능

Google의 파워포인트 프레젠테이션의 사용 방법은 생긴 것처럼 마이크로소프트 사의 파워포인트와 사용 방법이 거의 같습니다. 기능적으로 다른점은 파워포인트는 빔 프로젝트 등 발표용 콘텐츠를 제작하고 설치형 소프트웨어이기 때문에 좀 더 세밀한 표현 및 기능을 제공하는 것입니다. 반면에 Google 프레젠테이션은 발표용이기는 한데 빔 프로젝트 뿐만 아니라 일반적인 PC나 노트북, 그리고 스마트폰까지 브라우저를 사용하는 기기면 모두 사용할 수 있습니다. 또한 별도의 설치 없이 브라우저(PC)에서 동작하는 방식이라 파워포인트보다는 세밀한 면에서는 부족하지만, 대부분의 콘텐츠 소비가 스마트폰으로 유통된다면 글자가 많고 복잡한 콘텐츠보다는 간단하고 YouTube 등 동영상을 보여줄 수 있는 방법이 더욱 선호할 것입니다.

▶ MS 파워포인트와 Google 프레젠테이션 비교

구분	MS 파워포인트	Google 프레젠테이션
용도	출력 및 발표용	브라우저 프레젠테이션
작성 방법	웹 브라우저 + 설치형 SW	브라우저
전달 방법	파일(PPT, PPTX)	권한으로 URL
장점	세부적인 표현 및 다양한 작성 도구	AI, 브라우저만으로 작성, 동영상(YouTube)와 연동

한 가지 도구만을 고수하는 것보다는 목적에 맞게 도구를 이용하면 생산성을 더욱 올릴 수 있을 것입니다. MS 파워포인트의 장점과 Google 프레젠테이션 장점을 잘 연결하면 업무 역량이 높아지겠죠.

---

2 Microsoft 365의 경우에는 파워포인트에서 온라인 비디오 삽입도 지원하고 있습니다.

Google 프레젠테이션 작성 유형

1) 빈 문서에서 시작 (템플릿 이용)

템플릿을 이용한 빈 문서에서 시작하는 것은 주로 1) 새로운 문서 2) 초안작성 3) 내용 정리 의 목적으로 작성하는 경우입니다. 처음에 아무 것도 없는 상태에서 시작하는 것은 생산성에 도움이 되지 않고 너무 많은 노력을 낭비하는 결과를 가져옵니다.

▲ Google 프레젠테이션 템플릿

▲ Google 프레젠테이션 컨설팅 제안서 템플릿

문서 제목, 폴더 이름을 정하는 방법은 PART 3의 '0.4.1 문서 작성 방법'을 참고하세요.

2) 기존 문서 복사해서 변경

만드려는 문서와 비슷한 형식의 문서가 있을 경우에는 비슷한 문서를 사본 만들기로 동일하게 작성합니다.

▲ '사본 만들기' 선택 시 프레젠테이션 전체 복사 방법

사본 만들기를 할 때 전체가 아닌 선택한 슬라이드만으로 사본을 만들 수 있고, 발표자 노트도 포함할지 결정할 수 있습니다.

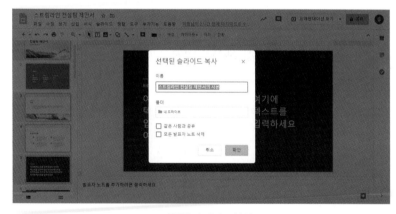

▲ 선택한 슬라이드 복사

3) 파워포인트 문서로 변환해서 사용

기존 파워포인트 자료를 사용시에는 파워포인트를 업로드하여 Google 문서로 저장한 후에 작업하는 것을 추천합니다. 파워포인트를 Google 문서로 열고 작업할 수도 있지만, 협업이나 문서 버전 관리 등 다양한 Google 문서의 기능을 이용하려면 Google 문서로 저장해서 사용하세요.

▲ 기본 MS PPT 파일 Google 프레젠테이션으로 변환

7.3.2 문서, 정보 전달

Google 프레젠테이션은 서술식 형태의 작성보다는 발표 형태의 슬라이드 작성에 적합합니다. 또한 줄단위 편집이 아니기 때문에 그림이나 이미지를 넣기 편하고 동영상과도 궁합이 좋습니다. 문서에 권한을 풀어서 링크를 보내면 받는 사람은 별도의 SW 설치 없이도 스마트폰에서 바로 확인할 수 있고, 변경을 하면 바로 적용이 됩니다. 기존에 PDF로 보냈지만 여러 가지 불편한 사항들이 있습니다.

회사에서 사용하는 다양한 정보를 Google 프레젠테이션으로 만들어서 내, 외부에 사용하면 전달하고자 하는 내용을 언제 어디서나 쉽게 전달하고 확인할 수 있습니다. 문서를 작성하는 것이 정보를 전달하는 목적이라면 가장 잘 전달하는 수단입니다.

Google 프레젠테이션을 작성한 후에 1) 권한을 설정 2) URL을 확인, 3) (선택 사항) 단축 URL로 변환하여 짧은 URL로 상대방에게 카톡, 문자, 이메일 등의 메시지를 통해서 전달합니다.

Google 프레젠테이션의 작성이 완료되면 인터넷의 사용자 누구나 접근할 수 있도록 권한을 '링크가 있는 모든 사용자에게 공개'를 선택합니다. (공유 > 링크 보기 > 링크가 있는 모든 사용자에게 공개)

이렇게 링크를 웹에 공개하더라도 아주 복잡한 주소를 알아야 접근할 수 있기 때문에 확률적으로 실수로 문서를 볼 확률은 0입니다.

▲ 링크가 있는 모든 사용자에게 공개

링크를 복사하여 카톡이나 문자로 보낼 수 있으나 주소가 너무 길기 때문에 단축 URL을 만드는 서비스를 이용하여 간단하게 보내면 편리합니다. 하지만 bit.ly(비틀리)로 시작하는 주소를 의심하는 사람들이 많기 때문에 링크를 클릭하지 않을 수도 있습니다.

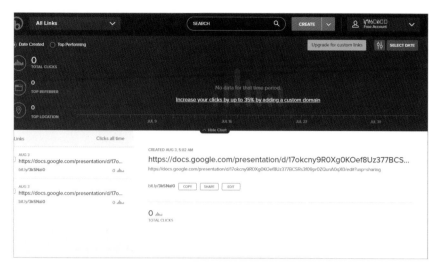

▲ 단축 URL 서비스 bit.ly로 긴 URL을 짧게 만들기

위의 문서의 공개된 주소는 다음과 같은데 끝에 부분에서 'edit'로 시작하는 부분을 'present'로만 변경하면
프리젠테이션 모드로 보여주기 때문에 화면을 더 크게 보여줄 수 있습니다.

https://docs.google.com/presentation/d/17okcny9R0Xg0KOef8Uz377BCSRs3f09pr0ZQunA0qX0/edit?usp=sharing

https://docs.google.com/presentation/d/17okcny9R0Xg0KOef8Uz377BCSRs3f09pr0ZQunA0qX0/present

시크릿 브라우저(Ctrl + Shift + N)를 열고 해당 링크의 주소를 복사해서 화면이 잘 보이는지 확인합니다.

▲ 일반 사용자로 가정한 시크릿 브라우저에서 조회 확인

7.3.3 동영상 플레이 리스트

YouTube 영상도 브라우저만 있으면 볼 수 있고, Google 프레젠테이션도 별도의 SW 없이 브라우저에서 잘 보이기 때문에 슬라이드에 YouTube 영상을 넣으면 슬라이드에서 YouTube 영상을 볼 수 있습니다. 또한 Drive나 다른 동영상 플랫폼의 링크도 입력할 수 있습니다.

YouTube 영상은 URL만 아는 사람만 이용할 수 있도록 '일부공개'로 설정하면 외부 공개도 막을 수 있습니다. 검색에서도 나오지 않습니다. Google Drive를 이용하면 다운로드 등도 제어할 수 있으나 인터넷을 통한 디지털 콘텐츠는 근본적으로 유출을 막을 수 없다는 점은 기억하세요.

▶ 영상 콘텐츠 관리 방법

YouTube 플랫폼 이용	Google Drive 이용
• 용량에 상관없이 대량의 영상 업로드 가능 • 동영상 섬네일 업로드 가능 • 재생목록 관리 가능	• 회사 드라이브에 영상 이용 • 다운로드 방지 제어 • 폴더별 동영상 관리

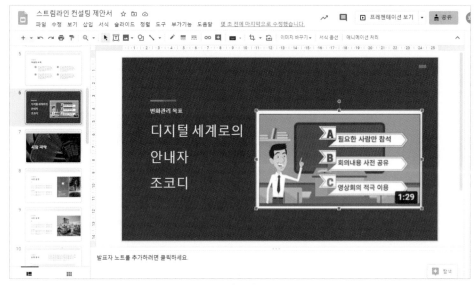

▲ Slide에 동영상 넣기

🎞️ 광고 없이 YouTube를 시청하는 꿀팁

광고 없이 동영상을 시청하기 위해서는 YouTube Premium에 가입해야 하지만, 슬라이드에 동영상을 넣어서 보면 광고 없이 볼 수 있습니다.

7.3.4 자동으로 문서 만들기

Google 프레젠테이션 API를 이용하면 슬라이드 문서를 간단하게 만들 수 있습니다. 템플릿을 지정하면 다양한 언어(Java, C, 파이썬 등)에서 문서를 자동으로 생성해줍니다. 각종 리포팅 자료를 자동으로 만들고 만든 다음에 이메일로 알림을 보내면 수작업 없이도 고품질의 보고서를 자동으로 생성하고 전달합니다.

점점 사람이 만드는 문서보다 기계나 AI가 만드는 문서가 많아질 것입니다. 회사의 다양한 분야에 활용할 수 있습니다.

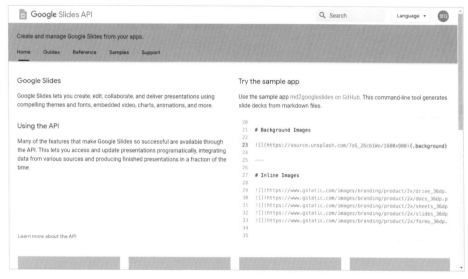

▲ Google Slides API

7.4 재택근무 활용 방법

7.4.1 파워포인트 없이 문서 작성 업무

회사 PC의 경우에는 라이선스가 있는 MS 파워포인트를 사용하겠지만, 집의 경우에는 파워포인트 라이선스가 없는 경우가 많습니다. 그렇다고 클라우드 버전인 M365(구 Office 365)를 구독해서 사용해야 하는데, 많이 사용하지 않는 사용자의 경우에는 갈등이 생깁니다. MS 파워포인트 없이 크롬 브라우저에서 간단하게 미리보기를 해서 보거나 직접 작성할 때 Google 프레젠테이션을 이용해서 작업이 가능합니다. 혹시 MS 파워포인트의 특수한 경우를 사용할 경우에는 100% 변환이 안 될 수 있으니 테스트 후 사용하시기 바랍니다.

▲ MS의 Office 365

7.4.2 디지털 사이니지

디지털 사이니지(Digital Signage)는 디지털 기술이 발달하며 등장한 디지털 미디어의 결정체입니다. 회사에서는 광고, 회사문화 변경, 신제도 안내, 생일 축하 등 다양한 용도로 사용할 수 있습니다. 과거에는 대형 모니터는 가격이 비싸서 디지털을 볼 수 있는 모니터 구입이 어려웠지만 이제는 55인치 풀 HD TV도 인터넷에서 30만원도 안되는 가격에 구입할 수 있을 정도로 가격이 저렴해졌습니다. 거치대까지 구입해도 부담이 되지 않는 가격입니다.

▲ LG전자에서 만든 디지털 사이니지

회사 외부에서는 다양한 매체의 홍수 속에 멀티미디어를 통해서 정보를 습득하고 커뮤니케이션 하는데 회사에만 출근하면 다시 아날로그 인간으로 변신합니다. 밖에서는 인스타, 페이스북 DM, 신규 서비스를 이용하던 김대리는 회사만 오면 카톡에 회사 메신저와 이메일로만 일을 합니다. 부장의 심부름으로 팩스를 보내기도 합니다.

이제는 새로운 콘텐츠는 다양한 매체를 통해서 소통되고 생성됩니다. 특히 요즘에는 최신 업데이트 되는 정보는 YouTube에 집중되고 있습니다. 그러기 때문에 회사에서 무선 이어폰 끼고 있어도 괜찮습니다. 음악을 들을 수도 있지만, 그것은 업무시간에 신뢰문제이지 그 자체로는 미래의 디지털 회사에서는 당연한 일상이 될 것입니다.

회사 복도나 프로젝트팀 룸, 사장님 사무실 등 다양한 장소에서 디지털 정보를 지속적으로 유통될 수 있습니다. 가장 저렴하게 할 수 있는 방법은 Google 크롬비트를 HDMI로 연결해서 회사 총무팀에서 세팅하면 간단하게 할 수 있습니다.

▲ 크롬비트(Chromebit)를 모니터에 부착한 모습

7.4.3 템플릿 이용

프레젠테이션 작성 시에는 간단하고 심플한 템플릿으로 작성 시간을 줄이려고 하는 기업도 많지만 외부에 전달하는 경우에는 오히려 전문 디자이너를 투입하여 아름답고 체계화된 문서를 작성합니다. Google 프레젠테이션의 경우에는 대부분 해당 문서가 PC나 스마트폰 브라우저에서만 소비되고 출력되지 않기 때문에 출력용보다는 작업의 시간을 줄일 수 있습니다. 또한 Google 프레젠테이션이나 파워포인트용 전문 템플릿 판매하는 사이트가 많고 품질도 좋기 때문에 무료 또는 적은 비용으로 고품질의 문서 작성이 쉬워졌습니다.

최근의 템플릿에는 과거처럼 다양한 형태의 슬라이드만 제공해주지 않고 프로세스까지 전달하기 때문에 가급적 해당 템플릿의 슬라이드를 삭제, 이동 등 변경하거나 수정하지 말고 글씨만 변경해서 작성하면 더 전문적인 문서를 만들 수 있습니다.

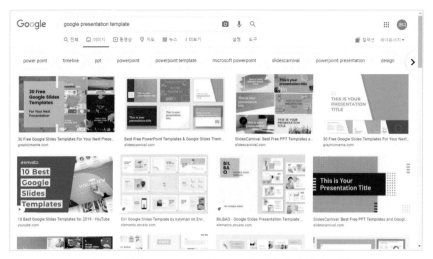
▲ Google에서 'google presentation template' 검색 시 이미지 내용

회사에서 많이 사용하는 템플릿을 등록하면 직원들이 템플릿 걱정 없이 쉽게 사용해서 생산성을 올릴 수 있습니다.

▲ 회사 템플릿 등록

7.4.4 회사 제안서 저장소

제안서를 많이 작성하는 회사에서는 매번 변경 사항 때문에 자료를 업데이트를 하는 데 시간이 많이 필요합니다. 한 장이라면 숫자 몇 개, 글자 몇 개 맞성하면 되기만 페이지가 많아지면 일일이 총무팀, 회계팀 등에 연락해서 관련 자료 받고 정리하는 것도 쉽지 않습니다. 회사 차원에서 문서관리시스템을 구축하여 기능을 제공할 수 있지만, 간단하게 Google Drive와 프레젠테이션 기능을 이용하면 오히려 고가의 시스템보다 더 좋은 성과를 낼 수 있습니다. 또한 Google G Suite의 다양한 문서 API를 이용한다면 스프레드시트의 데이터도 프레젠테이션으로 쉽게 만들 수 있어서 자료의 업데이트를 자동화할 수 있습니다.

회사의 기준 데이터나 중요 데이터의 슬라이드를 해당 부서에서 소유권을 가지고 관리합니다. 콘텐츠를 관리한다는 의미는 권한을 관리하고 업데이트를 진행하며 댓글로 질의를 하면 답변을 한다는 의미입니다.

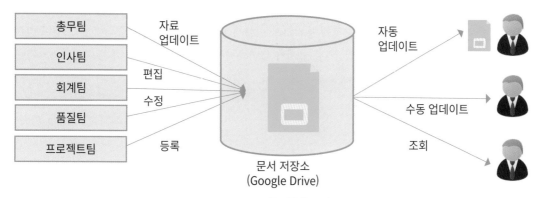

▲ Google Drive를 이용한 문서 버전 관리

Google 프레젠테이션에서 원본 슬라이드를 복사해서 해당 위치에 붙여넣습니다. 이때 붙여넣기 옵션 중 '연결 및 원본 스타일 유지'를 선택해서 해당 슬라이드가 원본과 연결을 해 놓습니다. 원본 슬라이드 변경이 있으면 변경 사항이 있다는 것을 표시하고 사용자가 확인한 후에 자신의 프레젠테이션을 업데이트할 수 있습니다.

▲ 슬라이드 복사해서 연결하기

7.4.5 프로젝트 대시보드

Google 프레젠테이션에는 프레젠테이션 자동진행 기능이 있습니다. 또한 화면 전환 효과를 이용하면 사라지기, 흐려지기, 정육면체, 갤러리 등 다양한 화면 전환 효과를 만들 수 있습니다. 이런 기능을 이용해서 프로젝트 대시보드를 만들고 이 페이지를 프레젠테이션 모드로 이용하면 고가의 대시보드 시스템 대용으로 저렴하게 만들 수 있습니다. 앞에서 소개했던 55인치 TV와 크롬비트를 이용하면 더 간단한 시스템도 구성할 수 있고, 회사 전체 TV에 동시에 프로젝트 대시보드 또는 대표님 인사 등 다양하게 활용할 수 있습니다. 이제는 시스템을 구축해서 사용하는 것이 아니고 다양한 클라우드 서비스를 잘 조합해서 회사에 맞게 구성해서 사용하는 방법을 사용해야 합니다. 비용도 적게 투자하고 변화에 빠르게 변화할 수 있습니다. 시스템이 필요하면 오늘 사용료를 내고 사용하면 됩니다. 개발 업체가 들어와서 요구사항 정리하고 개발하고 테스트하면 적어도 3~4개월 6개월은 흘러갑니다. 그때가 되면 다른 요구 사항이 생기든지 트렌드에 안 맞을 수 있습니다. 그만큼 기술 속도도 빠르고 업무 환경도 변화를 예측하기 어렵습니다.

▲ 슬라이드 프레젠테이션 모드에서 자동으로 전환 효과

7.5 사용 능력 체크리스트

자신이 어느 정도 사용하는지 체크하는 사용 능력 체크리스트입니다. 다양한 기능을 확인하고, 자신의 업무에 필요한 기능은 웹, YouTube, 도서 참고 페이지를 통해 사용법을 확인하세요.

초급	중급	고급
• 오프라인으로 저장된 드라이브 파일에 액세스하기 • 드라이브 파일 및 폴더의 변경 사항보기 • 내 파일의 다른 버전으로 전환하기 • 파일의 '사본 만들기' 링크 공유하기 • 파일의 PDF 버전 링크 공유하기 • Microsoft Office 파일로 작업하기 • 단축키를 사용하여 새 파일 만들기	• 이미지 추가 및 수정하기 • 문서 템플릿 만들기 • 파일에 순서도 및 다이어그램 추가하기 • 차트 삽입 및 수정하기 • 화상 회의 중 발표하기 • 여러 사용자의 권한 관리하기 • 공동작업자에게 이메일 보내기 • 공유 파일을 최종 파일로 표시하기 • 드라이브 파일의 공유 옵션 제한하기 • 파일 액세스 권한의 만료일 설정하기 • 파일 소유권 이전하기	• 프레젠테이션 중에 참석자의 Q&A 열기 • 다른 프레젠테이션에서 테마 가져오기 • 프레젠테이션에 추천 콘텐츠 가져오기 • 표의 행 및 열을 균등하게 맞추기 • 부가기능 및 스크립트로 더 많은 작업하기 • 클래식으로 파일 공유하기 • 파일을 웹페이지로 게시하기

CHAPTER. 08

Google 설문지

☆ →] ☁

8.1 Google 설문지 개요

8.1.1 개념

휴대기기 또는 웹 브라우저에서 양식 및 퀴즈를 만들고, 수정하고, 업데이트해서 간편하게 설문지를 만들 수 있습니다. Google 설문지를 사용하면 이벤트 등록을 관리하고 간단한 설문조사를 만드는 등 다양한 작업을 쉽게 할 수 있습니다. 과거에 종이로 출력해서 전달하던 설문 방식이나 비용을 내는 전문 설문조사업체 없이도 사용자에게 설문을 쉽게 전달하고 응답을 실시간으로 확인할 수 있습니다.

학교에서는 학생들 가정통신문 등으로 사용해서 학부모에게 바로 전달할 수 있고, 학부모도 별도의 SW 설치 없이 스마트폰으로 바로 조사에 응답하거나 설문에 참여할 수 있습니다. 퀴즈 문제로 만들면 간단한 쪽지시험에 응용할 수 있습니다. 실시간으로 응답 내용이 보여지고 결과는 예쁜 그래프로 자동으로 만들어집니다.

▲ Google Forms

8.1.2 설명

목적	• 다양한 설문을 빠르고 효과적으로 진행 • 퀴즈로 전환하여 쪽지시험 등으로 활용 가능	개념	• 모든 사람이 참여하는 설문지 • 점수를 확인할 수 있는 간단한 퀴즈

제공 버전	• G Suite 모든 버전
	  (Basic, Business, Enterprise,Education,
	  Nonprofit)
	• 개인 버전
		제공	• 기본 템플릿 제공
			• 설문 및 퀴즈 형태 제공
			• 설문 작성 시 설문 내용에 따라 항목 자동 제시

활용 방법	• 각종 설문 및 결과 자동 정리 • 퀴즈 이용	경쟁 제품/ 서비스	기타 설문지 서비스
사용 용도	• 회사 내 설문 • 각종 신청 프로세스 대체 • 퀴즈를 이용한 교육 평가	URL	• Forms.google.com • Forms.new • 앱 사용
limit	No limits		

8.1.3 UI

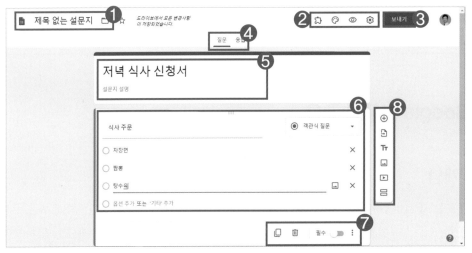

▲ Google 설문지 UI

❶ **설문지 제목**: 설문지 제목(Drive 저장)

❷ **부가기능, 설정**: 부가기능, 테마, 미리보기, 설정

❸ **보내기**: 다양한 방법으로 보내기, 이메일, HTML, 링크

❹ **질문과 응답 확인**: 질문 내용과 응답 내용 확인

❺ **설문 설명**: 설문의 내용을 설명

❻ **설문 항목**: 여러 개의 설문 항목 내용

❼ **항목 관리**: 삭제, 복사, 필수 여부 설정

❽ **설문 응답 삽입**: 설문의 다양한 항목 선택

8.1.4 메뉴/주요 기능

▲ Google 설문지 다양한 설문 항목

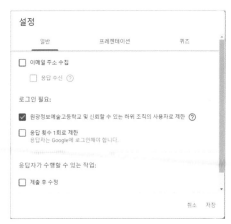

▲ Google 설문지 설정 화면

Google 설문지의 설문 항목

항목	설명	사용 방법
설문	설문 작성	다양한 설문 내용 작성
답변	답변내용 확인	필수, 선택
질문 가져오기	다른 설문지 질문 가져오기	권한이 있는 설문지 선택
설명추가	텍스트, 이미지, 동영상 추가	설명하기 위한 콘텐츠 선택
단락 나누기	조건에 따른 분기형	분기 및 항목별 이용
꾸미기	배경 및 색상 선택, 글꼴	
미리보기	실제로 보이는 내용 확인	
설정	일반, 프레젠테이션, 퀴즈 구성	이메일 수집 여부,횟수, 수정 여부 결정

Google 설문지의 설정 화면

항목	설명	사용 방법
일반 프레젠테이션	이메일 주소 수집	응답 수신
	로그인 필요	도메인 사용자에 제한함
	응답 횟수 1회로 제한	응답자는 Google에 로그인
	제출 후 수정	
	진행률 표시줄 표시하기	
	질문 순서 무작위로 섞기	
	다른 응답을 제출할 링크 표시	
	확인 메시지	응답이 완료될 때 표시 메시지
퀴즈로 만들기	질문에 점수 값을 할당하고 자동채점을 허용	설문에 정답 및 점수 부과
	Chromebook의 잠금 모드	퀴즈를 푸는 동안 탭 또는 다른 애플리케이션을 열 수 없음
성적 공개	제출 후 바로 공개	
	직접 검토 후 공개	이메일 컬렉션 사용
	응답자가 볼 수 있는 항목	틀린 문제, 정답, 점수

8.1.5 환경 설정/고려 사항

Google 설문지는 스마트폰으로도 원하는 설문 조사를 할 수 있기 때문에, G Suite는 사용하지 않아도 많이 사용하는 킬러 서비스입니다. 설문을 종이로 한다면 준비하고 배포하고 다시 수거해서 기록하는 일 자체가 시간이 많이 걸리지만, 이렇게 온라인 상에서 설문지를 이용하면 간단하게 원하는 내용을 수집할 수 있고, 결과도 실시간으로 확인할 수 있습니다.

설문지는 설문 외에도 다른 사람의 요구사항을 수집할 때도 사용할 수 있습니다. 회사의 물품이나 장비 신청 시에 결재 시스템을 이용하지 말고 간단하게 설문지로 이용하면 업무 프로세스도 간단해지고 변화에도 빠르게 대응할 수 있습니다.

8.1.6 사용 절차

Google 설문지를 사용하는 절차는 다음과 같습니다. 업무에 따라서 참고만 하세요. 본 내용은 업무에 미숙한 사용자를 위한 내용입니다. 이미 잘 사용하는 숙달자는 사용하는 방식으로 이용하시고 아래 내용은 참고만 해주세요.

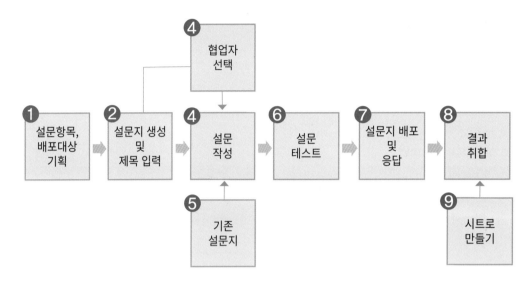

❶ **대상 정하고, 기획하기**: 누구에게 어떤 설문할지 결정

❷ **설문지 생성 및 제목**: 제목, 폴더, 템플릿 이용 결정

❸ **설문 작성**: 설문 내용 작성(응답 항목 이용)

❹ **협업자 선택(선택)**: 함께 작성할 협업자 선택

❺ **기존 설문지 이용(선택)**: 기존 설문지에서 가져오기

❻ **설문 테스트**: 미리보기로 계획대로 설문되는지 확인(PC, 스마트폰)

❼ **설문 배포 및 응답**: 권한 부여 후 설문 배포

❽ **응답 결과 취합**: 응답 결과를 취합

❾ **시트로 만들기**: 별도의 시트로 결과 가져오기

8.2 Google 설문지 시작하기

새 설문지 만들기	• 새로운 설문지를 만듭니다. • 템플릿 이용
퀴즈만들기	설문지를 퀴즈 형태로 만들기
전달 및 결과 확인	설문지를 전달하고 응답을 확인

8.2.1 설문 만들기

 조코디의 YouTube 강좌

새로운 Google 설문지를 만드는 3가지 방법
▶ https://bit.ly/CSC-C06

자료를 수집하기 위하여 조사를 하거나 다른 사람의 의견을 구할 때 설문에 사용할 설문지를 만들어서 배포하고, 응답이 기록된 설문지를 회수하여 응답을 기록하여 분석합니다. 출력을 해서 보내야 하고 회수한 결과의 기록을 다시 정리해서 분석을 하는 데에는 시간이 많이 걸립니다. 만약에 잘못된 설문이 있거나 빠진 내용이 있다면 다시 설문을 해야 하는 황당한 일도 발생합니다.

Google Forms를 이용하면 설문을 간단하게 할 수 있고 결과 취합이나 분석도 바로 할 수가 있습니다. 다양한 설문 및 설문 체크, 조건에 따른 설문지 이동도 가능합니다. PC나 스마트폰 모두 할 수 있고, 번거로운 사진 파일 수집도 할 수 있습니다. 설문은 또한 퀴즈로도 사용할 수 있습니다. 설문과 퀴즈의 차이점은 정답이 있느냐 없느냐의 차이입니다. 퀴즈를 풀면 바로 점수를 볼 수 있고, 틀린 문제도 확인이 가능합니다. Google Chromebook을 이용[3] 한다면 퀴즈 모드에서는 다른 브라우저를 열거나 다른 애플리케이션 실행을 모두 제어할 수 있습니다. 시험만 볼 수 있도록 통제할 수 있습니다.

8.2.2 응답에 따른 분류

설문지 설계를 할 때 다른 응답에 따라 다른 설문을 진행할 경우가 있습니다. 내부 식당을 자주 이용하는 사람은 내부 식당에 대한 만족도를 확인하고 외부에서 식사를 하는 경우에는 내부 식당의 문제점에 대한 조사를 진행하면 효과적입니다. 이런 경우에는 '1번에 응답한 사람은 다음 페이지로 이동하세요' 와 같은 방법을 지원합니다. 또한 종이 설문지에서는 할 수 없던 설문 내용 랜덤하게 섞는 기능은 사용자의 응답이 패턴화되지 않게 도와줍니다.

8.2.3 스마트폰 응답

누구나 손에 가지고 있는 스마트폰을 이용하면 쉽게 설문 응답을 할 수 있습니다. 전화 번호로 문자를 보낼 수 있고, 회사 직원일 경우에는 회사 메일에 첨부해서 보내면 빠른 응답이 가능합니다. 스마트폰이나 PC로 진행을 하더라도 이메일 수집을 하지 않는다면 누가 했는지 아무도 확인할 수 없는 익명성을 제공합니다.

---

3   Chrome Management Console 라이선스 필요

8.2.4 퀴즈

회사에서는 학교처럼 퀴즈시험을 볼 일은 없겠지만, 간단한 시험에도 사용할 수 있습니다. 회사에서 스터디 모임을 한다면 돌아가면서 퀴즈를 만들고 퀴즈를 내보세요. 신입사원에게 하는 OJT 교육에서 사용하면 교육의 긴장감도 있고 점수도 바로 확인할 수 있습니다.

8.2.5 설문 재사용하기

기본에 만든 설문 항목이 있다면 이를 다른 설문지에서 재활용할 수 있습니다. 설문 항목을 매번 만들지 말고 표준 설문지를 만들면 쉽게 불러와서 사용할 수 있습니다. 신입사원 퀴즈 OJT용도 인사담당자가 퀴즈를 100개 만들어 놓으면 매년 업데이트로 관리만 하고 문제 은행처럼 회사의 업무에 대해서 퀴즈로 사용할 수 있습니다.

8.3 Google 설문지 기능 소개

8.3.1 설문 만들기

설문지를 만드는 방법은 설문지 홈페이지(forms.google.com)나 드라이브에서 만들 수 있고, new URL을 이용하여 forms.new를 입력해서 바로 설문지를 만들 수 있습니다. Google에서 제공하는 다양한 템플릿을 확인하세요. 다양한 설문지와 인사이트를 얻을 수 있습니다.

▲ Google 설문지의 다양한 템플릿

설문지를 새로 만들면 제목을 제일 먼저 작성합니다. 제목을 입력할 때에는 키워드와 검색 시 사용할 단어를 이용해서 작성합니다.

▲ 설문지의 테마 색 적용

설문 항목에 사용할 수 있는 항목을 확인해보세요. 전문적인 설문 서비스와 비교해도 부족하지 않습니다.

설문 항목	설명	사용 방법
단답형	간단한 질문에 대한 단어 또는 짧은 문장 답변	단답형을 선택
장문형	서술식으로 평가 및 느낌에 대한 작성 요청	장문형 선택
객관식 질문	선택할 수 있는 항목을 제시하고 선택	추가하려는 항목을 제시
체크박스	항목에 대한 선택 여부	체크박스로 표시. 여러 개 선택 가능
드롭다운	여러 개 항목 중에 하나 선택 시	포함되는 항목을 표시할 때
파일 업로드	사용자의 파일을 업로드해야 할 때	사용자 로그인이 필요
직선 단계	5점 척도, 7점 척도 등	끝 부분의 설명으로 점수화
객관식 그리드	여러 개 항목에 대한 직선 단계 선택	동일한 항목들의 점수화
체크박스 그리드	여러 개 항목에 대한 선택 여부	동일한 항목들의 선택/비선택
날짜	날짜 선택	달력 제시
시간	시간 선택	시계 제시

설문지를 정확하게 작성하기 위해서는 자세한 안내와 내용 전달이 필요합니다. 설문지에 내용 작성, 그림, 동영상 등 다양한 내용을 추가할 수 있고, 설문지와 맞는 머리글을 선택하여 사용자가 설문에 적극적으로 참여할 수 있도록 동기 부여를 합니다. 머리글에 사용되는 이미지는 PC에 가지고 있는 사진으로 직접 업로드할 수 있습니다.

▲ 설문지 테마 설정하기

설문 내용이 많고 복잡할 경우에는 협업자와 함께 설문을 작성합니다. 설문지 리뷰를 할 경우에는 전문적으로 설문지를 작성해본 사람과 협업하는 것이 중요합니다. 설문이 끝났는데 원하는 결과가 나오지 않거나 잘못 설계되어 설문 결과를 사용하지 못하는 경우도 발생합니다. 통계 분석을 목적으로 한다면 전문적인 통계 기술자와 상의해야 합니다.

설문지의 공동작업자를 추가하려면 설문지 상단의 '더보기' 아이콘(⋮) – 공동작업자 추가(👥)를 클릭하고 대상을 선택합니다.

▲ 설문지 공동작업자 추가

설문지의 공동작업자는 드라이브에서도 추가할 수 있습니다. 설문 항목을 작성이 완료되면 이제 실제로 어떻게 보이는지 동작은 계획했던 것처럼 설문이 되는지 확인합니다.설문지 상단의 '미리보기' 아이콘(👁)을 클릭합니다.

미리보기 및 설문지 분기, 필수 항목, 숫자, 글자 제한 등 다양한 설문지 내용을 확인할 수 있습니다. 또한 설문된 결과도 확인해서 미리 오류를 찾아내고 설문 응답자의 입장에서 확인해볼 수 있습니다.

▲ 설문 작성 후 미리보기로 확인

이제 테스트도 완료되어 정확하게 동작한다면 설문지 응답할 대상자들에게 전달합니다. 이메일, 링크, HTML 등 다양한 전달 방법을 지원하고, 페이스북이나 트위터 등의 SNS에도 바로 등록할 수 있습니다.

▲ 다양한 방법으로 설문자에게 설문지 보내기

설문지를 바로 만들고 싶을 때는 forms.new를 브라우저에 입력하여 설문 항목을 작성할 수 있습니다.

TIP ✎ **설문 보내기 전에 테스트하기**

설문을 보내고 응답이 안되는 상황을 피하기 위해서는 설문지를 보내기 전에 이상 여부를 꼭 확인 해야 합니다. 가장 간단한 확인 방법은 시크릿 브라우저를 이용하는 방법입니다. 단축키를 이용하여 시크릿 브라우저를 열고 여기에 링크를 붙여 넣어서 링크가 연결이 잘 되는지 확인하세요. 시크릿 브라우저는 단축키 Ctrl + Shift + N입니다.

▲ 시크릿 브라우저를 이용하여 사전 설문 테스트하기 1

▲ 시크릿 브라우저를 이용하여 사전 설문 테스트하기 2

응답을 더 이상 받고 싶지 않을 경우에는 응답 받기를 비활성화시킵니다.

▲ 설문 중지하기

8.3.2 응답 확인

응답자가 응답한 내용이 스프레드시트나 엑셀로 정리가 되어도 데이터를 분석하는 것은 항상 어렵습니다. Google 설문지에서는 설문의 응답 내용을 자동으로 분석해서 다양한 그래프를 제공해줍니다.

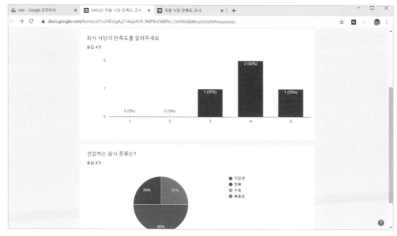

▲ 설문 결과 확인하기

그래프를 다른 보고서에 활용할 때는 그래프 우측의 자료복사 아이콘()을 클릭해서 쉽게 복사할 수 있습니다. Google 문서나 프레젠테이션에 복사해서 보고할 수 있고, 회사 벽면 큰 모니터에 응답을 실시간으로 보여줄 수 있습니다.

Google에서 제공해주는 결과 그래프를 변경하거나 더 많은 분석을 할 경우에는 응답을 별도의 스프레드시트로 만들어서 다양한 분석을 할 수 있습니다. 스프레드시트로 만들기를 하여 데이터를 스프레드시트에서 확인할 수 있습니다. 새로운 응답이 들어오면 자동으로 업데이트가 됩니다.

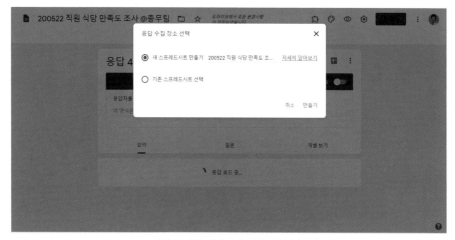

▲ 설문 결과를 새 스프레드시트에 저장하기

스프레드시트에서 조건부서식, 데이터 기초통계, 관련 그래프, 피벗 테이블 등 다양한 분석이 가능합니다.

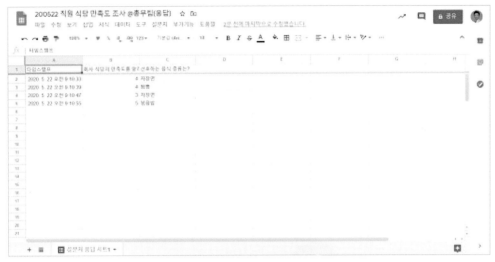

▲ 새 스프레드시트에서 설문 결과 분석하기

8.3.3 퀴즈 만들기

회사에서는 퀴즈를 만들어야 하는 일은 별로 없지만, 최근에 원격수업을 하고 있는 초·중·고 선생님들은 많이 사용하는 기능입니다. 문제를 퀴즈로 만들어서 학생들에게 전달하고 학생은 퀴즈를 풀어서 제출합니다. 간단한 쪽지시험, 출석체크, 복습용으로 많이 사용하고 있습니다.

만든 설문을 퀴즈로 만드는 방법은 간단합니다. 설문지 상단의 설정 아이콘(⚙)을 클릭한 후 설정창에서 '퀴즈로 만들기'를 활성화해 설문지를 퀴즈로 만듭니다.

▲ 설문을 퀴즈로 만들기

만든 설문지를 퀴즈로 만들었으면 퀴즈의 정답과 점수를 정합니다.

▲ 퀴즈로 만든 설문 문제 설정

문제가 많을 경우에는 맞은 점수가 합산되어 마지막에 사용자에게 알려줍니다. 또한 응답자의 점수는 관리자 응답 화면에서도 확인을 할 수 있습니다. 기록된 점수를 이용할 수 있습니다.

주관식이나 서술식 문제의 경우에는 글자가 일치해야 하기 때문에 객관식을 이용하는 것이 좋습니다. 신입사원이 입사하면 설명을 하고 간단한 퀴즈로 이해 정도를 평가해보면 좋겠습니다.

8.4 재택근무 활용 방법

8.4.1 반복적인 보고

출근이나 퇴근 보고 또는 정기적인 간단한 보고 등에 사용할 수 있습니다. 기록으로 남겨지면 타임 스탬프가 찍히기 때문에 정확한 시간을 관리할 수 있습니다. 한 대학교에서는 교생 실습을 선착순으로 받을 때 구글 설문지를 이용하여 정확한 순위를 기록하여 공개했다고 합니다. 간편한 기록을 남길 때 사용할 수 있습니다.

8.4.2 회사 신청서

업무에 필요한 물품 및 재료 등의 접수 및 처리를 위한 신청 양식을 제공할 수 있습니다. 회사에서는 기안을 작성하고 출력을 해서 결제를 하든지 아니면 결제시스템을 이용해서 결제를 했지만, 신청 내용을 다시 정리해야 하고 불필요한 중간 과정이 많습니다. 권한을 가진 직원이 설문지 신청 양식을 만들어서 바로 처리한다면 불필요한 시간 낭비를 줄일 수 있습니다.

▲ Google 설문지를 주문 양식으로 사용하기

회사 내부의 다양한 작업을 요청 시에도 사용할 수 있습니다.

8.4.3 프로젝트 종료 후 직원 평가

재택근무에서는 업무 성과가 철저히 개인이 진행한 업무 평가로 진행이 됩니다. 회사에서의 업무 평가는 팀장이나 책임자의 인간적인 평가가 반영될 수 있었지만, 재택근무로 이러한 인간 관계가 적어지면서 일 중심의 평가가 진행됩니다.

협업이 활성화되기 위해서는 팀이나 회사의 공동체 의식을 가져야 하고
도움을 요청하는 팀원의 부탁에 적극적으로 협력해야 합니다.

8.4.4 OJT 교육 후 평가

재택근무가 계속되면 신입사원도 웹캠으로 만날 수가 있고, 웹상에서 원격교육을 진행할 수 있습니다. 최근에 초·중·고 학생들 수업하듯이 Google Meet에서 설명하고 업무 방법을 알려줄 것입니다. 신입직원이 내용을 파악했는지 옆에서 있으면 바로 알 수 있지만, 인터넷에서는 긴장을 표현하거나 질문하기가 어렵습니다. 간단하게 퀴즈를 만들어서 신입직원에게 긴장감도 주고 중요한 내용을 다시 한번 더 복습할 수 있습니다.

8.5 사용 능력 체크리스트

자신이 어느 정도 사용하는지 체크하는 사용 능력 체크리스트입니다. 다양한 기능을 확인하고, 자신의 업무에 필요한 기능은 웹, YouTube, 도서 참고 페이지를 통해 사용법을 확인하세요.

초급	중급	고급
• 단축키를 사용하여 새 파일 만들기 • 양식 또는 퀴즈 복사 • 문서 템플릿 만들기 • 긴 양식의 섹션 나누기 • 양식 확인 메시지 변경	• 여러 사용자와 콘텐츠 공유하기 • 응답자가 제출한 설문 조사 응답을 수정하도록 허용 • 질문 및 답변 순서 무작위 지정 • 미리 작성된 답변을 채워 양식 보내기 • 설문지 응답자의 첨부파일 받기	• 사이트에 양식 및 설문조사 추가 • 응답에 관한 새 응답이 있는 경우 이메일 알림 받기 • 온라인 이벤트 등록 설정 • 답변에 따라 다른 질문 표시하기 • 부가 기능 및 스크립트로 더 많은 작업하기

☑ 체크리스트	체크리스트는 서비스 사용 방법을 습득하기 위해서 단계별로 나눈 리스트입니다. 하나씩 체크하면서 사용법을 배우고 익숙해져 보세요.

확인	구분	항목	예상결과	참고ID
☐	필수	설문지 접속	Google 사이트 설문지 접속	CSC-F01
☐	필수	설문지 생성	새로운 설문지 생성	CSC-F02
☐	선택	템플릿 선택	템플릿에서 선택하여 생성	CSC-F03
☐	필수	설문지 설명	이미지, 동영상, 섹션 추가	CSC-F04
☐	필수	질문 추가	주관식(단답형, 장문형), 객관식, 파일 업로드, 그리드, 날짜, 시간 추가	CSC-F05
☐	선택	질문 가져오기	다른 설문 질문 가져오기	CSC-F06
☐	필수	섹션 이동	답변에 따라서 섹션 이동	CSC-F07
☐	필수	결과 확인하기	설문 결과(응답) 확인하기	CSC-F08
☐	필수	응답 확인하기	스프레드시트에서 확인하기	CSC-F09
☐	선택	설문 URL 만들기	단축 URL로 설문지 주소 만들기	CSC-F10
☐	선택	QR Code 만들기	설문 QR Code 만들기	CSC-F11
☐	선택	설문 응답 권한	외부 응답 가능하게 권한 변경	CSC-F12

CHAPTER. 09

Google 사이트 도구

☆ ➡ ☁

9.1 Google 사이트 도구 개요

9.1.1 개념

누구나 홈페이지는 필요합니다. 자신을 소개하거나 새로운 정보를 알리기 위해서는 꼭 필요합니다. 새로운 사이트 도구(https://sites.google.com)로 쉽게 내부 프로젝트 허브, 팀 사이트, 공공 웹사이트, 학교 온라인 교무실 등을 쉽게 만들 수 있습니다. 홈페이지 제작 시에는 전문적인 디자이너, 프로그래머, IT 담당자가 필요하지만, Google 사이트 도구를 이용하면 혼자서도 쉽게 구축할 수 있습니다. 어디서나 필요한 곳에 콘텐츠를 드래그해서 관리할 수 있습니다. 동영상, 이미지, 일정, 프레젠테이션, 문서, 폴더, 텍스트 등 중요한 모든 정보를 한 곳에서 확인할 수 있는 웹사이트를 만들 수 있으며 회사 전체, 세계 곳곳의 사람과 이러한 정보를 빠르고 안전하게 공유할 수 있습니다.

▲ Google Sites

Google 사이트 도구를 사용하면 다음과 같은 장점이 있습니다.

① 전문적인 지식이 없어서 쉽게 제작하고 유지보수 가능
② 권한에 따라 이용 및 배포 가능
③ 다양한 콘텐츠(문서, 그림, 사진, 지도, 동영상, 음악 파일 등) 추가 가능
④ 다양한 Google 콘텐츠(문서, 드라이브, 캘린더, 그림, 동영상, 지도 등)을 추가

⑤ 원본 문서가 변경되면 자동으로 변경됨(One Source Multi Using)

⑥ PC, 스마트폰 등에 최적화됨(반응형 웹사이트)

⑦ Google 검색 엔진 및 애널리틱스 등록 편리

⑧ 안전한 보안

하지만 전문적인 사이트 도구나 홈페이지 빌더보다 단점도 있습니다. 다음은 일반적인 홈페이지 보다 Google 사이트 도구로 만들었을 때의 부족한 부분입니다.

① 전문적인 디자인

② 특화된 기능 제공

③ 미세한 화면 조정

④ 외부 테마 등의 사용 제한

⑤ 제한적인 HTML 사용 제약

최근에는 PC보다는 스마트폰으로 이용하는 경우가 많기 때문에 새롭게 제작하는 콘텐츠나 홈페이지는 스마트폰으로 집중하는 것이 좋습니다. 이런 이유 때문에 단점들이 특별하게 문제가 되지 않을 수 있습니다.

9.1.2 특징

목적	내부, 외부 홈페이지 만들기. 호스팅 및 관리 제공	개념	누구나 쉽게 만들고 관리하는 홈페이지
제공 버전	• G Suite 모든 버전 (Basic, Business, Enterprise,Education, Nonprofit) • 개인 버전(Gmail.com)	제공	• 웹 버전만 제공 • 기본 템플릿 제공 • 반응형 웹 기능 제공 • 다양한 페이지 레이아웃 제공 • HTML 소스 이용 • Google의 다양한 콘텐츠 삽입 • 제작 시 협업으로 개발
활용 방법	• 도메인 구입 후 연결 • 내/외부 홈페이지 이용	경쟁 제품/ 서비스	Wix , 워드프레스, 네이버 등
사용 용도	• 개인, 단체, 회사의 홈페이지 • 내부용 인트라넷, 지식관리시스템, 업무 시스템 등	URL	• Sites.google.com • sites.new
limit	1. Up to 200,000 characters per page, and up to 1000 pages (max 10 million characters) 2. 가젯(gadget) 확장 프로그램 미지원 3. Google Apps Script 미지원 4. 사용자 정의 CSS를 미지원 5. Google Adsense와 Google Ads 호스팅 불가		

9.1.3 UI

▲ Google 사이트 도구 제작 화면

❶ **사이트 관리**: 미리보기, 사용자 추가, 설정 메뉴
❷ **간편 메뉴**: 해당 항목에 대한 복사, 삭제, 색 지정
❸ **사이트 내용**: 우측의 다양한 항목을 이용하여 사이트 내용 작성
❹ **항목 메뉴**: 삽입, 페이지, 테마
❺ **항목**: 다양한 삽입할 수 있는 항목
❻ **게시**: 작성한 사이트를 외부에 게시

9.1.4 메뉴/주요 기능

메뉴	설명	사용 방법
사이트 생성	새로운 사이트를 생성	새 사이트 도구에서 생성
템플릿 이용	다양한 템플릿을 이용하여 생성	영문에서 사이트 템플릿 제공
사이트 제작	페이지, 구성 항목으로 사이트 꾸기	Google 문서, YouTube, 그림, 글 등 다양한 항목으로 내용 삽입
공유 및 공동 작업	사이트를 함께 작성할 작업자 지정	권한 부여
미리보기, 게시	PC, 패드, 스마트폰에서 보여지는 내용 사전 확인 및 웹에 게시	• 게시내용 비교하여 반영 • 사이트 게시 주소 지정
관리	• 다양한 관리 기능 • Google 애널리틱스 연결	사이트 네비게이션, 브랜드 이미지 등 다양한 세팅

9.1.5 환경 설정/고려 사항

사이트 도구는 웹에 게시하는 홈페이지를 쉽게 만들고 관리할 수 있는 도구입니다. 우리의 정보를 외부에 전달하는 방법은 복잡합니다. 복잡한 홈페이지 도구를 이용하면 세부적인 디자인이나 다양한 기능은 가능하지만 전문적인 지식이 필요하고 관리비용도 많이 소요됩니다.

또한 최근에는 스마트폰을 이용한 접속이 60%가 넘기 때문에 스마트폰을 위한 반응형 페이지도 필요하고, 제작 비용의 상승의 원인이 됩니다.

Google 사이트 도구는 전문적인 사이트 제작 도구인 워드프레스나 기타 도구처럼 디테일하고 다양한 기능을 구현할 수는 없습니다. 하지만 YouTube, Google 문서와 연결하면 정보 전달이 아주 쉽고, 유지관리도 어렵지 않습니다. 또한 스마트폰으로 접속하면 정보를 전달하기에 가장 좋은 콘텐츠는 YouTube와 Google Presentation입니다.

9.1.6 사용 절차

Google 사이트 도구를 사용하는 절차는 다음과 같습니다. 사이트 도구는 홈페이지를 만드는 도구이기 때문에 홈페이지 만든 경험이 없으면 약간은 어려울 수 있습니다. 아래 단계를 따라서 진행하시면 실수를 줄일 수 있습니다.

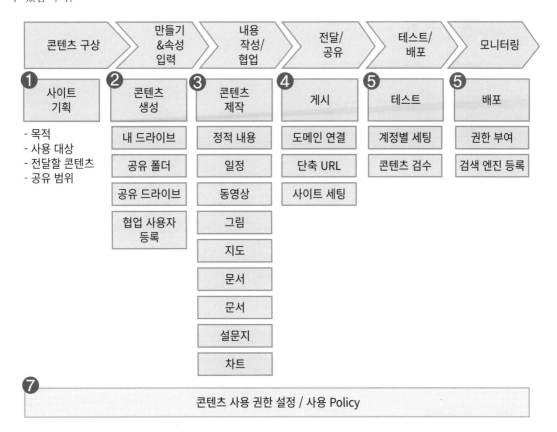

❶ **사이트 기획**: 어떤 사이트를 만들지, 어떤 콘텐츠를 이용해서 정보를 전달할지, 누구에게 전달할지 전반적인 내용을 기획

❷ **콘텐츠 생성**: 필요한 콘텐츠를 필요한 서비스에서 생성

❸ **콘텐츠 제작**: 다양한 콘텐츠를 담당자가 생성 및 권한을 부여하여 사용자에게 제공

❹ **게시**: 웹에 게시하여 브라우저에서 이용(도메인, 단축URL 연결)

❺ **테스트**: 정확하게 구현이 되고 전달이 되는지 확인

❻ **배포**: 권한 부여하여 배포, 검색 엔진 등록

❼ **권한 설정, 사용 Policy**: 사용권한 등록, 콘텐츠 사용 정책

9.2 Google 사이트 도구 시작하기

사이트 만들기	나만의 사이트 만들기
회사 이벤트 페이지	회사의 특정 이벤트 페이지를 만들고 관리
회사, 학교 인트라넷	회사 홈페이지, 인트라넷, 교무실 등 다양한 목적으로 만들기

9.2.1 사이트 만들기

 조코디의 YouTube 강좌

새로운 Google 사이트 도구를 만드는 3가지 방법
▶ https://bit.ly/CSC-C2

'누구나 홈페이지는 필요하죠'라는 광고가 있습니다. 누구나 필요하지만 쉽게 만들지 못하는 것이 홈페이지 입니다. 홈페이지를 하나 만들기 위해서는 웹 기획에서부터 콘셉트를 만들어서 시안 제작하고 사용 환경에 따라 이미지 만들고 그 이미지 다시 잘라서 HTML 작업하고 다양한 디바이스에서 잘 보이는지 확인하고 콘텐츠를 제작하고, 정말 끝도 없이 작업을 해야 합니다. 그래서 대부분 시작은 쉽게 하는데 완성도 있는 홈페이지를 만드는 것은 어렵습니다. 또한 시중에서 홈페이지 전용 서비스들은 전문적인 프로그래밍 없이 하기 때문에 작업의 자유도가 낮고, 원하는 기능을 사용하기 위해서는 처음에는 무료였지만 비용이 발생하게 됩니다.

그렇다고 비싼 비용을 지불하면서 전문 업체에 제작 및 관리를 맡기기에도 부담이 된다면 사이트 도구를 사용하여 직접 제작 및 관리할 수 있습니다.

1. 사이트 도구에 접속하기

브라우저에 로그인되어 있으면 별도의 로그인 과정 없이 URL만 입력하면 바로 Google 사이트 도구 서비스를 이용할 수 있습니다. 과거부터 제공하던 기본 사이트 도구에서도 PC용 사이트 템플릿을 제공하기 때문에 새 사이트 도구에서 제공하는 템플릿과 한번 비교를 해 보는 것을 추천 드립니다.

▶ 기존 사이트 도구와 새 사이트 도구의 비교

기존(classic) 사이트 도구	새(new) 사이트 도구
PC용 웹 브라우저 중심의 사용 → 고정된 크기의 웹 제공	스마트폰 및 다양한 디바이스 이용 시 → 반응형 웹사이트 제공
사용자에 친숙한 오래된 가젯 제공	스마트폰에서 이용하기 좋은 기능 위주
검색 기능 제공	클라우드 검색 기능 제공[4]
내부 자료의 체계적인 제공	스마트폰 중심의 콘텐츠 제공

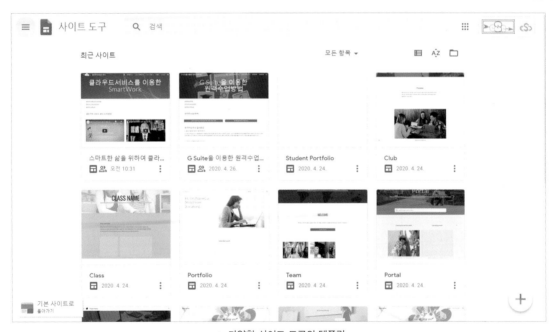

▲ 다양한 사이트 도구의 템플릿

---

4 G Suite for Business, Enterprise에서만 제공

2. 템플릿 이용하기

기존 사이트 도구나 새 사이트 도구 모두 템플릿을 제공합니다. 템플릿을 이용하면 디자인 전문가의 세련된 디자인과 함께 기본적인 항목들에 대한 레이아웃을 이용할 수 있습니다. 템플릿을 확인해보면 어떤 종류의 사이트가 가능한 인사이트를 높일 수 있습니다. 한번 추가된 템플릿을 확인해보세요.

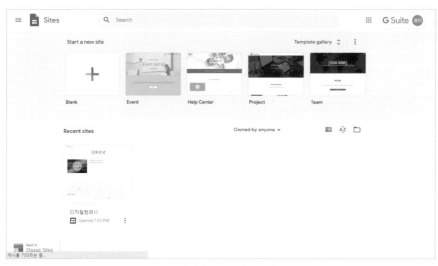

▲ 새 사이트 도구의 템플릿

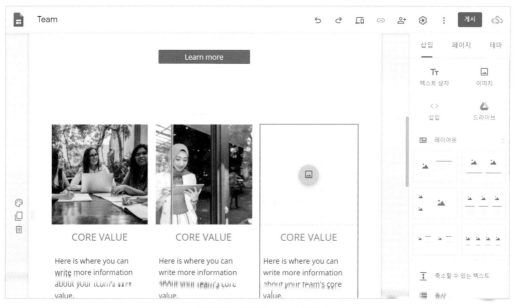

▲ 템플릿을 이용해서 사이트 만들기

1) 사이트 이름 입력하기

사이트 상단의 이름을 입력합니다. 사이트는 드라이브의 특정 폴더에 저장하는 대신에 모두 '내 드라이브' 폴더에 저장됩니다.

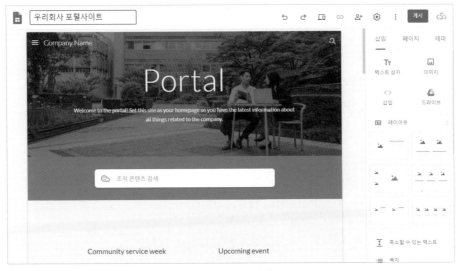

▲ 사이트 이름 입력하기

2) 공동 작성자 지정하기

사이트를 함께 작성할 공동 작성자를 지정합니다. 공동 작성자에게는 '수정 권한' 또는 '게시된 항목을 볼 수 있음' 권한을 줍니다. 같은 작업을 하는 팀원에게는 수정 권한을 주고, 팀장이나 프로젝트 담당 매니저나 임원에게는 게시된 항목을 볼 수 있음 권한을 주면 진행 내용에 대해서 공유하기 좋습니다. 만든 사이트의 소유권을 다른 팀원에게 이전할 수도 있습니다.

▲ 공동 작업자 공유하기

3) 사이트 기획안 작성하기

홈페이지를 만드는 도구를 이용해서 쉽게 작성하더라도 사이트 기획을 하고 작성하는 것을 추천 드립니다. 혼자서 작성하거나 회사에서 작은 사이트라면 굳이 필요는 없겠지만, 기획안을 작성하면 생각이 체계적으로 하게 되어 필요한 부분과 방법에 대해서 생각해 볼 수 있습니다.

3. 사이트 구성하기

사이트를 만드는 것은 생각했던 모습으로 콘텐츠를 만들고 배치하고 사용자가 사용하기 편한 방식으로 사용 방법을 만드는 것입니다. 일반적으로 사이트를 만들 때 가장 시간이 많이 걸리는 부분이고, 경험이 부족해서 새로운 콘텐츠를 만드는 데 어려움을 많이 경험하는 부분입니다. 홈페이지를 만들려고 하는 사람들과 이야기를 해보면 홈페이지는 원하는데 등록할 콘텐츠는 하나도 준비가 안 되어 있는 것을 늘 경험합니다. 지금부터는 글을 쓰고 그림을 그리고 촬영과 녹화를 해서 영상을 만드는 작업을 해야 합니다.

▲ 사이트를 만드는 과정

▲ 홈페이지 기획하기

회사처럼 앞으로 콘텐츠가 생성이 되는 곳이라면 들어갈 콘텐츠 샘플을 만들어서 배치를 하고 향후 콘텐츠가 추가되는 방법을 테스트해야 합니다.

1) 페이지 추가하기

필요한 페이지를 구성합니다. 한 페이지에 모든 내용을 구성하는 것보다는 관련된 내용별로 페이지를 구성하면 관리나 이용이 모두 편합니다. 만든 각각의 페이지는 별도의 URL이 생깁니다. 페이지는 하위 페이지를 구성할 수 있습니다.만든 페이지는 상단의 배치에 따라 메뉴 구성이 됩니다. Mobile에서는 상단 좌측의 줄세 개 메뉴를 클릭하면 메뉴를 확인할 수 있습니다.

▲ 새로운 페이지 추가하기

2) 새 페이지 만들기

- **이름**: 메뉴에 표시되는 이름
- **맞춤 경로**: URL로 구성되는 이름 (예: sites.google.com/jocody.com/portal/notice) 맞춤 경로를 지정하고 해당 URL을 입력하면 해당 페이지로 접속할 수 있는 장점이 있습니다.

3) 콘텐츠 만들기

사이트에 포함되는 콘텐츠는 다양한 포맷을 지원합니다. 최근에는 글보다는 그림이나 동영상을 이용하는 것이 트렌드입니다. 같은 내용도 글보다는 동영상으로 제작하면 스마트폰에서 이용하기 좋습니다. 대부분 사용자가 일반 PC나 노트북 사용보다는 스마트폰을 사용한다고 하면 콘텐츠도 스마트폰용으로 만들어야 합니다.

스마트폰용 콘텐츠는 무엇일까요? 만들고 스마트폰으로 확인해서 정보 전달이 잘되면 스마트폰용입니다. 반대로 글씨가 작아서 안보이거나 내용 전달이 안된다면 다시 만들어야 합니다. 과거의 PPT나 워드 문서의 경우에는 정보 전달이 어렵기 때문에 카드뉴스나 YouTube 영상으로 만드는 것을 추천 드립니다.

구분	방법	비고
문서	Google 문서(Docs, Slide)	페이지 대체용
공지사항	그룹스, Google Currents	리스트 형태
사진 자료	Google 포토	앨범 링크
영상 자료	YouTube	YouTube 삽입
일정	Google 캘린더	• 일정 표시

4) 콘텐츠 배치하기

등록하려는 콘텐츠를 만들었다면 적당한 위치에 배치해야 합니다. 최근에 Google Sites에서는 다양한 레이아웃을 제공하고 있습니다. 적당한 레이아웃을 선택하여 내용을 꾸미면 전문적으로 보입니다.

▲ 콘텐츠 배치하기

5) 업무 프로세스 만들기

업무적 프로세스는 보통 프로그래밍이나 전문적인 기술이 필요하다고 생각하는데 Google G Suite를 살펴보면 이러한 액션을 수행할 수 있는 기능이 있습니다. 바로 Google 설문지입니다. 또한 이메일 보내기 위해서 사용하는 Gmail도 좋은 메시지 도구입니다. 여기에 일정이 필요하다면 Google 캘린더와 연결하면 회사의 다양한 업무를 대체할 수 있습니다. Google G Suite와 같은 클라우드 서비스를 잘 사용하려면 회사에 서비스를 맞추는 것이 아니고 반대로 제공하는 서비스에 회사의 업무를 변경해서 이용해야 합니다.

▶ 업무 프로세스 설계 시 사용할 수 있는 서비스

구분	내용
신청 및 접수	Google 설문지
캠페인 참여	Google 설문지 퀴즈
메시지 서비스	Gmail의 라벨 및 규칙 만들기
일정 관리/ 예약	Google 캘린더
신청서 작성	Google 문서 사본 작성 기능, 템플릿 이용 기능

6) 테스트하기

콘텐츠가 만들어지고 배치가 정해졌으면 이제는 계획한 모습으로 보이는지 테스트를 해야 합니다. 테스트 방법은 상단의 미리보기를 메뉴를 클릭해서 다양한 디바이스에서 어떻게 보이는지 직접 확인해봅니다.

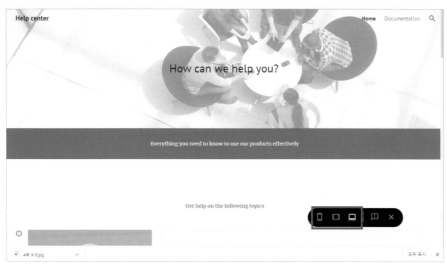

▲ 제작한 사이트 미리보기 (스마트폰, 패드, PC)

4. 게시하기

사이트를 완성했으면 이제 사이트를 누구나 볼 수 있도록 인터넷에 게시합니다. 인터넷에 게시한다는 의미는 작성하는 콘텐츠 및 구성이 인터넷의 HTTP 프로토콜을 이용해서 접근할 수 있다는 의미입니다. 향후에 수정을 하더라도 수정 내용을 다시 게시해야 사용자가 변경된 내용을 확인할 수 있습니다.

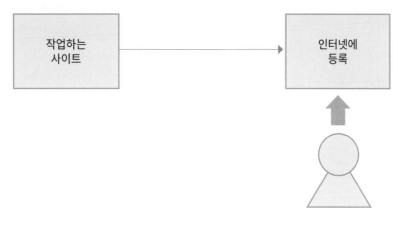

▲ 작성한 사이트를 인터넷에 게시 흐름도

▲ 사이트 게시하기 위한 도메인명 입력

9.3 Google 사이트 도구 기능 소개

9.3.1 사이트 만들기

사이트를 만들기 위해서는 가장 먼저 사이트 기획이 필요합니다. 사이트 기획을 통하여 사이트에 게시할 콘텐츠와 누구와 함께 제작할 것인지 결정합니다. 결정이 되었다면 새로운 콘텐츠를 만들고 사이트를 구성해서 게시합니다.

사이트는 처음에는 템플릿을 사용합니다. 템플릿이 영문 형태로 제작이 되어서 한글이나 우리나라 유행과는 약간 안 맞을 수 있습니다. 여러 가지 템플릿을 확인하고 인사이트를 얻어서 제작하려는 홈페이지를 만듭니다.

홈페이지는 페이지로 구성이 됩니다. 동일한 주제를 페이지로 만들고 세부 페이지 관계로 구성합니다. 스마트폰을 이용한 접속이 많기 때문에 가급적이면 1 단계(Depth) 형태의 페이지 구성을 추천합니다. 회사 인트라넷처럼 대부분의 직원이 PC로만 접속하거나 콘텐츠 성격이 달라서 2 단계로 구성해야 한다면 하위에 페이지를 구성합니다.

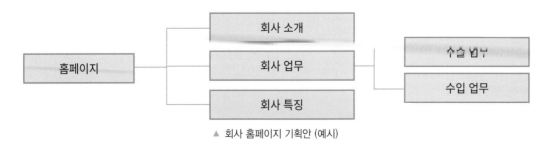

▲ 회사 홈페이지 기획안 (예시)

▲ 다양한 사이트 템플릿 (그림의 템플릿은 언어 설정을 영문으로 전환한 경우에 볼 수 있음)

각각의 페이지를 다양한 레이아웃과 Google 문서, 텍스트, 이미지로 구성할 수 있습니다.

▲ 페이지 구성을 위한 다양한 항목

① **저장된 콘텐츠**: 사이트를 구성하는 기본적인 정보 전달을 위하여 글, 이미지, HTML, 드라이브의 다양한 저장된 콘텐츠를 이용

- **텍스트 상자**: 글자 꾸미기, 문단 정렬, 링크, 폰트, 글머리기호
- **이미지**: 업로드, 이미지 검색, 포토, 드라이브 사용
- **삽입**: URL, 소스 코드 사용
- **드라이브**: Google 드라이브 콘텐츠

② **다양한 레이아웃**: 다양한 레이아웃을 이용하여 콘텐츠를 등록

사이트 도구에 등록 가능한 콘텐츠

③ **다양한 구성 요소**: 다양한 구성 요소를 이용

- **축소할 수 있는 텍스트**: 내용 간략 표시 기능
- **목차**: 콘텐츠 목차 리스트
- **이미지 캐러셀**: 이미지 여러 개를 슬라이드 형태로 조회
- **버튼**: 클릭해서 액션이 있는 버튼
- **구분선**: 항목과 항목을 구분하는 선
- **자리표시자**: 특정 위치를 정함

④ **전달할 콘텐츠**: 방문자에게 전달하고 싶은 콘텐츠를 등록

- **YouTube**: YouTube 영상을 표시
- **캘린더**: 특정 캘린더 위치
- **지도**: 지도 삽입
- **문서**: Google 문서 삽입
- **프레젠테이션**: Google 프레젠테이션 삽입
- **스프레드시트**: Google 스프레드시트 삽입
- **설문지**: Google 설문지 삽입
- **차트**: Google 차트 삽입

텍스트 또는 페이지 제목을 수정하려면 입력란을 클릭하고 입력하면 됩니다. 또는 입력란 위에 있는 툴바에서 다른 옵션을 선택합니다.

제목 및 표제	
제목 ▾	미리 설정된 제목 스타일을 선택합니다. 추가 서식 옵션에 대해서는 일반 텍스트를 선택하세요.
☰	텍스트 정렬을 변경합니다.
🔗	선택한 텍스트에 대한 링크를 삽입합니다.
일반 텍스트	
B *I*	텍스트를 선택하여 굵게 만들거나 기울임체를 추가합니다.
☷ ☰	번호를 매기거나 글머리 기호 목록을 추가합니다.
⋮	더 많은 옵션으로 이동합니다.
‹›	코드 텍스트 스타일을 사용합니다.
S	텍스트를 선택하고 취소선을 그립니다.
T̶	텍스트를 선택하고 모든 서식을 제거합니다.

여러분이 원하는 사이트를 직접 만들어보세요. 마우스로 쉽게 만들 수 있습니다. 필요하면 다른 사람과 함께 사이트를 만들 수도 있습니다.

9.3.2 설정하기

사이트 도구가 점점 전문적인 기능들을 제공하면서 설정에 많은 기능들이 추가되고 있습니다.

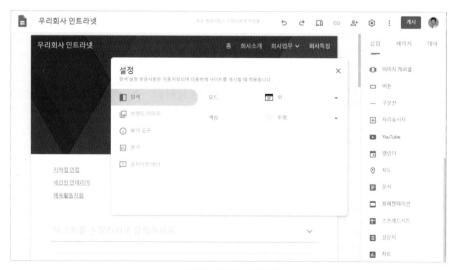

▲ 사이트 게시 전 설정 항목

구분	세부 내용	설명
탐색	모드	위, 측면 결정
	색상	투명, 흰색, 검은색 선택
브랜드 이미지	로고	글로벌 탐색 메뉴에 추가할 로고 이미지를 업로드하거나 선택
	파비콘	사이트에 추가할 파비콘 이미지를 업로드하거나 선택
뷰어 도구	정보 아이콘	게시된 사이트 왼쪽 하단의 사이트 정보 아이콘에는 페이지별 세부 정보가 표시
	앵커 링크	앵커 링크는 사이트 뷰어가 페이지 제목 위로 마우스를 가져가면 나타남
분석	Google애널리틱스 추적 ID	사이트를 Google 애널리틱스 계정에 연결하여 사이트 사용과 관련된 통계 확인
공지사항 배너	배너 표시	배너 표시를 결정
	배너 내용	색상, 공지사항
	버튼 내용	버튼 라벨, 링크, 새 탭 열기
	공개 상태	홈페이지에만, 모든 페이지 설정

9.3.3 게시하기

사이트 제작과 설정이 끝났으면 이제 사용자가 접속할 수 있도록 게시합니다. 내용이 변경되었을 경우에는 다시 게시해야 변경된 부분이 반영됩니다.

1. 웹 주소 설정하기

해당 도메인 이름을 이용하여 게시하기 위해서는 웹 주소를 설정해야 합니다. 기존에 사용하던 주소와 중복되지 않는 주소를 입력합니다.

G Suite 가입 도메인명

https://sites.google.com/domain_name/웹 주소

사이트 기본 주소
(변경 불가)

사용자가 지정한
웹 주소

2. 웹 주소 입력하기

게시할 웹 주소를 입력합니다. 의미있는 주소를 만들면 한눈에 알기 쉽고 기억하기도 좋습니다.

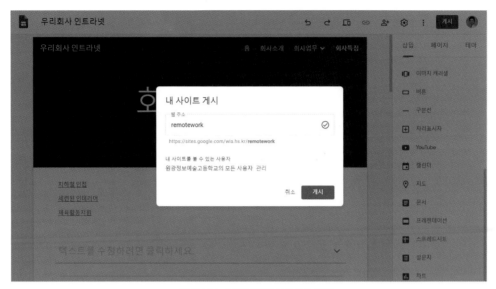

▲ 웹 사이트 게시를 위하여 웹 주소 입력

3. 미리보기로 게시될 모습 확인하기

게시 전에는 항상 미리보기를 통하여 계획한 모습처럼 보이는지 확인합니다. 미리보기에서 하단의 버튼을 이용하여 보려고 하는 디바이스를 선택합니다. 해당 디바이스의 특징으로 미리보기를 할 수 있으면 미리보기 내용을 확인해서 본문 내용을 수정합니다. 스마트폰 사용자가 많다면 스마트폰 중심으로 콘텐츠를 배치하는 것이 좋겠죠.

▲ 미리보기 화면(스마트폰)

▲ 미리보기 화면(패드)

▲ 미리보기 화면(PC)

내용을 변경한 후 게시할 경우에는 변경 전과 후를 비교해서 변경하려는 부분이 반영이 되었는지 확인을 하고 여러 명이 작업 시에 오류를 막을 수 있습니다.

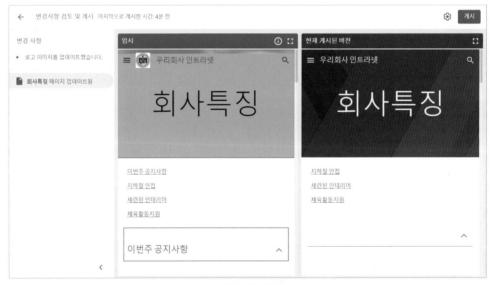

▲ 변경 내용 확인

9.4 재택근무 활용 방법

9.4.1 팀 프로젝트 사이트 만들기

회사에서 일하지 않고 각자의 집에서 재택근무를 하게 되면 다같이 한 장소에 있을 때보다 정보를 접근하기 어려워집니다. 사무실에서는 옆에 사람에게 문의할 수도 있고, 옆사람의 대화 내용이나 통화를 듣고 알거나, 팀장의 언성에 따라서 프로젝트 진행 내용을 알 수 있지만 재택근무에서는 Google Meet, Chat, Gmail 등 다양한 소통 방법이 있어도 불편합니다. 팀에 별로 관심이 없는 직원이라면 회사, 팀 돌아가는 분위기는 하나도 모르고 자기 일만 하는 경우도 생깁니다. 그래서 재택근무 시에는 다양한 소통 방법 외에도 대시보드나 현황판, 다양한 통계 자료에 쉽게 접근할 수 있어야 합니다. 그중 가장 간단하고 효과적인 것은 Google 사이트 도구로 웹사이트를 만들어서 공지하는 방법입니다.

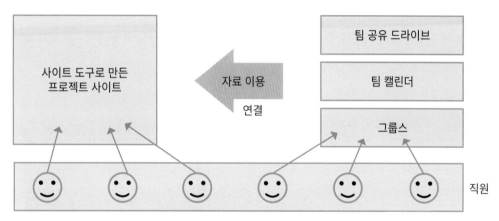

▲ 회사 팀 프로젝트 만들기

팀 프로젝트를 사용할 때 주의할 것은 이용하는 콘텐츠를 권한을 동일하게 하여 게시한 사이트에서 보이지 않는 불상사를 막아야 합니다. 그러기 위해서는 그룹스를 이용하여 권한을 부여한 사람 중심으로 사이트를 오픈하고 콘텐츠도 팀 공유 드라이브에 이용하는 것이 효율적입니다.

9.4.2 개인 업무 페이지

회사에서 직원 상대로 업무를 하는 직원이라면 서비스 페이지를 만들어서 제공하는 것도 시간 낭비를 줄일 수 있는 좋은 방법입니다. 회사에 홈페이지나 인트라넷이 있더라도 Google 드라이브의 문서를 공유하고 정보를 전달하는 것은 쉽지 않습니다. 회상 인트라넷이나 홈페이지에 해당 업무를 위한 Google 사이트 페이지 링크 배너를 만들고 그 링크 배너를 클릭하는 회사 내 직원만 이용할 수 있도록 권한을 설정하면 정보 관리도 안전하고 권한에 따라서 이용하기 좋습니다. 직원들 습관을 '지원 업무는 그 사이트에 가면 다 있다'라고 생각을 하게 하면 전화로 '작년도 결산문서 어디에 있어요?'나 최신 주소록 등 응대하는 데 시간이 많이 걸리는 작업을 줄일 수 있습니다.

또한 선제적으로 콘텐츠를 제공하면 추가적인 시간을 줄일 수 있는 방법도 있습니다. 연말결산 시즌이 되면 연말결산 문의가 많이 올 것을 예상해서 자주 질의하는 내용을 Google 프레젠테이션을 만들어서 페이지에 게시하면 질문이 많이 줄어들겠죠. 새로운 질문이 오면 별도로 답변하고 프레젠테이션에 업데이트를 합니다. 이 자료는 내년에도 또 사용할 수 있을 것이고, 후임자가 오더라도 재활용이 가능합니다. 비싼 지식관리(KMS) 시스템 대신에 효과적으로 사용할 수 있습니다.

9.4.3 동호회 페이지

직원이 많은 일부 회사에서는 동호회나 스터디 포럼이나 카페를 만들 수 있는 공간이나 시스템을 제공합니다. 대부분 그런 동호회 페이지는 방문해서 사용량이 적거나 사용하지 않습니다. 이유는 사용하기 불편하기 때문입니다. 회사 직원이 쉽게 이용할 수 있도록 다양한 정보를 이용하여 동호회 홈페이지를 관리하면 회사 다른 직원들도 관심을 가질 수 있습니다.

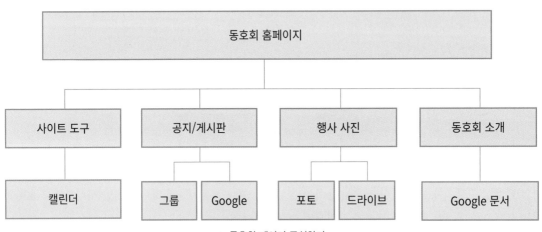

▲ 동호회 페이지 구성하기

 조코디의 YouTube 강좌

다음의 URL을 통해 Google 사이트로 페이지 만드는 방법을 알아보세요.
▶ FAQ 콘텐츠 만들기 https://bit.ly/CSC-F92
▶ 동영상 학습 사이트 만들기 https://bit.ly/CSC-H81

9.5 사용 능력 체크리스트

자신이 어느 정도 사용하는지 체크하는 사용 능력 체크리스트입니다. 다양한 기능을 확인하고, 자신의 업무에 필요한 기능은 웹, YouTube, 도서 참고 페이지를 통해 사용법을 확인하세요.

초급	중급	고급
• 여러 사용자와 콘텐츠 공유하기 • 사이트에 배너 추가하기	• 프로젝트 사이트 만들기 • 이력서 사이트 만들기 • 팀 사이트 만들기	사이트 분석 사용하기

☑ 체크리스트	체크리스트는 서비스 사용 방법을 습득하기 위해서 단계별로 나눈 리스트입니다. 하나씩 체크하면서 사용법을 배우고 익숙해져 보세요.

확인	구분	항목	예상결과	참고ID
☐	필수	Google 사이트 도구 접속	사이트 도구에 접속해서 초기메뉴 확인	CSC-I01
☐	필수	새 사이트 만들기	새로운 사이트 만들기	CSC-I02
☐	필수	페이지 구성하기	텍스트, 이미지, 동영상으로 페이지 구성하기	CSC-I03
☐	필수	페이지 추가하기	새로운 페이지를 원하는 위치에 추가	CSC-I04
☐	필수	문서 등록하기	Google 문서 등록하기	CSC-I05
☐	필수	캘린더 등록하기	공용 캘린더 추가하기	CSC-I06
☐	필수	미리보기	디바이스별 미리보기	CSC-I07
☐	필수	사용자 추가	협업 사용자 추가하기(공유)	CSC-I08
☐	필수	게시하기	게시 URL정하기	CSC-I09
☐	선택	접근 권한 설정	외부에서 접근하기	CSC-I10
☐	선택	도메인 연결하기	도메인 구입 후 사이트 연결하기	CSC-I11
☐	선택	사이트 복사하기	생성한 사이트 복사하기	CSC-I12

기존에 개인용으로 제공하던 Hangouts 대신에 Meet과 Chat을 사용하시기 바랍니다. Google Hangouts은 2020년에 종료할 예정입니다. Google Hangout과 Google Meet, Chat은 새로운 서비스로 영상미팅과 채팅을 분리해서 제공합니다. 다양한 기능을 제공하는 Meet와 Chat을 사용하시기 바랍니다. 본 책자에서도 추가적인 설명은 하지 않습니다.

- 1:1 채팅, 1:N 채팅
- 도메인 내부 및 외부 사용자(Google 계정)와 채팅 가능
- 이미지 전송 기능만 제공
- 서비스 URL: hangout.google.com 접속 또는 Gmail에서 대화창 이용
- 2020년경 종료 예정

▲ Google Hangouts

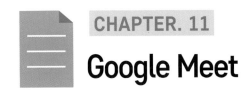

CHAPTER. 11
Google Meet

☆ ⬚ ☁

11.1 Google Meet 개요

11.1.1 개념

Google Meet는 기존에 Google Hangout의 화상회의를 위하여 새로 개발되었습니다. 이후에 Hangout Meet 에서 Google Meet로 이름을 변경하고 다양한 화상회의 및 소통을 위한 전용 서비스를 제공합니다. 이름만 바뀐 게 아니고 새로운 서비스입니다.

Google Meet는 도메인 계정인 G Suite 사용자와 개인 계정인 gmail 사용자 모두에게 제공됩니다. 개인 계정 사용자는 60분의 사용 제약 이 있습니다.

▲ Google Meet

11.1.2 특징

목적	화상회의 제공. 화상 발표 및 채팅, 사용자 관리, 영어 자동 번역	개념	원격에서 얼굴보면서 회의하고 화상으로 자료 발표
제공 버전	• G Suite 모든 버전 (Basic, Business, Enterprise,Education, Nonprofit) • 개인 버전	제공	• 그리드 뷰 제공 (최대 48명) • AI 음성 캡션 기능 (영어) • 채팅 기능 • 화면 공유 기능
활용 방법	• 회의를 화상으로 진행, 발표 회의, 팀 미팅	경쟁 제품/ 서비스	Zoom, Webex, Skype, Teams
사용 용도	• 화상회의, 팀 미팅, 주간 미팅 • 특정 URL로 화상 콜센터 만들기	URL	웹(meet.google.com), Android, iOS

limit	1. 개인용 60분 제한
	 2. 개인 버전은 초대 후 개설자가 승인해서 참여 가능
	 3. 버전별 참여 인원수
	     Enterprise: 250명
	     Business/Education: 150명
	     Basic: 100명
	     Live stream Google Meet meetings: 10만 명		

11.1.3 UI

▲ Google Meet 초기 화면

❶ **회의 시작 또는 참가**: 회의 코드 또는 닉네임으로 화상회의에 시작하거나 참가

❷ **예정된 회의**: 캘린더에 예정된 화상회의

❸ **회의 품질**: 화상이나 음성에 문제가 있을 때 확인

❹ **설정**: 다양한 설정 메뉴

회의 시작하기

① 초기 화면에서 새로운 회의를 시작하기 위해
서는 회의 코드를 입력하거나 회의방을 새롭
게 생성합니다.

② 회의방을 확인하고 사용할 웹캠과 마이크를
확인합니다.

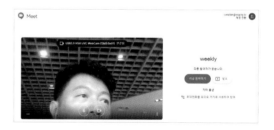

③ 회의 중에 내 자료를 발표하기 위해서는 화면
공유 기능을 이용합니다. 화면 공유는 화상회
의 화면에서 시작합니다

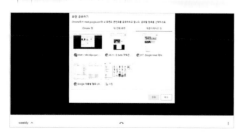

④ 화상회의를 진행할 경우에는 참석자에 따라
서 다양한 회의 레이아웃을 이용합니다.

11.1.4 메뉴/주요 기능

메뉴	설명	사용 방법
회의 시작 또는 참여	회의 시작 또는 참여하기 위하여 회의 코드 또는 닉네임을 입력	내용
설정	오디오, 사운드 장치 선택	여러 개의 장비 연결 시
발표하기	회의에서 본인의 자료를 발표	
사용자 추가	회의에 참여할 직원 추가	
회의자 관리	Mute, 내보내기	
화면 배열	사이드바, 스포트라이트, 타일식 선택	최대 49명 표시 가능
채팅	참석자 간에 텍스트 채팅	
자막 사용	영어에 한해서 음성을 실시간 자막으로 표시	
회의 녹화	Enterprise 버전에서 녹화 기능 제공	코로나19로 임시적으로 9/30까지 G Suite 모든 버전에 제공함

11.1.5 환경 설정/고려 사항

Google Meet는 화상회의용 서비스입니다. 코로나 이전, 회사에서는 대체로 Google Meet을 원격 회의용으로 사용했습니다. 화상회의는 주로 발표를 할 때 사용하면 좋습니다. 얼굴을 보면서 대화하는 데도 사용되지만 얼굴 보면서 하는 회의는 다른 여러가지 방법이 있고, 즐거운 이야기 아니고 업무적 내용이면 서로 불편하기도 합니다.

외국 엔지니어들과 회의를 하거나 발표 내용을 들을 때는 많은 참석자가 카메라와 마이크를 끄고 참여합니다. 우리나라는 얼굴이 나오지 않으면 듣고 있냐고 물어보는 반면에 외국 문화에서는 내가 발표하는데 마이크에 소음이 마이크로 들어오면 방해가 되어서 싫어합니다.

회의에 들어와서 한 번 정도는 얼굴을 보여주면 좋겠지만, 재택근무 시 얼굴을 보여줄려면 준비 시간도 많이 걸리니 음성으로만 해도 회의에 크게 문제가 없는 듯합니다.

11.1.6 사용 절차

사용하는 절차는 다음과 같습니다. 업무에 따라서 참고만 하세요. 본 내용은 업무에 미숙한 사용자를 위한 내용입니다. 이미 잘 사용하는 숙달자는 사용하는 방식으로 이용하시고 아래 내용은 참고만 해주세요.

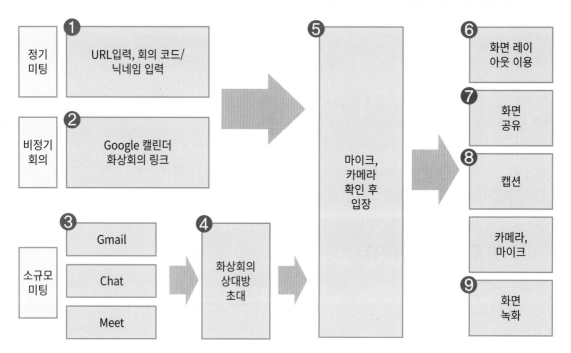

❶ **회의 코드**: 팀별 회의 코드를 만들고 고정 회의 코드이용

❷ **Google 캘린더 회의 링크**: 공유된 캘린더의 Google Meet 회의 링크

❸ **직접 생성**: 상대방의 이메일(클라우드 ID) 초대(Gmail, Chat Rooms)

❹ **상대방 초대**: 리스트에 있는 상대방 클릭 초대(개인, 그룹스)

❺ **마이크, 카메라 선택**: 여러 개 마이크, 카메라 중 선택

❻ **화면 레이아웃 선택**: 자동, 사이드바, 스포트라이트, 타일식

❼ **발표 화면 공유**: 발표하는 화면을 공유(YouTube 탭 가능)

❽ **캡션 이용**: 영어 발표를 AI 텍스트로 조회

❾ **화면 녹화**: 화면 내용 바로 녹화(Enterprise 지원)

11.2 Google Meet 시작하기

회의 개설하기	• 회의는 Meet에서 직접 개설할 수 있지만, 보통은 캘린더에서 일정 이벤트를 만들고 해당 이벤트에 Meet 회의룸을 만들어서 공유 • Gmail에서도 바로 시작 가능
회의 참석하기	• 다른 사람이 만든 회의실에 참여 • 캘린더 이벤트 또는 Chat으로 이용
실시간 스트리밍	실시간으로 스트리밍 최대 100,000명 참여 가능
발표하기	나의 화면 또는 탭을 공유하여 발표를 진행. Chat으로 실시간 소통
회의 녹화	회의 내용 전체를 녹화해서 MP4 파일 형태로 Drive에 저장

11.2.1 화상회의

재택근무를 하게 되면 대부분 화상회의 서비스를 사용해야 합니다. 최근에는 코로나19의 여파로 많은 인터넷 서비스에서 화상회의 서비스를 제공하고 있습니다. 우리가 평소 익숙한 커뮤니케이션 서비스와 SNS는 모두 제공하고 있습니다. 화상회의를 시작할 때 어떤 화상회의 서비스를 이용할지 결정하는 것도 쉽지 않습니다. 클라우드 서비스는 구성원 모두가 동의를 하고 약속을 해야 하는데 사람마다 선호하는 서비스가 다릅니다. 선호하는 이유도 다양하기 때문에 설득을 통해서 회사나 재택근무에 맞는 서비스를 선택하는 것이 중요합니다.

	Google Meet 사용	기타 화상회의 추가 사용
장점	• Google G Suite 내 콘텐츠 이용 편리 • 내부 직원 간의 소통용 • 검증된 보안 체계	• 외부 다양한 사람들과 소통 용이 • 간단한 인증으로 이용 • 추가적인 설명 필요 없음
단점	• 외부 거래처 이용 시 설명 필요 • 외부에서 초대, 참가 불편	• 추가 비용 발생 또는 시간 제한 • 보안에 대한 검증 필요 • Google 문서 이용 시 불편

Google Meet보다 다른 화상 서비스가 화질이 더 좋아서 선택하는 경우도 있지만, 화상회의 목적이 대부분 회의 자료를 공유하기 위한 목적이기 때문에 고해상도가 많이 필요하지 않습니다. 경영진이 외부 컨퍼런스 콜을 위하여 고해상도 및 전문적인 화상이 필요하다면 그때는 비용을 지불하고 사용하면 되고, 일반적으로 Google Meet를 사용해도 전혀 문제가 없습니다.

화상회의를 이용하는 방법은 몇 가지로 분류할 수 있습니다.

▶ 화상회의를 이용하는 다양한 방법

Google Meet	Google Chat	Calendar	Gmail
Meet.google.com에서 회의 코드나 회의 닉네임을 이용하여 이용	1:1 또는 몇사람이 채팅을 진행 하다가 공유 자료 설명이나 대면회의로 화상회의로 진행	내부, 외부에서 약속을 정하고 캘린더에 Meet 추가	Gmail에서 특정인과 바로 화상회의
사전에 예약되어 있는 코드 (예:weekly, meeting, 201)	프로젝트 또는 특정 업무	일반적인 회의 방법	개인 간의 화상미팅

 조코디의 YouTube 강좌

상대방에게 신뢰감을 줄 수 있는 화상회의 방법

▶ https://bit.ly/CSC-H69

11.2.2 화상으로 발표하기

화상회의의 목적은 얼굴을 보는 것보다 발표 자료를 함께 보면서 설명하기 위한 용도이기 때문에 회의시간에 카메라나 마이크를 끄는 것은 예 없는 행동이 아니지만, 국내에서는 화상회의에 대해서 제약을 많이 합니다. 마이크 경우에는 초중고 및 대학교 원격 수업 시에는 마이크를 끄도록 학교에서 교육하고 있습니다. 필요할 때에는 마이크를 켜서 이야기 하는 것이 오히려 디지털 예의라고 생각합니다.

화상으로 발표할 때에는 사전에 자료를 공유해서 발표 시간을 짧게 하는 것이 좋습니다. 캘린더로 회의를 예약할 때 진행자가 회의 자료를 함께 첨부하면 참석자가 회의 자료를 확인하고 회의에 참석해서 시간을 줄일 수 있습니다.

발표를 할 때에는 하단의 '발표시작'을 누르고 열려 있는 브라우저나 애플리케이션을 선택합니다. 최근에는 YouTube 소리도 전달되도록 기능이 업데이트되었습니다.

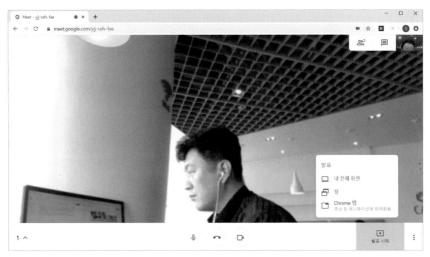

▲ 자료 공유를 위한 발표 시작

▶ 발표 시 화면 선택

내 전체화면	• 내 PC의 화면을 그대로 전달 • 애플리케이션 사용법 등을 설명할 때
창	Google 문서가 열려 있는 브라우저 선택
Chrome 탭	Meet가 열린 브라우저의 탭 선택 YouTube 나 애니메이션의 화상 및 음성도 함께 참석자에게 전달 가능

11.3 Google Meet 기능 소개

11.3.1 회의 개설하기

회의는 보통 정기 회의와 비정기 회의가 있습니다. 정기 회의 경우에는 시간과 장소도 비슷합니다. 이런 경우에는 각 부서, 팀별로 회의 닉네임을 만들고, 해당 닉네임을 이용하여 정해진 시간에 이용합니다.

▶ 정기 회의와 비정기 회의 비교

정기 회의	비정기 회의
• 월요일 주간 미팅 • 수요일 마케팅 회의 • 매월 전체 회의	• 업무 협의 • 외부 직원과의 회의 • 프로젝트 점검 회의
• 동일한 회의실 사용 • 특정 시간에 정기적인 이용	• 내부 및 외부인 참여 • 다양한 회의실 이용

1. 정기 회의

정기 회의는 팀원이나 참가자 누구나 회의룸을 개설할 수 있습니다. 회사 도메인에서 다음과 같은 방법으로
참가합니다.

① Meet.google.com 접속
② 회의룸 닉네임 입력 (예: weekly)
③ 회의방 확인 후 참가
④ 들어가서 인사하고 무음 모드로 변경
⑤ 카메라가 자신을 잘 보이도록 조정

▲ 집에서 화상회의 준비

스마트폰 Meeting App을 사용할 경우에는 어두운 곳에서 회의 참여 시 밝게 조정하는 기능을 제공하나 가
급적 밝은 환경 및 안정적인 배경을 준비하는 것이 좋습니다.

또한 외부인과 많이 회의를 하는 업무용이라면 웹캠과 마이크도 신경을 쓰면 좋습니다.

▶ 화상회의에 쓸 기기의 사양

사양＼기기	Google Meet 사용	기타 화상회의 추가 사용
기본	노트북 SD 웹캠	스마트폰 번들 이어폰(4극)
중급	HD Camera (Logitech 5~8만원)	Jabra mic/speaker 20만원
고급	Logitech PTZ camera, Zoom, Auto-focusing, 4K	wireless

또한 Google Meet Hardware 제품도 있으니 화상회의가 빈번하다면 매번 노트북을 가지고 다니는 대신에
회사 회의실이나 집, 사무실에 설치하는 것도 추천 드립니다.

▲ Google Meet Hardware

Meet.google.com에 접속해서 회의코드/닉네임을 입력하면 바로 접속할 수 있습니다. 만약에 접속을 했는데 아무도 없다면 사용하는 계정을 확인해보세요. 엉뚱한 회의실에 가서 혼자 앉아 있는 것과 비슷한 경우입니다. 통신 장애로 회의룸에서 나오게 되면 다시 동일한 회의룸 코드나 닉네임을 입력해서 재입장할 수 있습니다.

2. 예약 회의 (비정기 회의)

예약 회의가 정기 회의 이외에 일반적인 회의 방법입니다. 참석자를 먼저 정하고 참석자에게 초대 메일을 보내서 승인이 된 시간에 회의를 진행합니다. 회사에서는 회의룸으로 모이면 되고 재택근무에서는 화상회의룸으로 입장합니다.

이때에는 자동으로 부여된 회의룸 코드를 클릭해서 입장합니다. 캘린더에 회의룸 링크를 클릭하거나 Google Meet에 예정된 회의가 조회되면 해당 회의를 클릭해서 입장할 수 있습니다. 통신 환경의 문제로 회의룸에서 나오게 된다면 같은 방법으로 회의룸에 입장합니다.

11.3.2 화상회의 진행

회의코드/닉네임을 입력하고 회의룸에 입장하면 방을 개설한 사람이 통제할 수 있습니다. 그러기 때문에 주최자가 개설을 하면 가능합니다. 불필요한 소음이 들릴 경우에는 해당 참석자의 음성을 Mute로 전환할 수 있습니다. 학교에서는 통제가 안되고 떠드는 학생을 회의룸 밖으로 내쫓을 수 있는 기능도 있지만 회사에서는 그럴 일은 없겠죠(쫓겨날 경우에는 재초대 없이는 재입장을 할 수 없습니다).

화상회의 시에는 주로 발표자가 발표 자료를 공유하고 설명을 하는 방식으로 진행이 되기 때문에 마이크나 카메라를 꺼도 예의에 어긋나지 않습니다. 하지만 팀장님이 켜놓으라고 하면 끄면 안되겠죠. 앞으로 재택근무가 활성화되면 열심히 듣고 있는 모습을 내보내는 유틸리티가 나오지 않을까 생각이 됩니다.

1. 발표 시작

발표자는 발표 자료를 가지고 발표를 시작합니다. 발표 자료로는 Google 문서를 포함해서 오피스 문서, 아래아한글도 할 수 있습니다. 웹페이지를 공유하기도 하고, YouTube 화상을 공유할 수 있습니다. 발표자가 발표를 마치면 다른 사람이 발표를 이어서 할 수 있습니다.

▲ 화상회의 시 발표 시작

2. 채팅

TV에서 새로운 컨셉의 대화형 오락 프로인 '마리텔(마이 리틀 텔레비전)'이 방송된 이후에 화상과 채팅을 함께 사용하는 방법에 대해서 많이 익숙해졌습니다. 발표자가 중단하지 않고도 다른 사람의 질문이나 의견을 바로 확인할 수 있고, 응대도 바로 할 수 있습니다.

▲ 화상회의 시 채팅하기

3. 레이아웃 변경

사용자가 많을 경우에는 화면 포커싱이 이야기를 하는 사람에게 맞춰집니다. 환경이나 용도에 맞게 원하는 레이아웃을 사용하세요.

▶ 레이아웃 종류

구분	설명
자동	• 발표 내용이나 발표 인원에 따라 자동으로 표시됨
사이드바	• 사이드바에 참석자의 얼굴이 나타남
스포트라이트	• 발표자나 중요 참석자에 화상을 집중적으로 화면에 출력됨
타일식	• 최대 49명까지 한 화면에 표시

▲ 다양한 화면 레이아웃(타일식)

▲ 다양한 화면 레이아웃(사이드바)

▲ 다양한 화면 레이아웃(스포트라이트)

4. 회의 녹화 (G Suite Enterprise에서만 제공)

회의 내용을 동화상(Dynamic Image) 파일(예: MP4)로 드라이브 폴더에 저장을 하는 기능입니다. 중요한 내용이거나 보관이 필요하면 사용자 동의 하에 녹화를 진행합니다. 녹화 시에는 모든 참석자 화면에 녹화중이라는 표시가 나타납니다. 녹화 시간이 길면 MP4 파일로 생성되는데 시간이 걸립니다. MP4 파일은 스트림 방식으로 다운로드 하지 않고 브라우저에서 다시 확인할 수 있습니다.

▲ 화면 녹화 기능 (Enterprise 버전)

11.3.3 바로 다이렉트 회의

기본적으로 업무를 Chat으로 소통하지만, 회의가 필요할 때는 Chat이나 gmail에서 바로 원하는 사람과 미팅을 진행할 수 있습니다.

1. Chat에서 화상회의

업무담당자별로 구성된 채팅방에서 화상회의방을 만들고 바로 화상회의에 참여합니다. 업무적인 내용이 아닌 친한 사람과 이야기할 때도 사용하면 좋습니다.

▲ Google Chat Room에서 바로 이용하기

2. Gmail에서 바로 화상회의

업무 성격에 따라 이메일 중심으로 업무를 하는 경우도 있고, Chat 중심으로 업무를 하는 경우도 있을 것입니다. 이메일 중심으로 할 때는 외부 담당자들과도 쉽게 화상회의를 호출할 수 있습니다.

▲ Gmail에서 바로 화상회의하기

11.4 재택근무 활용 방법

11.4.1 월요일 아침, 집 앞 커피숍에서 주간 회의

월요일 아침에 사람 많은 대중교통을 타고 급하게 회의실에 참석하는 대신에 편한 복장으로 집 앞 커피숍에서 스마트폰이나 태블릿, 노트북으로 편하게 회의에 참석합니다. 지난주 업무 보고는 Google 문서에 작성을 해서 서로 확인할 수 있고, 필요한 내용만 확인하고 회의룸을 나옵니다. 이후에는 커피 향을 맡으며 필요한 사람들과 업무 협의를 진행합니다. 커피를 다 마실 때 쯤이면 필요한 업무 협의가 모두 끝나고 집으로 돌아와서 업무를 시작합니다.

11.4.2 고객/직원 응대

고객이나 내부 직원이 늘 방문하는 부서나 담당자라면 별도의 회의방에서 지원하는 개념으로 계속 상주할 수 있습니다. 'Help'라는 회의방을 만들고 팀원들이 돌아가면서 아침에 방을 개설해 놓으면 직원들이 편하게 방문해서 질문하고 도움을 받을 수 있습니다. 화상회의를 이용하면 자신의 화면을 공유해서 함께 볼 수 있기 때문에 바로 응대가 가능합니다.

혹시 요가를 잘하는 직원이 있다면 요가 Class를 만들어서 직원들과 함께 요가를 할 수도 있겠죠.

11.4.3 화상 회식

이제는 모여서 회식하는 것이 쉽지 않을 것 같습니다. 그 대신에 5시에 회식 때 먹을 메뉴를 선택하면 회사에서 6시에 집으로 배달해주고, 냉장고에 있는 맥주와 함께 다시 웹캠 앞에 모여서 건배를 다함께 해보면 어떨까요?

 조코디의 YouTube 강좌

다음의 URL을 통해 Google Meet의 기능을 알아보세요.
▶ Google Meet으로 소회의실 구현하기   https://bit.ly/CSC-H81
▶ Google Meet 참여 요청 거절하기   https://bit.ly/CSC-F369
▶ 화상회의 시 주변 소음 제거하기   https://bit.ly/CSC-F320

11.5 사용 능력 체크리스트

자신이 어느 정도 사용하는지 체크하는 사용 능력 체크리스트입니다. 다양한 기능을 확인하고, 자신의 업무에 필요한 기능은 웹, YouTube, 도서 참고 페이지를 통해 사용법을 확인하세요.

초급	중급	고급
1.1 화상 회의 시작하기 캘린더 초대, 웹브라우저, 스마트폰에서 화상 회의를 시작하는 다양한 방법을 알아보세요. **1.2 화상 회의 참여하기** 캘린더 초대, 회의 링크, 회의실에서 화상 회의에 참여하는 다양한 방법을 알아보세요. **1.3 회의에 사용자 추가하기** 캘린더 초대, 행아웃 미팅, 스마트폰에서 화상 회의에 사용자를 추가하는 다양한 방법을 알아보세요.	**2.1 화상 회의 맞춤설정하기** 회의 중에 화면 레이아웃 변경하기 회의 참여자 고정하기, 숨기기, 삭제하기 화상 회의에 자막 사용하기 화상 회의에서 전화 오디오 사용하기 **2.2 화상 회의에서 리소스 공유하기** 회의 세부정보 및 첨부파일 보기 화상 회의 참여자에게 채팅 메시지 보내기 화상 회의 중 발표하기 **2.3 대규모 그룹으로 화상 회의 중계하기** 회의 녹화하기 화상 회의 실시간 스트리밍하기	Call Center나 심리치료실 등 특정 URL 만들어서 대기

☑ 체크리스트	체크리스트는 서비스 사용 방법을 습득하기 위해서 단계별로 나눈 리스트입니다. 하나씩 체크하면서 사용법을 배우고 익숙해져 보세요.

확인	구분	항목	예상결과	참고ID
☐	필수	Google Meet 열기	meet.google.com으로 이동하거나 데스크톱 앱 또는 모바일 앱을 설치하여 행아웃 채팅을 사용할 수 있음	CSC-M01
☐	필수	회의 만들기	회의 코드나 닉네임으로 회의 개설	CSC-M02
☐	필수	회의 참여하기	사전 약속된 회의 코드나 닉네임으로 회의 참여하기	CSC-M03
☐	필수	카메라, 마이크 조작	회의 참여시 카메라와 마이크를 꺼서 회의에 원활하게 참여하기	CSC-M04
☐	필수	발표하기	자신의 화면이나 자료를 다른 사람에게 발표하기	CSC-M05
☐	필수	채팅하기	회의시 채팅 기능을 이용하여 대화	CSC-M06
☐	필수	초대하기	진행 중인 회의에 다른 사용자 초대하기	CSC-M07
☐	필수	레이아웃 변경하기	참석자의 모습의 레이아웃 변경	CSC-M08
☐	선택	자막 사용	영어에 한해서 발표자의 내용을 자막(캡션) 처리	CSC-M09
☐	선택	개설자의 참석자 관리	참석자를 무음 처리나 방에서 내보내기	CSC-M10
☐	선택	회의 내용 녹화	회의 내용을 녹화해서 MP4로 만들기	CSC-M1
☐	선택	카메라, 마이크 선택	여러 개 카메라, 마이크 선택하기	CSC-M11
☐	선택	카메라 해상도 조정	네트워크 속도가 느릴 경우 해상도 조절	CSC-M12
☐	필수	캘린더에 이벤트 생성시 화상회의 추가	임시적인 회의는 캘린더에서 이벤트 생성 시 Google Meet 추가	CSC-M13
☐	필수	Meet 화상회의하기	gmail.com에서 사용자와 화상회의	CSC-M14
☐	필수	Meet 화상회의하기	chat에서 사용자와 화상회의	CSC-M15

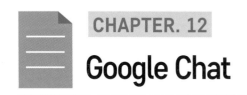

CHAPTER. 12

Google Chat

12.1 Google Chat 개요

12.1.1 개념

Google Chat은 회사나 학교의 카톡입니다. 상대방에게 다양한 방법으로 간단한 방식으로 질문하고 대화할 수 있습니다. 업무 중심으로 단톡방(단체 대화방)을 만들어서 대화할 수 있고, 다양한 콘텐츠를 공유할 수 있습니다. 채팅하다가 회의가 필요하면 바로 Meet 회의방을 개설해서 회의를 진행할 수 있습니다.

채팅 중심의 협업 서비스인 Slack 을 사용해보신 분이면 쉽게 이해할 수 있습니다.

▲ Google Chat

12.1.2 특징

목적	• 채팅을 통한 업무 및 소통 • Room을 만들어서 문서 공유 및 업무 공간 구성	개념	회사나 학교에서만 사용하는 카톡, 단톡방
제공 버전	• G Suite 모든 버전 (Basic, Business, Enterprise,Education, Nonprofit) • 개인 버전	제공	업무별, 프로젝트별 Room 제공
활용 방법	• PC용 챗 클라이언트 • 카톡 대신 회사 공식 채팅	경쟁 제품/ 서비스	카톡, Slack, MS Teams
사용 용도	업무별, 팀별 협업 공간(Chat, Meet, 문서 협업)	URL	웹(chat.google.com), Android, iOS
limit	없음		

12.1.3 UI

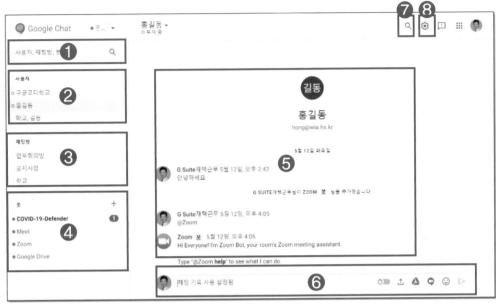

▲ Google Chat 초기 화면

❶ **사용자, 채팅방, 봇 검색**: 도메인 내에 특정 사용자와 채팅방, 그리고 제공되는 봇을 검색(사용자 검색 은 이름과 Cloud id 검색 제공)

❷ **사용자**: 검색 후 채팅 중인 사용자

❸ **채팅방**: 채팅에 참여 중인 채팅방

❹ **봇**: 추가된 서비스

❺ **채팅창**: 상대방과 송수신하는 채팅 내용

❻ **입력창**: 채팅을 입력하는 창. 파일, Drive, Meet, 이모티콘

❼ **검색**: 채팅 내용을 검색

❽ **설정**: Chat을 설정하는 메뉴

12.1.4 메뉴/주요 기능

구분	설명	비고
사용자	멤버 보기, 사용자 추가, @멘션 보내기	내용
채팅방	예약, 드라이브, 업로드, Meet, 이모티콘을 보낼 수 있음, 별표 표시, 차단하기	대화 수정하기, 삭제하기
봇 찾기	다양한 서비스에서 제공하는 봇(bot) 검색	G Suite, 외부 서비스 제공
채팅앱	별도의 클라이언트 형태로 설치	실행 프로그램으로 설치
알림 숨기기	지정한 시간 동안 알람을 받지 않음	
webhook	외부 서비스에서 비동기로 알림을 보내는 기능	URL 전달

12.1.5 환경 설정/고려 사항

카톡 사용 시에도 문제가 되는 것이 늦은 시간에 알림이 울려서 밤 늦게 보내지 말라고 하는 경우가 있습니다. 디지털 세계에서는 사람도 알림을 보내지만 시스템도 많은 알림을 보내기 때문에 오히려 받는 사람쪽에서 수신 세팅을 하는 것이 필요합니다. 최근에는 Android 스마트폰의 경우에는 알림 설정 안내를 해주기 때문에 어렵지 않게 세팅할 수 있습니다.

재택근무를 할 때 주의해야 할 점 중 하나는 서비스의 본질에 맞지 않는 사용입니다. 메일로 보낼 것을 채팅으로 하는 것도 안 좋지만, 채팅으로 할 것을 메일로 보내는 것도 좋지 않습니다.

카톡과 다르게 업무에서 채팅을 사용하면 바로 회신할 수 있고, 필요한 문서를 함께 공유할 수 있습니다. 관련 있는 사용자와 필요한 대화를 하기 때문에 불필요한 대화에 참여할 필요가 없고, 필요한 대화만 확인합니다.

채팅은 채팅으로만 끝나지 않고 필요하면 화상미팅, 검색, 작성 등 업무의 자연스러운 연결이 필요합니다. 또한 채팅 내용에 대해서도 통합 검색을 통하여 필요할 때 검색할 수 있어야 합니다. 문자, 카톡 등 다양한 메시지를 사용하다 보면 어떤 대화를 했었는지 찾는 것도 시간이 많이 걸릴 수 있습니다. 회사의 공식적인 대화는 모두 Google Chat으로 통일해야 합니다.

12.1.6 사용 절차

사용하는 절차는 다음과 같습니다 .업무에 따라서 참고만 하세요. 본 내용은 업무에 미숙한 사용자를 위한 내용입니다. 이미 잘 사용하는 숙달자는 사용하는 방식으로 이용하시고 아래 내용은 참고만 해주세요

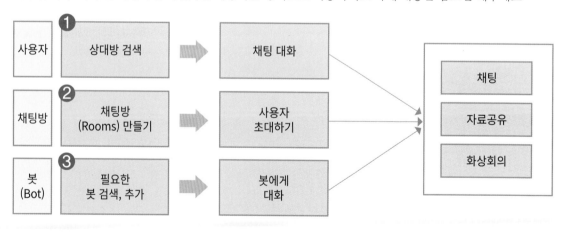

❶ 상대방 검색: Gmail이나 Chat에서 상대방 검색 대화

❷ 채팅방 만들기: 업무별 Rooms를 만들어서 대화

❸ 봇 검색, 추가: 필요한 Bot을 추가하여 정보 이용

❹ 채팅, 자료 공유, 화상회의: Chat Room에서 다양한 활동

12.2 Google Chat 시작하기

채팅하기	상대방을 검색하여 필요한 대화를 진행
공유하기	파일이나 콘텐츠를 쉽게 공유하고 전달
업무방 만들기	단톡방처럼 업무 중심으로 대화방을 쉽게 만들고 진행

12.2.1 메시지 방법 선택하기

Google Chat과 가장 비슷한 서비스는 Slack입니다. 최근에 스타트업이나 개발이나 디자인 회사에서는 대부분 Slack을 사용하고 있습니다. 반면에 중견기업이나 외부와의 소통 시에는 이메일을 사용합니다.

▶ 이메일과 Google Chat 비교

	이메일	Chat
장점	• 누구나 사용 • 그룹 메시지 전달 • 아카이빙하기 쉬움	• 빠른 전달 및 빠른 응답 • 쉬운 사용과 이해 • 빠른 의사 결정
단점	• 느린 응답 • 정크 및 스팸 • 멀웨어(Malware)	• 동일한 서비스 이용 • 보관 및 아카이빙하기 어려움 • 스트림 방식의 대화 (빨리 지나감)

회사마다 커뮤니케이션 방법이 다르기 때문에 필요한 커뮤니케이션을 사용하면 됩니다. 꼭 이메일을 사용해야 한다거나 Chat을 사용해야 한다는 고정 관념은 필요가 없습니다. 필요한 분야에 필요한 커뮤케이션 방법을 이용하세요.

12.2.2 파일 전달하기

채팅에서는 메시지 전달을 위해서도 사용이 되지만, 필요한 파일을 알려주기에도 좋습니다. IT에 익숙한 개발자라면 봇(Bot)을 이용하면 필요한 파일을 제공해줄 수 있는 Bot 개발도 한번 시도하면 회사의 생산성 향상에 도움이 될 수 있습니다. 파일을 전달하면 자동으로 권한이 생성되어 사용에 편리성이 있습니다.

12.2.3 QnA

채팅은 글자와 문서, 콘텐츠 그리고 URL을 이용하는 방식입니다. 때문에 구글 문서의 장점인 해당 페이지의 URL이용을 한다면 업무에 익숙하지 않은 신입사원이나 궁금해 하는 부분에 대한 빠른 대답이 가능합니다.

12.3 Google Chat 기능 소개

12.3.1 채팅하기

1. Google Chat 열기

채팅은 개인 간, Bot과 하는 1:1 채팅이 있고 카톡의 단톡방처럼 여러 명이 함께 참여하는 채팅방이 있습니다. 사용자와 채팅방으로 구분합니다.

1) 개인 메시지 보내기
　① 사용자 검색
　② 해당 사용자를 선택
　③ 사용자에게 메시지 보내기

2) 채팅방 만들기
　① 채팅방 만들기
　② 채팅방 이름 정하기
　③ 채팅방 사용자 초대하기
　④ 채팅방에 메시지 보내기
　　◦ 새로운 대화 목록
　　◦ 대화 목록에 답장하기

2. Chat 대화하기

채팅 시에는 다양한 대화 및 파일 추가, 업무를 수행할 수 있습니다. 대화는 텍스트로만 구성되지 않습니다. 다양한 파일, 콘텐츠를 전달하거나 공유하기도 하고 영상회의를 진행하기도 합니다.

▲ 채팅 답변하기

아이콘	구분	설명
(아이콘)	채팅 기록 전환	• 채팅을 보관할 것인지, 보관하지 않고 삭제할 것인지 설정 • 불필요한 채팅은 나중에 검색 시 불편
(아이콘)	업로드	다양한 PC의 파일을 업로드하여 전달
(아이콘)	드라이브	드라이브의 콘텐츠를 전달, 전달 시 자동으로 조회 권한 부여
(아이콘)	Google Meet	영상회의 필요 시 Google Meet로 전환
(아이콘)	이모티콘	다양한 이모티콘 보내기

1) 수정하기

작성한 대화에는 이모티콘으로 좋아요 표시를 할 수 있습니다. 보관이나 전달이 필요할 경우에는 이메일에
첨부해서 자신의 Gmail로 보냅니다. 대화 내용을 수정할 수 있으며 잘못
작성한 내용은 삭제할 수 있습니다.

2) 화상회의

채팅으로 대화를 하다가 필요 시에는 화상회의로 전
환할 수 있습니다. 화상회의 시에는 Google Meet를
실행합니다.

▲ 화상회의 시작하기

3) 봇(Bot) 추가

Google Chat의 장점은 다양한 봇을 추가해서 업무
생산성을 올릴 수 있다는 것입니다. 채팅창에서 필
요한 봇을 추가하여 바로 바로 처리하세요.

▲ 채팅창에서 Zoom Bot 추가하기

12.3.2 채팅방(Rooms)

채팅방에서의 대화는 대화 목록을 기본으로 하여 답장 및 새 대화 목록을 생성합니다. 채팅방을 만들고 메시지를 보내 다른 사용자를 초대할 수 있으며, 필요 시에는 멘션으로 사용자를 초대하기도 합니다.

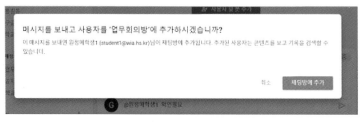

▲ 다른 사용자를 채팅방에 초대하기

▲ 대화 목록 만들어서 대화하기

12.3.3 봇(Bot)추가

업무에 도움이 되는 봇을 추가할 수 있습니다. 사용하는 서비스가 있다면 봇을 추가하여 Chat 화면에서 바로 대화할 수 있습니다. 간단한 프로그램 API 를 제공해서 내부 시스템과 소통하는 봇을 만들 수도 있습니다.

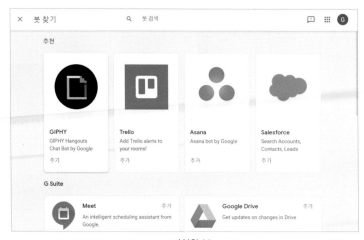

▲ 다양한 봇

12.4 재택근무 활용 방법

12.4.1 회사 전용 메신저

1. Google Chat 앱 설치

브라우저는 기본적으로 상태를 확인하기 어렵고 채팅을 매번 알림 처리하기도 어렵기 때문에 PC에서도 앱 개념으로 Google Chat 앱을 제공합니다. 앱은 다운로드하여 실행하여 설치합니다.

▲ 챗(Chat) App 설치하기(PC)

설치한 후에는 해당 클라우드 ID로 로그인이 되어 PC에 설치된 카톡처럼 사용할 수 있습니다. 다른 클라우드 ID로 사용시에는 로그아웃하고 재로그인하여 사용합니다.

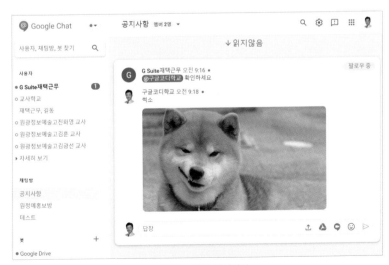

▲ 챗 App에서 채팅하기

12.4.2 업무 중심의 채팅

카톡의 경우에는 사람 중심의 대화이기 때문에 나랑 관련 없는 업무에 대해서도 대화가 진행되고, 사람이 많을 경우에는 하루 종일 카톡만 봐야 하는 상황도 생깁니다. 학교나 작은 회사에서는 전체 직원이 단톡방에 들어있고 쉴 새 없이 카톡이 울립니다. 너무 많은 메시지 숫자로 제 기능을 하지 못하는 경우도 많습니다.

업무 중심으로 필요한 사람만 초대하고 채팅을 한다면 메시지를 줄일 수 있겠죠. 업무 전달도 더 잘될 수 있습니다. 그렇다면 기존 단톡방의 공지 내용은 어떻게 하면 좋을까요? 공지사항은 Google Currents, 홈페이지, 이메일 등 다른 적합한 서비스를 사용하면 전달이 오히려 더 잘됩니다. 필요한 곳에 필요한 서비스를 사용하세요.

12.4.3 Bot을 이용한 서비스 개발

봇을 다양한 용도로 개발해서 사용하면 업무 생산성이 올라갑니다. 우리가 하는 업무를 자세히 분석해 보면 간단한 업무도 많죠. 특히 전화해서 문의하게 되면 질의하는 사람이나 받는 사람 모두 업무에 방해도 되고 시간도 낭비됩니다. 이럴 때는 회사의 간단한 업무들은 Bot으로 만들고 자동화하면 다양하게 이용할 수 있고 업무도 자동화되어 쉬워집니다.

12.5 사용 능력 체크리스트

자신이 어느 정도 사용하는지 체크하는 사용 능력 체크리스트입니다. 다양한 기능을 확인하고, 자신의 업무에 필요한 기능은 웹, YouTube, 도서 참고 페이지를 통해 사용법을 확인하세요.

초급	중급	고급
• 추천된 스마트 답장으로 시간 절약하기 • 특정 사용자가 즉시 응답할 수 있는지 확인하기	• 채팅방 및 채팅 메시지에 대한 알림 사용 중지하기 • Chat에서 드라이브 관련 알림 받기	• 이전 채팅에서 정보 검색하기 • 봇 만들기 및 메시지 보내기

☑ 체크리스트	체크리스트는 서비스 사용 방법을 습득하기 위해서 단계별로 나눈 리스트입니다. 하나씩 체크하면서 사용법을 배우고 익숙해져 보세요.

확인	구분	항목	예상결과	참고ID
☐	필수	Google 채팅 열기	chat.google.com으로 이동하거나 데스크톱 앱 또는 모바일 앱을 설치하여 행아웃 채팅을 사용할 수 있음	CSC-C01
☐	필수	사용자에게 채팅 메시지 보내기	이름이나 이메일 주소를 입력하거나 추천 목록에서 연락처를 선택하고 메시지를 입력하여 전송	CSC-C02
☐	선택	대화 수정하기	대화에서 텍스트를 수정하거나 그림 이모티콘을 추가하려면 마우스 커서로 대화를 가리킨 다음 수정을 클릭. 변경 사항을 적용하려면 업데이트를 클릭	CSC-C03
☐	필수	채팅방 만들기	이메일 주소를 입력하여 채팅방에 사용자 초대하거나 대화에서 특정 사용자를 멘션(ex: @john)하면 사용자가 채팅방에 추가됨	CSC-C04
☐	필수	채팅방에 사용자 추가하기	Gmail 편지쓰기 창에서 받는 사람의 주소 또는 연락처 그룹을 입력하기 시작하면 일치하는 주소 목록이 표시되면 원하는 주소를 클릭하여 선택	CSC-C05
☐	필수	채팅방 참여하기	채팅방 목록에서 선택하거나 검색하여 채팅방에 참여할 수 있음	CSC-C06
☐	선택	한 채팅방에서 여러 개의 대화 시작하기	다수의 참여자가 서로 다른 주제의 대화를 동시에 진행할 수 있음	CSC-C07
☐	선택	화상회의 시작하기	채팅방에서 바로 팀원들과 화상 회의를 시작할 수 있음	CSC-C08
☐	필수	대화에 파일 추가하기	문서, 프레젠테이션, 이미지 등을 대화에 추가하면 댓글을 작성할 권한이 있는 모든 참여자와 자동으로 공유됨	CSC-C09
☐	필수	Google 채팅에서 검색하기	검색창에 키워드를 입력하여 메시지, 파일, 연락처 등을 검색할 수 있음. 대화 원본을 보려면 대화 목록으로 이동을 클릭	CSC-C10

조코디의 YouTube 강좌

외부인을 Google Chat에 초대하여 단체 채팅하기
▶ https://bit.ly/CSC-F302

12.6 참고 내용

12.6.1 개인 사용자 Chat 참여

기존의 행아웃 대신에 개인은 초대된 Chat 채팅만 사용할 수 있습니다. 도메인 사용자는 해당 도메인 사용자, 외부 도메인 사용자, 개인 사용자 모두 초대하여 채팅할 수 있습니다. 초대 이후에는 채팅 수락 후 사용할 수 있고, 개인도 스마트폰 앱을 이용할 수 있습니다.

 조코디의 YouTube 강좌

개인계정에서 채팅 서비스 Chat 사용하기
▶ https://bit.ly/CSC-F301

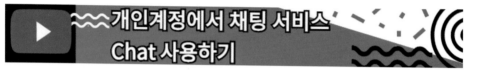

12.6.2 기존 행아웃과 Google Chat 비교

기본 행아웃	Chat
브라우저, 모바일 앱, Mac®, Windows®에서 기본 행아웃 열기	브라우저, 모바일 앱, Mac, Windows에서 Chat 열기
사용자 또는 그룹에 채팅 메시지 보내기	사용자 또는 그룹에 채팅 메시지 보내기
채팅방 없음	채팅방 만들기 또는 미리보기 및 참여하기
대화에서 텍스트를 전송한 후에 수정할 수 없음	대화에서 텍스트 수정하기
메시지에 스타일과 이모티콘 추가하기	텍스트에 스타일과 이모티콘 추가하기
채팅 메시지에서 나가기	채팅방에서 나가기
전체 채팅 메시지 삭제하기	대화에서 메시지 삭제 또는 전체 채팅 메시지 삭제하기
사진 업로드 및 공유하기	파일 업로드 및 공유하기
메일 검색하기	메일 검색하기
알림 관리하기	알림 관리하기

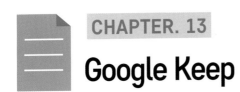

CHAPTER. 13
Google Keep

☆ →] ☁

13.1 Google Keep 개요

13.1.1 개념

아이디어를 음성으로 기록하고, 메모에 이미지를 추가하고, 할 일 목록에서 작업을 선택 해제하는 등의 다양한 작업을 할 수 있습니다. Google Keep을 사용하면 사람들과 메모 및 목록을 작성, 공유, 공동 작업할 수 있습니다. 모든 사용자 기기 동기화를 유지하여 어디에서나 메모 및 목록을 사용할 수 있습니다.

Google Keep은 언제 어디서나 쉽게 작성할 수 있는 메모장입니다. 작성한 내용은 클라우드에 안전하게 저장이 되고, 다양한 메모를 입력할 수 있습니다. 글, 목록, 사진, 음성 등 우리 주위의 모든 생각 및 아이디어를 빠르게 작성할 수 있습니다. 작성한 내용은 분류를 해서 보관, 이용할 수 있고, 검색 기능을 이용하여 내용을 검색할 수 있습니다. 이렇게 단편적으로 작성한 내용은 구글 문서에 삽입하여 전체 내용을 작성하기도 하고, 리마인더를 이용하여 특정 시점, 특정 위치에 가면 다시 메모를 알려주기도 합니다.

▲ Google Keep

13.1.2 특징

목적	• 다양한 메모를 PC 및 스마트폰에서 빠르고 간편하게 입력·저장·관리 • 특정 시간에 메모를 알람하고 위치 정보 추가하여 특정 장소에서 알람 제공	개념	어디서나 저장할 수 있는 클라우드 메모장
제공 버전	• G Suite 모든 버전 (Basic, Business, Enterprise,Education, Nonprofit) • 개인 버전	제공	• 위치 알람 지정 기능 • 알림 기능 • 메모 공유 기능
활용 방법	• Gmail, Drive, Calendar의 사이드바에서 필요할 때 즉시 이용 • 스마트폰에 음성으로 작성 가능	경쟁 제품/ 서비스	메모장, 에버노트
사용 용도	아이디어 메모하기, 스마트폰에 문서 또는 음성으로 작성	URL	• 웹(keep.google.com), • Android, iOS
limit	-		

13.1.3 UI

▲ Keep 사용자 화면

❶ **관리**: 알림, 라벨 관리, 보관 처리, 휴지통

❷ **검색**: 원하는 날짜를 쉽게 선택

❸ **설정**: 메모에 대한 설정

❹ **메모 작성**: 텍스트, 펜, 이미지 작성

❺ **메모 내용**: 메모 표시(카드형, 리스트형)

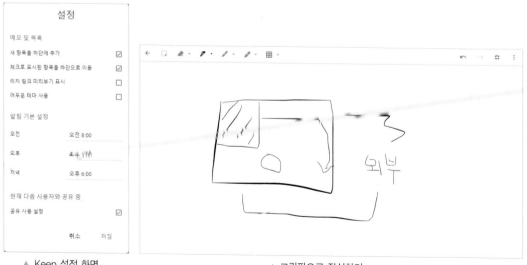

▲ Keep 설정 화면   ▲ 그림판으로 작성하기

▲ 그림으로 작성하기

13.1.4 메뉴/주요 기능

메뉴	설명	사용 방법
메모	• 메모 작성하기, 조회하기 • 체크리스트, 그림 삽입, 그림판	다양한 메모를 입력
알림	예정된 알림 표시	스마트폰의 경우 특정 지역 알림도 제공
라벨 관리	라벨을 생성하여 관리	
보관 처리	보관된 알림 확인	
휴지통	삭제된 알림	
설정	어두운 테마 사용	스마트폰에서 이용 가능
화면	어두운 테마 사용, 바둑판식/목록 보기	

13.1.5 환경 설정/고려 사항

메뉴	설명	사용 방법
메모 및 목록	새 항목을 하단에 추가, 체크로 표시된 항목을 하단으로 이동, 리치 링크 미리보기 표시, 어두운 테마 사용	
알림 기본 설정	오전, 오후, 저녁 시간 설정	
현재 다음 사용자와 공유 중	공유 사용 설정	

13.1.6 사용 절차

Keep을 사용하는 절차는 다음과 같습니다 .업무에 따라서 참고만 하세요. 본 내용은 업무에 미숙한 사용자를 위한 내용입니다. 이미 잘 사용하는 숙달자는 사용하는 방식으로 이용하시고 아래 내용은 참고만 해주세요.

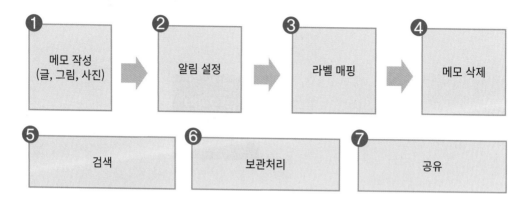

❶ **메모 작성**: 글, 드로잉, 텍스트, 사진 등 메모 작성

❷ **알림 설정**: 시간, 장소에 대한 알림 설정

❸ **라벨 매핑**: 라벨을 매핑

❹ **메모 삭제**: 안 쓰는 메모 삭제

❺ **검색**: 키워드를 이용하여 검색

❻ **보관 처리**: 사용하지 않는 메모 보존 처리(아카이빙)

❼ **공유**: 메모를 다른 사람과 공유 작성

13.2 Google Keep 시작하기

생각 메모하기	머릿속의 생각을 빠르게 작성하기(음성, 그림, 글)
할 일 정리하기	오늘 할 일, 업무 리스트 등
단편적인 글 작성	스마트폰만 있어도 필요할 때 언제든지 글을 작성 메모 구글 문서에 이용

13.2.1 아이디어를 빠르게 저장하기

머릿속에서 생각나는 메모를 빠르게 저장하는 가장 좋은 방법은 수첩을 늘 가지고 다니는 것입니다. 수첩을 펴고 펜을 가지고 있다가 생각이 나면 바로 글로 그림으로 작성하는 것이 가장 정확하고 생각을 놓치지도 않습니다. 가장 오랫 동안 사용한 방법이지만 수첩에도 단점이 있습니다. 사진이나 멀티미디어를 입력하는 방법은 없죠. 그림을 잘 그린다면 수첩에다가 그림을 빠르게 그릴 수는 있어도 이 그림을 재사용할 수는 없습니다. 동영상이나 소리는 흉내내거나 상황만 묘사할 수 있겠죠. 아이디어를 잘 보관하는 것은 어렵습니다. 하지만 현대인의 손 안에는 스마트폰이라는 컴퓨터가 늘 있습니다. 타이핑, 사진, 동영상, 그림 등 다양한 방법으로 머릿속에 떠오른 아이디어를 작성할 수 있습니다. 작성하는 것이 귀찮으면 목소리 녹음으로 메모할 수도 있습니다.

13.2.2 장소에서 알림 받기

집에 올 때 중간에 마트보고 오라는 부탁을 받았을 때 메모를 잘 작성한다고 하더라도 놓치기 쉽습니다. 특정 장소 근처에 왔을 때 알림이 오고 메모가 나타나면 집에 가서 야단 맞지 않아도 되겠죠. 우리 스마트폰에는 위치를 확인할 수 있는 GPS 기능이 있습니다. 메모를 작성할 때 특정 위치를 표시하면 해당 위치에 도착했을 때 알림을 받을 수 있습니다.

13.2.3 특정 시간에 알림 받기

아침에 대부분이 알림에 맞춰 기상을 하고 하루를 시작합니다. 하루에 많은 약속이 있습니다. 주로 캘린더에 약속을 작성하고 알림을 받을 수 있지만, 캘린더에 작성하기에 작은 것들, 예를 들어서 약 먹기, 강아지 산책 시키기, 운동하기 등은 메모장에 알림 기능을 이용하면 좋습니다.

13.3 Google Keep 기능 소개

13.3.1 메모 작성하기

Google Keep의 장점은 1) 간단하며 2) 스마트폰과 연동할 수 있고 3) 다양한 알림을 받을 수 있다는 것입니다. Google Keep의 웹과 Mobile 앱을 이용하면 다양한 방법으로 새로운 메모를 입력하는 방법을 제공하고 있습니다.

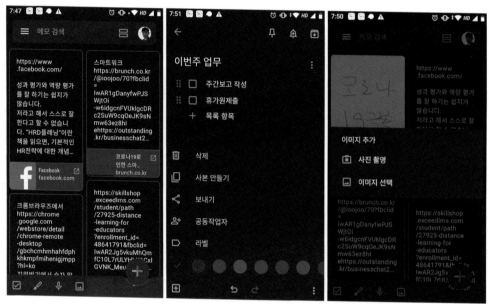

▲ 스마트폰에 메모 작성 1

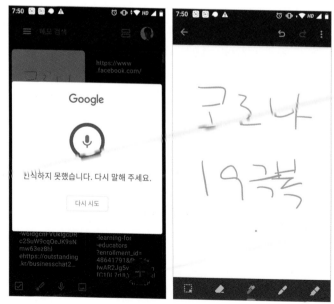

▲ 스마트폰을 이용한 메모 작성 2

13.4 재택근무 활용 방법

13.4.1 스마트폰에서 음성으로 입력

집에서 혼자서 재택근무를 하게 되면 사무실에서 보다는 개인적인 소음 발생에 자유롭습니다. 그렇다면 굳이 키보드를 이용하여 글자를 입력하는 방법보다는 음성으로 글자를 만드는 방법이 빠르고 생각하는 속도와 비슷한 속도로 작성할 수 있습니다. 최근의 음성 인식의 정확도는 사람보다 더 정확한 수준까지 발전을 했습니다. 물론 지향성 마이크와 조용한 공간, 정확한 발음이 필요합니다.

보통 일을 PC나 노트북으로 작업을 하고 스마트폰이 옆에 있다면 일을 하면서 '오케이 구글[5]'로 필요한 메모를 스마트폰에 할 수가 있습니다. "오케이 구글, 오늘 제안서 목차 작성이라고 메모해줘"라고 스마트폰에게 이야기를 하면 스마트폰의 오케이 구글은 "네, 알겠습니다."라고 하면서 Google Keep에 방금 이야기한 내용을 메모해줍니다. 물론 스마트폰에 메모를 하더라도 클라우드에 저장이 되기 때문에 PC나 다른 디바이스에서 바로 확인을 할 수 있고, 다른 사람과 공유를 하면 다른 사람의 메모에도 해당 내용이 나타납니다. 이제는 손으로 치지 말고 말로 작성하세요.

13.4.2 퇴근 후 마트에서 우유사기

재택근무가 일반화되면 가급적 외출을 자제하게 됩니다. 그리고 외부에 나갈 일이 있다면 들어오는 길에 가능한 많은 일을 볼려고 노력하겠죠. 특히 매일 이용하는 식품점이나 상가의 경우에는 특정 위치를 지정해서 메모를 하고 해당 위치에 갔을 때 해당 메모가 나타난다면 외출 동선을 줄일 수 있을 것입니다.

▲ 특정 지역에서 메모 알림

---

5 "오케이, 구글"이라고 말하면 안드로이드 기기 전용 인공지능 비서인 '구글 어시스턴트'를 실행할 수 있습니다.

13.5 사용 능력 체크리스트

자신이 어느 정도 사용하는지 체크하는 사용 능력 체크리스트입니다. 다양한 기능을 확인하고, 자신의 업무에 필요한 기능은 웹, YouTube, 도서 참고 페이지를 통해 사용법을 확인하세요.

초급	중급	고급
• 메모에 그림 추가하기 • 메모에 이미지 추가하기 • 메모에 웹 콘텐츠나 앱 콘텐츠 추가하기 • Keep 메모 인쇄하기	• 음성으로 메모 추가하기 • 필요한 기간 동안 이메일 또는 리마인더 일시 중지하기	• 기타 Google 제품에 메모 보내기 • 문서에 Keep 메모 추가하기

 조코디의 YouTube 강좌

다음의 URL을 통해 Google Keep의 기능을 알아보세요.

▶ Google Keep에서 사진 촬영한 후 글자 인식(OCR)하기　https://bit.ly/CSC-F226

▶ 해시태그로 라벨 관리하기　https://bit.ly/CSC-F186

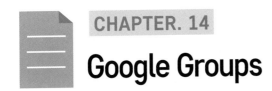

CHAPTER. 14
Google Groups

14.1 Google Groups 개요

14.1.1 개념

Google 그룹스를 사용하면 프로젝트 팀, 부서 또는 학교 친구 등의 사용자 그룹이 공통의 관심 주제에 대해 쉽게 의사소통하고 공동 작업할 수 있습니다. 그룹에는 여러 가지 유형과 목적에 따라 다양하게 활용할 수 있습니다. 예를 들어 새로운 기술에 대해 논의하거나 제품과 관련한 질의 응답을 제공하는 온라인 포럼으로 활용할 수 있습니다. 하나의 주소를 사용하여 그룹의 모든 구성원에게 이메일을 보낼 수 있습니다. 또는 이벤트에 그룹을 초대하거나 그룹과 문서를 공유할 수 있습니다.

다음은 Google 그룹스에서 수행할 수 있는 몇 가지 작업입니다.

- 하나의 이메일 주소로 그룹에 속해 있는 모든 구성원에게 메일 보내기.
- 특정 주제에 대한 온라인 토론 개설
- 고객의 제품에 대한 질문에 응답하는 Q&A 포럼 개설
- 동료 또는 고객의 지원 요청을 기록하고 관리
- 그룹 구성원 간에 모임, 회의 또는 소셜 이벤트 조직
- 이메일, 온라인 포럼을 통해 그룹 게시물 읽기

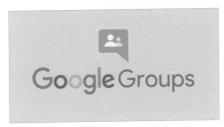

▲ Google Groups

14.1.2 특징

목적	• 많은 사람을 가상의 그룹을 만들어서 콘텐츠 공유 및 메일링으로 사용 • 조직 내 변경되는 조직 관리용으로 사용	개념	팀원과 콘텐츠 공유와 메일링을 위한 주소 만들기
제공 버전	• G Suite 모든 버전 (Basic, Business, Enterprise, Education, Nonprofit) • 개인 버전	제공	2020.06: 새로운 그룹스 UI 변경
활용 방법	팀별, 업무별 그룹스 주소 만들기	경쟁 제품/ 서비스	
사용 용도	• 회사 공식메일 공동 작업 편지함 • Q&A 포럼/ 웹포럼 • 회사 전체 메일링 • 외부 메일링 리스트	URL	groups.google.com
limit			

14.1.3 UI

▲ 새로운 Groups UI

❶ **그룹 만들기**: 새로운 그룹 만들기

❷ **그룹 항목**: 내그룹, 최근 그룹, 모든 그룹, 즐겨찾는 그룹

❸ **그룹 검색**: 그룹을 볼 수 있는 사용자가 그룹 검색

❹ **설정**: 그룹 설정

❺ **그룹 리스트**: 소유하거나 포함되어 있는 그룹

14.1.4 메뉴/주요 기능

메뉴	설명	사용 방법
그룹 만들기	• 새로운 그룹 만들기	왼쪽 좌측 그룹 만들기
그룹 조회	내 그룹, 즐겨찾는 그룹, 모든 그룹 보기	좌측 메뉴 리스트
사용자 관리	그룹의 사용자 관리(회원, 대기 회원, 차단된 회원)	
대화 관리	대화 대기, 승인	
그룹 설정	그룹의 세팅 내역을 관리 그룹 정보 보기	

14.1.5 환경 설정/고려 사항

Groups는 초기에는 게시판 대신 그룹스 뉴스레터로 시작을 하였으나, 클라우드에서는 이메일이 클라우드 ID 성격을 가지면서 콘텐츠의 권한 부여 용도로 사용되고 있습니다. Groups 설계를 잘 하면 큰 조직에서도 콘텐츠 및 메시지 전달을 쉽게 할 수 있는 장점이 있습니다.

회사의 디렉토리 시스템이 연동이 된다면 자신의 팀 정보와 Google의 G Suite OU(Organization Unit)와 동기화하면 자신의 Groups 정보가 자동으로 동기화 되어 Groups를 자동으로 관리할 수 있습니다. 즉 인사팀에서 총무팀으로 이동을 하면 회사 인사 시스템 정보가 자동으로 동기화되어 인사팀 멤버에서 총무팀 멤버로 변경됩니다. 이에 따라 접근할 수 있는 공유 드라이브나 캘린더 등이 변경되고, 총무팀을 호출하면 자동으로 알람을 받을 수 있습니다.

대학교나 큰 회사에서는 꼭 필요한 기능입니다. 물론 작은 회사나 변경이 적은 경우에는 G Suite Admin이 수동으로 관리해도 큰 불편이 없습니다.

14.1.6 사용 절차

그룹스를 사용하는 절차는 다음과 같습니다 .업무에 따라서 참고만 하세요. 본 내용은 업무에 미숙한 사용자를 위한 내용입니다. 이미 잘 사용하는 숙달자는 사용하는 방식으로 이용하시고 아래 내용은 참고만 해주세요.

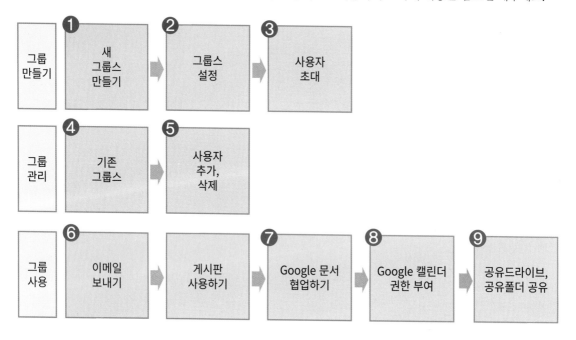

❶ **새 그룹스 만들기**: 서비스 권한이 있으면 누구나 그룹스 생성(접두어, 접미어 이용)

❷ **그룹스 설정**: 그룹스의 설정에서 세팅

❸ **사용자 초대**: 같은 그룹스에 포함될 사람 초대(바로 추가, 초대)

❹ **기존 그룹스 관리**: 나의 그룹스 리스트, 관리

❺ **사용자 추가, 삭제 관리**: 새로운 사용자 추가 및 삭제 관리

❻ **이메일 보내기**: 그룹스로 이메일 보내기

❼ **문서 협업하기**: 문서, 콘텐츠 협업 위해 그룹스 권한 부여(수정, 댓글, 조회)

❽ **캘린더에서 이용**: 캘린더에서 공유하기 위한 그룹스 권한 부여(한가함/바쁨, 조회, 수정)

❾ **공유 드라이브, 폴더 이용**: 폴더, 드라이브에 그룹스 권한 부여(콘텐츠 관리자, 수정, 조회)

14.2 Google Groups 시작하기

그룹스 만들기	필요한 그룹스를 만들고 회원을 초대함
이메일 보내기	• 많은 사람에게 한꺼번에 메일 보내기 • 메일 받은 사람들이 누가 받았는지 알지 못 함
그룹에 권한 부여	콘텐츠에 권한을 부여해서 수정, 조회 등의 작업 가능

그룹스를 회사나 조직에서 사용하면 간편하며, 보안이나 정확성을 높일 수 있는 장점이 많은데 익숙하지 못해서 사용하지 못하는 경우가 많습니다. 회사나 조직에서는 꼭 익숙하게 사용해서 불필요한 시간 낭비를 줄여야 합니다.

Google 그룹스를 사용하면 그룹으로 모인 사용자들(프로젝트 팀, 부서 또는 학급)이 더 쉽게 커뮤니케이션하고 공동으로 작업할 수 있습니다. 하나의 주소로 그룹에 있는 모든 사람에게 이메일을 보내거나, 일정에 그룹을 초대하거나, 그룹과 문서를 공유할 수 있습니다. 인기 있는 기술에 대해 토론하거나 제품에 관한 질문에 답할 수 있는 온라인 포럼을 만들 수도 있습니다.

14.2.1 이메일 주소로 사용

팀원이 5명일때는 5명 사람에게 이메일을 보내는 것은 어렵지 않습니다. 자신을 제외한 4명의 사람을 기억해서 이메일 주소창에 입력하는 것은 20초도 안걸리는 간단한 일입니다. 메일을 작성하고 메일을 보내면 메일이 발송되고 해당 수신자에 기록된 팀원들은 이메일을 받을 수 있습니다. 자 그럼 10명은 어떨까요? 대부분이 잘 보내겠지만, 어떨 때는 새로 들어온 팀원이 생각이 안 나서 수신자에 입력하지 못할 수도 있고, 팀에서 나간 팀원에게 익숙함 때문에 메일을 보낼 수도 있습니다. 메일 내용이 중요하지 않으면 상관없지만 중요한 내용이라면 문제가 발생합니다. 하루에 한 번만 보낼 경우에는 신경을 많이 쓰겠지만 하루에도 여러 번 보내는 경우마다 신경을 쓰는 것은 어려운 일입니다.

팀원에게 모두 메일을 보낼 수 있는 대표 그룹 메일을 사용하면 1) 많은 사람에게도 하나의 이메일로 보낼 수 있고 2) 맴버의 교체가 있어도 신경쓰지 않고 메일을 보낼 수 있습니다.

또한 메일을 그룹으로 받은 사용자는 누가 받았는지 수신자 정보를 알 수 없습니다.

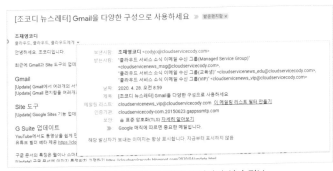

▲ 메일 수신자의 이메일에 표시된 수신자 정보

14.2.2 콘텐츠 권한 부여

G Suite에서 제공하는 클라우드 콘텐츠에는 다양한 종류가 있습니다. Google 문서 도구(Google 문서, 스프레드시트, 프레젠테이션, 설문지, 드로잉) 외에도 드라이브에서 작성할 수 있는 문서와 저장할 수 있는 문서, 캘린더, 이벤트, 드라이브 폴더, 드라이브, 메모장 등등 모든 게 다 클라우드 콘텐츠입니다. 클라우드에 저장하고 언제든지 사용할 수 있는 특징이 있습니다.

클라우드 콘텐츠의 특징

클라우드에 저장된 콘텐츠는 PC에 있는 파일과 사용법이 다릅니다. PC에 저장된 파일은 USB에 복사해서 전달하거나 이메일로 파일을 보낼 수 있습니다. 반면, 클라우드 콘텐츠는 소유권이나 권한을 가지고 있는 사람이 클라우드 콘텐츠에 사용하려는 사용자의 클라우드 ID(이메일 ID) 권한(편집, 코멘트, 보기)을 넣어주면 권한에 맞게 사용할 수 있습니다.

사용자 그룹을 만들고 해당 그룹의 이메일을 클라우드 콘텐츠에 권한을 부여해서 이용합니다.

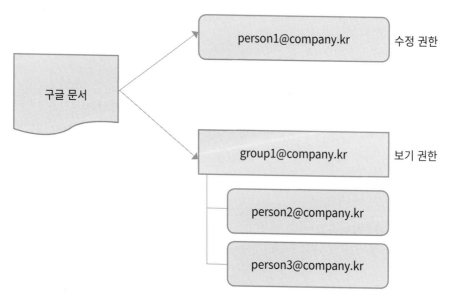

▲ 그룹 이메일에 클라우드 콘텐츠의 사용 권한 부여

14.3 Google Groups 기능 소개

14.3.1 그룹 검색 및 가입

1. 그룹 찾기

웹 브라우저에서 groups.google.com으로 이동합니다. 또는 우측 상단의 바둑판 메뉴 ( )에서 그룹스를 아이콘을 클릭해서 이동할 수 있습니다. 그룹을 검색하려면 그룹스 페이지 상단의 검색창에 단어나 구문을 입력합니다.

▲ 도메인 내에서 Groups 찾기

[그룹 검색]

- 내 그룹을 클릭하면 내가 가입한 그룹의 목록이 표시됩니다.
- 찾아보기를 클릭하면 조직 내 모든 그룹의 목록이 표시됩니다.

2. 그룹 가입하기

소유자의 권한 설정에 따라 회원에 가입해야만 그룹에 참여하고 토론할 수 있는 그룹도 있습니다. 디렉토리에서 새 회원을 허용하는 그룹에 가입할 수 있습니다. 바로 가입을 허용하는 그룹도 있고 요청을 먼저 보내야 하는 그룹도 있습니다.

▲ 도메인 Groups에 가입하기

[그룹 가입]

- 그룹스 리스트에서 가입하고자 하는 그룹을 클릭하여 그룹의 페이지를 엽니다.
- 그룹의 페이지에서 '그룹 가입'을 클릭합니다.
- 참여한 주제에 대한 업데이트 자동 수신 방법, 게시물을 Google 프로필에 링크하고 사진을 표시할지 여부, 그리고 다른 회원에게 표시될 이름을 선택합니다. 그런 다음 '이 그룹 가입하기'를 클릭합니다.

14.3.2 새 주제 게시 및 응답

1. 새 주제 작성하기

▲ Groups 주제 작성하기

[새 주제 작성]

- 주제 목록 상단의 새 주제 또는 새로운 질문(그룹 유형에 따라 다름)을 클릭합니다.
- 표시되는 내용에 따라 제목 또는 질문 제목을 입력합니다. 그룹 유형과 사용자의 그룹 권한에 따라 게시물의 유형[6]을 선택하는 옵션이 표시될 수 있습니다.

2. 주제에 응답하기

그룹의 유형, 그리고 개인 설정 및 권한에 따라 포럼에서 또는 이메일을 사용하여 게시물을 읽고 응답할 수 있습니다. 예를 들어 그룹이 공동 작업 받은편지함 또는 Q&A 포럼으로 설정되면 그룹의 온라인 포럼을 사용하여 게시물을 읽고 응답할 수 있습니다.

▲ Groups 게시물을 읽고 응답하기

[답글 게시]

- 주제의 게시물 아래에 있는 답글 게시를 클릭하거나 원본 게시물의 답글입력란을 클릭합니다.
- 표시되는 공간에 답글을 입력합니다.

---

6 게시물 유형: 토론, 질문, 공지 (그룹 유형에 따라 표시되는 항목이 다름)

3. 게시물 삭제

본인이 작성한 게시물을 삭제할 수 있습니다. 그룹 소유자와 관리자도 모든 게시물을 삭제할 수 있습니다. 게시물이 삭제되면 주제를 조회하는 사용자에게는 게시물이 삭제되었다는 메시지가 표시되지만 게시물 작성자 정보는 표시되지 않습니다.

▲ Groups 게시물 삭제하기

[게시물 삭제]

- 작성한 게시물을 삭제하려면 게시물을 확장합니다.
- 그런 다음 메시지 작업 더보기(▾)를 클릭하고 게시물 삭제를 선택합니다.

14.3.3 그룹 만들기 및 관리

1. 이메일 목록

이 유형의 그룹은 메일링 리스트와 같습니다. 구성원의 이메일 주소를 포함하면서 동시에 자체 주소도 사용합니다. 그룹 이메일 주소를 사용하여 다음 작업을 수행할 수 있습니다.

- 그룹 회원에게 이메일 전송
- 그룹 회원을 회의에 초대
- Google 문서, 사이트, 동영상 및 캘린더 등의 콘텐츠를 그룹 구성원과 공유

그룹 이메일 전송, 초대 및 그룹과 공동작업 그룹 이메일 전송, 초대 및 그룹과 공동 작업을 참조하여 방법을 알아보세요.

그룹을 이메일 목록으로 사용하는 경우, 온라인 포럼 인터페이스를 사용할 수도 있고 그다지 사용하지 않을 수도 있습니다. 포럼 인터페이스를 사용해서도 글을 읽고 게시하거나 이메일을 통해 그룹과 의사소통할 수 있습니다. 어떤 사용자들은 주로 이메일을 통해 그룹과 의사소통하고, 새 그룹을 찾아 가입할 때나 그룹 내 이전 메일을 보관할 때에만 가끔씩 포럼 인터페이스를 사용합니다.

1) 이메일 목록 그룹 및 Google 연락처 그룹 비교

이메일 목록 그룹이 내 주소록 목록(Gmail에서 주소록 클릭)에서 만들 수 있는 주소록 그룹과 어떻게 다른지 궁금할 수 있습니다. 유념해야 할 큰 차이 두 가지는 다음과 같습니다.

① **자체 이메일 주소의 유무**: 가장 큰 차이는 Google 그룹은 자체 이메일 주소가 있기 때문에 그룹스 디렉터리에서 이 주소를 공유할 수 있고 다른 사용자가 이 주소로 메일을 보낼 수 있다는 점입니다. 반면 연락처 그룹은 개인 용도입니다. 연락처 그룹은 자체 이메일 주소가 없으므로 다른 사용자는 이 그룹에 메일을 보낼 수 없습니다.

② **Google 연락처의 다양한 수신처**: 이메일을 연락처 그룹에 보낼 때 수신자는 받은편지함에서만 이메일을 받습니다. 그러나 Google 그룹에 이메일을 보낼 경우 그룹 구성원은 이메일이나 온라인 포럼 인터페이스, 또는 둘 다를 통해 콘텐츠를 볼 수 있습니다.

2. 공동 작업 받은편지함

공동 작업 받은편지함을 사용하면 고객이나 동료의 질문을 관리하고 추적할 수 있으며, 이는 지원 서비스를 제공하는 조직을 위한 그룹 유형입니다. 공동 작업 받은편지함에서 팀 구성원은 고객이나 동료의 지원 티켓 또는 기타 질의를 쉽게 할당하고 추적할 수 있습니다. 팀 구성원은 다음 작업을 수행할 수 있습니다.

- 본인이 해결하려는 주제를 선택
- 다른 그룹 구성원에게 주제 할당
- 주제를 중복으로 표시

3. 웹 및 Q&A 포럼

웹 포럼은 비행기 단골 승객이 여행 관련 문제를 논의하거나 음악 애호가들이 최근 차트를 논의하는 포럼과 같은 온라인 토론 포럼과 유사합니다. Q&A 포럼은 온라인 커뮤니티 내에서 문제나 질문을 해결하는 데 이용됩니다. 둘은 유사하지만 웹 포럼은 보통 일반적인 논의에 더 중점을 두는 반면, Q&A 포럼은 질문에 대한 답변을 찾는 데 더 중점을 둡니다.

인증된 사용자는 포럼에서 다음 작업을 수행할 수 있습니다.

- 응답을 우수 답변으로 표시합니다(Q&A 포럼만).
- 동감! 을 클릭하여 주제 작성자와 동일한 질문을 가지고 있음을 나타냅니다(Q&A 포럼만).
- 주제를 제거하거나 작성자를 금지시키는 등 그룹을 검토합니다.

웹 및 Q&A 포럼에서는 아마도 Google 그룹스 포럼 인터페이스만을 사용하여 다른 구성원과 의사소통하게 될 것입니다. 원하는 경우 이메일 수신도 선택할 수 있지만, 일부 기능은 온라인 포럼 인터페이스에서만 사용할 수 있습니다.

4. 그룹 만들기 및 구성

▲ Groups를 이용한 웹(Web) 포럼 만들기

[그룹 이름 및 이메일 주소 지정]

- 그룹 시작 페이지에서 그룹 만들기
  를 클릭합니다.
- 그룹의 이름 및 설명을 입력합니다.
- 원하는 대로 그룹의 이메일 주소를
  업데이트합니다

▲ Groups를 이용한 공동작업 받은편지함 만들기

[그룹 유형 선택]

- 그룹 유형 선택에서 생성하고자 하는 그룹의 유
  형을 선택합니다.

▲ 사용자별 Groups 권한 부여

[기본 권한 설정]

- 기본 권한에서 주제를 보거나 게시, 그룹에 참여할 수 있
  는 사용자를 지정합니다.

5. 그룹 역할 및 권한 검토

특정 회원에게 역할을 할당해 회원이 수행할 수 있는 작업을 관리할 수 있습니다. 각 역할에는 특정 권한이
부여됩니다. 웹 포럼을 만들 때 그룹은 아래 표시된 권한을 가지는 세 가지 역할을 설정합니다. 이러한 역할
을 그룹에 맞게 수정할 수 있으며 새 역할을 만들 수도 있으나 먼저 기본 역할을 살펴보고 있는 그대로 사용
할지를 확인하세요.

- **회원**: 주제를 게시하거나 볼 수 있습니다.
- **관리자**: 회원을 추가하거나 삭제할 수 있습니다. 또한 포럼의 주제를 수정 및 삭제하고 포럼 내외로 이동시킬 수 있습니다.
- **소유자**: 그룹을 만들고 회원을 추가합니다.

각 역할의 정확한 기본 권한은 다음과 같습니다. 그룹을 만들 때 설정한 기본 권한뿐만 아니라, 선택한 그룹 유형에 따라 게시, 검토 및 액세스와 관련된 추가 권한도 설정됩니다.

6. 회원 초대

그룹을 만든 다음 사용자를 가입하도록 초대해서 추가하거나 사용자를 직접 추가할 수 있습니다.

▲ Groups에 회원 추가하기

[회원 초대하기]
- 주제 페이지에서 관리를 클릭합니다.
- 회원 〉 회원 초대를 클릭하여 사용자가 가입할 수 있도록 초대하거나 바로 회원 추가를 클릭하여 직접 추가합니다.

7. 그룹 관리

그룹 관리 메뉴에서 다음과 같은 작업을 할 수 있습니다.

구분	메뉴	설명
회원	모든 회원	전체 회원 보기
	회원 초대	초대할 회원 이메일과 메시지 작성하여 초대
	바로 회원 추가	강제로 초대할 회원 이메일 입력하여 추가
	수락되지 않은 회원	초대에 응하지 않은 회원 보기
	가입 요청	가입을 요청한 회원 보기
메시지	대기 중인 메시지	메시지로 등록 대기 중인 메시지 보기
설정	이메일 옵션	이메일 발송 시 옵션
	신원	신원 확인 방법
	검토	메시지 검토 방법
	태그	사용할 태그 관리
	카테고리	사용할 카테고리 관리
권한	기본 권한	그룹의 기본 권한
	게시 권한	게시할 수 있는 권한 관리
	검토 권한	검토할 수 있는 권한 관리
	액세스 권한	액세스할 수 있는 권한 관리
역할	역할	소유자/ 관리자, 회원 관리
정보	일반 정보	그룹의 일반 정보
	디렉터리	그룹 디렉터리 등록 결정
	콘텐츠 관리	보관처리 옵션, 답글 없는 게시물
	웹보기 맞춤	우수 답변, 대화 모드, 제목 길이
	고급	그룹 삭제,그룹 재설정

14.4 재택근무 활용 방법

14.4.1 공동작업하기

1. 그룹에 이메일 보내기

그룹에 이메일 메시지를 보내려면 Gmail에서 편지쓰기를 누르고 받는사람 입력란에 수신자로 그룹 주소를 입력하세요. 일반적으로 주소를 입력하기 시작하면 Gmail에서 자동으로 완성합니다.

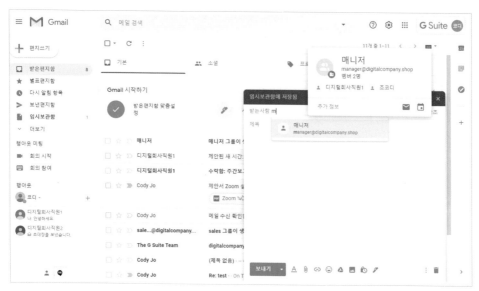

▲ Groups를 이용한 이메일 보내기

[수신자에 그룹 주소 지정]

- Gmail 편지쓰기 창의 받는사람 입력란에 각 팀 회원의 이메일 주소를 추가하는 대신에 그룹 주소를 수신자로 입력합니다.

2. 캘린더 일정에 그룹 초대

그룹에 캘린더 초대장을 보내려면 Google 캘린더에서 만들기를 누르고 참석자 입력란에 그룹 주소를 입력하면 됩니다. 일반적으로 주소를 입력하기 시작하면 자동으로 완성합니다.

▲ 그룹 초대할 사람의 정보 확인

[참석자에 그룹 주소 지정]

- 캘린더 일정 세부 정보 페이지의 참석자 입력란에 그룹 주소를 입력합니다.
- 그룹을 추가한 후, 그룹 회원 목록을 볼 수 있는 권한이 있는 사용자는 캘린더의 초대장에서 회원 목록을 볼 수 있습니다. 회원은 개별적으로 추가한 것처럼 표시되고 그룹 주소 자체는 더 이상 표시되지 않습니다.

3. Google 콘텐츠 공유

Google 그룹스를 사용하면 Google 문서, 사이트 및 캘린더를 여러 사람들과 손쉽게 공유할 수 있습니다. 그룹에 새 회원을 추가하면 새 회원은 사용자가 이전에 해당 그룹과 공유한 콘텐츠에 액세스할 수 있는 권한을 자동으로 부여 받습니다.

▲ Groups 멤버 관리

[공유 대상에 그룹 주소 지정]

- Google 문서 도구(문서, 스프레드시트, 프레젠테이션)을 그룹과 공유하려면 파일을 열고 공유를 클릭합니다. 그런 다음 그룹의 이메일 주소를 입력합니다.
- 나중에 그룹에 추가된 사용자도 문서에 액세스할 수 있습니다. 또한 그룹에서 회원을 삭제할 경우 삭제된 회원은 더 이상 관리자가 그룹과 공유한 콘텐츠에 액세스할 수 없습니다.

4. Google 공유 드라이브

Google 드라이브의 공유 드라이브를 생성하고 그룹스에 사용 권한을 부여해서 그룹스에 포함된 사용자에게 일괄 권한을 부여합니다.

14.4.2 공동 이메일 사용하기

회사에서 공통으로 사용하는 이메일이 몇가지 있습니다. 영업문의는 sales, 대표에게 문의는 ceo, 질의는 qna 등 몇가지 대표 메일 계정을 공개하고 해당 메일을 받습니다. 이 메일을 한 사람이 처리하는 방법이 있고, 여러 사람이 함께 처리하는 방법이 있습니다. 이런 경우에는 groups로 만들어서 해당 메일을 공동으로 관리하는 방법이 좋습니다.

14.4.3 회사 전체 메일 주소

Groups를 만들고 도메인 전체를 추가하면 도메인 내 모든 사용자가 추가됩니다. 전체 공지나 콘텐츠 공유를 위해서 간편하게 전체 메일 주소로 사용할 수 있습니다. 오남용의 문제가 있을 수 있으니 메일 주소를 복잡한 형태로 이용하는 것도 좋습니다.

14.4.4 그룹스 표시

그룹스가 많아지면 일반 사용자 계정인지 그룹스 계정인지 구분이 어려워집니다. 간단한 접두어나 접미어를 관리자가 설정하면 생성되는 모든 그룹스 계정에 자동으로 붙어서 만들어 집니다 사용 시에 식별하기 좋습니다. (예: g_salesteam1)

14.5 사용 능력 체크리스트

자신이 어느 정도 사용하는지 체크하는 사용 능력 체크리스트입니다. 다양한 기능을 확인하고, 자신의 업무에 필요한 기능은 웹, YouTube, 도서 참고 페이지를 통해 사용법을 확인하세요.

초급	중급	고급
• 그룹의 환영 메시지 맞춤 설정하기 • 게시물 작성자에게 비공개 답장하기	• 가상 게시판 만들기 • 공통의 관심 분야를 위해 웹 포럼 사용하기	• 여러 사용자와 콘텐츠 공유하기 • 여러 사용자가 그룹을 관리하도록 허용하기 • 그룹 또는 커뮤니티 소유자 변경하기

☑ 체크리스트	체크리스트는 서비스 사용 방법을 습득하기 위해서 단계별로 나눈 리스트입니다. 하나씩 체크하면서 사용법을 배우고 익숙해져 보세요.

확인	구분	항목	예상결과	참고ID
☐	필수	그룹스 접속	그룹스 접속	CSC-G01
☐	필수	내 그룹 확인	내가 속한 그룹확인	CSC-G02
☐	필수	그룹 찾아보기	같은 도메인에서 그룹 찾기	CSC-G03
☐	필수	그룹 만들기	새로운 그룹 만들기	CSC-G04
☐	필수	그룹 정보 입력	그룹에 필요한 정보 입력	CSC-G05
☐	필수	그룹 멤버 초대	멤버 초대	CSC-G06
☐	필수	멤버에게 메일 보내기	그룹 이메일로 멤버들에게 메일 보내기	CSC-G07
☐	필수	멤버에게 문서 공유	그룹 이메일로 문서에 수정권한 부여하기	CSC-G08
☐	필수	멤버에게 캘린더 공유	그룹 이메일로 캘린더 수정권한 부여하기	CSC-G09
☐	필수	공유 드라이브 공유	그룹 이메일로 공유 드라이브 공유하기	CSC-G10
☐	필수	그룹스 멤버 삭제	특정 멤버 삭제하기	CSC-G11

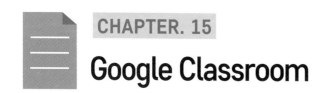

CHAPTER. 15
Google Classroom

15.1 Google Classroom 개요

15.1.1 개념

Google Classroom(https://classroom.google.com)은 e-Learning 플랫폼으로 다양한 수업 미션(Mission)을 관리할 수 있는 도구입니다. Google Classroom을 이용하면 선생님은 부가적인 업무에 불필요한 시간을 줄일 수 있고, 학생을 지도하는 데 더욱 집중할 수 있습니다. Google Classroom을 이용하면 학생별로 차별화된 교육 진도와 관리를 통하여 교육의 본질인 학생이 이해하고, 깨닫는 데 도움이 됩니다. Google Classroom을 이용하면 학생과의 보다 긴밀한 소통으로 학생의 수업에 대한 관심을 높일 수 있고, 선생님도 보다 보람 있는 학교 생활을 하게 될 것입니다. 교사는 수업을 만들고, 과제를 내고, 의견을 보내고, 한 곳에서 모든 정보를 볼 수 있습니다. Classroom은 Google 문서 및 드라이브와 같은 다른 Google 도구와도 원활하게 통합됩니다.

▲ Google Classroom

15.1.2 특징

목적	온라인에서 온라인 공간에 수업 공간을 만들고 수업 및 과제 제출, 성적 관리	개념	온라인에서 진행되는 교실
제공 버전	• G Suite 모든 버전 (Basic, Business, Enterprise,Education, Nonprofit) • 개인 버전	제공	• 평가 기준(Rubrics) • 원문성보고서 기능 • 성적 다운로드 기능 • Google Meet 방 제공
활용 방법	• 회상 OJT 교육 (신입, 공통 교육, 진급자 교육) • 가정에서 아이들 교육 • 관련 스터디모임	경쟁 제품/ 서비스	EBS 온라인 클래스
사용 용도	신입사원 교육과정, 온라인 교육과정, 회사 필수 교육	URL	classroom.google.com

limit	1. G Suite for Education
	• 교사 최대: 20명
	• 학생, 교사 최대: 1,000명
	• 참여할 수 있는 Class: 1,000개
	• Class 생성 수: 제한 없음
	• 초대장 수: 제한 없음
	• 학생별 최대 보호자(guardian) 수: 20명
	2. 개인 버전
	• 학생, 교사 최대: 250명
	• 참여할 수 있는 Class: 최대 100개, 30개/하루
	• Class 생성 수: 30개/하루
	• 초대장 수: 100개/Class,하루
	• 학부모 초대: 제공 안 함

15.1.3 UI

Google Classroom은 교사/교수가 수업을 생성하고 학생들을 초대, 등록하여 수업을 진행합니다. 교사는 여러 개의 Classroom을 만들 수 있고, 학생도 여러 개의 수업에 참여할 수 있습니다. 초기 화면에는 교사와 학생으로 참여하는 수업이 나타납니다.

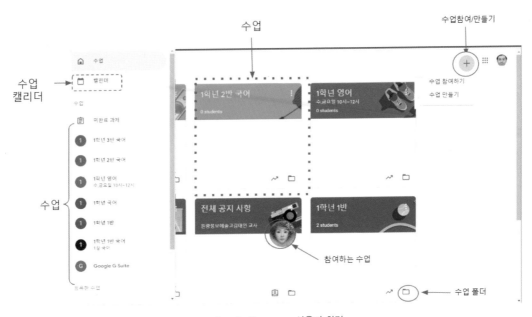

▲ Google Classroom 사용자 화면

수업은 다음 4가지 화면으로 구성이 됩니다. 학생은 성적 메뉴 및 화면을 볼 수 없습니다.

- **스트림**: 공지 및 할당된 수업, 과제가 표시
- **수업**: 과제, 퀴즈, 자료 등 수업에 관련된 내용
- **사용자**: 교사 및 학생 리스트와 이메일 표시
- **성적**: 과제별 성적 표시

교사나 학생 화면은 약간의 차이가 있고 스트림과 수업, 학생, 성적의 탭으로 구성되어 있습니다. 각각 공지 및 과제 표시, 수업 자료 관리, 학생 관리, 성적 관리를 할 수 있습니다.

▲ 수업의 스트림, 수업, 사용자, 성적 탭 화면

Google Classroom의 장점 중에 캘린더 연동 기능은 과제가 기한이 정해지면 해당 날짜에 과제가 표시됩니다. 과제가 많아서 놓치지 않도록 개인 캘린더에 새로운 달력이 추가되고 과제의 마감을 확인할 수 있습니다.

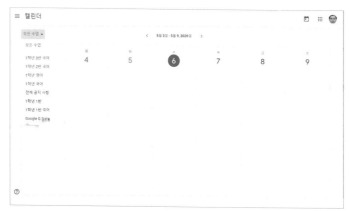

▲ 캘린더 클릭 시 수업별 과제 및 일정을 확인하는 캘린더

15.1.4 메뉴/주요 기능

메뉴	설명	사용 방법
수업 참여/만들기	• 교사는 수업을 만들고, 참여할 수 있음 • 학생은 수업 참여만 할 수 있음	수업 코드 입력
수업 관리	• **교사**: 이동, 수정, 복사, 보관 처리, • **학생**: 이동, 등록 취소	우측 점 세 개
캘린더	수업 캘린더로 이동	과제 및 일정 확인
미완료 과제	전체 수업에서 완료/미완료 과제 확인	만든 수업, 참여한 수업으로 구분
성적 기록	해당 수업의 성적 탭으로 이동	교사만. 학생은 할당된 과제 확인
수업 폴더	수업에 사용되는 드라이브 폴더 이동	Classroom 용으로 수작업 관리 금지

15.1.5 환경 설정/고려 사항

① **수업 세부 정보**: 수업에 관련한 정보

- 수업 이름
- 수업 설명
- 부제(단원)
- 강의실
- 제목

② **일반**: 수업 설명 메뉴

- 수업 이름
- 수업 설명
- 부제(단원)
- 강의실
- 제목

③ **행아웃 미팅**: 구글 Meet 링크 이용

Meet 링크 생성 시 고정된 링크 이용

④ **점수 매기기**: 과제 성적 설정

- **성적 계산**: 전체 성적 계산, 학생에게 전체 성적 표시
- **성적 카테고리**: 성적의 카테고리 생성, 이용

Google Classroom은 LMS(Learning Management System)가 아니라, 학교 교실을 온라인으로 옮긴 개념입니다. LMS는 출석을 관리하고 강의를 관리하는 등의 전반적인 학교 단위의 수업을 관리할 수 있는 전체 기능을 제공하는 시스템입니다. 반면, Classroom은 교실 단위의 활동에 집중하기 위해서 부가적인 기능은 제거하고 교사와 학생 간의 커뮤니케이션에 집중한 기능을 제공합니다. 과제를 내고 학생은 과제를 하기 위해서 모르는 것은 교사와 소통을 하는 방식입니다. 과제를 제출하더라도 교사는 과제의 성과가 좋지 않으면 다시 돌려주고 학생에게 과제를 수정하도록 합니다. 이렇게 다양한 커뮤니케이션을 통하여 학생을 평가하여 성적을 계산하는 것보다는 학생이 수업의 목적과 방향을 잘 이해하고 학습할 수 있도록 도와주는 역할을 한다고 생각합니다.

Google Classroom의 목적은 Education의 목표와도 일치하죠. 즉 주입식으로 외부에 지식을 내부에 넣으려고 하기 보다는 내부 자신의 모습을 밖으로 끄집어내려고 하는 것이 교육의 근본적인 교육의 목적입니다.

15.1.6 사용 절차

사용하는 절차는 다음과 같습니다.업무에 따라서 참고만 하세요. 본 내용은 업무에 미숙한 사용자를 위한 내용입니다. 이미 잘 사용하는 숙달자는 사용하는 방식으로 이용하시고 아래 내용은 참고만 해주세요.

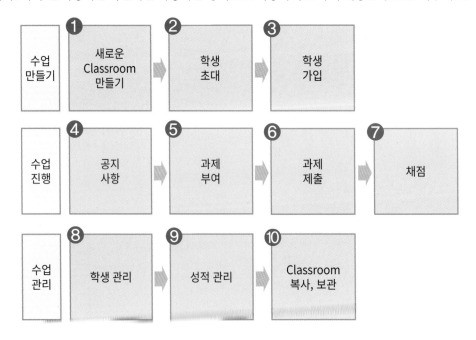

❶ **Classroom 만들기**: 새로운 Classroom 만들기(교사 그룹스 포함)

❷ **학생 초대**: 학생을 직접 등록 또는 코드 전달

❸ **학생 가입**: 학생이 코드 등록 가입

❹ **공지사항**: 교사가 공지사항 등록

❺ **과제 부여**: 교사가 학생에게 과제 부여(기한, 점수, Rubric 제공)

❻ 과제 제출: 학생이 과제를 작성하여 제출

❼ 채점: 학생의 과제를 채점

❽ 학생 관리: 학생과 커뮤니케이션 및 과제 확인

❾ 성적 관리: 과제별 성적 확인 및 다운로드

❿ Classroom 복사, 보관: 복사하여 새로운 수업 또는 아카이빙

15.2 Google Classroom 시작하기

가상의 수업 만들기	• 가상의 수업을 만들고 수업 자료를 제공, 학생이 학습 후에 평가를 할 수 있도록 과제 및 퀴즈를 제공 • 수업 후에는 학생 평가, 성적 관리
가상의 수업 공간	• 해당 수업의 커리큘럼 작성 • 과제 리스트 작성
수업 활동	학습 자료 제공, 과제 부여, 퀴즈 활동
학생 관리	• 학생 초대, 관리 • 학부모 초대
성적 관리	• 다양한 과제에 대한 성적 관리 • CSV로 다운받아서 다른 LMS에서 관리

Google Classroom에서 제공하는 기능은 학생마다 수업에 필요한 자료를 등록하고 과제를 부여하고 장소와 시간이 달라도 질문하고 답변할 수 있습니다. 또한 학생들이 선호하는 풍부한 동영상 자료를 이용하여 학생의 공간과 방법으로 스스로 학습할 수 있습니다. 이 기능을 이용해 교사는 학생에게 1) 수업 시간 전에 미리 학습할 내용을 전달하고, 2) 과제를 정리하고, 3) 과제의 점수를 부여하고, 4) 학생에게 부족한 부분을 알려줄 수 있고, 5) 작성 방향에 대해서 의견을 제시할 수 있습니다. 또한 관리하기 어려운 종이 레포트 대신에 구글의 강력한 검색 엔진을 이용하여 원하는 자료를 찾을 수 있고, 학교 컴퓨터가 아니더라도 외부에서도 학생과 지속적으로 연결될 수 있습니다. Google Classroom의 사용자는 학교에만 국한하지 않습니다. 회사나 스터디 모임에서도 공통의 목적을 가지고 학습할 수 있으며, 모든 내용은 안전한 클라우드에 저장되어 보관됩니다.

Google Classroom을 사용하면 교사는 수업 이외의 업무시간을 줄이고, 오류를 줄일 수 있으며, 사무실에 종이를 줄일 수 있습니다. 그 자리에 근사한 꽃이나 창의적인 생각을 돕는 물건을 두면 직업에 대한 만족도가 올라갈 겁니다. 학생들은 좋아하는 컴퓨터로 공부를 할 수 있고, 선생님과 대화하려면 시간도 잘 안 맞고 쑥스러워서 질문하기 어려웠지만 쉽게 질문할 수 있습니다. 질문할 것을 모았다가 학교가서 질문하지 않고 그때 그때 바로 질문할 수 있습니다. 선생님이 좀 피곤해지겠죠.

▲ Classroom 프로세스 개념도

15.2.1 수업 개설

수업을 하기 위해서는 교사가 수업을 개설해야 합니다. 학생 때는 3월이 되면 당연히 학교를 가서 반에 앉아 있으면 선생님이 교대로 들어오거나, 대학교에 가서는 정해진 강의실로 찾아다녔습니다. 온라인에서도 동일하게 교사가 수업을 만들고 학생은 그 수업을 온라인으로 방문하여 수업에 참여를 합니다. 오프라인처럼 시간과 장소가 정해진 것이 아니기 때문에 편한 시간에 편한 장소에서 수업에 참여하면 됩니다.

교사도 여러 개의 수업을 개설할 수 있고, 학생도 여러 개의 수업에 참여할 수 있습니다. 수업에 참여하려면 1) 교사가 학생을 초대를 하거나 2) 학생이 수업 코드를 입력하면 됩니다. 수업을 듣다가 마음에 안 들거나 이해가 안되면 수업을 취소할 수 있습니다.

15.2.2 수업 진행

수업을 개설하고 참여했으면 수업을 진행합니다. 교사는 학생들에게 수업을 진행합니다. YouTube 영상을 만들어서 링크를 제공할 수도 있고, 잘 만든 수업을 큐레이션해서 제공해도 좋습니다. 기존에 PPT나 문서가 있다면 문서를 전달해서 학생이 공부하게 해도 좋겠네요. 수업 전체가 동영상보다는 적재적소에 동영상, YouTube 자료, 인터넷 자료 등 다양하게 진행하면 학생들도 긴장하고 더 많은 학습이 될 수 있습니다. Google의 G Suite 플랫폼에서는 드라이브에 동영상을 포함한 자료를 업로드해서 학생에게 제공하면 재사용도 할 수 있고, 동영상의 경우에는 YouTube처럼 스트리밍도 할 수 있어서 편합니다. 권한으로 관리하기 때문에 외부 유출의 위험도 줄어듭니다.

15.2.3 과제 부여 및 제출, 평가

학습을 했으면 학생이 학습을 이해했는지 과제나 퀴즈를 학생에게 전달합니다. 학생은 과제나 퀴즈를 통해서 배운 내용을 확인합니다. 또한 제출한 과제에 대해서 교사는 평가를 하고 성적을 정할 수 있습니다. 과제별 성적은 향후에 전체 평가도 가능하겠죠. 서술식의 경우에는 어디서 복사해 왔는지도 원본성 보고서를 통해서 확인이 가능합니다. 평가에 대한 평가기준표(Rubric)를 사전에 공지한다면 객관적인 성적 및 평가 관리도 가능합니다.

과제에 기한을 정하면 캘린더에 표시가 되기 때문에 학생에게 심리적 압박을 줄 수 있습니다. 과제를 제출하지 않으면 교사는 학생에게 지속적으로 이메일로 과제를 제출하라고 독촉할 수 있습니다.

학생이 제출한 과제는 Classroom이라는 드라이브 폴더에 안전하게 보관이 됩니다. 교사와 학생이 권한을 가지고 있어서 언제라도 과제를 확인할 수 있습니다.

15.2.4 수업 관리

열심히 학습하고 평가해서 수업이 종료되면 전체 성적으로 다운받아 보관합니다. 또한 수업은 삭제하지 않고 보관처리(Archive)합니다. 필요하면 다시 수업을 불러와서 확인할 수 있습니다. 최근에 추가된 기능으로는 학생의 학부모를 초대하여 학생의 과제 제출에 대해서 정기적으로 리포트를 받을 수 있도록 구성되어 학부모가 수업에 참여할 수 있습니다. 오래된 수업과 테스트용 수업은 보관처리함에서 삭제할 수 있습니다.

15.3 Google Classroom 기능 소개

15.3.1 수업 만들기

학기 초가 되면 수강신청을 하거나 수업이 계획됩니다. 수업의 과목명, 담당 교사/교수, 강의실이 배정이 되고, 수업 시간이 결정됩니다. 온라인으로 진행을 한다면 수업의 과목과 담당자만 결정되면 시간과 강의실은 자유롭게 할 수 있습니다. 물리적인 공간의 제한이나 학생들의 수업 집중도를 위하여 인원과 시간을 제약했으나, 온라인에서는 이런 제약이 필요가 없어집니다. 몇백 명의 학생이 참여할 수 있고, 1시간 이상의 분량을 수업할 수도 있습니다.

학기 초에 학생과 교사 그룹을 매핑하는 것은 담당 교사/교수/조교가 진행하는 것이 가장 정확합니다. Google에서는 Classroom API(Application Programing interface)를 제공하기 때문에 프로그램을 통하여 학교의 학사 시스템과 연계를 하면 자동으로 매핑 작업을 진행할 수도 있습니다.

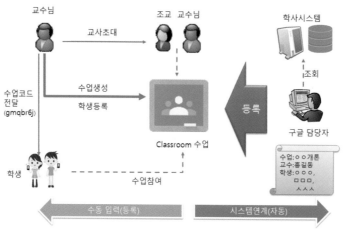

▲ Google Classroom 프로세스

Classroom 수업 만들기

① Classroom 초기 화면의 좌측 상단에서 '수업 만들기'를 클릭합니다. 수업 만들기 메뉴가 나타나지 않을 경우에는 해당 도메인 Admin에게 문의하세요.

② 수업을 생성 시에는 수업 정보 및 내용에 대해서 작성하여 학생들이 수업 내용을 이해할 수 있도록 돕습니다.

③ 한 수업에 여러 교사가 함께 참여하여 수업을 진행할 수도 있습니다.

④ Classroom 화면의 중앙 상단에 있는 '스트림' 탭에서 각 수업의 공지사항을 작성하여 수업 내용을 전달하거나 소통할 수 있습니다.

⑤ 수업에 필요한 다양한 자료를 등록하고 학생들에게 전달할 수 있습니다.

⑥ 수업 후 과제를 내고 제출 기한을 부여하여, 기한 내에 학생들이 과제를 작성하고 제출하도록 합니다.

15.3.2 수업 참여하기

앞절에서 언급했듯 학생이 수업에 참여하는 방법으로는 1) 교사가 초대하거나 2) 학생이 수업 코드를 입력하는 방법이 있습니다. 회사에서는 교사 역할을 하는 직원이 이메일을 입력해서 초대하는 방법을 사용합니다.

▲ 이메일로 수업 초대하기

이메일 초대로 참여 시 자신의 정보를 확인하고, 다음으로 넘어가서 해당 Classroom에서의 역할(교사 또는 학생)을 고릅니다.

▲ 초대한 수업 참여하기

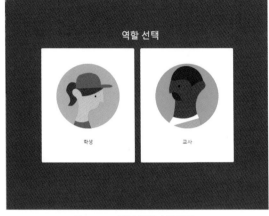

▲ Classroom에서 역할 선택하기

역할을 결정해서 수업에 참여하면 가상의 수업 공간이 보입니다. 이곳에서 교사는 학생과 커뮤니케이션하고 과제를 만들고 채점을 할 수 있습니다. 학생과 세부적인 소통의 공간으로 사용합니다. 학생으로 참여시에는 교사가 부여한 과제나 공지사항을 확인하고 과제를 제출하고 교사와 소통을 할 수 있습니다. 과제의 성적을 확인하고 질문을 할 수 있습니다.

▲ 수업 참여하기

학생은 본인에게 부여된 과제를 수행하고 기한 내에 제출합니다. 교사에게 피드백이 오면 확인하고 재제출하거나 성적을 확인합니다.

15.3.3 성적 관리하기

Classroom에서 학생이 과제를 제출하면 해당 과제에 제출 표시가 나타납니다.
해당 과제를 검토하여 점수를 채점하거나 학생에게 다시 반환할 수 있습니다.

▲ 학생이 제출한 과제 확인

▲ 채점 후 돌려주기

해당 수업의 전체 성적은 성적 탭에서 확인이 가능합니다. 전체 성적을 CSV 파일로 다운받아서 활용할 수
있습니다.

▲ 과제별 채점한 내용을 확인

15.4 재택근무 활용 방법

Google Classroom은 학교 이외에도 활용할 수 있는 분야가 무궁무진합니다. 감염증의 확산 등으로 재택근무가 지속된다면 더 많은 교육이 온라인으로 진행이 될 것입니다. 온라인 수업(MOOC, Massive Open Online Course)으로 유명한 코세라(coursera.org)에서 Massive Open Online Course는 3백만 명이 수강을 했습니다. 코세라의 창업자인 세계적인 AI 대가 앤드류 응(Andrew Ng)교수가 강의한 무료교육이라서 많은 사람들이 인터넷으로 수강했습니다.

이제는 회사에서도 지식을 체계화하고 디지털화하여 교육 및 업무에 사용하면서 미래를 준비해야 할 시기입니다. 처음에는 어렵더라도 필요한 콘텐츠를 빠르게 만드는 것이 미래 기업의 역량입니다.

15.4.1 신입사원 OJT 교육

대부분 회사들이 신입사원이 입사하면 학교에서 집체교육을 진행합니다. 회사의 문화 및 업무, 기초 소양 등 다양한 분야에 대해서 교육을 진행을 하죠. 동기들과 인사도 하고 회사의 애사심도 높일 수 있습니다. 하지만 재택근무를 한다면 신입사원 교육을 모여서 진행할 수는 없을 것입니다. 요즘에는 입사 면접도 대부분 온라인으로 진행을 하고 있고, 제안 발표도 온라인과 컨퍼런스 콜로 진행하는 것이 트렌드입니다.

회사의 신입사원 교육을 정리하는 것은 회사에게도 중요합니다. OJT 교육의 문제점은 참여하는 강사의 능력 및 경험에 따라서 교육의 만족도가 달라지고, 짧은 시간에 많은 내용을 전달하기 어렵다는 단점이 있습니다. 교육 과정을 디지털로 제작하면 교육 내용 및 업무 내용을 표준화하여 회사 업무의 정확도를 높일 수 있는 장점이 있습니다.

15.4.2 회사 공통 교육

회사에서 일반 직원을 대상으로 정기적으로 진행하는 교육이 있습니다. 성폭력 예방교육, 안전교육, 업무역량 강화교육 등 분야별로 다양합니다. 단체로 진행하면 한곳에 모이는데 기회비용도 많이 발생하고 교육의 전달력도 높지 않습니다 대부분 회사 정기교육은 휴식하러 가는 생각을 많이 하죠. 회사 공통 교육에 적용하면 긴장의 끈이 느슨해지지 않고 교육의 목적을 충실히 수행할 수 있습니다.

15.4.3 사내 스터디 진행

디지털이 세상을 바꾸고 있고, 다양한 기술 및 방법, 서비스가 시장에 소개되고 있습니다. 관심 있는 직원들이 스터디를 진행할 때 회사 시스템보다는 인터넷 서비스에서 제공하는 카페, 밴드 등을 이용하는데 Classroom을 이용하면 좀 더 쾌적하게 스터디를 진행할 수 있습니다. 사용 버전에 따라서 제공되는 무제한 용량과 검색 기능을 이용하면 다양한 자료를 빠르고 정확하게 검색 및 관리가 가능합니다. 직원들의 참여도 정량화하여 관리하기 좋습니다.

15.5 사용 능력 체크리스트

☑ 체크리스트	체크리스트는 서비스 사용 방법을 습득하기 위해서 단계별로 나눈 리스트입니다. 하나씩 체크하면서 사용법을 배우고 익숙해져 보세요.

확인	구분	항목	예상결과	참고ID
☐	필수	Classroom 접속하기	Classroom에 교사 역할로 접속	CSC-L01
☐	필수	수업 만들기	학생을 초대할 수업을 개설 수업 정보 입력하기 수업 꾸미기	CSC-L02
☐	필수	학생 초대하기	학생 클라우드 ID 또는 코드로 초대	CSC-L03
☐	필수	게시글 올리기	수업 인사말을 게시	CSC-L04
☐	필수	수업 과제 만들기	과제, 퀴즈 과제, 질문, 자료 만들기	CSC-L05
☐	필수	수업 주제 만들기	수업 구분을 위한 주제 만들기 및 과제 분류하기	CSC-L06
☐	필수	제출 과제 확인하기	학생별로 과제를 확인하고 점수 채점	CSC-L07
☐	필수	학생 메시지 보내기	참여한 학생에게 개별로 메시지 보내기	CSC-L08
☐	필수	과제별 제출 여부 확인	부여된 과제별 학생 제출 확인	CSC-L09
☐	선택	성적 다운로드	모든 성적을 다운로드	CSC-L10

 조코디의 YouTube 강좌

다음의 URL을 통해 Google Classroom의 기능을 알아보세요.

▶ 학생이 작성한 과제의 인용, 발췌 정보 확인하기   https://bit.ly/CSC-F180

▶ Classroom 평가 기준표(Rublic) 만들고 작성하기   https://bit.ly/CSC-F178

CHAPTER. 16
Google Currents

16.1 Google Currents 개요

16.1.1 개념

Google Currents는 관심 분야가 같은 조직을 연결해주도록 설계되어 팀원과의 공동 작업을 지원합니다. 쉽게 말하자면 조직에서 사용하는 구글판 Facebook이라 할 수 있으며, 도메인 사용자만 사용할 수 있습니다. 커뮤니티와 유용한 정보를 나누고, 조직 내 설문조사를 실시하고, 소식을 공유하는 등 다양한 활동을 해보세요.

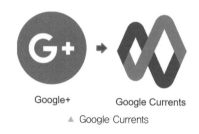

Google+   Google Currents

▲ Google Currents

16.1.2 특징

목적	• 조직 내에 소통 및 게시판으로 사용 • 다양한 콘텐츠 유통 및 전달. 현재의 상태 공유	개념	회사, 학교의 페이스북, 게시판
제공 버전	• G Suite 모든 버전 (Basic, Business, Enterprise,Education, Nonprofit)	제공	• 커뮤니티 기능 제공 • Open Graph 기능
활용 방법	게시판, 커뮤니티, 업무 공유	경쟁 제품/ 서비스	Facebook, Instagram
사용 용도	팀별/업무별 게시판, 회사 긴세 소식 공유, 회사 업무 팁 포스팅	URL	웹(plus.google.com), Android 또는 iOS
limit	개인 사용자(id@gmail.com)는 사용 못 함		

16.1.3 UI

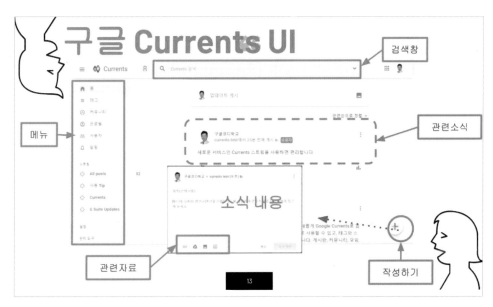

▲ Google Currents UI

16.1.4 메뉴/주요 기능

메뉴	설명	사용 방법
프로필 설정하기	자신을 표시할 프로필 등록	Currents에 가입하고 정보 등록
콘텐츠 게시 및 공유	자신의 활동을 포스팅	뉴스, 문서, 사진 등 다양한 콘텐츠 등록
사용자 팔로우하기	관심있는 사용자 팔로우	사용자를 검색하고 친구 신청
커뮤니티 만들기	관심있는 분야를 만들고 참여	커뮤니티 검색 및 참여 초대
스마트폰 이용하기	스마트폰에서 동일하게 사용	빠르고 간편하게 정보 확인

16.1.5 환경 설정/고려 사항

Google Currents는 학교나 회사 내에서만 사용할 수 있는 페이스북입니다. 외부로 정보 유출이나 보안에 대해서 안전하며, 공과 사 구분이 편해서 소식을 교환하는 데 사용하면 좋습니다. 우리나라에서는 게시판을 너무 좋아해서 많은 대화가 게시판 중심으로 이야기되지만, 스마트폰에서 게시판을 사용하기는 쉽지 않고 비효율적입니다. 오히려 페이스북과 같은 스트림 방식을 더 선호하는 것 같습니다. 손가락으로 올리면 이전의 내용을 확인하기 편합니다.

획일적인 형식의 게시판 보다는 콘텐츠나 소통의 목적에 맞게 서비스 이용이 필요합니다.

메뉴	설명	사용 방법
기본 설정	나에게 알림을 보낼 수 있는 사용자	
	공개 소식에 댓글을 작성할 수 있는 사용자	
	소식에 대한 +1 활동을 볼 수 있는 사용자	
사진 및 동영상	Google Currents 앨범을 공유할 때 기본적으로 위치 표시	
	Google Currents에 공유된 사진과 동영상을 뷰어가 다운로드할 수 있도록 허용	기본:해제
프로필	내 프로필에 Google Currents 커뮤니티 소식을 표시	
	나를 서클에 추가한 사용자 보기	
스트림	모든 화면 크기에서 스트림을 단일 열 레이아웃으로 제한	
	스트림에서 애니메이션 자동 재생	기본: 해제
	스트림에 표시할 추천 소식 수	데스크톱 전용
알림(이메일)	활동이나 친구 추천에 관한 소식 받음	표준
	구독하는 커뮤니티 및 소식 모음의 하이라이트	
위치 공유	선택한 사용자와 내 위치를 실시간으로 공유	소식, 사용자, 커뮤니티, 설문조사, 소식 모음
개인 정보 보호	Google 검색 기록 삭제	
	웹 및 앱 활동 관리	
	Google 활동 관리	
계정	계정 삭제	

16.1.6 사용 절차

사용하는 절차는 다음과 같습니다 .업무에 따라서 참고만 하세요. 본 내용은 업무에 미숙한 사용자를 위한 내용입니다. 이미 잘 사용하는 숙달자는 사용하는 방식으로 이용하시고 아래 내용은 참고만 해주세요.

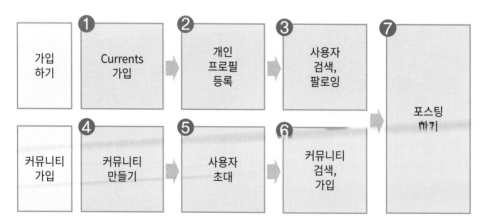

❶ **Currents 가입**: Currents에 사용 신청

❷ **개인 프로필 등록**: 사용할 개인 프로필 등록

❸ **사용자 검색 팔로잉**: 페이스북처럼 팔로우할 사람 검색

❹ **커뮤니티 만들기**: 관심사 커뮤니티 만들기(공개/비공개)

❺ **사용자 초대**: 커뮤니티에 사용자 초대

❻ **커뮤니티 검색, 가입**: 다른 커뮤니티 검색 및 가입

❼ **포스팅하기**: 개인, 커뮤니티에 포스팅

16.2 Google Currents 시작하기

가입 및 생성	가입 및 커뮤니티 만들기
내 소식 알리기	다양한 소식을 등록(Post)하여 동료나 직원들에게 전달
스마트폰 이용	다양한 디바이스를 이용한 스마트한 활용

16.2.1 회사 내 게시판

요즘에는 소통 방식이 SNS(Social Network System) 방식입니다. 30년전에 키텔(Kitel)에서 제공하던 PC통신 게시판이 있었습니다. 지금 생각하면 상상도 못할 환경이지만 그 당시부터 우리나라는 게시판을 좋아했습니다. 그 이후로 모든 인터넷 서비스와 회사 시스템의 구조는 게시판 형태의 UI와 기능으로 제공되었습니다. 오히려 외국에서는 우리나라 게시판 구조를 이해 못하는 경우가 생기고, 외국의 새로운 서비스가 국내에 들어오면서 기존에 게시판에 익숙했던 사용자들은 사용의 어려움을 느꼈죠. 대표적으로 타임라인 방식의 Facebook을 사용이 어려웠습니다. 리스트가 처음에 나와야 하는데 리스트가 없었던 거죠.

지금도 우리는 회사나 생활에서 게시판을 많이 사용하죠. 게시판이 검색이나 확인하기는 좋지만 내용을 클릭해야 볼 수 있고, 댓글 등 구조 설계가 어렵고, 스마트폰에서는 사용이 어렵기 때문에 이제는 다양한 디바이스에서 사용할 수 있고, 게시물의 관계를 쉽게 파악할 수 있는 구조를 지원하는 UI/UX를 선호합니다.

Facebook은 구조가 간단하고 Open Graph(링크 그림을 미리 보여주는 기술) 등을 제공하기 때문에 활용도가 높고 관심 있는 사람들끼리 커뮤니케이션에 편리합니다. 회사 게시판도 사용하는 목적이 커뮤니케이션이 잘 되게 하려고 하는 것이니, 요즘에 많이 사용하는 커뮤니케이션을 사용하면 좋습니다. 한 가지 더하면 공과 사를 구분하면 좋겠죠. 회사 게시판으로만 사용해야지, 카톡처럼 회사 일과 개인 일이 구분 안되면 피곤합니다.

16.2.2 동호회

회사 내 동호회나 관심 커뮤니티 모임 등을 사용하면 IT 시스템이 추가로 필요가 없고, 스마트폰으로 포스팅 및 정보 확인이 쉽습니다. 게시판을 사용하는 것보다는 페이스북과 같이 Google Currents를 이용하면 사진 등록이나 작성이 쉽습니다. 회사나 학교의 다양한 활동을 포스팅하고 다른 사람들과 소식을 교환하면 온라인 상에서 유익한 관계를 만들 수 있습니다.

16.2.3 다른 사람 소식 전달

영국 패션 기업인 ALLSAINTS(올세인츠)의 CEO였던 William Kim은 사무실에 놓인 큰 TV에 회사 Google +(Google Currents의 과거 이름)를 띄어놓고 사람들과 소통하던 TV 다큐멘터리가 인상 깊었습니다. 글로벌 회사인 ALLSAINTS는 Google+를 이용하여 멀리 떨어진 외국 직원의 생일 파티를 보고 축하해주기도 했습니다. 모두가 스마트폰을 가지고 있으니 사무실이 아니더라도 다른 직원의 소식을 확인하기 쉽고, 나의 소식을 등록하기 좋습니다. 재택근무를 하면서 약해진 유대 관계를 돈독하게 다지기 위해 이런 커뮤니티 서비스를 이용하면 회사 생활이 재밌어지지 않을까 합니다. 물론 전 직원이 참여해야 소통이 잘되고, 회사의 사장님이나 임원, 팀장들도 적극적으로 참여하면 좋습니다.

16.3 Google Currents 기능 소개

Google+(Plus)는 Google이 페이스북에 대응하기 위하여 만든 SNS서비스입니다. 하지만 페이스북과 차별성이 떨어져서 결국에는 보안 문제로 일반 계정에서는 서비스를 중단했습니다. 하지만 도메인 계정(G Suite)에서는 계속 서비스를 제공하고 있고, 새롭게 Currents(커런츠)로 서비스를 개편했습니다.

▲ Google Currents 활용 방법

Google Currents는 회사에서 사용하는 페이스북으로 생각하면 이해가 쉽습니다. 오히려 페이스북은 개인적으로 많이 사용하기 때문에 회사에서 업무용으로 사용하기에 불편함이 있지만, Google Currents는 개인적으로 사용하지 않기 때문에 업무적으로 사용이 적합합니다. 그래서 개인적인 활동은 페이스북을 사용하고 업무적인 내용은 회사에서 Google Currents를 사용하면 좋습니다.

페이스북과 같이 다양한 주제의 다양한 정보를 디지털 게시판을 이용하여 회사나 학교 내에서 공유하세요. PC 및 다양한 디바이스에서 조회 및 작성이 가능하고 Google의 강력한 검색 엔진으로 검색이 빠르고 정확합니다. 디지털 시대에는 디지털 게시판이 필요하고, Google Currents는 G Suite 플랫폼에서 정보를 가장 잘 전달하는 서비스입니다.

Google Currents는 2018년 발견된 '버그'와 낮은 사용량으로 종료되었습니다. Google은 2015년부터 2018년 3월까지 Google+ 사용자 최대 50만 명의 개인정보가 외부 개발자에게 노출되는 보안 결함을 발견했다고 밝혔고, 보안 결함을 인지하고도 Google이 수개월 간 이 사실을 쉬쉬해왔다는 사실이 알려지면서 논란이 있었습니다.

같은 해 11월, Google+ 사용자 5200만 명의 개인정보가 6일 동안 노출되는 사고가 또 다시 발생했고, 이에 Google은 당초 예정했던 Google+ 폐쇄 시점을 2019년 8월에서 4월로 앞당겨 서비스를 종료했습니다.

계륵과 같은 Google Currents 서비스 종료에 보안 문제는 좋은 구실을 제공했고, 개인 계정에서 서비스를 종료하고 G Suite 도메인 계정에서만 서비스를 제공하고 있습니다.

오히려 페이스북은 사적으로 너무 많은 분야에서 사용되기 때문에 회사나 학교에서 사용하기 어려운 점이 있는데, 반대로 Google Currents는 개인적인 용도로 사용하진 않기 때문에 학교나 회사 같은 폐쇄된 공간에서 사용하면 방해도 덜 받고 내부 소통이 더 쉽고 좋습니다.

16.3.1 Google Currents 가입하기

Google Currents를 사용하기 위해서는 도메인 계정이 있어야 하고 Google Currents 서비스에 개별적으로 가입해야 합니다. 가입 시에는 성인인지 판단하기 위해서 생년월일을 확인합니다. 1980년 1월 1일을 입력해도 상관없습니다.

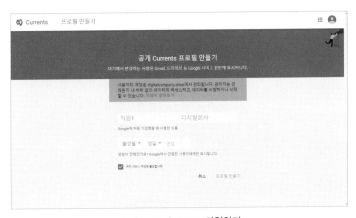

▲ Google Currents 가입하기

16.3.2 Google Currents 프로필 만들기

다른 사람과 소통을 하기 위해서는 본인을 정체를 알려야 합니다. 개인적으로 사용하는 페이스북이나 인스타그램, 카카오스토리에서는 개인 사진 대신에 다른 이미지를 사용해도 괜찮지만, 학교나 회사에서 사용할 때에는 정확한 소통을 위하여 본인의 사진을 사용해야 합니다.

크롬 브라우저 좌측 상단에 로그인된 Google 계정 아이콘을 클릭하면 계정 정보창이 나옵니다. 계정 아이콘 부근의 카메라 아이콘(📷)을 클릭하면 다음과 같이 프로필 사진을 업로드하는 창이 보입니다.

▲ 프로필 사진 업로드하기

16.3.3 커뮤니티 찾기

커뮤니티는 페이스북의 그룹이나 페이지 역할을 합니다. 회사의 등산 동호회나 골프 동호회를 쉽게 찾을 수 있고, 회사 미래 먹거리를 고민하는 커뮤니티 활동도 쉽게 참여할 수 있습니다. 학교나 회사의 동호회가 있다면 네이버 카페나 밴드 등 외부 서비스 보다 내부 Currents를 이용하면 정보의 유출 문제를 해결할 수 있습니다.

커뮤니티는 성격에 따라서 공개, 비공개로 설정합니다. 또한 가입도 승인 후에 가입하도록 보안을 관리할 수 있습니다. 키워드로 검색하면 공개된 커뮤니티를 찾을 수 있습니다.

▲ 커뮤니티 찾기

16.3.4 커뮤니티 만들기

소식을 공유할 커뮤니티는 누구나 쉽게 만들 수 있습니다. 해당 도메인에서 공개를 할지, 가입 시 승인을 할지 결정합니다. 커뮤니티 소개에 멋있는 사진을 추가해보세요. 사람들이 쉽게 커뮤니티를 이해할 수 있습니다.

▲ 새로운 커뮤니티 만들기

16.3.5 사용자 초대

커뮤니티를 만든 다음에는 커뮤니티를 함께 할 사용자를 초대하세요. 링크를 만들어서 이메일이나 행아웃으로 전달할 수 있고, 특정인을 바로 초대할 수 있습니다. 비공개 상태에서는 다른 사용자가 커뮤니티를 검색할 수 없으니 초대를 해야 함께 소식을 공유할 수 있습니다.

▲ 커뮤니티 사용자 초대하기

16.3.6 소식 작성하기

커뮤니티를 만들고 함께 소통한 사용자를 소통했으면 소통하려는 콘텐츠나 내용을 작성해서 공유합니다. 사진, 링크, 설문조사 등 다양한 성격의 소식을 작성할 수 있고, Google 드라이브에 있는 문서나 콘텐츠도 공유할 수 있습니다.

▲ Currents에 포스팅하기

16.3.7 스마트폰 이용하기

Google은 Mobile Only 정책을 가지고 있고, 서비스를 Mobile에서 사용할 수 있도록 만들기 때문에 서비스는 스마트폰과 같은 디바이스에서 사용할 수 있습니다. 스마트폰에 회사 계정을 등록하고 Google Currents 앱을 설치하면 스마트폰에서도 커뮤니티 활동을 할 수 있습니다. 스마트폰의 고성능 카메라를 이용하여 사진이나 동영상을 공유하세요. 재미있는 경험을 할 수 있습니다.

▲ 스마트폰을 이용한 다양한 커뮤니티 활동

16.4 재택근무 활용 방법

16.4.1 업무에 필요한 관련 뉴스

큰 대기업의 경우에는 해당 회사에 관련된 뉴스만 정리해서 리포트로 받거나 관심 있는 주제에 대해서 정기적으로 프리미엄 서비스를 받는 경우도 있습니다. 우리 팀이나 우리 회사에 필요한 뉴스나 정보를 올려서 나를 팔로우하는 사람들에게 알려줄 수 있습니다. 이런 활동을 지속적으로 한다면 회사나 팀 내에서 지식가로 활동도 하고 인정도 받을 수 있습니다. 단, 정보는 다른 사람이 쉽게 찾지 못하는 정보이고 그 정보를 그대로 포스팅하는 것보다는 자신의 의견을 정리해서 함께 등록하면 좋습니다.

16.4.2 개인별 생활 소개

재택근무로 인하여 회사에서 다양하게 관찰할 수 있는 개인적인 생활의 소통이 어렵습니다. 옷 입는 스타일, 소지품 또는 스마트폰을 어떻게 꾸미는지 등 개인의 취향도 확인하기 어렵고, 얼굴 표정으로 고민이나 아픈 곳이 있는지 확인도 어렵죠. 비밀스럽지 않은 자신의 생활을 공개하면 소통에 활력소가 생깁니다. 오늘 점심에 요리한 볶음밥이나 집에서 키우는 반려견, 업무를 위해서 새로 구입한 모니터 등을 Currents에서 발견한다면 재미있는 댓글을 달고 좋아요를 눌러서 서로의 관심을 표시할 수 있겠죠. 마치 회사에서 지나가다가 아는 척하고 인사하는 것처럼 말입니다.

16.4.3 총무팀 공지사항

회사 내에서 소통하는 방법은 다양합니다. 특히 G Suite와 같이 소통의 자유도가 높은 서비스의 경우에는 총무팀에서 직원들에게 공지하는 방법은 수십 가지 방법이 존재합니다. 직원들이 Currents에서 많이 소통을 한다면 총무팀에서 직원들에게 알리는 공지 내용을 이메일이나 인트라넷보다 Currents에서 알릴 수도 있습니다. Currents에서 알리면 댓글을 달고 서로가 소통할 수 있습니다.

16.5 사용 능력 체크리스트

자신이 어느 정도 사용하는지 체크하는 사용 능력 체크리스트입니다. 다양한 기능을 확인하고, 자신의 업무에 필요한 기능은 웹, YouTube, 도서 참고 페이지를 통해 사용법을 확인하세요.

초급	중급	고급
• Google Currents로 의견 수집하기 • Google Currents 게시물 및 댓글 찾기 • 중요한 게시물 고정하기	• 커뮤니티의 게시물 더 보기 또는 간략히 보기 • 그룹 또는 커뮤니티 소유자 변경하기	• 게시물 또는 사용자로부터 오는 알림 끄기 • 더 나은 검색을 위해 Google Currents 해시태그 사용하기

CHAPTER. 17

Google Tasks

17.1 Google Tasks 개요

17.1.1 사용 설명

Google Tasks를 사용하면 매일 할 일을 관리하고, 여러 목록을 정리하고, 중요한 기한에 맞춰 작업할 수 있습니다. Tasks는 사용자의 모든 기기에서 동기화되어 어디에서나 메모 및 할 일을 관리할 수 있습니다.

심플한 할 일 리스트

업무가 복잡하고 많을 때 이용하는 것이 To-Do 리스트입니다 .즉 할 일 리스트를 작성해서 하나씩 해치우는 겁니다. 아침에 출근할 때 스마트으로 생각나는 일들을 음성으로 입력합니다. 가끔씩 옆에 있는 사람들이 쳐다보기도 하지만, 출근길에 하루 업무를 정리하면 출근해서 바로 일을 할 수 있어 퇴근 시간을 앞당길 수 있습니다. 손으로 작은 스마트폰에 입력하는 것보다는 음성으로 입력하면 편하고, 생각 속도와 입력 속도를 맞출 수 있어서 바로 다음 생각으로 넘어가기가 편합니다. 또한 사무실에서 업무를 할 때도 하루 종일 보고 있는 Gmail 사이드 바에서 이용하기 때문에 접속하기 편합니다.

Google Tasks의 최대 장점은 Simple입니다. UI로 보면 너무 단순해서 To-Do 리스트 작성이 불편할 거 같지만, 실제로 사용해보면 리스트를 작성하고 수행하고 체크해서 완료로 표시하는 거 이상으로 필요하지 않습니다.

▲ Google Tasks

17.1.2 특징

목적	• 개인적인 업무 리스트 및 확인 • 업무 처리 시 체크하여 업무 관리	개념	심플한 To-Do 리스트 관리
제공 버전	• G Suite 모든 버전 (Basic, Business, Enterprise,Education, Nonprofit) • 개인 버전	제공	• Gmail, Drive, Calendar 사이드바에서만 이용 • 분류 기능
활용 방법	업무 내용 정리 및 업무 도장깨기	경쟁 제품/ 서비스	
사용 용도	하루 업무 리스트	URL	• Gmail. Side bar에서 링크 이용 • 앱 제공
limit	없음		

17.1.3 UI

Google Tasks는 미니멀리스트 디자인으로 필요한 UI에서 작업 및 목록 확인만 가능합니다. 리스트는 Gmail의 사이드 바나 Mobile App에서 확인을 할 수 있습니다.

▲ Gmail 사이드바의 Google Tasks

❶ Task 목록: 여러 개의 업무 목록

❷ 할 일 추가: 새로운 Task 추가

❸ Task 리스트: Task 리스트

17.1.4 메뉴/주요 기능

메뉴	설명	사용 방법
만들기	새 목록 만들기	
정렬 기준	내가 정한 대로, 날짜순	
관리	목록 이름 변경, 목록 삭제, 완료된 일 모두 삭제	
복사	알림을 Tasks로 복사	

17.1.5 환경 설정/고려 사항

업무가 많을 때는 업무 정리를 하고 하나씩 수행하면서 삭제하면 기분이 좋습니다. 마치 '도장깨기'라고 하면 비슷합니다. 아침에 커피 마시면서 업무 정리하고 '업무깨기'를 하면서 나만의 성취감을 느껴보세요.

17.1.6 사용 절차

Tasks에 사용하는 절차는 다음과 같습니다. 업무에 따라서 참고만 하세요. 본 내용은 업무에 미숙한 사용자를 위한 내용입니다. 이미 잘 사용하는 숙달자는 사용하는 방식으로 이용하시고 아래 내용은 참고만 해주세요.

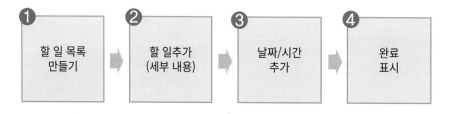

❶ 할 일 목록 만들기: 목록 만들기

❷ 할 일 추가: Task 추가

❸ 날짜/시간 추가: 종료일 등록(캘린더에 연동)

❹ 완료 표시: 완료 표시하면 삭제 후 아카이빙

17.2 Google Tasks 시작하기

복잡한 업무 정리	업무가 많고 복잡할 경우에는 업무를 정리하고 해야 할 일
업무 수행하기	업무를 하고 체크를 눌러서 제거
업무 내용 확인	오늘 얼마나 일했는지 리스트 보기

17.2.1 업무 정리

업무량이 많을 때는 업무 정리를 먼저 하는 것이 가장 중요하죠. 업무 정리를 위하여 할 일 목록을 만들 때 정말 다양한 도구를 사용할 수 있습니다. MS 엑셀, 드롭박스, 메모장, 포스트잇, 마인드맵, 수첩 사용 외에도 요즘에 다양한 클라우드 서비스에서 할 일 목록 기능을 제공해주고 있습니다. 클라우드 서비스를 사용하면 Mobile과 연동이 되기 때문에 다양한 스마트폰에서 할 일 목록을 쉽게 관리할 수 있습니다.

할 일 목록을 관리할 때는 하나의 분류에서 모든 할 일을 관리하는 것보다는 업무별로 분류를 해서 각각의 할 일을 관리하는 것이 좋습니다. 물론 업무량과 업무 성격에 따라 다르니 여러 가지 방법을 시도해보고 자신한테 맞는 방법을 사용하세요.

17.2.2 업무 수행하기

Tasks는 별도의 화면이 없고 Gmail, Calendar, Drive 사이드바에서 이용하는 형태로 제공됩니다. 업무를 하고 사이드바에서 해당 작업을 완료로 표시하고 리스트에서 제거해보세요. 습관을 들인 후 많은 Task를 보면 자신감이 생겨서 집중적으로 업무하기 좋습니다. 또한 화상회의 시 중간 중간 빈 시간에 휴식을 하는 경우도 있지만, Task 중 빈 시간에 가능한 업무를 찾고 그 일을 시작하면 업무 착수 시간이나 업무 전환 시간을 줄여서 이왕 해야 하는 일을 압축적으로 할 수 있습니다. 일을 압축적으로 하면 재택근무 시 더 많은 휴식을 누릴 수 있습니다.

17.2.3 업무 내용 정리하기

오늘 하루 수행했던 Tasks 내용을 정리해서 캘린더나 스프레드시트에 복사하면 나의 근사한 하루 일기가 완성됩니다. 10년 후에 오늘의 일정을 본다면 내가 그때는 그런 일도 했구나 하면서 추억에 잠길 수도 있겠죠. 또한 나중에 나의 업무 내용을 분석할 때도 도움이 될 수 있습니다.

17.3 Google Tasks 기능 소개

17.3.1 할 일 등록

PC에서 웹으로는 Google Tasks는 전용 접속 URL을 제공하지 않고, Gmail, Drive, Calendar의 사이드바 형태로 사용합니다. Mobile 이용 시에는 전용 App을 이용합니다. 일이 많을 때는 아침에 출근길에 머리 속에서 생각나는 것을 바로 바로 스마트폰으로 입력합니다. 물론 손으로 타이핑하지 않고 목소리를 음성으로 인식해서 입력합니다. 생각 정리할 때 도움이 되서 많이 사용하는 방법입니다.

Gmail, Drive, Calendar의 사이드바에서 Tasks 아이콘을 클릭하여 업무에 맞게 할 일 목록을 추가하고 관리할 수 있습니다.

▲ Task 할 일 등록하고 관리하기

해당 목록에 마우스를 가져다 대면 목록의 우측에 연필 모양의 수정 버튼이 나옵니다. 버튼을 클릭하면 할일의 세부 정보를 넣을 수 있고, 날짜/시간을 추가하거나 하위 항목에 할 일을 추가할 수도 있습니다.

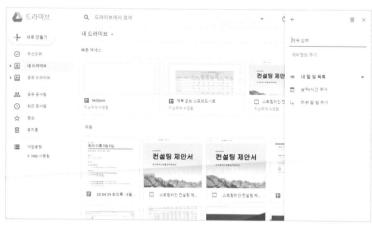

▲ 할 일 등록

17.3.2 할 일 체크

Gmail, Calendar, Drive에서 해당 Task를 완료로 처리합니다.

완료한 할 일 앞에 체크박스(○)를 선택하여 완료로 표시합니다. 완료로 표시되면 자동으로 리스트에서 사라집니다. 완료 처리된 업무는 별도로 확인할 수 있습니다.

17.4 재택근무 활용 방법

17.4.1 할 일 관리하기

할 일이 많을 때는 보통 아침에 출근하면서 지하철이나 버스에서 오늘 해야 하는 일들을 머릿속으로 리뷰를 합니다. 그러다가 생각이 나면 바로 적습니다. 스마트폰을 이용해서 음성으로 작성을 합니다. 이렇게 작성을 하고 회사에서 PC나 노트북으로 빠진 내용을 확인하고 업무를 시작합니다. 일하는 것이 재미있지는 않지만 업무가 많을 때는 하나씩 체크 해나가면 성취감도 있어 재미있습니다.

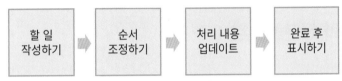

▲ Tasks 관리 순서도

17.4.2 캘린더에서 추가하기

캘린더에서 할 일 이벤트로 등록을 하면 자동으로 Task에 추가됩니다.

▲ 캘린더에서 등록하기

반대로 Tasks에서도 날짜/시간을 입력하면 캘린더에 할 일 이벤트로 등록됩니다.

17.4.3 업무별 할 일 리스트

Google Tasks도 많은 일을 작성하고 하나씩 도장깨기하면 일하는 재미를 느끼듯이 메모도 여러 사람과 함께 도장깨기를 해보는 것도 재미있는 경험이 될 수 있습니다 .물론 일하는 것이 재미있지는 않지만 굳이 재미를 찾아보는 것도 재택근무의 재미이겠죠.

도장깨기를 잘 하기 위해서는 일을 시간 단위나 간단한 업무 단위로 분할해서 잘 설계하고 작성하는 것이 좋습니다. 예를 들어서 기획서 작성보다는 기획서 작성을 세부적으로 드릴 다운해서 여러 가지 일로 분할 해보는 것입니다. 제안서 작업을 할 때 내용으로 분류할 수도 있겠지만, 일의 순서나 프로세스 순으로 나누는 것도 가능합니다. 자료 조사, 템플릿 제작, 유사 제안서 수집, 경쟁사 분석, 고객사 분석 등 분류하면 일의 진도도 확인할 수 있고 많은 사람이 자발적인 참여를 유도할 수 있을 것입니다. 이렇게 하기 위해서는 할 일 리스트 설계가 잘 되어있어야 한다는 가정이 필요합니다.

업무 정의를 하고 업무에 필요한 Task를 정리해서 가지고 있으면 표준화된 처리가 가능합니다. 팀이나 회사에서도 이런 프로세스를 제공하는 것도 고려해볼 만합니다.

17.5 사용 능력 체크리스트

☑ 체크리스트	체크리스트는 서비스 사용 방법을 습득하기 위해서 단계별로 나눈 리스트입니다. 하나씩 체크하면서 사용법을 배우고 익숙해져 보세요.

확인	구분	항목	예상결과	참고ID
☐	필수	Task 이용하기	Gmail, Calendar, Drive 사이드바에서 이용	CSC-A01
☐	필수	Task 앱 이용	Android, iOS 스마트폰에서 앱설치	CSC-A01
☐	필수	새로운 리스트 만들기	Task를 작성할 새로운 업무 리스트 만들기	CSC-A01
☐	필수	Task 등록하기	새로운 Task 등록하기	CSC-A01
☐	선택	날짜 등록	날짜를 등록하고 캘린더와 연동하기	CSC-A01
☐	필수	Task 해결하기	업무를 하고 Task 리스트에서 삭제	CSC-A01
☐	필수	Task 내역확인	수행했던 Task 내역 확인	CSC-A01

17.6 참고 내용

Google Tasks의 단축키

단축키를 사용하여 작업 시간을 절약할 수 있습니다.

단축키	작업
Enter↵	할 일 만들기
Shift + Enter↵	할 일 세부 정보 확인
Esc	세부 정보 창 닫기
Space Bar	할 일을 완료로 표시
⌘ + Up(↑) 또는 Ctrl + Up(↑)	할 일을 위로 이동
⌘ + Page Down(↓) 또는 Ctrl + Page Down(↓)	할 일을 아래로 이동
⌘ +] 또는 Ctrl +]	할 일을 하위 할 일로 만들기
⌘ + [또는 Ctrl + [	할 일을 하위 할 일로 만들기 취소
⌘ + Z 또는 Ctrl + Z	실행 취소

* ⌘는 mac의 커맨드(command) 키입니다.

CHAPTER. 18

Google Cloud Search

18.1 Google Cloud Search 개요

18.1.1 개념

요즘에는 일반 PC의 하드 드라이브 용량도 1TB 정도입니다. 영화나 동영상 등 큰 파일을 저장하는 경우가 많지만, 용량이 크다 보니 자료나 문서를 삭제하지 않고 계속 쌓아두기만 하는 경향이 많습니다. 문서나 자료를 많이 저장하는 것은 문제가 없지만, 필요할 때 필요한 정보를 찾는 데 점점 어려워집니다.

윈도우의 검색 기능은 시간도 많이 걸리지만 내가 찾고 싶은 자료를 제대로 찾지 못합니다. 또한 커뮤니케이션도 다양해지기 때문에 각각 검색하는 것도 쉽지 않습니다.

구글은 검색 회사로 출발을 했습니다. 검색하고 싶은 내용을 빠르면서도 정확하게 잘 검색해줍니다. 이렇게 좋은 검색 기능을 나의 정보나 문서를 위하여 사용할 수 있을까요? 이것이 바로 Cloud Search 입니다. 나를 위한 검색 엔진입니다.

Google Cloud Search

▲ Google Cloud Search

18.1.2 특징

목적	개인적인 자료와 권한이 있는 자료, 이메일, 연락처, 그룹스 등 다양한 정보를 통합 검색	개념	• 나만을 위한 통합 검색 엔진 • 이메일, 드라이브, 내화 내용 모든 정보를 검색
제공 버전	G Suite Business, Enterprise	제공	• 통합 검색 기능 • 크롬 브라우저 연동 기능
활용 방법	메시지 검색 및 자료 검색	경쟁 제품/ 서비스	없음
사용 용도	개인 자료 검색 엔진	URL	웹(cloudsearch.google.com), Android 또는 iOS
limit	없음		

18.1.3 UI

▲ Google Cloud Search UI

▲ 검색 화면

▲ Google Cloud Search 설정 화면

18.1.4 환경 설정

① **계정 활동**: 계정의 활동에 대한 세부적인 내용 제공

② **언어 환경 설정**: 기본 언어를 설정

18.2 Google Cloud Search 시작하기

나의 자료 검색	많은 나의 자료를 빠르고 정확하게 검색
소통 내역 확인	이메일 및 채팅까지 검색
개인의 히스토리	개인의 역사 관리

18.2.1 신속하고 안전하게 필요한 정보 찾기

Google은 Cloud Search를 통해 최적의 Google 검색 기능을 제공하고 진정한 엔터프라이즈 검색을 지원하고 있습니다. Cloud Search는 개인 자료 및 공용문서함의 자료도 빠르게 검색하여 원하는 결과를 얻을 수 있습니다. 이제 회사에 저장하는 네트워크 드라이브에서 제공하지 못하는 다양한 검색 기능을 이용하세요.

▲ Google Cloud Search를 이용해 신속하고 안전하게 정보 찾기 (출처: cloud.google.com)

18.2.2 웹 세미나 보기 동영상 재생

Cloud Search는 머신 러닝을 활용하여 즉각적인 검색어 추천을 제공하고 100개 이상의 콘텐츠 플랫폼 중에서 가장 관련이 있는 결과를 표시합니다. Cloud Search를 사용하면 Google이 웹에 제공하는 서비스를 엔터프라이즈 검색 및 비즈니스에서도 이용할 수 있습니다.

18.2.3 필요한 모든 데이터를 간편하게 관리

Cloud Search는 강력한 SDK 및 바로 사용할 수 있는 API를 통해 엔터프라이즈 검색을 제공하므로 모든 소스에서 방대한 양의 데이터에 대해 확장 가능한 방식으로 색인을 생성할 수 있습니다. 비싼 검색 엔진 대신에 다양한 커넥터를 연결하거 인덱싱하고 검색할 수 있습니다.

18.2.4 조직의 요구 사항에 맞는 개인 정보 보호 및 보안 모델

Google의 웹 검색 인프라를 기반으로 하는 Cloud Search는 사용 환경에 매우 안전한 엔터프라이즈 검색을 제공합니다. 개인 수준, 그룹 수준, 콘텐츠 기반 계층 구조를 비롯한 세밀한 액세스 수준 제어를 통해 사용자에게 자신의 액세스 수준에 맞는 검색 결과만 표시되도록 할 수 있습니다. 또한 업데이트가 신속하게 반영되기 때문에 조직의 발전에 따라 이러한 권한이 적절하게 변경됩니다.

18.2.5 신뢰할 수 있는 검증된 플랫폼을 기반으로 구축

Cloud Search는 Google 웹 검색 등 사용자가 수십 억에 달하는 제품을 지원하는 신뢰할 수 있는 인프라에서 실행됩니다. Cloud Search를 사용하면 오직 Google만이 제공할 수 있는 속도, 성능, 안정성을 갖춘 진정한 엔터프라이즈 검색을 누릴 수 있습니다.

18.3 Google Cloud Search 기능 소개

18.3.1 검색 기능

필요한 검색어를 입력하여 내용을 검색합니다. 통합 검색 외의 항목에서 검색합니다.

메뉴	설명
전체	• 메일, 드라이브, 사이트 도구, 그룹스, 캘린더 모든 내용 검색 표시 • 기간, 소유권, 유형 선택 가능
메일	송수신 이메일 검색
드라이브	드라이브 저장된 콘텐츠, 파일 및 구글 문서 검색
사이트 도구	사이트 도구로 게시된 모든 자료
그룹스	그룹스로 송수신한 내용
캘린더	캘린더 이벤트에 등록한 일정

해당 내용을 입력한 후에 일정과 소유, 유형 등을 세부적으로 조정해서 추가 검색을 진행합니다. 검색 결과를 클릭하면 해당 문서가 브라우저에 보여집니다.

▲ 세부 조건으로 검색 결과

18.4 재택근무 활용 방법

18.4.1 나의 자료 검색

Cloud Search를 기본 검색 엔진으로 설정하면 기본 검색 페이지를 수정하지 않아도 주소 검색창에서 직접 검색할 수 있습니다. 크롬 브라우저에서 상단의 Chrome 맞춤제어 및 설정(⋮)을 클릭하여 설정 〉 검색 엔진 〉 검색 엔진 관리 〉 추가에서 다음 검색 엔진을 추가합니다.

- **새 검색 엔진 이름**: Cloud Search
- **키워드**: cs
- URL: https://cloudsearch.google.com/cloudsearch?q=%s

검색 엔진을 추가한 후 완료를 클릭하면 Cloud Search가 기본 검색 엔진으로 설정됩니다.

▲ 크롬 브라우저에서 검색 엔진으로 사용 세팅

이제 주소 검색창에서 나의 자료를 직접 검색할 수 있습니다. 크롬 브라우저 주소창에서 cs를 입력한 후 tab 키를 누르고 검색하려는 키워드를 입력해보세요.

18.4.2 Google Cloud Search를 홈페이지나 시작 페이지로 설정

Chrome에서 Cloud Search를 시작 페이지나 홈페이지로 설정할 수 있습니다. 자세한 내용은 홈페이지 및 시작 페이지 설정을 참조하세요.

18.5 사용 능력 체크리스트

자신이 어느 정도 사용하는지 체크하는 사용 능력 체크리스트입니다. 다양한 기능을 확인하고, 자신의 업무에 필요한 기능은 웹, YouTube, 도서 참고 페이지를 통해 사용법을 확인하세요.

초급	중급	고급
• 작업 중인 파일로 돌아가기 • 자세한 연락처 검색 결과 얻기	손쉽게 회의 시작하기	

18.6 참고 내용

Google Cloud Search의 연산자

연산자	예	설명
source:	training source:mail	특정 소스에서 콘텐츠를 찾습니다. G Suite 소스의 경우 값은 Mail, Drive, Sites, Groups, Calendar입니다. G Suite 이외의 소스는 관리자에게 문의하여 조직에서 설정한 맞춤 값을 알아보세요
contenttype:	training contenttype:doc	특정 유형(문서, 스프레드시트, 프레젠테이션, 이미지, 폴더, 첨부파일)의 콘텐츠를 찾습니다.
filetype:	training filetype:(doc OR pdf)	특정 파일 확장자로 콘텐츠를 찾습니다.
site:	training site:drive.google.com	Google 사이트 도구 콘텐츠를 찾습니다.
owner:	• reports owner:me • reports owner:marysmith	내 소유이거나 나와 공유된 콘텐츠를 찾습니다.
from:	• reports from:me • source:drive • reports from:(marysmith OR johndoe)	다음과 같은 이메일이나 캘린더 일정을 찾습니다. • 내가 보낸 이메일이나 내가 만든 일정 • 특정 사용자나 그룹에서 나에게 보낸 이메일이나 일정 다음과 같은 유형의 콘텐츠를 찾습니다. • 내가 만든 콘텐츠 • 특정 사용자가 만들어 나와 공유한 콘텐츠
to:	• reports to:me • from:marysmith • reports to:golf-club-members	다음과 같은 이메일이나 캘린더 일정을 찾습니다. • 나에게 보낸 이메일 또는 일정(나에게 직접 또는 내가 속한 그룹으로 보냈거나 다른 사용자에게 보내면서 나를 참조) • 나 또는 나를 참조한 사용자가 특정 사용자에게 보낸 이메일 또는 일정
before:	• orders before:09/30/2015 • or orders before: 2015/09/30	특정 날짜((MM/DD/YYYY) 또는 (YYYY/MM/DD)) 이전에 생성 또는 수정된 콘텐츠를 찾습니다.
after:	• orders after:09/30/2015 • or orders after:2015/09/30	특정 날짜((MM/DD/YYYY) 또는 (YYYY/MM/DD)) 이후에 생성 또는 수정된 콘텐츠를 찾습니다.

표준 연산자는 모두 대문자를 사용해야 합니다. 그렇지 않으면 안산자가 아니라 검색어로 처리됩니다.

연산자	예	설명
" "(따옴표)	"시장 분석"	정확한 단어를 찾거나 따옴표 안에 있는 단어와 동일한 순서의 단어 조합을 포함하는 콘텐츠를 찾습니다.
-(빼기)	• payroll -reports • inventory -owner:me • sales contenttype:doc -owner:me	특정 단어 또는 연산자 검색어를 포함하지 않는 콘텐츠를 찾습니다. 참고: 이 연산자는 단독으로 작동하지 않습니다. 검색어 또는 다른 연산자와 함께 사용해야 합니다.
AND &	• 영업 보고서 • 영업 & 보고서	기본적으로 검색어를 모두 포함하는 페이지만 반환됩니다. 검색어 사이에는 AND를 포함할 필요가 없습니다.
OR 또는 |	• 영업 OR 마케팅 • 영업 | 마케팅 • 영업 from:(marysmith OR johndoe)	최소 하나의 단어 또는 연산자 검색어를 포함하는 콘텐츠를 찾습니다.
NOT	영업 NOT 마케팅	특정 단어 또는 연산자 검색어를 포함하지 않는 콘텐츠를 찾습니다.

G Suite

+

Remote Work

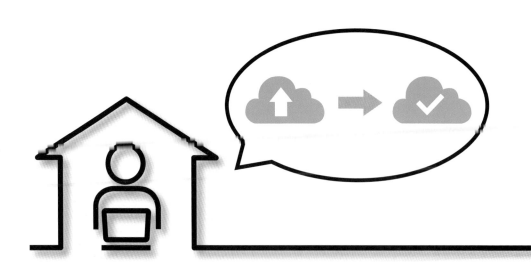

PART 5

다양한 클라우드 서비스
- 업무 환경에 따라 골라 쓰는 협업 솔루션

🔍 CHAPTER   ✕   ▼

🔍 CHAPTER

📄 CHAPTER 00   G Suite Reference Model

📄 CHAPTER 01   Slack -팀과의 협업을 위한 단일 플랫폼

📄 CHAPTER 02   Trello -협업을 통한 프로젝트/작업 관리

📄 CHAPTER 03   Notion -노트, 작업, Wiki 및 데이터베이스를 위한 통합 작업 공간

📄 CHAPTER 04   Docswave

📄 CHAPTER 05   Google의 재택근무 (Home for Work)

G Suite Reference Model

사용자의 환경에 따라서 G Suite 사용하는 방법이 모두 다르듯 다양하게 100개의 회사가 있으면 100가지 사용 방법이 존재합니다. G Suite를 이용해 협업하려면 구성원 모두 기본 사용 지식을 체계적으로 학습한 후 업무에 다양하게 적용해야 합니다.

회사나 조직에서 사용할 클라우드 서비스를 선택할 때는 조직에 가장 적합한 시비스를 선택해야 합니다. 그래야 시행착오를 줄일 수 있고, 서비스를 안정적으로 이용할 수 있습니다.

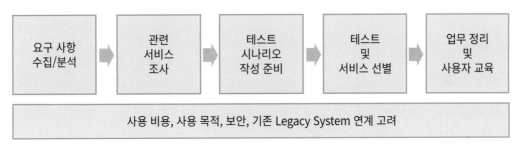

▲ 클라우드 서비스 도입 방법

0.1 1인 회사

1인 회사의 경우에는 인력이 혼자이기 때문에 협업보다는 높은 생산성과 안전한 데이터 관리에 집중해야 합니다. 1인 회사도 도메인은 중요합니다. 회사 도메인을 구매해서 용도에 맞는 G Suite 버전을 구입해서 사용해야 합니다.

0.1.1 G Suite에 개인 회사 도메인 계정 연결하기

1. 도메인 계정의 이메일 연결

G Suite 계정을 발급 받기 위해서는 도메인이 필요합니다. 1인이더라도 개인의 도메인을 구입해서 연결해야 개인 회사 계정의 이메일 주소가 생깁니다. 이 이메일 주소를 업무용으로 사용할 수 있습니다.

2. Drive File Stream 이용

1인 회사는 다른 사람과 협업하는 경우보다는 자신의 자료에 빠르게 접근하고 필요할 때 바로 사용할 수 있는 환경을 구성하는 것이 좋습니다. 따라서 모든 자료를 Google Drive에 저장하고 사용하는 것을 추천합니다. 또한 개인적으로 작성하는 문서라면 HWP, DOC, PPT 보다는 Google 문서로 작성하고 필요할 때 해당 포맷으로 저장해서 전달하면 관리 및 사용이 편해집니다.

3. 홈페이지 작성

홈페이지는 누구에게나 필요합니다. 1인 창업자에게도 말이죠. 일반적인 홈페이지를 제작하기 위해서 몇백만원에서 몇천 만원을 투자하는 것은 미래를 위한 투자가 되겠지만, 모든 내용이 확신이 된 이후에 하면 시행착오 비용을 줄일 수 있습니다. Google 사이트 도구로 손쉽게 홈페이지를 만들어서 다른 사람에게 효과적으로 정보를 전달할 수 있습니다. G Suite 도입 시 사용한 도메인에 연결하면 홈페이지와 이메일 모두 사용할 수 있습니다.

4. 클라우드 ID SNS 채널 연결

개인 페이스북 계정도 있지만, 업무적으로 사용할 것이기 때문에 회사 계정의 페이스북이나 트위터 계정, 인스타 계정을 만드는 것이 좋습니다. 또한 개인적인 내용보다는 업무나 회사에 대한 내용을 포스팅해야 합니다.

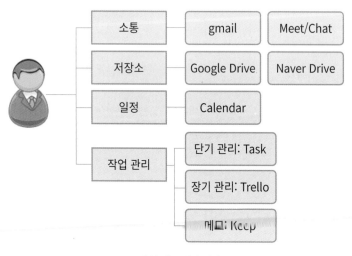

▲ 개인 정보 관리 방안

참고로 Trello(트렐로)를 사용하면 연속되는 업무를 체계적으로 기록할 수 있는 장점이 있습니다.

0.2 2~5인 회사

1인 회사보다 큰 5인 미만의 회사에서는 팀원 간의 커뮤니케이션과 문서 협업 작업이 많습니다. 보통 회사 구조는 1명의 대표와 팀장과 직원(또는 팀원)으로 구성됩니다. 보고 체계는 팀장과의 1:n 관계로 단순하고, 주로 같은 업무를 수행하는 구조입니다. 회사 내 다른 업무를 수행하는 인원은 커뮤니케이션에 참여시키지 않는 것이 커뮤니케이션을 단순화할 수 있는 방안입니다.

0.2.1 사내 소통 및 업무 관리 방법

1. 소통 채널 생성

혼자 일할 때와는 다르게 팀이 구성이 되면 다양한 소통 채널을 구성해야 합니다. 업무 환경, 디지털 사용 능력, 목적 등에 따라서 가장 효율적이고 생산성이 높은 방법을 선택해야 합니다. 소통은 한 가지 방법을 쓰는 것이 아니라 여러 가지 방법을 함께 사용하고, 콘텐츠 중심인지, 이벤트 중심인지, 메시지 중심인지에 따라서 다양한 혼합 모델이 나타납니다. 디지털을 잘 이해하지 못하는 구성원이 있다면 생산성 보다는 안정성에 초점을 맞춰야 합니다. 아무리 좋은 도구나 서비스가 있다고 하더라도 한 사람이 사용을 못하면 전체적으로 소통이 되지 않고 오히려 문제가 발생합니다. 디지털 역량이 낮은 사람의 리터러시를 올릴 수 있도록 고민해야 합니다. 관련 교육을 함께 진행해야 합니다.

2. 프로젝트 관리

프로젝트는 시작과 끝이 있고 목표와 리소스의 제약이 있습니다. 평소에 반복적으로 하는 업무가 아닌 spot(임시적) 형식으로 발생하는 업무 모두를 프로젝트라고 생각하고 처리합니다. 하루 짜리도 프로젝트이고 몇 년 동안 진행되는 것도 프로젝트입니다. 프로젝트가 생성이 되면 프로젝트 리더를 지정하고 리더가 필요한 리소스와 계획, 실행을 주도합니다. 다른 사람에게 진행 내용을 정확히 이해할 수 있도록 진행 내용과 이슈 내용을 공유합니다. 또한 협업이 필요할 경우에는 정확하게 목표와 R&R[1]을 알려서 불필요한 업무 낭비를 줄입니다.

3. 일정 관리

혼자서 할 때는 내가 곧 회사고 조직이지만, 2명 이상이 진행할 때는 분리를 해야 합니다. 일정을 등록할 때도 나의 개인적인 일정인지 회사 공통의 일정인지 구분을 해서 각각의 캘린더에 등록해야 합니다. 캘린더는 무제한으로 생성할 수 있기 때문에 적절한 캘린더를 만들고 관리하는 것이 중요합니다. 일단 기본적인 나의 캘린더에는 나의 회사 업무를 기록하고, 회사 전체, 프로젝트별, 중요 업무별로 구분하여 작성하면 체계적인

---

1 R&R(Role and Responsibilities): 어떤 기업 또는 프로젝트에서 구성원이 수행해야 할 역할과 책임

관리가 가능합니다. 스마트폰에서도 가젯을 이용하면 여러 개의 캘린더를 한꺼번에 확인해서 다양한 분석 및 진행이 가능합니다. 여러 계정의 캘린더를 함께 조회할 수 있습니다.

▶ 2~5인 회사의 업무 처리 시 사용하는 서비스

구분	항목	설명
커뮤니케이션	Gmail, Google Meet, Google Chat, Calendar	카톡 대신 Google Chat을 이용하여 소통. 전체 일정을 팀장이 캘린더를 생성 후 공유해서 함께 사용.
프로젝트	Trello, Monday.com	진행하는 프로젝트 관리
콘텐츠	Google Drive	• Drive의 폴더나 공유 드라이브를 사용하여 문서 중앙화하여 사용 • 업무별 또는 영역별로 공유 드라이브 생성
	Google 문서 도구	Google 문서, 스프레드시트, 프레젠테이션 문서를 공유 드라이브에서 사용하여 협업 환경 구성
홈페이지	Google 사이트 도구	외부 홈페이지
검색	Cloud Search	내부 인트라 사이트에 Cloud Search를 연결하여 내부 자료 검색

새로 시작하는 스타트업이나 소규모 회사에 적합한 형태는 Chat 중심의 커뮤니케이션입니다. 바로 옆에 앉아 있어서 바로 대화를 하는 경우도 있지만, 업무에 관련된 내용은 가급적 Chat으로 진행을 하는 것을 추천 드립니다. 바로 옆에 앉아 있는데 채팅하면 이상하게 생각이 들 수도 있지만, 구두로 이야기하면 기록이 안되기 때문에 오히려 작은 규모는 채팅을 생활화해야 합니다. 단 사적인 이야기나 기록이 필요치 않는 이야기 (예: "밥 먹으러 갑시다.")는 카톡을 하거나 말로 직접 하세요.

5인 이하는 회사는 메시지와 콘텐츠 중심의 협업이며 Chat과 Drive를 이용하여 대부분의 업무를 협업할 수 있습니다. 프로젝트를 진행할 경우에는 간단한 프로젝트관리 온라인 도구를 사용하면 도입 및 관리가 좋습니다. Trello나 monday.com을 추천합니다. 또한 가급적 결재는 이메일을 이용하여 처리하는 것이 좋습니다.

프로젝트관리는 이메일과 채팅, 그리고 스프레드시트, Calendar만으로는 관리하기 어렵습니다. 가급적 개인을 포함하여 5인 이하의 회사에서는 프로젝트관리에 체계를 잡아야 합니다. 나중에 기록 확인 차원에서도 관리가 쉽고 프로젝트에 대한 기록을 정확하게 작성할 수 있습니다.

0.3 6~20인 회사

6인 이상이 된다면 본격적으로 협업에 대한 투자가 필요합니다. 가급적 경험이 있는 전문가와 함께 변화관리를 함께 진행하여 체계적인 협업 문화 및 프로세스 구축에 힘써야 합니다. 사람이 많아질수록 소통의 채널이 복잡해집니다. 개별적인 Chat 대화 중심에서 대규모 공지 형태로 소통 방법이 진화해야 합니다. 이 규모의 회사에게 추천하는 서비스는 Google Currents입니다. Currents는 회사의 페이스북과 같은 서비스입니다.

따라서 개인적으로는 사용하지 못하고 회사 내에서만 사용하기 때문에 보안이나 사용성이 좋고, 스마트폰을 이용하기에 편리합니다. 게시판이나 커뮤니티에 사용하면 효과가 있습니다. 또한 다른 직원들의 회사 소식도 페이스북이 아니라 Currents로 확인이 가능합니다.

이벤트 중심으로 회의를 진행하고 외부 사람과 소통할 시 활용할 수 있는 내부 콘텐츠와 대화방(Rooms)을 이용합니다.

0.3.1 6~20인 회사에 적합한 서비스 도입 및 업무 관리 방법

1. 회사 내 Facebook 도입

소통 관계가 점점 복잡해지면서 Chat으로만 소통하기엔 너무 많은 대화가 오고 갑니다. 가급적 서비스 성격에 맞는 다양한 소통 방법을 도입해야 합니다. 또한 구성원의 디지털에 대한 공부도 지속적으로 진행하여, 새로운 서비스를 도입하더라도 Learning Curve[2]를 짧게 유지하는 것이 중요합니다. 새로운 인원이 충원될 때도 체계적인 교육 프로그램을 준비해서 입사 후에도 빠르게 조직에 적응할 수 있도록 도와야 합니다. 사람이 많아지면 한 명, 한 명 관심을 가지기 어렵기 때문에 관계도 디지털화해야 합니다. 가장 좋은 방법은 SNS를 이용하는 것이지만 SNS는 이미 개인적으로 사용하고 있고, 외부의 사람들과 연계가 되기 때문에 실수로 정보가 유출될 가능성이 높습니다. 개인적으로는 Facebook을 사용하고 회사에서는 Google Currents를 사용하면 유출 문제도 없고 내부의 소식을 원활하게 교환할 수 있습니다.

2. 프로젝트 관리

소규모 인원이 프로젝트를 진행할 때는 대부분 모든 직원이 함께 프로젝트에 참여하기 때문에 회사가 곧 프로젝트와 같은 공식이 성립됩니다. 하지만 사람이 많아지면 프로젝트를 동시에 여러 개 진행을 하게 되고, 내가 참여하지 않는 프로젝트도 생기게 됩니다. 회사의 임원 입장에서는 PM의 보고를 통하여 프로젝트 진행 내용을 알 수 있겠지만, 보다 체계적으로 프로젝트를 관리해야 합니다. 이제는 본격적으로 전문적인 프로젝트 관리 도구를 사용해야 하고 전문적인 프로젝트 관리 도구는 여러 가지 뷰를 제공하고 체계적인 관리가 가능합니다. 하지만 사용 방법이 복잡하기 때문에 Learning Curve도 오래 걸리고 새로 투입되는 사람은 일정한 학습을 해야 합니다. 모두 장단점이 있기 때문에 인원에 따라서 사용하는 것보다는 업무 성격에 따라서 사용하는 것을 추천 드립니다.

---

2   특정한 기술이나 지식을 학습하는 데 드는 시간과 비용

3. 내부 홈페이지(인트라넷)

사람이 많아지고 복잡해지면 내가 알아야 하는 내용도 많아지고, 이 많은 내용을 이메일이나 Chat 또는 Google Currents로 지속적으로 받는 것도 정보의 홍수 속에서 살게 되어 정작 필요한 정보를 놓칠 수 있습니다. 이럴 경우에는 Push 형태로 정보를 전달하지 말고 필요할 때 와서 정보를 확인할 수 있는 Pull 방식으로 전환을 해야 합니다. 가장 간단한 방법은 Google 사이트 도구로 전체, 프로젝트별로 정보를 관리하는 사이트를 구성하여 필요한 정보, 문서, 일정 등을 공유합니다. 해당 사이트에 접속하면 관련 정보를 모두 확인할 수 있기 때문에 포털 형태로 이용할 수 있고, 회사의 많은 리소스와도 연계가 되어 Switch(업무 전환) 시간을 줄일 수 있습니다.

▶ 6~20인 회사의 업무 처리 시 사용하는 서비스

구분	항목	설명
커뮤니케이션	Gmail, Google Meet, Google Chat Calendar	필요한 사람만 참여하는 Chat room 구성.
	Google Currents	내부 소통 및 게시판
드라이브	Google Drive	Drive의 폴더나 공유드라이브를 사용하여 문서 중앙화하여 사용 업무별 또는 영역별로 공유 드라이브 생성
이벤트	Google Calendar	이벤트 중심의 소통
홈페이지	Google 사이트 도구	업무별/프로젝트 홈페이지

결재 처리를 중심으로 업무가 진행된다면 전문적인 워크플로우 서비스를 도입해야 합니다. Google G Suite 와 함께 사용할 수 있는 3rd party(서드 파티) 서비스 이용 시 G Suite 콘텐츠와 함께 사용할 수 있는 장점이 있습니다. 특히 Docswave와 같은 클라우드 서비스는 결재를 빠르게 처리할 수 있도록 돕기 때문에 G Suite 의 부족한 기능을 보완하는 역할을 합니다.

0.4 중소기업

Google G Suite를 이용하여 디지털 전환에 성공한 기업들의 공통점은 1) Owner의 적극적인 의지, 2) 구성원의 지속적인 디지털 학습, 3) 좋은 디지털 도구 이용입니다

중소기업의 구성원은 500명 이하로, 디지털 전환을 하기에 적합합니다. 구성원 간의 협의와 동의만 순조롭다면 오히려 대기업보다 좋은 성과를 낼 수 있습니다. 이 책에서 언급한 내용처럼 요구사항을 수집하고, 요구사항에 만족하는 서비스를 학습해서 Gap을 분석하고 변화관리를 잘 한다면 적은 비용으로도 Global Standard 한 효과적인 프로세스 도입을 쉽게 할 수 있고 빠른 시간에 업무 생산성을 올릴 수 있습니다.

중소기업에서 G Suite를 이용한다면 포털이나 CRM 등의 3rd party 앱을 도입할 것을 추천합니다. G Suite를 사용할 때 가장 좋은 방법은 G Suite을 pure(있는 그대로)하게 사용하는 것이 가장 좋습니다. 하지만 디지털 리터러시가 낮을 경우에는 클라우드 서비스를 도입해서 적응하는 데 많은 시간이 걸리고, 새로운 인력이 입사를 하면 그동안 기존 인력이 디지털 리터러시가 올라간 경우 따라잡는 데도 시간이 걸립니다. 간혹 디지털을 잘 이해못하는 직원 한두명이 있다면 커뮤니케이션의 오류로 업무에도 지장이 생깁니다. 그러므로 항상 교육에 관심을 가져야 합니다.

0.4.1 G Suite와 연동하기 좋은 3rd party 앱

1. Lumapps

LumApps(www.lumapps.com)는 직원 커뮤니케이션 플랫폼으로 G Suite Marketplace(gsuite.google.com/marketpalce)에서 이용할 수 있는 유료 제품입니다. gmail, calendar, drive 등을 한꺼번에 확인할 수 있고, 개인별로 화면을 특화하여 구성할 수 있습니다.

2. Bitrix24

Bitrix24(www.bitrix24.com)는 Social Enterprise 플랫폼입니다. Communications, Tasks and Project, CRM, Contact Center, Websites 등에 대한 G Suite과 연계한 다양한 Add-on 기능을 제공합니다. 특히 CRM에서는 다양한 대시보드를 이용하면 기업 내의 다양한 성과를 비주얼하게 보기 좋습니다.

3. Docswave

Docswave의 Premium Form을 이용하면 Dashboard를 생성해 경영 정보를 쉽게 조회하고 공유할 수 있습니다.

0.5 대기업

대기업의 경우에는 상당히 기업에 따라 규모가 제각각입니다. 그래서 앞에서 소개한 방법들과는 다르게, 별도의 정책 수립이나 연락, 미팅이 필요합니다. 우리나라에서도 몇개의 대기업에서 전사별 또는 부분별로 도입을 하고 있고 큰 규모의 도입에서는 보다 체계적인 변화관리가 필요합니다. 이런 준비도 없이 도입하면 대부분 Gmail 또는 드라이브 중심으로 업무를 진행을 하고 오히려 제약을 많이 걸어서 사용에 어려움이 있습니다.

Google에서 성공한 기업의 Success Story를 보면 공통된 점이 하나 있는데, 그것은 바로 직원 교육입니다. 어떠한 형태로든 도입 전, 후에 교육을 지속적으로 하고 직원들이 활용하는 아이디어를 업무에 반영합니다. 그리고 순수하게 제품 그대로를 사용합니다. 우리나라는 커스터마이징을 하여 현재 환경에 맞추려고 하는 반면, 해외 기업의 사례를 보면 제공하는 서비스를 이용하기 위하여 오히려 회사의 프로세스를 변경합니다.

ERP 기업 중에 한 곳은 세계 최고 기업의 프로세스를 제시하며 Best Practice로 다른 기업에 프로세스를 판매하기도 합니다. 세계 수십억 명이 사용하는 서비스인 만큼 글로벌 업무나 디지털 업무에 최적화되어 있고, 이런 서비스를 지속적으로 사용하며 다른 서비스를 이용할 때도 불편함이 점차 줄어듭니다.

규모가 큰 조직일수록 서비스 이용에 더 많은 준비를 하고 변화관리를 한 후에 도입할 것을 추천 드립니다.

CHAPTER. 01

Slack 팀과의 협업을 위한 단일 플랫폼

☆ ⮡ ☁

1.1 Slack이란?

1.1.1 협업 솔루션의 개념

협업 솔루션이란 여러 사용자가 각기 별개의 작업 환경에서 동시에 업무를 수행할 수 있도록 만들어 주는 서비스형 소프트웨어(SaaS)로, 조직 구성원들의 원활한 업무를 도와주는 플랫폼입니다. 협업이라는 카테고리에는 자료 저장 및 공유, 메시지 송수신, 일정 관리, 화상회의, 채팅 등 광범위한 요소가 포함되어 있으며 그만큼 다양한 종류의 솔루션이 존재합니다.

전통적인 의사 소통 도구인 메일과 메신저는 반드시 수신이나 참조에 해당하는 사람만 메시지를 열람할 수 있으며 해당 내용을 다른 사람에게 공유해야 하는 경우 메시지를 전달해야만 했습니다. 또한 전달 과정에서 메일의 스레드(thread)가 누락되는 경우 과거 히스토리를 파악하는 데 어려움이 발생하기도 합니다. 이러한 비공개 커뮤니케이션은 보안 유지나 프라이버시 보호에는 적절하지만 경우에 따라서는 정보의 블랙홀이 될 가능성이 있습니다.

규모가 큰 기업의 경우 기업의 업무 프로세스 및 환경에 최적화된 통합 그룹웨어(협업 소프트웨어)를 사용하는 경우가 대부분이며, 이미 관련 IT인프라에 많은 투자를 하여 새로운 업무 프로세스 도입이 쉽지 않습니다. 또한 IT 담당자들이 수많은 협업 솔루션을 비교/검토하기에는 현실적으로 어렵습니다.

따라서 소규모 기업이나 벤처, 스타트업을 중심으로 변화하는 업무 환경에 맞추어 발빠르게 새로운 협업 솔루션을 적극적으로 검토하거나 도입하고 있는 추세입니다.

1.1.2 Slack의 역사

Slack(슬랙)은 개발자인 스튜어트 버터필드(Stewart Butterfield)가 야후(Yahoo!)를 퇴직한 후 Glitch라는 온라인 게임을 개발하던 중 팀 내 커뮤니케이션을 위해 개발한 인하우스용 사내 도구였습니다. 정작 개발 중이던 게임은 실패했지만 인하우스 툴인 Slack의 효용성에 집중해 별도의 서비스로 개발하는 것으로 전환하여 2013년부터 서비스를 시작하였습니다. 그리고 2019년 기준으로 60만 개 기업(유료 기업 9만 5,000개), 1,000만 명 이상(유료 약 300만 명)의 사용자를 확보하고 있습니다.

Slack은 'Searchable Log of All Conversation and Knowledge'의 약자로 한글 표현으로 '모든 대화와 지식에 대한 검색 가능한 로그'라는 이름에 걸맞게 강력한 검색 기능을 제공합니다.

Slack은 단순한 메시징 플랫폼을 넘어 조직 구성원들이 효과적으로 의사소통하고 공유할 수 있는 공간을 제공합니다. 또한 Trello, GitHub 등 타사의 도구들을 통합하는 허브 역할을 할 수 있습니다. 예를 들어 Trello 에서 카드를 생성하면 채널에 알림을 받을 수 있으며, 이슈 추적 툴과 통합하면 이슈가 발생하거나 종결될 때 채널의 모든 사람들이 알 수 있습니다. 즉, 실시간 커뮤니케이션을 통해 팀원 간 업무 진행 상황을 명확하 게 인지할 수 있게 하여 문제를 신속하게 파악하고, 공동으로 해결할 수 있도록 합니다.

조사 결과에 따르면 Slack 사용 후 이메일 송수신이 48.6% 감소하고, 회의 수를 24% 줄이면서 전체 생산성 이 32.4% 향상되었다고 합니다.

1.1.3 Slack과 메신저의 차이점

일반 메신저를 업무에 사용하는 경우 실시간 소통이 가능한 장점이 있으나, 업무에 관련이 없는 메시지나 알 림이 지속적으로 발생하여 업무에 방해가 되는 경우가 발생할 수 있습니다. 또한 이메일은 정보와 생각을 일 방적으로 전달하는 데 적합하며 송수신 및 메일 확인 과정에서 시간 차이가 발생할 수 있어 의견을 교환하 고 결론을 도출하기까지 메신저보다 더 많은 시간이 소요됩니다.

일반적인 메신저와 Slack은 다음과 같은 차이가 있습니다.

구분	메신저	Slack
장점	• 단순하고 친숙한 UI/UX • 외부인과 소통하기 쉬움 • 사용자 간 1:1 커뮤니케이션하기 쉬움	• 팀원 간 1:多 커뮤니케이션 가능 • 선택적 알림 설정 가능 • 정보 보안(해외 서버, OTP 설정 등) • 검색 용이성 • 조직 구성원과 커뮤니케이션 용이 • 기존 업무용 솔루션과 연계 • 정보의 개방성 • 업무와 사생활 구분 가능 • 타사 솔루션과 연동 지원 • API 지원 • 여러 단말기 간 상호 동기화
단점	• 검색이 어려움 • 업무와 사생활 구분 어려움 • 파일 고유 • 단말기 변경 시 기존의 대화 내용을 유실할 수 있음 • 타사 솔루션과 연동 불가	• 한국어 미지원, 생소한 UI/UX • 외부인과 소통하기 어려움 • 대용량 파일 첨부의 경우 NAS 또는 클라우드 드라이브를 사용 권장 • 채널의 수가 늘어나는 경우 채널 검색이 어려움

1.1.4 Slack 요금제

Slack은 제한된 버전의 무료 서비스를 제공하면서, 그 이후에 기능과 사용자가 늘어남에 따라 세 가지 단계의 요금제(Standard, Plus, Enterprise Grid)를 선택하게 하는 방식으로 구성되어 있습니다.

구분	Free	Standard	Plus	Enterprise Grid
대상	소규모 팀	중소기업	대기업	초대형 기업
1인당 요금	무료	$6.67/월	$12.50/월	별도 문의
메시지 수 제한	최근 10,000개	무제한	무제한	무제한
타 앱과 연동	10개 한정	무제한	무제한	무제한
저장공간	전체 5GB	팀원당 10GB	팀원당 20GB	팀원당 1TB
워크스페이스	1	1	1	무제한

세부적인 사항은 Slack 홈페이지의 요금제 안내 섹션(https://slack.com/intl/en-kr/pricing)에서 확인하세요.

1.2 Slack 시작하기

1.2.1 Slack 가입하고 Workspace 만들기

Slack 홈페이지의 우측 상단 또는 요금제 안내 페이지에서 GET STARTED 버튼을 클릭하면 아래와 같이 새로운 Slack Workspace를 생성하는 화면으로 이동합니다.

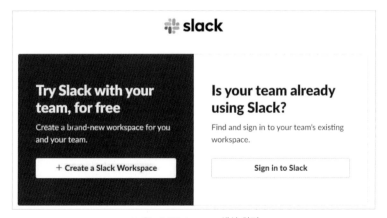

▲ Slack Workspace 생성 화면

Create a Slack Workspace 버튼을 클릭하여 계정 생성 화면으로 이동합니다.

계정 생성 화면에서 이름, 이메일 주소, 암호 등 필수 항목을 입력하고 Create Account 버튼을 클릭합니다.

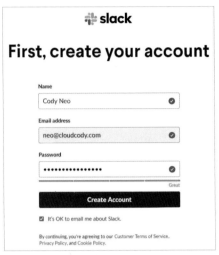

▲ Slack 계정 생성 화면

앞서 입력한 이메일 주소로 6자리 숫자 조합의 확인코드가 전송됩니다. 코드는 일정 시간이 경과한 후 만료되므로 수신 후 최대한 빠른 시간 내 입력해야 합니다. 메일함에서 6자리의 숫자 코드를 확인하고 입력창에 정확히 입력하면 가입이 완료됩니다.

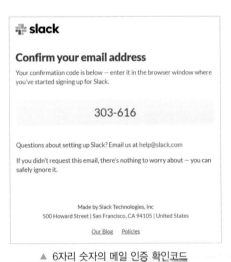

▲ 확인코드 입력 화면   ▲ 6자리 숫자의 메일 인증 확인코드

이것으로 가입 절차가 완료되었으며 이후 다음 단계로 자동 진행됩니다.

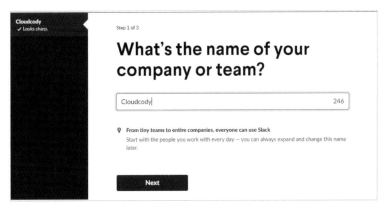

▲ 회사나 팀의 이름을 입력

팀의 이름을 지정하는 단계입니다. 여기에서 지정한 이름이 Workspace의 이름이 되며 향후 모든 팀원들이 사용하게 되며 Slack 접속에 사용할 [팀 이름].slack.com 형식의 URL이 지정됩니다. Workspace 이름과 URL은 향후 언제든 변경할 수 있습니다.

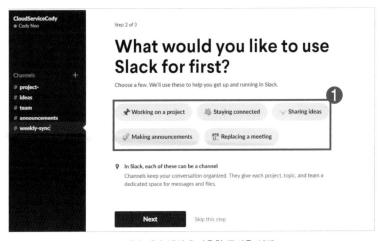

▲ 기본 채널 생성에 사용할 목적을 선택

기본 채널 생성에 사용할 목적을 선택합니다. ❶ 항목을 선택하면 좌측의 채널 리스트에 사전 정의된 채널이 추가됩니다(여기서 채널이란 세부적인 주제에 맞는 커뮤니케이션이 이루어지는 공간으로 일반적인 커뮤니티 서비스의 게시판과 같은 개념이리고 볼 수 있습니다).

Slack에서는 모든 사용자가 참여할 수 있는 공개 채널(Public Channel)과 초대된 사용자만 참여할 수 있는 비공개 채널(Private Channel)을 제공합니다. 공개 채널의 경우 #으로 표시되고 비공개 채널의 경우 🔒 아이콘으로 표시됩니다.

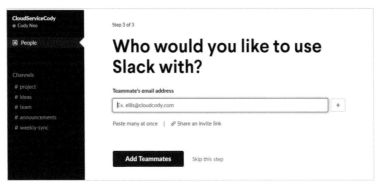

▲ 초대할 팀원의 이메일을 입력

이 단계에서는 Workspace에 참여할 팀원을 초대할 수 있습니다. 이메일 주소를 개별 입력하거나 대량의 주소를 한 번에 붙여넣어서 초대할 수 있습니다. 다른 방법으로는 팀원에게 초대 링크를 보내 Workspace에 가입하게 할 수도 있습니다.

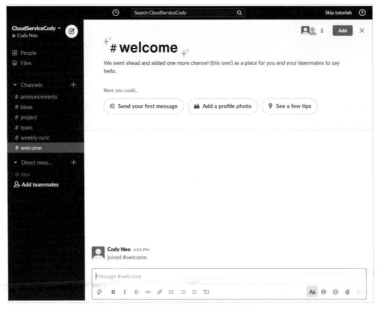

▲ Slack 메인 페이지

모든 단계를 완료하면 Slack의 메인 페이지로 이동합니다.

1.2.2 클라이언트 설치하기

Slack은 웹 브라우저 또는 데스크탑 클라이언트(Windows, MacOS, Linux 지원) 및 모바일 애플리케이션(안드로이드 및 iOS 지원)을 통해 사용 가능합니다.

▲ Windows용 클라이언트 다운로드 화면

OS별 PC, 모바일용 Slack 다운로드 링크

- Windows용 클라이언트 다운로드: https://slack.com/intl/en-kr/downloads/windows
- Mac용 클라이언트 다운로드: https://slack.com/intl/en-kr/downloads/mac
- Linux용 클라이언트(Beta) 다운로드: https://slack.com/intl/en-kr/downloads/linux
- 모바일 기기용 애플리케이션 다운로드

iOS 기기용 앱

안드로이드 기기용 앱

참고로 다음 1.2.3절에서는 데스크톱 클라이언트로 설치하고 로그인하는 방법, 1.2.4절에서는 안드로이드 기기를 기준으로 모바일 앱에 로그인하는 방법을 다룰 것입니다.

데스크톱 클라이언트의 경우 웹버전의 Slack과 동일한 환경을 제공합니다. 특성상 PC에서 작업을 완료한 파일을 공유하거나 환경 설정 및 구성을 하기에 적합합니다. 모바일 클라이언트의 경우는 메시징 기능을 중심으로 이동 중에 의견을 나누거나 정보를 공유하는 데 더 효율적입니다. 이 두 가지를 병행하여 사용하면 최상의 생산성과 효율적인 협업을 경험할 수 있을 것입니다.

1.2.3 데스크톱 클라이언트 로그인하기

다운로드 페이지에서 내려받은 설치 파일을 더블클릭하면 설치가 시작됩니다. 설치 과정이 완료되면 바로 가기 아이콘을 클릭하여 클라이언트를 실행합니다.

▲ 데스크톱 클라이언트 첫 실행 화면

Sign In을 클릭하면 웹 브라우저가 자동으로 실행되며 Slack 로그인 페이지로 이동합니다.

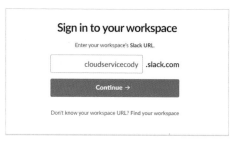

▲ Workspace 주소 입력

URL 입력란에 Workspace 주소를 입력하고 Continue를 클릭하여 다음 단계로 이동합니다.

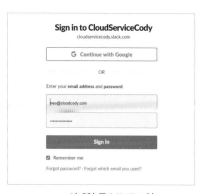

▲ 이메일 주소로 로그인

▲ 로그인 후 Slack 클라이언트 열기

이메일 주소와 비밀번호를 입력하고 Sign In을 클릭하면 Slack에 로그인이 진행됩니다.

어느 정도 로딩되면 브라우저에 팝업창이 나타나는데, 이 창에서 Slack 열기를 클릭하면 데스크톱 클라이언트의 로그인이 완료됩니다.

▲ Slack 클라이언트 로그인 완료

1.2.4 모바일 앱으로 로그인하기

안드로이드 기기를 기준으로 모바일 앱에서 로그인하는 방법을 다루겠습니다.

모바일 앱의 초기 화면에서 SIGN IN 버튼을 터치하면 로그인 방법을 선택하는 화면으로 이동합니다.

▲ 안드로이드 앱에서 SIGN IN 터치

Slack 앱에서는 다음의 두 가지 방식으로 로그인할 수 있습니다.

❶ **Email me a magic link**：Slack에 로그인하기 위한 링크를 이메일로 전송합니다. 하나의 메일 주
소로 여러 개의 Workspace에 가입되어 있는 경우 모든 Workspace에 한번에 로그인하거나 선
택하여 로그인할 수 있습니다.

❶ **I'll sign in manually**：도메인과 이메일 주소, 암호를 입력하여 해당 Workspace에만 로그인합니다.

▲ 로그인 방식 선택

두 가지 로그인 방식을 각각 다뤄보겠습니다.

1. Magic Link로 로그인하기

Magic Link를 수신할 이메일 주소를 입력하고 Next를 터치하면 입력한 이메일 주소로 링크가 전송됩니다.
Open email app을 탭하여 메일 앱을 실행합니다.

▲ Magic link를 수신할 주소 확인

▲ 메일 앱 열기

이메일 앱에서 확인 메일을 열고 이메일 주소를 인증합니다. Confirm Email Address 버튼을 탭하면 자동으로 Slack 앱으로 전환됩니다.

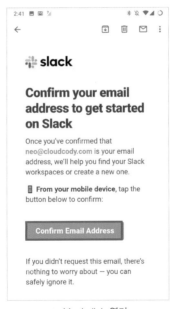

▲ Magic link 열기

이메일 주소로 여러 개의 Workspace에 가입되어 있는 경우, 앱을 사용할 Workspace를 선택하고 우측 상단의 NEXT를 탭합니다. 그러면 로그인이 완료되고 Workspace의 메인 화면으로 이동합니다.

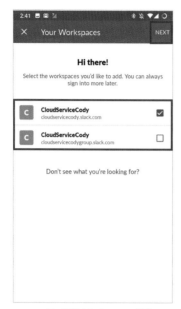

▲ 로그인할 Workspace 선택

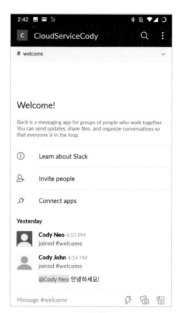

▲ 로그인 완료

2. 수동으로 로그인하기

Workspace URL과 이메일 주소 및 암호를 알고 있는 경우는 수동으로 로그인합니다.

로그인 방식을 선택하는 화면에서 I'll sign in manually를 탭하여 Workspace 입력 화면으로 넘어갑니다. Workspace URL을 입력한 후 Next를 탭합니다.

▲ I'll sign in manually를 탭하기

▲ Workspace URL을 입력

그 후 이메일 주소와 비밀번호를 각각 입력하여 로그인합니다.

▲ 이메일 주소 입력

▲ 비밀번호 입력

1.2.5 Slack 둘러보기

Slack은 채널 기반의 메시징 플랫폼입니다. 채널을 개설하고 의견을 공유하는 공간을 Workspace라고 합니다. 이 Workspace 안에서 팀원들은 기존의 메신저와 같이 대화 상대를 추가하지 않아도 자유롭게 채널에 참가하고 의사소통을 할 수 있습니다. 특히 공개 채널의 경우 조직의 누구나 참여할 수 있고 새로운 메시지에 대한 알림을 받을 수 있으며 메시지를 검색할 수 있습니다.

1. Workspace에서의 역할과 권한

Workspace의 모든 구성원은 각자 고유한 역할과 권한을 갖습니다. 역할은 아래와 같이 구분됩니다. (※ 일부 역할은 유료 기능입니다.)

역할	세부 사항
소유자	• Workspace Primary Owner: 최고 수준의 권한을 보유하는 단일 기본 소유자로 이 사람만 Workspace를 삭제하거나 다른 사람에게 소유권을 이전할 수 있습니다. • Workspace Owner: 작업 공간의 소유권을 삭제하거나 이전 할 수 없다는 점을 제외하고 기본 소유자와 동일한 권한 수준을 갖습니다.
관리자	회원 관리, 채널 및 기타 관리 작업을 합니다.

역할	세부 사항
멤버	손님은 작업 공간에 참여하는 사람이지만 액세스가 제한되어 있습니다. 손님은 채널을 공유하는 회원과만 공동 작업을 할 수 있습니다. • 다중 채널 게스트: 특정 채널을 사용할 수 있습니다. • 단일 채널 게스트: 하나의 채널만 사용할 수 있습니다.

각 역할과 권한별 세부적인 사항은 아래의 표를 참고하세요.

☑ : 기본적으로 사용 가능

■ : Workspace 소유자가 기본 설정을 변경한 경우에만 사용 가능

★ : Workspace의 기본 소유자만 사용 가능

	구분	소유자	관리자	멤버	멀티 채널	단일 채널
메시지와 파일	공개 채널에 참여	✓	✓	✓		
	채널에 메시지 보내기	✓	✓	✓		
	파일 업로드	✓	✓	✓	✓	✓
	자신의 메시지를 삭제	✓	✓	✓	■	■
채널 관리	공개 채널 만들기	✓	✓	✓		
	공유 채널 관리	✓	✓	★		
	공유 채널 관리를위한 권한 설정	✓	✓			
	채널 아카이브	✓	✓	✓		
	비공개 채널 만들기	✓	✓	✓	✓	
	공개 채널을 비공개로 설정	✓	✓			
	채널 이름 바꾸기	✓	✓			
	채널 삭제	✓	✓			
	채널 유지 설정	✓				
	비공개 채널 보존 설정	✓	✓	■		
	게시 권한 설정	✓	✓	✓	✓	✓
알림	@channel 및 @here 알림 만들기	✓	✓	✓	✓	✓
	@everyone 공지 사항 작성	✓	✓	✓		
	사용자 그룹에 추가	✓	✓	✓		
	사용자 그룹 생성	✓	✓	■		
	@mention 사용자 그룹	✓	✓	✓		
	채널 또는 멤버를 위한 알림 설정	✓	✓	✓		

구분	소유자	관리자	멤버	멀티 채널	단일 채널
Workspace 관리					
채널에서 사람들을 삭제	✓	✓	■		
비공개 채널에서 사람들을 삭제	✓	✓	✓		
손님을 공개 채널에 초대	✓	✓			
다중 채널 게스트를 개인 채널에 초대	✓	✓	✓	✓	
단일 채널 게스트를 개인 채널에 초대	✓	✓			
다른 사람의 메시지 삭제	✓	✓			
새로운 회원 초대	✓	✓	✓		
새로운 손님 초대	✓	✓			
회원 계정 비활성화	✓	✓			
작업 공간 관리자 등록	✓	✓			
작업 공간 관리자를 강등	✓				
작업 공간 소유자 등록	✓				
작업 공간 소유자 강등	★				
Workspace 설정					
기본 채널 설정	✓	✓			
게시 권한 관리 (플러스 플랜 이상)	✓	✓	✓		
검색 설정 및 가입	✓				
이름 표시 지침 설정	✓				
Workspace 언어 설정	✓				
Workspace 이름 / URL 변경	✓				
모든 회원의 비밀번호 재설정	✓				
사용자 그룹 생성 및 편집	✓	■	■		
관리					
분석 및 사용량 보기	✓	✓	■		
전체 및 표시 이름 변경	✓	✓			
이메일 주소 변경	✓	✓			
유료 플랜으로 업그레이드	✓	✓	✓		
작업 공간 계획 변경	✓				
결제 수단 추가	✓				
청구서보기	✓				
인증 방법을 선택	✓	✓			
Standard Export 사용	✓	✓			
Corporate Export 사용(자격이 있는 경우)	✓				
1 차 소유권 양도	★				
Workspace 삭제	★				

	구분	소유자	관리자	멤버	멀티 채널	단일 채널
앱 및 통합	승인된 앱 켜기	✓				
	앱 및 통합 추가	✓	✓	✓		
	명령 슬래시 및 메시지 바로 가기 사용	✓	✓	✓	✓	

2. Slack의 기본 화면

Slack의 기본 화면은 아래와 같이 구성됩니다.

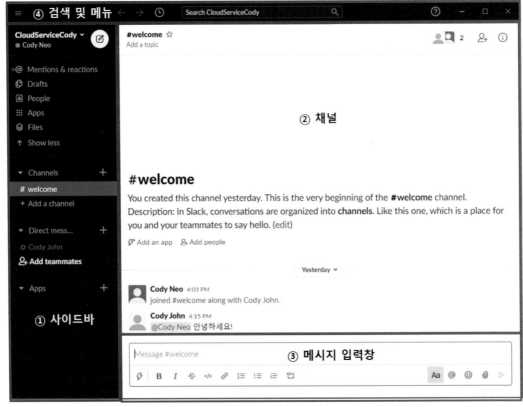

▲ Slack의 기본 화면 구성

3. 사이드바

사이드바에는 Slack을 사용하기 위한 도구 모음이 배치되어 있습니다.

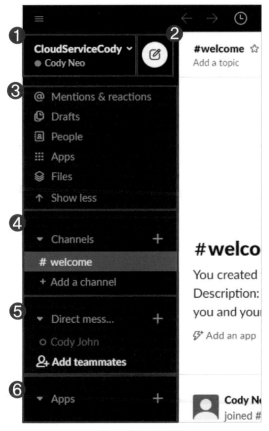

▲ Slack 사이드바 구성

❶ **퀵 메뉴**: • 자신의 상태(부재중, 휴가중 등), 알람 설정 변경
　　　　　　　• 프로필 편집
　　　　　　　• 멤버 초대 및 관리
　　　　　　　• Workspace의 환경 설정 변경, 사용 현황 확인

❷ **글 쓰기**: • 글 쓰기 버튼을 클릭하여 어디서든 메시지를 작성 가능
　　　　　　　• 작성 중인 메시지는 보내기 전까지 임시 보관함에 저장되며 언제든지 불러와 작성을 계
　　　　　　　　속할 수 있음

❸ **도구 모음**: • Mentions & reactions: 대화 내용 스레드를 표시
　　　　　　　• Drafts: 작성 중인 메시지를 임시 저장
　　　　　　　• People: 멤버의 목록을 표시. 이름, 팀명, 역할 등으로 검색이 가능하며 멤버가 온라인
　　　　　　　　상태인지 확인 가능

- Slack과 연동한 외부 앱을 추가하거나 관리
- **Files**: 채널에 업로드된 파일을 검색

❹ 채널 목록: • 채널 바로가기의 목록이 표시됨
- + 버튼을 클릭해 채널 브라우저로 Workspace 내의 채널을 검색 → 사이드바의 목록에 추가하거나 새로운 채널 생성 가능
- 팀원이 나에게 멘션을 보내는 경우 채널 이름의 오른쪽에 배지 형식으로 알림이 표시됨

❺ Direct Messages: • 1:1 대화 목록을 표시
- + 버튼을 클릭해 멤버를 검색하고 대화를 시작함

❻ Apps: • Slack과 연동한 외부 앱의 목록을 추가하거나 검색할 수 있음

1.3 Slack 사용하기

1.3.1 채널 만들기

Slack은 Workspace의 하위에 다양한 채널의 집합으로 구성됩니다. 채널은 Slack의 핵심 기능인 커뮤니케이션이 이루어지는 공간으로, 포탈이나 커뮤니티의 게시판처럼 특정한 주제나 목적을 가진 여러 개의 채널로 세분화하여 구성할 수 있습니다. 효율적인 의사소통을 위해 목적과 주제에 맞는 채널을 개설하는 것이 중요하고 이러한 채널의 정의를 팀원들과 명확히 나누어야 불필요한 의사소통으로 인해 발생하는 잠재적 손실을 줄일 수 있습니다.

Public Channel의 경우, Workspace에 가입하게 되면 접근할 수 있습니다. 가입과 동시에 기본 참여가 되거나, Channels 메뉴를 클릭하여 가입할 Channel을 선택한 후, Join Channel 하면 사용할 수 있습니다.

Private Channel의 경우, 해당 Channel에 참여하고 있는 사용자가 다른 사용자를 초대해야 사용할 수 있으며, 초대받지 않은 경우 채널의 존재여부조차 알 수 없습니다.

Channel은 Admin이 생성 및 설정하며, 대부분의 Channel은 Private으로도 생성됩니다.

▶ Public Channel(공개 채널)과 Private Channel(비공개 채널)

구분	Public Channel	Private Channel
채널 생성	해당 Workspace에 참여하고 있는 사용자 누구나	Admin
채널에 접근	해당 Workspace에 참여하고 있는 사용자 누구나	해당 채널에 참여하고 있는 사용자
멤버 초대	해당 채널에 참여하고 있는 사용자	

▲ Slack 채널 구성

❶ **채널 헤더**: 현재 채널의 정보를 한눈에 볼 수 있습니다. 채널의 멤버 수를 확인하거나 기타 중요한 채널 정보를 표시할 수 있습니다.

❷ **메시지 공간**: 메시지와 파일 공통의 목적을 위해 메시지를 보내고 파일을 공유할 수 있는 전용 공간입니다. 채널에 참여하면 기존의 대화 내용을 즉시 확인할 수 있습니다.

❸ **답글 스레드 보기**: 메시지의 답글을 채널 우측에 스레드로 확장하여 표시합니다.

❹ **메시지 도구**: 여러 가지 기능의 메시지 도구를 제공합니다.

        😊 : 메시지에 이모티콘을 포함한 반응을 추가합니다.

        🗨 : 스레드에서 응답 내용을 입력합니다.

        ↪ : 메시지를 다른 사람이나 다른 채널에 공유합니다.

🔖 : 메시지를 저장합니다.

⋮ : 더 많은 도구를 표시합니다.

새로운 채널을 생성하려면 사이드바의 Channels 메뉴에서 + 버튼을 클릭하고 Create a channel을 선택합니다.

▲ Create a channel 선택

Create a channel 창이 표시되면 채널 이름(Name)과 설명(Description)을 입력하고 Make private를 활성화해 비공개 채널로 설정합니다. 그 후 Create 버튼을 클릭하여 채널 생성을 완료합니다.

▲ 채널 생성하기

❶ Name: 채널명 입력 (최대 길이는 80자)

❷ Description: 채널에 대한 간략한 설명을 입력

❸ Make private: 버튼을 클릭하여 활성화하면 비공개 채널로 설정, 초대받은 사용자만 참여 가능

Add people 창이 표시되면 채널에 참여할 사용자를 초대할 수 있습니다.

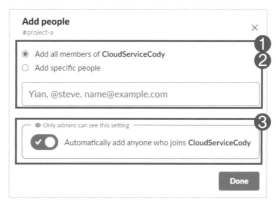

▲ 채널에 참여할 멤버 추가

[사용자 추가 방법]

❶ Workspace에 참여 중인 모든 사용자를 한번에 추가
❷ 이메일 주소를 입력하여 개별적으로 추가
❸ 모든 사용자를 추가하는 옵션은 관리자만 설정 가능

1.3.2 멤버 초대하기

1. Workspace에 멤버 초대하기

Slack Workspace에 초대받은 멤버는 기본 채널(#welcome, #announcements 등)에 자동으로 참여됩니다.
Workspace에 멤버를 초대하려면 사이드바의 Add teammates를 클릭합니다.

▲ Workspace에 멤버 초대하기

Workspace에 새로운 멤버를 추가하는 방법은 다음 3가지가 있습니다.

- 이메일 주소를 입력하여 초대 메일 보내기
- Google Directory를 통해 추가하기
- 초대 링크 보내기

1) 이메일 주소를 입력하여 초대 메일 보내기

① **개별적으로 초대하기**: 소수의 인원을 초대하기에 적합한 방법으로, 개별 이메일 주소를 입력란에 입력합니다. 입력란에는 이메일 주소를 하나씩 입력할 수 있고, 하단의 ⊕ 버튼을 클릭해 입력란을 추가할 수 있습니다. 하단의 Send Invitations를 클릭하면 입력한 이메일 주소로 초대 메일을 전송할 수 있습니다.

▲ 입력 필드에 이메일 주소를 하나씩 입력

② **여러 명을 한번에 초대하기**: 한번에 많은 인원을 초대하기에 적합한 방법으로, 여러 개의 이메일 주소를 콤마로 구분하여 입력할 수 있습니다. 메일 주소 입력란 하단의 add many at once를 클릭하면 입력란이 추가되며, Send Invitations를 클릭하면 해당 이메일 주소로 초대 메일이 전송됩니다.

▲ 여러 개의 이메일 주소 입력

초대받은 사용자는 다음과 같은 이메일을 수신하게 됩니다. Join Now 버튼을 클릭하여 초대를 수락하고 Workspace에 참여합니다.

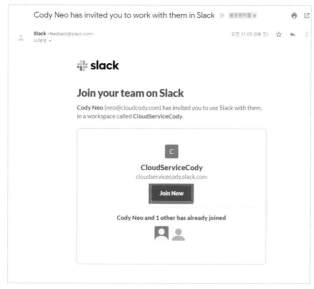

▲ Slack 초대 메일

2) Google Directory를 통해 추가하기

G Suite 계정이 있는 Slack Workspace의 모든 구성원은 자신의 디렉터리를 연결하여 초대를 보내거나 요청할 수 있습니다.

Google 디렉터리 연락처는 Slack에 저장되지 않으며 언제든지 Slack에서 디렉터리 연결을 해제할 수 있습니다. G Suite 관리자는 디렉터리에 대한 액세스를 차단할 수 있습니다. Slack에서 디렉터리를 연결하는 옵션이 보이지 않으면 G Suite 관리자에게 도움을 요청하세요.

디렉터리 정보를 Slack으로 가져오려면 Google 계정을 Slack에 연결해야 합니다. 계정 연결은 다음의 절차로 진행됩니다.

멤버 초대 창에서 를 클릭합니다. 그러면 웹 브라우저가 자동으로 실행되며 Slack에 권한을 부여하기 위해 Google 계정으로 로그인 절차가 진행됩니다.

▲ Slack이 Google Directory를 조회하도록 권한 부여

디렉터리 권한을 부여할 Google 계정을 선택하고 허용을 클릭하여 Slack에 다음 3가지 권한을 부여합니다.

- 내 도메인의 그룹 가입 조회
- 도메인 내 그룹 조회
- 도메인 사용자 조회

선택사항 확인 단계에서 허용할 권한을 최종 확인하고 허용을 클릭하여 권한 부여 단계를 완료합니다.

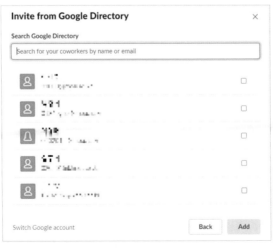

▲ Slack에서 Google Directory 정보를 검색

이제 Slack에서 Google 디렉터리를 검색할 수 있습니다. 이름이나 이메일 주소를 입력하여 초대할 대상을 선택하고 Add 버튼을 클릭하여 Workspace로 초대합니다.

3) 초대 링크 보내기

Workspace 초대를 보낼 권한이 있는 모든 구성원은 누구나 Workspace 초대 링크를 생성할 수 있습니다. 초대 링크는 최대 2,000명이 사용할 수 있습니다. 이 한도에 도달하면 새 링크를 만들어야 합니다.

사이드바의 Add teammates를 클릭하여 Workspace 초대창을 엽니다. 하단의 를 클릭하면 Share an invite link 창이 나오는데 여기서 새로 생성된 초대 링크를 확인할 수 있습니다. 해당 링크를 복사하여 초대할 사람에게 공유하고, 상대방이 링크를 클릭하여 가입할 수 있습니다. 초대 링크는 보안상의 이유로 25일간만 활성화됩니다.

▲ 초대 링크 생성하기

1.3.3 메시지 작성하기

1. 메시지 작성 방법

Slack에서 새 메시지를 작성하는 방법은 두 가지가 있습니다.

① **사이드바 상단의 작성하기 버튼을 이용한 메시지 작성**: 사이드바 상단의 작성하기(✎)를 클릭합니다. 메시지를 작성할 채널을 선택하거나 메시지를 수신할 사람을 선택하면 해당 채널 또는 DM으로 이동합니다. 메시지 입력 필드에 메시지를 작성하고 전송합니다.

▲ 작성하기 버튼을 클릭하여 새로운 메시지 작성

② **채널 또는 DM 하단의 메시지 입력 필드를 이용한 메시지 작성**: 채널 또는 DM 하단의 메시지 입력 필드에 메시지를 입력합니다. 이 경우 해당 채널 또는 DM 상대방에게만 메시지를 보낼 수 있습니다.

메시지 입력 필드는 다음과 같이 구성되어 있습니다.

▲ 메시지 입력 필드 구성

❶ ⚡ : Shortcut을 선택합니다.

❷ **B** : 굵은 텍스트를 입력합니다.

❸ *I* : 이탤릭체(기울어진 글꼴)을 입력합니다.

❹ ꞔ : 선택한 텍스트에 취소선을 표시합니다. (예: 해당 사항을 모두 선택하세요.)

❺ </> : 짧은(한 단어나 한 줄) 텍스트 블록을 입력합니다.

❻ 🔗 : URL 링크를 생성합니다.

❼ ≔ : 정렬된 숫자 목록을 입력합니다.

❽ ≔ : 글머리 기호 목록을 입력합니다.

❾ ⊩ : 인용구를 입력합니다.

❿ 🔳 : 긴 텍스트 블록을 입력합니다

⓫ Aa : 서식을 숨기거나 나타나게 합니다.

⓬ @ : 멤버에게 멘션을 보냅니다.

⓭ ☺ : 이모티콘을 입력합니다.

⓮ 📎 : 파일을 첨부합니다.

⓯ ➤ : 메시지를 전송합니다.

2. 메시지 입력 필드의 주요 아이콘

앞에서 소개한 메시지 입력 필드의 아이콘 중에서 주요한 것들을 좀 더 살펴보겠습니다.

1) ⚡ Shortcuts

바로가기를 사용하여 다양한 기능을 바로 실행할 수 있습니다.

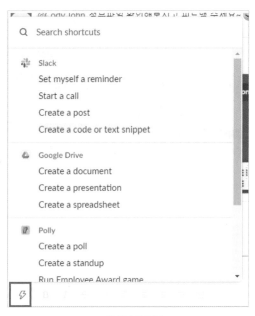

▲ 바로가기 목록

Slack 기본 기능에 대한 바로가기는 아래의 4가지가 제공됩니다.

① **Set myself a reminder**: 다시 알림을 설정합니다. 설정한 시간이 되면 Slackbot이 알림을 보냅니다.

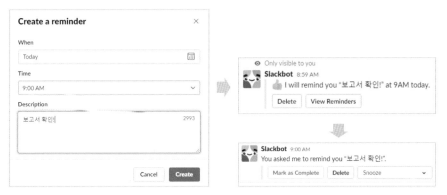

▲ 다시 알림 설정

② **Start a call**: 화상 통화(유료 기능)를 시작합니다. 최대 15인까지 그룹 통화가 가능합니다.

③ **Create a post**: 완전한 형식의 문서를 Slack에서 직접 작성, 편집 및 공유할 수 있습니다. 프로젝트 계획이나 회의 메모와 같은 긴 형식의 컨텐츠를 공유하고 협업할 수 있는 좋은 방법입니다.

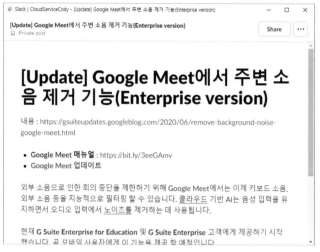

▲ post 작성하기

post를 공유할 채널을 선택할 수 있으며 다른 사용자가 수정할 수 있도록 설정할 수 있습니다. 필요한 경우 외부에 공유할 수 있도록 공유 링크를 생성할 수 있습니다. (외부에 공유하기 전 공개 채널에 post를 공유해야 함)

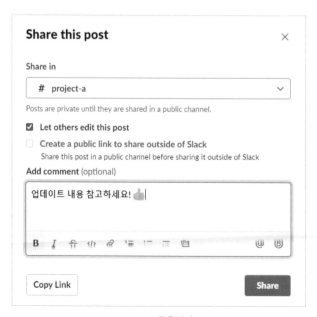

▲ post 공유하기

④ **Create a code or test snippet**: 소스 코드를 공유할 때 작성 언어의 유형 등을 함께 선택하여 소스 코드를 안정적으로 기입할 수 있습니다.

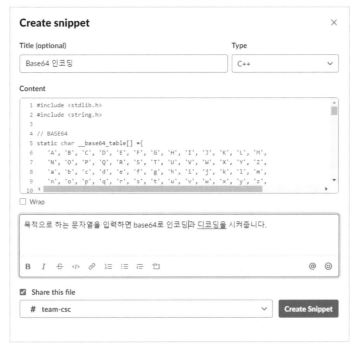

▲ snippet 작성하기

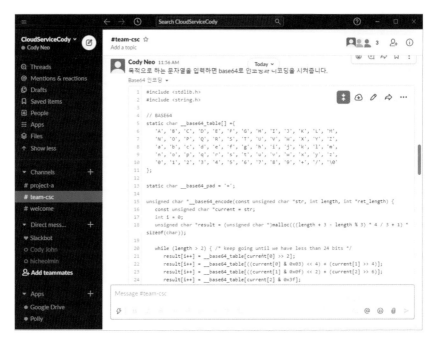

▲ 채널에서 snippet 보기

Workspace에 설치된 일부 앱의 경우 슬랙에서 바로가기를 제공합니다. 예를 들어 Slack에서 Google 문서, 스프레드시트, 프레젠테이션을 바로 생성할 수 있습니다.

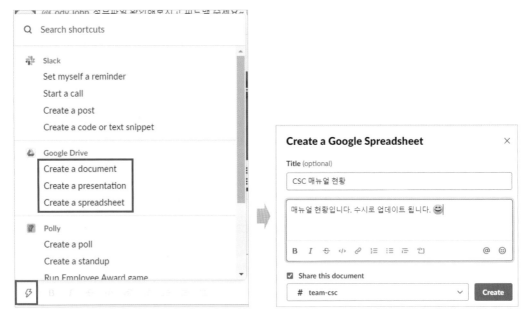

▲ Slack에서 Google 문서 생성하기

▲ 대화 목록에서 Google 문서가 포함된 메시지를 즉시 공유

바로가기의 Google Drive 항목에서 작성하고자 하는 형식을 선택하면 웹 브라우저가 자동으로 실행되며 문서 작성을 시작할 수 있습니다. 작성을 시작한 문서는 채널에 바로 공유됩니다.

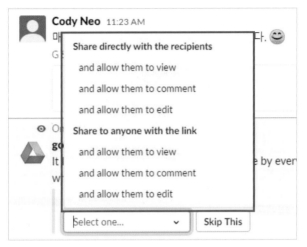

▲ Google 문서의 권한 설정하기

생성한 Google 문서는 기본적으로 다른 사용자가 볼 수 있는 권한이 없으므로 문서에 대한 접근 권한을 설정해야 합니다. Google Drive 앱의 메시지에서 멤버들이 열람하거나 코멘트, 수정할 수 있도록 권한을 설정할 수 있습니다.

2) </> 코드

한 단어나 한 줄의 짧은 텍스트를 블록화합니다. 주로 단축키 또는 단어를 강조하는 데 사용합니다. 메시지 입력 필드에서 내용을 입력한 후 마우스로 드래그하고 </> 아이콘을 클릭하여 입력합니다.

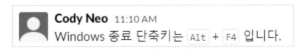

▲ 코드 예시 화면

3) 코드 블록

여러 줄의 코드나 텍스트를 공유하는 데 사용합니다.

▲ 텍스트 블록 예시 화면

4) @ Mention

특정 멤버에게 멘션을 보냅니다. 입력란에 @를 입력하거나 우측의 @ 아이콘을 클릭하면 표시되는 리스트에서 대상을 선택하거나 직접 입력합니다. 데스크탑 클라이언트나 브라우저에서 알림 설정을 허용한 경우 멘션에 대한 알림을 받을 수 있습니다.

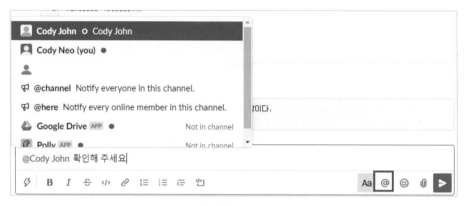

▲ 멤버에게 멘션 보내기

1.3.4 알림 설정하기

별도의 설정을 하지 않았을 경우, Slack Workspace 가입 시 기본적으로 아래 사항에 대해서 알림이 적용됩니다. (데스크탑과 모바일 모두 동일하게 적용)

- Direct Message (DM) 수신 시
- 내가 포함된 쓰레드에 답글이 달린 경우
- 누군가 나를 멘션(@)하여 메시지를 보내거나, 내가 속한 채널 전체에 알림 메시지(@here, @channel, @everyone)를 보낸 경우
- 내가 설정한 키워드를 포함한 메시지를 보낸 경우 – 기본 설정된 키워드는 없음.
- Slackbot에 reminder를 설정해놓았을 경우 – 기본 설정된 사항은 없음.

개인별 또는 채널별로 알림 설정이 가능하며, 적절히 커스터마이징을 하여 중요한 메시지에 대해 효과적으로 알림을 받을 수 있습니다.

1. Workspace별 알림 설정

Slack Workspace 전체에 대한 알림 설정을 할 수 있습니다.

데스크탑 버전에서 설정하는 방법은 다음과 같습니다.

사이드바 상단의 Workspace명을 클릭하여 표시되는 메뉴에서 Preferences를 클릭해 환경설정 창을 엽니다.

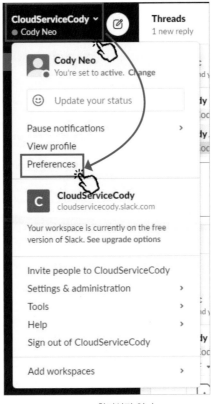

▲ Slack 환경설정 열기

생성된 Preferences 창에서 Notifications 메뉴를 클릭하면 다음과 같이 알림을 받도록 설정할 수 있습니다.

- **All new messages**: 모든 새로운 메시지에 대한 알림을 받습니다.
- **Direct messages, mentions & keywords**: 1:1 메시지, 멘션, 키워드에 대한 알림을 받습니다.
- **Nothing**: 어떠한 알림도 받지 않습니다.

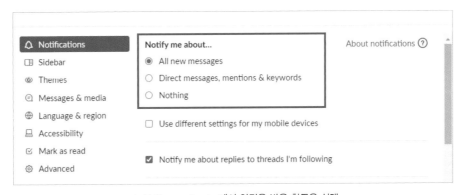

▲ Notify me about…에서 알림을 받을 항목을 선택

모바일 앱에서 다른 알림 설정을 사용하고자 하는 경우에는 Use different settings for my mobile devices 항목을 체크하고 위 3가지 옵션 중 하나를 선택합니다.

특정 단어가 포함된 메시지에 대한 알림을 받고자 한다면 My keywords를 이용해보세요. My keywords에 알림을 받고자 하는 키워드를 입력하면 키워드에 포함된 단어는 대화 목록에서 하이라이트 되어 표시됩니다.

▲ 알림을 받을 키워드 설정하기

❶ 키워드는 콤마로 분리하여 입력합니다. 대소문자를 구분하지 않습니다.
❷ 키워드가 포함된 메시지가 등록되면 채널 목록에 숫자로 된 배지(badge)로 표시됩니다.

또한 업무 시간 외 불필요한 알림을 받지 않기 위해 설정한 시간대에만 알림을 받도록 설정할 수 있습니다.

Notification schedule에서 시간대를 설정하면 그 시간대에만 알림이 울리도록 할 수 있습니다. 설정한 시간 이외에는 알림이 일시 정지됩니다.

You'll only receive notifications in the hours you choose. Outside of those times, notifications will be paused. Learn more

Allow notifications:

| Custom | ∨ |

☑ Monday	8:00 AM ∨	to	10:00 PM ∨
☑ Tuesday	8:00 AM ∨	to	10:00 PM ∨
☑ Wednesday	8:00 AM ∨	to	10:00 PM ∨
☑ Thursday	8:00 AM ∨	to	10:00 PM ∨
☑ Friday	8:00 AM ∨	to	10:00 PM ∨
☐ Saturday	You won't receive notifications on Saturday.
☐ Sunday	You won't receive notifications on Sunday.

▲ 알림 스케줄 설정하기

2. 채널별 알림 설정

특정 채널 또는 DM별로 알림을 설정할 수 있습니다.

알림을 설정하고자 하는 채널의 우측 상단에서 ⓘ 아이콘을 클릭합니다. 우측의 채널 속성 창(Details 창)에서 More 버튼을 누르고 Notification 메뉴를 클릭합니다.

▲ 채널 속성 창에서 알림 설정을 선택

다음 항목 중에서 선택하여 데스크탑과 모바일 디바이스별 채널 알림을 설정합니다.

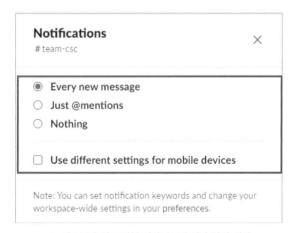

▲ 데스크탑 및 모바일 디바이스별 채널 알림 설정

1.3.5 채널 비공개로 전환하기

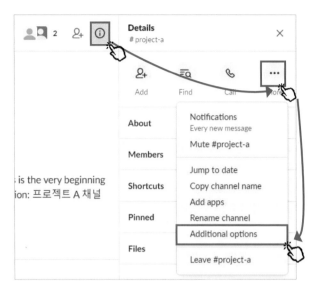

▲ 추가 옵션 선택

채널 우측 상단의 ⓘ 버튼을 클릭하면 표시되는 채널 세부 정보 화면에서 More를 클릭하여 추가 옵션을 불러옵니다. 그중에서 Additional options 메뉴를 선택합니다.

Additional Options for…창에서 Change to a pritvate channel(채널 비공개 전환 옵션)을 클릭합니다.

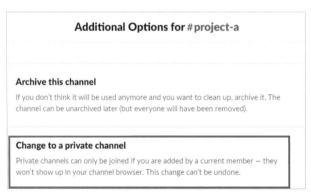

▲ 채널 비공개 전환 옵션을 선택

> **주의** ✎ **채널 비공개 전환 작업은 다시 되돌릴 수 없으므로 신중하게 진행되어야 합니다.**
>
> 채널이 비공개로 전환되어도 채널 히스토리와 멤버들은 영향을 받지 않으며 기존에 공유되었던 파일들은 비공개로 전환되지 않습니다. 따라서 보안이 필요한 자료들은 삭제 등의 조치를 취한 후 채널을 비공개로 전환하는 것을 권장합니다.

비공개 전환 시 주의사항을 확인하고 비공개 전환을 실행합니다.

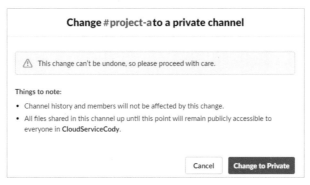

▲ 비공개 전환 실행

1.4 Slack에 App 추가하기

1.4.1 App 설치하기

Slack은 단순한 커뮤니케이션 도구를 넘어서 각종 유용한 도구나 서비스를 연결하여 협업 생산성을 극대화할 수 있습니다. Slack에서 기본 제공하는 앱 외에도 Google Drive, Zoom, Trello 또는 Jira와 같은 3rd party 서비스는 물론, 팀에서 필요로하는 앱을 직접 개발하여 연동할 수 있습니다.

Slack에서 앱을 추가하면 한곳에서 여러 가지 도구를 사용하여 관련 메시지나 정보, 알림 등을 받을 수 있습니다. 즉 작업을 한곳으로 집중하여 능률을 높일 수 있습니다.

1. Slack App Directory

App Directory는 Chrome 웹 스토어 또는 모바일 기기의 앱스토어와 같은 애플리케이션 마켓플레이스입니다. Chrome 웹 스토어에서 확장 프로그램을 검색하고 설치하는 것과 같이 Slack App Directory에서 필요한 앱을 검색하고 Slack에 쉽게 추가할 수 있습니다. Slack App Directory에서는 현재 19개의 카테고리와 10여 개의 추친 가대고리 및 도구 모음을 제공하며 약 2,000여개의 앱을 사용할 수 있습니다.

Slack App Directory가 다른 마켓플레이스와 다른 점은 앱 자체를 판매하거나 설치 파일을 배포하기 위한 공간이 아니라는 점입니다. 모든 앱이 App Directory를 통해서 설치되는 것은 아니며 일부 앱의 경우 별도의 외부 설치 파일을 설치해야 할 수도 있습니다. 실제로 Slack에서는 설치(Install)라는 용어가 아닌 추가(Add)라는 용어를 사용하고 있으며 외부 서비스 앱을 사용하려면 해당 서비스에 대한 회원 가입이나 구독이 필요하고 이에 따른 비용은 해당 서비스에 제공자에게 지불되어야 합니다.

Workspace 사용자는 사용하고자 하는 앱을 검색하고 Slack에 추가 버튼을 클릭하면 해당 서비스에 대한 지시를 따라 로그인 등의 절차를 수행하는 것으로 추가를 완료할 수 있습니다. Workspace 구성원은 기본적으로 앱을 추가할 수 있지만 Workspace 소유자는 이 권한을 제한 하도록 설정할 수 있습니다. 앱 설치 권한이 없는 경우 소유자 또는 관리자에게 앱 요청을 제출 해야 할 수 있습니다

앱이 추가되어 Slack에 연결되면 즉시 앱을 사용할 수 있습니다. 일부 앱에는 봇(bot) 사용자 멤버에게 직접 메시지를 보내거나 채널에 메시지를 게시할 수 있습니다. 일부 앱에는 Slack에서 작업을 수행하는 데 사용할 수 있는 바로가기(Shortcuts)가 포함되어 있어 빠르고 간편하게 작업을 수행할 수 있도록 합니다.

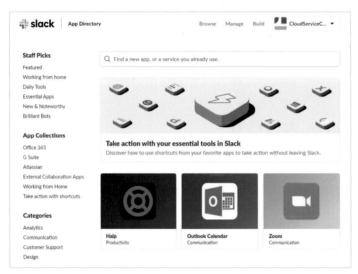

▲ Slack App Directory

2. App 추가 방법

1) App Directory에서 추가하기

검색 필드에 검색어를 입력하여 앱을 검색할 수 있습니다. 해당 키워드에 대한 검색 결과 목록에서 추가하고자 하는 앱을 선택합니다.

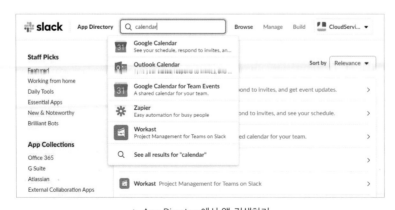

▲ App Directory에서 앱 검색하기

목록에서 앱을 선택하면 앱에 대한 설명과 정보가 표시됩니다. Slack에 앱을 추가하려면 Add to Slack 버튼을 클릭합니다.

▲ Add to Slack 버튼 클릭

Slack에서 Google 캘린더에 액세스할 권한을 요청합니다. 허용해야 하는 권한을 검토한 후 Allow 버튼을 클릭하고 권한을 허용할 Google 계정을 선택합니다.

▲ 부여해야 할 권한 검토 및 허용　　　▲ 권한을 허용할 Google 계정 선택　　　▲ 허용할 권한을 최종 확인 후 허용

권한 허용을 완료하면 Slack 데스크톱 앱을 실행하거나 브라우저에서 웹 버전을 실행합니다.

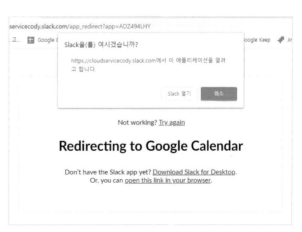

▲ 권한 허용 완료 후 Slack 앱 실행

Workspace에서 해당 앱이 추가되었습니다. 이후 정상적인 사용을 위해 해당 앱에서 요청하는 사항이나 지침을 확인하고 필요한 추가 설정을 수행합니다.

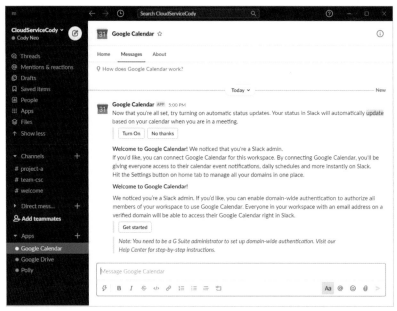

▲ Slack에 앱 추가 완료

2) Slack 데스크톱 앱에서 추가하기

데스크톱 앱 사이드바의 Apps에서 Browse apps 버튼 (+)을 클릭하면 App Directory로 이동합니다. 이후에는 '1) App Directory에서 추가하기'의 절차와 동일하게 진행합니다.

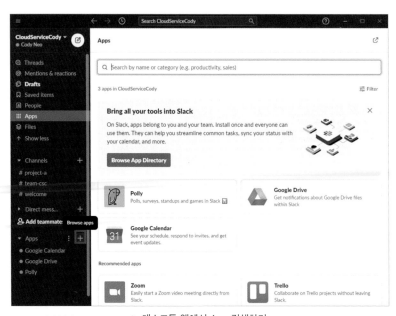

▲ 데스크톱 앱에서 App 검색하기

1.4.2 App 관리하기

앱을 Workspace에서 완전히 제거하거나 개별 인증을 비활성화(3rd party 앱) 또는 환경구성을 변경할 수 있습니다. Workspace 소유자가 앱 관리에 제한을 설정한 경우에는 사용자가 앱을 관리하지 못할 수 있습니다.

App 관리/제거하기

데스크톱 앱에서 App Directory에 접속하여 ❶ 우측 상단 메뉴의 Manage를 클릭하고 왼쪽 관리 메뉴에서 Apps를 선택합니다. 그 후 ❷ 설치된 앱의 목록에서 제거할 앱을 선택하고 ❸ View in App Directory를 클릭합니다.

▲ 제거할 앱을 선택

View in App Directory를 클릭하면 앱 설정 페이지로 이동합니다.

▲ 앱 설정 페이지

이 페이지에서는 다음의 옵션을 사용하여 앱을 설정할 수 있습니다.

❶ 🗑 : 앱의 환경 구성을 제거합니다.

❷ ✏ : 봇(Bot) 사용자의 이름을 변경합니다.

❸ Remove App : 앱에 부여된 권한을 모두 취소하고 앱을 제거합니다.

앱을 삭제하려면 우선 Remove App 버튼을 클릭합니다. 앱 삭제 여부를 확인하는 창이 나오면 다시 Remove App 버튼을 클릭하면 앱 삭제가 완료됩니다.

주의 ✏ **앱을 삭제하면 Workspace의 어떤 멤버도 앱을 사용할 수 없습니다.**

앞에서의 '채널 비공개 전환'과 비슷한 맥락으로, 앱을 삭제하면 Workspace의 어떤 멤버도 이 앱을 사용할 수 없게 됩니다. 삭제 여부를 신중히 결정하세요.

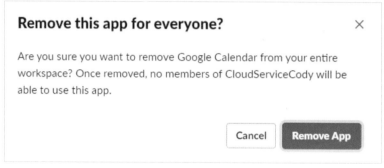

▲ 앱 삭제 실행

CHAPTER. 02

Trello 협업을 통한 프로젝트/작업 관리 ☆ ⊡ ☁

2.1 Trello란?

2.1.1 Trello 소개

Trello(트렐로)는 프로젝트 및 개인 작업을 관리하기 위한 온라인 도구로, 2010년 Fog Creek라는 회사에서 개발되었습니다. 2012년에는 회원 수 50만 명에 도달하였고 2014년에 Fog Creek에서 분사하여 Trello, Inc.를 설립하였으며 470만 명 이상이 사용하는 툴이 되었습니다. 2017년 초, JIRA와 Confluence 등으로 잘 알려진 Atlassian에 인수되어 현재까지 성장세를 이어가고 있습니다.

Trello는 Board – List – Card의 3가지 요소로 구성되어 있습니다.

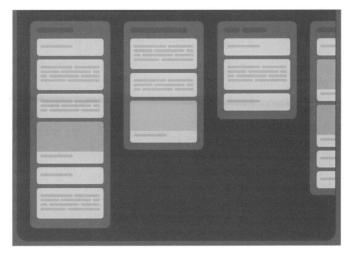

▲ Trello의 구성 요소

① **Board**: 가장 상위의 구성 요소로, 프로젝트 또는 정보 및 작업 목록을 관리하고 추적하는 장소를 나타냅니다. 새로운 작업을 시작하거나, 또는 일정을 계획하는 과정에서 Trello 보드는 당신의 작업을 정리하고 동료, 가족, 또는 친구와 함께 협력할 수 있는 공간입니다.

② **List**: Card의 집합으로 이루어진 구성 요소로, Card의 다양한 진행 단계를 정리합니다. 예를 들어 할 일의 목록이 하나의 List가 되며, 작업을 완료한 Card는 완료 List로 이동하여 관리할 수 있습니다. 또한 단순히 아이디어와 정보를 트래킹하는 장소 역할을 할 수도 있습니다. Board에 추가할 수 있는 목록 수에는 제한이 없으며, 원하는 대로 정렬할 수 있습니다.

③ **Card**: 가장 기본이 되는 단위입니다. Card는 개별 업무와 아이디어를 기록하기 위해 사용됩니다. Card는 다양한 정보가 포함되도록 사용자화가 가능합니다. 업무 진행률을 표시하려면 Card를 List 내에서 드래그하여 위치를 조정하거나 다른 List로 이동할 수 있습니다. Board에 추가할 수 있는 Card 수에는 제한이 없습니다.

2.1.2 Trello 요금제

10인 미만의 소규모 스타트업의 경우 무료 버전에서 제공되는 기능만으로도 충분히 사용 가능하지만 10인 이상의 기업에서는 유료 버전이 필요할 수 있습니다. Trello는 2가지의 유료 버전을 제공합니다.

Business Class와 Enterprise 요금제는 자동화를 통해 반복적인 작업을 자동으로 수행하게 해 주며, 사용자 관리에 최적화된 기능(권한 관리, 단일 인증 등)을 제공하므로 작은 팀 단위 보다는 전사적으로 Trello를 이용할 경우가 더욱 유용합니다.

Free $0	Business Class $9.99/월 ~ $12.50/월 (연간계약) (월간계약)	Enterprise $17.50/월 ~ $7.38/월 (20 user) (5,000 user)
표준 기능		
무제한 비공개 보드	무제한 비공개 보드	무제한 비공개 보드
무제한 카드	무제한 카드	무제한 카드
무제한 목록	무제한 목록	무제한 목록
첨부파일당 10MB	첨부파일당 250MB	첨부파일당 250MB
-	고급 체크리스트	고급 체크리스트
	맞춤 배경 및 스티커	맞춤 배경 및 스티커
팀 기능		
10개의 팀 보드	무제한 팀 보드	무제한 팀 보드
-	보드 모음	보드 모음
	팀 보드 템플릿	팀 보드 템플릿
Power-Ups		
보드당 1 Power-Up	무제한 Power-Ups	무제한 Power-Ups
	커스텀 필드	커스텀 필드
	무료 제한	무료 제한
	카드 리피터	카드 리피터
-	달력 보기	달력 보기
	지도 보기	지도 보기
	투표	투표
	100개 이상의 앱 통합	100개 이상의 앱 통합

(세부 사항은 Trello 홈페이지의 요금제 안내 섹션(https://trello.com/pricing)에서 확인하세요.)

2.2 Trello 시작하기

2.2.1 Trello 가입하고 Board 만들기

이메일 주소를 입력하여 Trello에 가입할 수 있습니다. 추가적으로 외부 인증을 통해 로그인하려면 Google, Microsoft, Apple 계정과 연동하여 가입할 수 있습니다.

Trello 홈페이지(https://trello.com/)에 접속하여 가입할 이메일 주소를 입력하고 Sign Up 버튼을 클릭합니다.

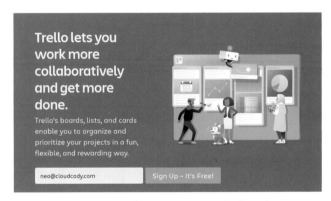

▲ 이메일 주소를 입력한 후 Sign Up 버튼을 클릭

❶ 이름과 비밀번호를 입력하고 Sign up 버튼을 클릭하거나 하단의 ❷ 외부 인증을 위한 항목을 선택합니다.

▲ 두 가지 가입 방법 중 선택해 가입 진행

가입이 완료되면 새 Board를 생성하기 위한 가이드 페이지로 이동합니다. 이 단계에서는 처음으로 Board 와 List, Card를 생성할 수 있도록 자세한 방법을 안내합니다. 설명에 따라 새로운 Board를 생성합니다.

Board의 이름, List의 이름, Card의 이름을 입력합니다.

▲ Board의 이름 입력

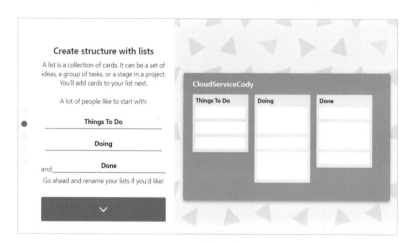

▲ List의 이름 입력

▲ Card의 이름 입력

Card에 체크리스트를 추가하고 확인 버튼을 누르면 새로운 Board - List - Card 생성이 완료됩니다.

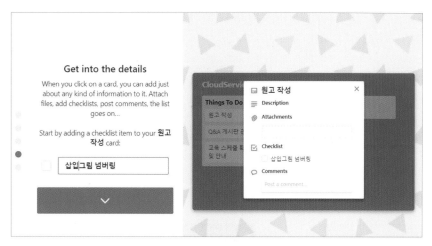

▲ Card에 체크리스트를 추가

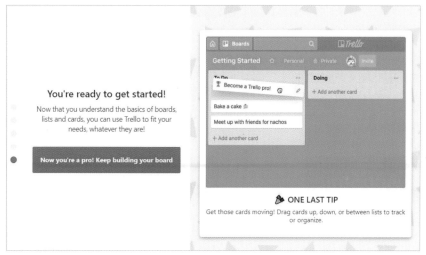

▲ 새로운 Board – List – Card 생성 완료

▲ 새로운 Board가 생성된 모습

2.2.2 클라이언트 설치하기

Trello는 웹과 데스크톱 클라이언트(Windows, MacOS, Linux 지원) 및 모바일 애플리케이션(안드로이드 및 iOS 지원)을 제공합니다.

▲ Trello App 다운로드

OS별 PC, 모바일용 Slack 다운로드 링크

- Windows용 클라이언트 다운로드: https://www.microsoft.com/ko-kr/p/trello/9nblggh4xxvw?activetab=pivot:overviewtab
- Mac용 클라이언트 다운로드: https://apps.apple.com/app/trello/id1278508951?ls=1&mt=12
- 모바일 기기용 애플리케이션 다운로드

iOS 기기용 앱

안드로이드 기기용 앱

참고로 다음 2.2.3절에서는 데스크톱 클라이언트로 설치하고 로그인하는 방법, 2.2.4절에서는 모바일 앱에 로그인하는 방법을 다룰 것입니다.

2.2.3 데스크톱 클라이언트 로그인하기

Microsoft스토어(윈도우 스토어) 또는 앱 스토어에서 Trello를 다운로드한 후 클라이언트를 설치합니다. 설치 과정이 완료되면 바로가기 아이콘을 클릭하여 클라이언트를 실행합니다.

클라이언트 초기 화면이 나오면 Continue를 클릭하여 다음으로 넘어갑니다.

▲ 윈도우용 클라이언트 초기 화면

Login을 클릭한 후 ID와 패스워드를 입력하여 로그인하거나 외부 인증으로 로그인합니다.

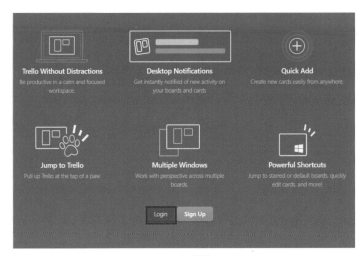

▲ Login 클릭

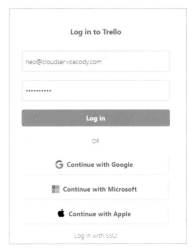

▲ 로그인하기

외부 인증으로 로그인하는 경우 해당 서비스의 로그인 페이지로 이동하여 각 서비스의 로그인 정보를 입력하여 로그인합니다. 해당 서비스에 2중 인증이 설정되어 있는 경우 절차에 따라 로그인을 수행합니다.

로그인이 완료되면 Trello 홈으로 이동합니다.

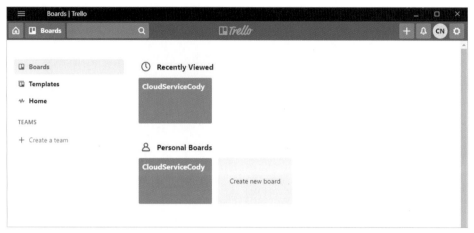

▲ Trello 홈

2.2.4 모바일 앱으로 로그인하기

모바일 앱을 실행하고 Log in 버튼을 터치하면 로그인 방법을 선택하는 화면으로 이동합니다.

▲ 앱에서 Log in 터치

Trello 모바일 앱도 데스크톱 버전과 같은 두 가지 방식으로 로그인할 수 있습니다.

① **일반 로그인**: ID와 패스워드를 입력하여 로그인합니다.

② **외부인증으로 로그인**: Google, Microsoft, Apple ID로 로그인합니다. 모바일 기기에 따라 자동으로 로그인 정보를 입력합니다. 해당 서비스의 인증 설정에 따라 2중 로그인 등의 추가인증 절차가 필요할 수 있습니다.

이 책에서는 Google 계정을 연동하는 외부인증 방식으로 로그인하겠습니다.

Google ID로 Trello에 로그인하려면 'SIGN IN WITH GOOGLE'을 터치합니다. 그 후 Trello 로그인에 사용할 Google 계정을 선택하면 로그인이 완료됩니다.

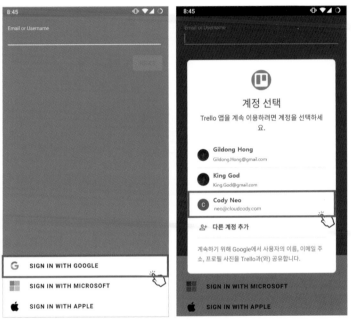

▲ Google ID로 로그인

▲ 로그인 완료

2.3 Trello 사용하기

2.3.1 Board 만들기

Board는 프로젝트를 조직 및 관리하고, 정보를 공유하며, 작업을 수행하는 공간입니다. 주로 프로젝트 단위 또는 상위 개념의 목표 등이 Board가 됩니다. 목적에 맞게 Board를 무제한으로 생성할 수 있습니다. (단, 무료 버전은 비공개 Board 무제한, 팀 Board는 10개로 제한됨)

우측 상단의 + 아이콘을 클릭하면 표시되는 Create 메뉴에서 Create a Board를 클릭합니다. 또는 Board 목록에 위치한 Create new board를 클릭합니다.

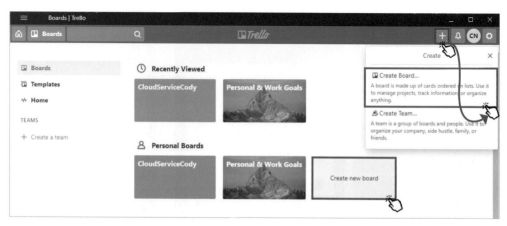

▲ 메뉴 또는 목록에서 Board 생성 버튼을 클릭합니다.

다음과 같이 Board를 편집하기 위한 화면이 표시됩니다.

▲ Board 생성 화면

❶ Board의 제목(이름)을 입력합니다.
❷ Board를 사용할 팀을 지정합니다.
❸ 비공개/공개 여부를 선택합니다.
  • **비공개**: 멤버만 Board를 보고 수정할 수 있습니다.

- **공개**: 인터넷상의 누구나 Board를 볼 수 있으나 수정은 멤버만 가능합니다.

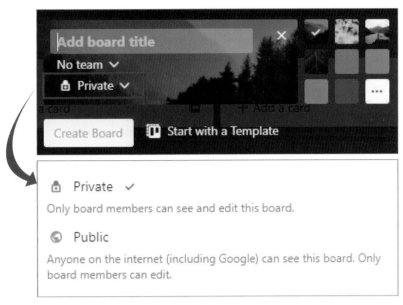

▲ Board 비공개/공개 설정

❹ Board의 배경 화면 또는 배경 색상을 지정합니다. ⋯를 클릭하면 더 많은 사진과 색상을 선택할 수 있습니다.

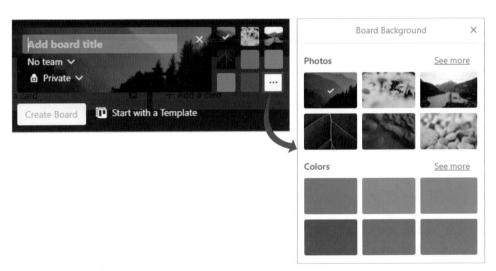

▲ Board 배경사진/색상 지정하기

❺ Trello에서 제공하는 다양한 템플릿을 사용할 수 있습니다.
❻ 설정한 내용으로 Board를 생성합니다.

2.3.2 List 추가

List는 세부적인 작업이나 정보의 모음으로 하나의 Board에 무제한으로 생성할 수 있습니다.

List를 일종의 워크플로우로써 Board에 추가할 수 있습니다. 예를 들어 '해야 할 일', '작업중', '완료'와 같은 단계로 구성하는 경우, Card는 작업의 진행에 따라 List 사이를 이동하여 해야 할 일과 진행중인 일, 마무리된 일을 효율적으로 관리할 수 있습니다.

또는 List를 일종의 폴더와 같은 개념으로 활용할 수도 있습니다. 예를 들어 사진이나 음악 파일을 각각 '사진' 폴더와 '음악' 폴더에 구분하여 저장하듯이 정보나 데이터가 포함된 Card를 관련 List별로 나누어 생성하는 방법입니다. 이러한 경우 Board를 매뉴얼이나 Knowledge Base로 사용할 수 있습니다.

+ Add another list 버튼을 클릭하고 List의 이름을 입력한 후 Add List 버튼을 클릭하면 List가 추가됩니다.

워크플로우를 구축하는 데 필요한 만큼 List를 Board에 추가하세요.

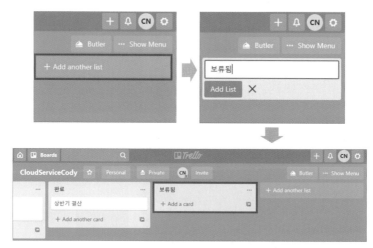

▲ 새로운 List 추가하기

2.3.3 Card 추가

Card는 List 안에 속하며 단일 작업이나 정보가 포함된 세부 단위입니다. Trello의 구성 요소 중 최하위 요소이지만 가장 많은 정보가 기록되는 곳입니다. Trello의 인터페이스에서는 마치 포스트잇을 줄지어 붙여 놓은 모양으로 Card의 일부 정보가 표시되지만 개별 Card를 클릭하면 세부 정보를 확인할 수 있습니다.

우선 순위에 따라 상하로 이동하거나 작업의 흐름에 따라 다른 List로 드래그하여 이동할 수 있습니다.

하나의 Board에는 최대 5,000개의 Card를 추가할 수 있지만, 용량이 큰 첨부 파일을 가진 Card를 1,000개 이상 추가하면 성능이 저하될 수 있습니다.

1. 새 Card 추가하기

새 Card를 추가하려면 List 하단의 + Add another card를 클릭합니다. Card 제목(이름)을 입력하고 Add Card 버튼을 클릭하면 새로운 Card가 생성되고 List 하단에 추가됩니다.

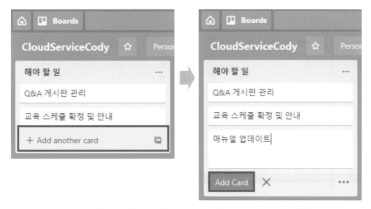

▲ List 하단의 새 Card 추가하기 버튼을 클릭하여 Card 추가

또는 List의 우측 상단에서　버튼을 클릭하여 List Actions 메뉴를 불러옵니다. Add Card...를 선택하여 Card 제목(이름)을 입력하고 Add Card 버튼을 클릭하면 새로운 Card가 생성되고 List 상단에 추가됩니다.

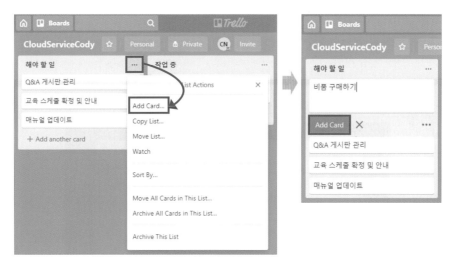

▲ List 상단의 List Actions 메뉴에서 Card 추가

여러 줄의 목록을 붙여넣어 한번에 여러 개의 Card를 List에 추가할 수 있습니다. 입력 필드에서는 줄바꿈을 지원하지 않으므로 메모장이나 엑셀 등에서 추가할 Card의 이름을 입력한 후 복사하고 입력란에 붙여넣어야 합니다.

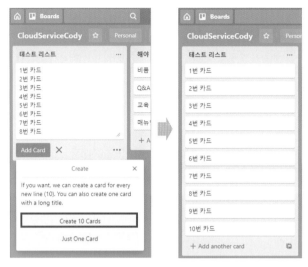

▲ 여러 개의 Card를 한번에 추가하기

2. Card에 정보 추가하기

이제 해당 Card에 어떤 작업이 수행되어야 하는지 명확히 하기 위해 추가적인 정보를 입력해야 합니다. Card를 클릭하면 Card 편집 창이 표시됩니다.

세부적인 기능은 아래와 같습니다.

▲ Card 편집 창

❶ **Description**: Card에 대한 상세 설명을 입력합니다. Markdown syntax를 사용하여 텍스트에 서식을 지정할 수 있습니다. 자세한 서식 지정 방법은 Trello 도움말 페이지를 참고하세요. (https://help.trello.com/article/821-using-markdown-in-trello)

▲ 텍스트 서식 지정

❷ **Activity**: 멤버의 코멘트가 표시됩니다. Show Details 버튼을 클릭하면 Card에 대한 상세 작업 내역을 시간순으로 볼 수 있습니다.

▲ Card Activity

❸ **Add to card**: Card에 여러 가지 항목을 추가합니다.

- **Members**: Board 멤버를 Card에 추가합니다. Card에 추가된 멤버는 자동으로 해당 Card를 볼 수 있으며 다음과 같은 사항에 대하여 알림을 받을 수 있습니다.
  - 모든 코멘트
  - 추가, 변경, 마감일 추가
  - Card 이동 및 아카이빙

- **Labels**: 라벨은 Card를 유형별로 분류하는 방법입니다. Trello에는 10 가지의 채색, 그리고 무색 라벨 옵션이 있으며, 원하는 경우 라벨에 이름을 추가할 수 있습니다. 하나의 Card에 여러

개의 라벨을 지정할 수 있습니다.

▲ Card에 라벨 지정하기

◦ 라벨을 클릭하면 Card에 라벨이 적용됩니다.

◦ Create a new label을 클릭하여 새 라벨을 생성합니다.

◦ 아이콘을 클릭하면 라벨의 이름과 색상을 변경할 수 있습니다.

• **Checklist**: 체크리스트는 Card 내에서 하위 작업을 추적하는 도구입니다. 하나의 Card에 여러
개의 체크리스트를 추가할 수 있으며 완료된 작업에 체크하면 진행률과 남은 작업이 표시됩니
다. 편집할 때 Board 멤버에 멘션을 하거나 이모티콘을 추가할 수도 있습니다.

▲ 체크리스트 항목 추가하기

- **Due Date**: 작업의 마감일을 지정하고 미리 알림을 설정합니다. 설정된 일자에 모든 Card 멤버와 watcher에게 알림을 보냅니다.

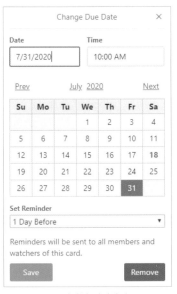

▲ 마감일 지정하기

- **Attachment**: Card에 파일을 첨부합니다. 다음으로부터 업로드할 수 있습니다.

  ◦ **컴퓨터**: 내 PC의 파일을 업로드합니다.
  ◦ **Trello**: Board나 Card를 첨부합니다.
  ◦ Google Drive
  ◦ Dropbox
  ◦ Box
  ◦ OneDrive
  ◦ 링크

▲ 파일 첨부

- **Cover**: Card의 배경 이미지나 색상을 지정합니다.

❹ **Power-Ups**: Power-up을 통해 Board에 기능을 추가하고 즐겨 사용하는 외부 앱이나 서비스를 Trello에 바로 통합할 수 있습니다. 자세한 사항은 Power-Ups 페이지를 참고하세요. (https://trello.com/power-ups)

❺ Actions

- **Move** : Card를 다른 Board나 List로 이동합니다. 해당 Card의 배치 순서까지 지정할 수 있습니다.

▲ Card 이동하기

- **Copy** : Card를 다른 Board나 List에 복사합니다. 복사할 때 Card의 이름을 변경할 수 있습니다.

▲ Card 복사하기

- **Make Template**: 자주 사용하는 Card의 형식을 템플릿으로 지정합니다. 템플릿을 이용하여 Card를 만들면 반복적인 작업을 줄여주고 시간을 절약할 수 있습니다. 기존의 형식을 그대로 사용하거나 유지할 항목을 개별 선택할 수 있습니다.

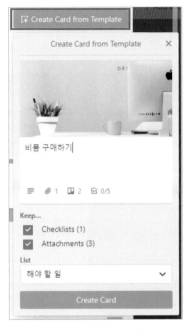

▲ 템플릿으로 Card 만들기

- **Watch**: Card를 Watch하면 Card에 대한 코멘트가 추가되거나, 마감일 추가/변경 및 마감일이 다가올 때, Card가 이동되거나 아카이브될 때 이에 대한 알림을 받을 수 있습니다.
- **Archive**: Card를 아카이브하면 List에서 Archived Items로 이동됩니다. 아카이브된 항목에는 삭제 버튼이 활성화됩니다. 사용자가 삭제하기 전에는 언제든지 원래의 Board로 복구할 수 있습니다. 단, Card를 삭제하면 다시 되돌릴 수 없습니다.

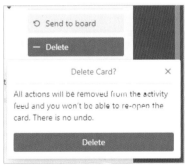

▲ Card 삭제하기

- **Share**: 공유를 위한 링크를 생성합니다. 외부에 공개된 Card에 대한 링크는 누구나 열 수 있으나 비공개 아이템에 대한 링크를 열려면 해당 Board의 멤버여야만 합니다.

2.3.4 멤버 초대하기

1. 이메일 주소나 이름을 입력하여 초대

멤버를 Board에 추가하려면 메뉴의 Invite 버튼을 선택합니다. 사용자의 이름으로 검색하거나 이메일 주소를 입력하여 Board로 초대할 수 있습니다.

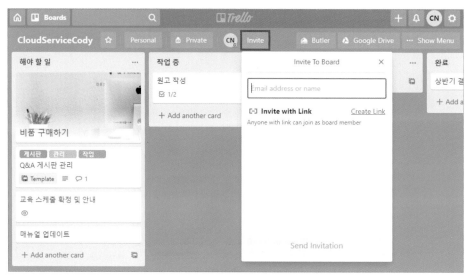

▲ Board에 멤버 초대하기

초대할 사람이 Trello에 가입되어 있지 않아도 Board에 추가할 수 있습니다. 해당 사용자의 권한 레벨은 Trello에 가입할 때까지 'Virtual'로 간주되지만 사용자를 Card에 계속 추가할 수 있습니다.

▲ Trello에 가입된 사용자를 초대하는 경우

▲Trello에 미가입된 사용자를 초대하는 경우

초대를 받은 사용자는 다음과 같은 초대 메시지를 수신합니다. 하단의 Go To Board 버튼을 클릭하면 Trello에 가입된 사용자의 경우 Board 홈으로 이동하고 권한 설정에 따라 즉시 List나 Card를 추가/수정하고 코멘트를 남길 수 있습니다. Trello에 미가입된 사용자는 Trello 계정을 생성하는 단계를 거친 후 Board에 정상적으로 참여할 수 있습니다.

▲ 초대 메일

2. 링크로 초대하기

링크를 생성하여 사용자를 초대합니다. 링크 URL을 알고 있으면 누구나 해당 링크를 통해 Board에 멤버로 참여할 수 있습니다.

Create Link를 클릭하여 초대 링크를 생성하고, 링크를 복사하여 초대할 사람에게 전송합니다.

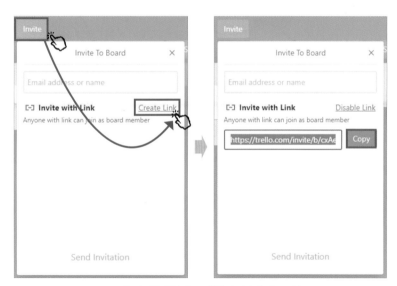

▲ 초대 링크를 생성 후 초대할 사람에게 링크 전송

링크를 클릭하면 Trello에 가입하거나 로그인할 수 있는 페이지로 이동합니다. Trello에 미가입된 사용자의 경우는 절차에 따라 가입을 진행합니다.

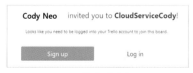

▲ 초대 페이지

CHAPTER. 03
Notion - 노트, 작업, Wiki 및 데이터베이스를 위한 통합 작업 공간

☆ ⇥ ⊘

3.1 Notion 이란?

3.1.1 Notion 소개

Notion은 All-in-one Workspace를 지향합니다. 원노트나 에버노트와 같이 정보를 축적하고 활용하기 위해 사용하는 생산성 도구입니다. 기존의 노트 앱과 달리 개인적인 활용도를 넘어 팀의 프로젝트 및 작업 관리, Wiki 및 데이터베이스 생성까지 활용 가능한 통합 도구입니다.

▲ Notion은 산재한 업무 도구로부터 벗어나 팀의 업무를 한곳으로 통합합니다.

Notion은 개인 영역이든 팀의 영역이든 수많은 시나리오에 다양하게 사용할 수 있습니다.

개인 영역에서는 주로 생산성 도구로 활용합니다.

- 학습/지식 노트 작성
- 개인 플래너
- 목표 설정 도구
- 일기장
- 습관 추적기
- 엑셀 대체

팀의 영역에서도 개인 영역과 비슷한 방식으로 사용할 수 있으나 주로 팀 구성원 간의 협업을 위해 사용됩니다.

- 매뉴얼과 튜토리얼 기록
- 업무 리소스 공유
- 내부 공지 사항 공유
- 프로젝트 관리
- 팀 일정 관리
- 업무 및 이슈 추적
- 문서 작성 및 공유
- 아이디어 공유 및 의견 수렴
- 데이터베이스 작성
- 고객 관계 관리(CRM)
- 직원 Onboarding
- 홈페이지 작성 및 외부 게시

Notion의 페이지는 기본적으로 빈 캔버스와 같습니다. Notion이 제공하는 다양한 블록과 아이디어를 조합하여 무궁무진하게 활용할 수 있습니다.

3.1.2 Notion 요금제

Notion은 구독형 서비스로 무료 플랜과 3개의 유료 플랜(개인/팀/기업)을 제공합니다. 무료 플랜의 경우 최대 블록 수의 제한(최대 1000개)이 있었지만 2020년 5월부터 무제한으로 블록을 사용할 수 있도록 변경되어 유료 구독을 하지 않더라도 제한 없이 페이지의 콘텐츠를 작성할 수 있게 되었습니다.

대학생이나 교육자에게는 Personal Pro 플랜을 무료로 제공합니다. 이 혜택을 받으려면 학교 메일 주소(.edu, .ac.kr 등)를 보유하고 있어야 합니다.

	ⓃNotion 요금제			
	Free Plan	Personal Pro Plan	Team Plan	Enterprise Plan
	무료	$4(/1개월)	$8(/1개월/1사용자)	영업팀에 문의
사용량				
사용자 수	무제한	본인(1명)	무제한	무제한
게스트	5명	무제한	무제한	무제한
페이지와 블록 수	무제한	무제한	무제한	무제한
파일 업로드 제한	5MB	무제한	무제한	무제한
버전 기록	-	30일	30일	무제한
협업 기능				
실시간 협업	✓	✓	✓	✓
링크 공유	✓	✓	✓	✓
공동 작업공간		-	✓	✓
기능				
크로스플랫폼	✓	✓	✓	✓
40개 이상의 블록 유형	✓	✓	✓	✓
50개 이상의 템플릿	✓	✓	✓	✓
Wiki, 문서와 노트	✓	✓	✓	✓
데이터 추출	✓	✓	✓	✓
풍부한 속성 유형을 가진 데이터베이스	✓	✓	✓	✓
테이블, 목록, 달력, 칸반 보드 및 갤러리 보기	✓	✓	✓	✓
API 액세스(출시 예정)	-	✓	✓	✓
관리 및 보안 기능				
대량 추출	✓	✓	✓	✓
관리자 도구	-	-	✓	✓
고급 권한	-	-	✓	✓
대량 PDF 추출	-	-	-	✓
SAML + SSO	-	-	-	✓
고급 권한 제어	-	-	-	✓
지원				
우선 지원	-	✓	✓	✓
단독 관리자	-	-	-	✓
맞춤형 계약 및 청구	-	-	-	✓
새로운 기능 미리 사용하기	-	-	-	✓

3.2 Notion 시작하기

3.2.1 Notion 계정 생성하기

Notion을 시작하기 전, Notion 계정을 먼저 생성하겠습니다.

Notion 홈페이지(https://www.notion.so/)에 접속하여 우측 상단의 회원가입을 클릭합니다. 회원가입 페이지를 보면 계정을 생성하는 방법이 두 가지 나옵니다.

❶ Google 계정 또는 Apple 계정으로 가입하는 방법[3]
❷ 이메일 주소로 가입하는 방법

▲ Notion계정 생성

1. Google 계정으로 가입하기

Google의 로그인 정보로 Notion 계정을 생성합니다. 가입 후에도 이메일 주소와 비밀번호를 입력하지 않고 Google 계정의 인증 정보를 이용하여 Notion에 로그인합니다.

Notion 회원가입 페이지에서 'Google로 계속'을 클릭합니다. 이후 Google 계정으로 로그인 화면이 나타나면, Notion 계정으로 사용할 Google 계정의 이메일 주소와 비밀번호를 입력하여 로그인합니다.

Google 계정이 2중인증 설정되어 있다면 OTP나 SMS로 수신한 인증코드를 입력해야 합니다.

---

3 이 책에서는 구글 계정으로 가입하는 방법을 다룰 것입니다.

▲ Google 계정으로 로그인

Chrome 브라우저에 Google 계정으로 로그인되어 있는 경우에는 로그인되어 있는 Google 계정의 목록이 표시됩니다. 이중에서 Notion에 사용할 계정을 선택하면 됩니다.

▲ 로그인된 Google 계정 목록에서 선택

2. 다른 이메일 주소로 가입하기

Google 계정을 사용하지 않고 다른 이메일 주소를 사용하여 Notion 계정을 생성합니다. 이 경우, Notion 계정을 생성하는 과정에서 입력한 이메일 주소로 수신한 임시 로그인 코드를 입력해줘야 합니다.

▲ 이메일 주소를 입력하면 임시 로그인 코드를 발송합니다.

입력한 이메일의 받은편지함으로 수신된 임시 로그인 코드를 복사하여 입력란에 붙여넣은 후 로그인 코드로 계속을 클릭합니다.

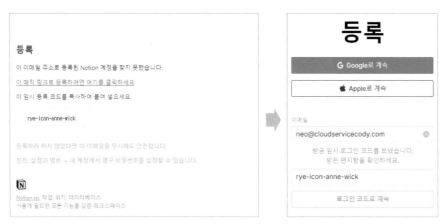

▲ 수신한 임시 로그인 코드 입력

이후 이름과 비밀번호를 입력하고 계속을 클릭하면 계정 생성이 완료됩니다. 앞으로 Notion에 로그인 할 때는 여기에서 지정한 비밀번호를 사용하여 로그인합니다.

▲ 이름과 비밀번호 입력

PC, 모바일용 Notion 다운로드 링크

- 데스크톱 클라이언트 다운로드: https://www.notion.so/desktop
- 모바일 기기용 애플리케이션 다운로드

iOS 기기용 앱

안드로이드 기기용 앱

3.2.3 클라이언트 로그인하기

1. 데스크톱 클라이언트 로그인하기

다운로드 페이지에서 내려받은 설치 파일을 더블클릭하면 데스크톱 클라이언트의 설치가 시작됩니다. 설치가 완료되면 바로가기 아이콘을 클릭하여 클라이언트를 실행합니다.

Notion을 사용하기 위해서는 우선 클라이언트에서 로그인을 해야 합니다. Notion 계정을 생성한 방법(Google 계정 또는 이메일 주소)에 맞는 절차로 로그인합니다. 로그인 방법은 '3.2.1 Notion 계정 생성하기'의 절차와 동일합니다.

▲ 데스크톱 클라이언트에 로그인하기

2. 모바일 앱에서 로그인하기

모바일 앱을 실행하고 로그인 방법을 선택하여 로그인합니다.

1) Google 계정으로 로그인

Google 계정으로 가입한 경우 Google로 계속을 터치하면 모바일 기기에 로그인된 Google 계정의 목록이 표시됩니다. 계정 목록에서 Notion으로 로그인할 계정을 선택합니다.

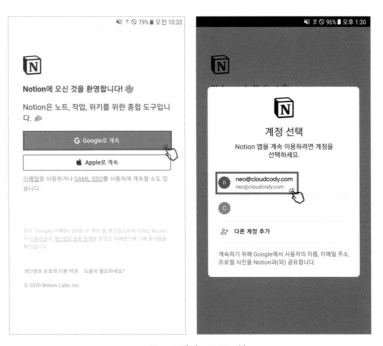

▲ Google계정으로 로그인

2) 이메일 주소로 로그인

모바일 앱을 실행하고 ❶ 이메일을 터치하면 ❷ 이메일 입력 필드가 표시됩니다. Notion 계정의 이메일 주소를 입력한 후 이메일로 계속을 터치합니다.

▲ 이메일 주소로 로그인 선택 후 가입할 계정 주소 입력

입력한 메일 주소로 로그인 코드가 전송될 것입니다. 이 코드를 복사해 앱의 코드 입력란에 붙여넣은 후 로그인 코드로 계속을 터치하면 로그인이 완료됩니다.

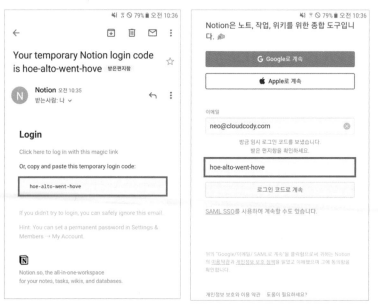

▲ 임시 로그인 코드를 복사하고 붙여넣기

3.3 Notion 사용하기

3.3.1 Notion 둘러보기

Notion의 작업 공간(Workspace)은 여러 구성 요소의 집합입니다. 구성 요소를 하나씩 살펴보겠습니다.

Workspace는 Notion에서 하는 모든 작업이 이루어지는 장소입니다. 개인 또는 팀별 Workspace를 생성하여 정보를 구성하고 협업을 할 수 있도록 구성할 수 있습니다.

▲ Workspace 구성

① **사이드바**
- Notion에서 생성한 모든 페이지와 데이터베이스의 목록이 표시됩니다.
- 또한 설정, 휴지통 및 기타 도구가 있습니다.

② **페이지 편집기**
- 페이지의 콘텐츠가 표시됩니다.
- 권한이 있는 경우 내용을 수정하거나 추가할 수 있습니다.

1. 사이드바 (Sidebar)

사이드바는 Workspace의 제어 센터입니다. 사이드바에는 Workspace를 탐색하고 구성하기 위한 도구 모음과 페이지의 목록이 표시됩니다.

▲ 사이드바 구성

❶ 참여한 모든 Workspace의 목록이 표시되며 목록에서 선택하여 다른 Workspace로 전환할 수 있습니다.

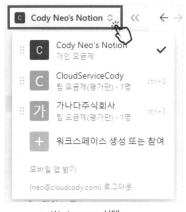

▲ Workspace 선택

❷ • **빠른 검색**: 검색 창에 찾고자 하는 내용을 입력하여 검색하거나 최근에 방문한 페이지로 빠르게 이동할 수 있습니다.

▲ 빠른 검색 도구

- **모든 업데이트**: 모든 알림 및 변경 사항이 표시됩니다. 팔로우한 페이지에서 수정된 내용, Workspace 에서의 멘션 및 새로운 작업에 할당되는 경우를 모두 포함합니다. 읽지 않은 알림이 있으면 여기에 빨 간색 알림 배지(badge)가 나타납니다.

▲ 모든 업데이트 알림

- **설정과 멤버**: 계정, Workspace에 대한 설정 및 멤버 초대 및 관리 작업을 수행합니다.

❸ 즐겨찾는 페이지의 목록이 고정되어 표시됩니다.

❹ 사이드바에 있는 워크스페이스의 모든 하위 페이지는 Workspace의 다른 구성원이 보고 공유할 수 있습니다. 팀의 다른 멤버들이 편집할 수 있으며, 변경 사항은 즉시 적용되어 모든 팀원들이 항상 동일한 최신 정보를 볼 수 있습니다.

❺ 개인 섹션으로, 여기에 추가한 내용은 다른 사용자가 볼 수 없습니다.

개인적인 작업이나 메모 또는 다른 사람과 공유하기 전에 임시로 작성하는 등의 경우에 사용할 수 있습니다. 워크스페이스의 페이지를 여기로 이동하면 다른 사용자들이 볼 수 없게 됩니다.

❻ • **템플릿**: 페이지를 작성하는 데 사용할 수 있는 유용한 템플릿을 제공합니다.

- **가져오기**: Evernote, Trello, Asana, Word, Google Docs, Dropbox Paper, Quip 등 외부 데이터를 Notion으로 가져오는 데 사용합니다.

- **휴지통**: 삭제한 모든 페이지가 보관됩니다.

2. 공유 메뉴

페이지 편집기의 우측 상단을 보면 공유 메뉴가 있습니다.

▲ 공유 메뉴

공유 메뉴를 통해 페이지를 다음과 같은 방식으로 공유할 수 있습니다.

- **웹에 공유**: 링크가 있는 누구나 페이지를 볼 수 있습니다.
- **Workspace에 공유**: 모든 Workspace의 멤버가 보거나 수정할 수 있도록 공유합니다. 필요에 따라 멤버의 수정 권한을 설정할 수 있습니다.
- **외부에 공유**: Workspace의 멤버가 아닌 다른 Notion 사용자를 초대합니다. 이 경우 초대된 사용자는 Guest로 참여합니다.

3. 업데이트

현재 페이지의 모든 개정 내역 및 코멘트를 볼 수 있습니다.

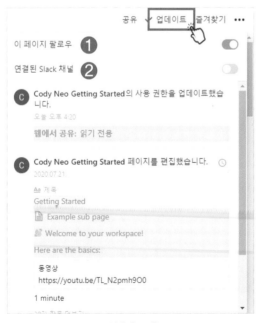

▲ 업데이트 메뉴

❶ **이 페이지 팔로우**: 페이지의 변경 사항에 대한 업데이트를 수신합니다. 사이드바의 모든 업데이트에서 팔로우하는 모든 페이지에 대하여 업데이트 내용을 확인할 수 있습니다.

❷ **연결된 Slack 채널**: 페이지의 변경 사항이나 코멘트가 추가되는 경우 Slack 채널에서 알림을 받을 수 있습니다.

4. 즐겨찾기

자주 사용하는 페이지를 사이드바의 즐겨찾기 섹션에 추가합니다. 페이지 우측의 를 클릭하여 즐겨찾기에서 삭제를 클릭하면 즐겨찾기에서 제거됩니다.

5. 도구 메뉴

문서 편집에 사용하는 여러 가지 편집 옵션이 포함되어 있습니다.

❶ **스타일**: 글꼴을 선택합니다. 3가지의 서체를 지원합니다.

❷ **작은 텍스트**: 문서 전체의 텍스트 크기를 작게 조정합니다.

❸ **전체 너비**: 페이지의 여백을 조정합니다.

❹ **페이지 잠금**: 페이지를 편집할 수 없게 잠급니다.

❺ **즐겨찾기에 추가**: 페이지를 즐겨찾기에 추가합니다.

❻ **링크 복사**: 페이지의 URL 링크를 클립보드에 복사합니다.

❼ **실행 취소**: 직전에 변경된 사항으로 되돌립니다.

❽ **페이지 기록**: 페이지의 변경 이력을 표시합니다.

❾ **삭제 페이지 표시**: 휴지통을 열어 삭제된 페이지를 표시합니다.

❿ **삭제**: 페이지를 삭제합니다.

⓫ **가져오기**: 외부 데이터를 페이지로 가져옵니다.

⓬ **내보내기**: 페이지를 PDF나 HTML 등으로 내보냅니다.

⓭ **옮기기**: 페이지를 다른 Workspace나 섹션으로 이동합니다.

3.3.2 페이지 편집하기

Workspace나 개인 섹션에 새 페이지를 추가하면 아무 것도 없는 빈 페이지가 추가됩니다. 이 빈 공간에 다양한 유형의 콘텐츠 요소인 블록(Block)을 추가하여 조립하는 방식으로 문서를 작성하게 됩니다. 이것이 Notion과 일반적인 문서작성 툴과의 가장 큰 차이점입니다.

1. 페이지 추가하기

사이드바 페이지 목록의 항목에 마우스 커서를 가져가면 숨겨진 메뉴를 사용할 수 있습니다.

섹션 우측의 ⊞ 아이콘을 클릭하면 섹션에 페이지, 페이지 우측의 ⊞ 아이콘을 클릭하면 페이지에 서브 페이지를 추가합니다.

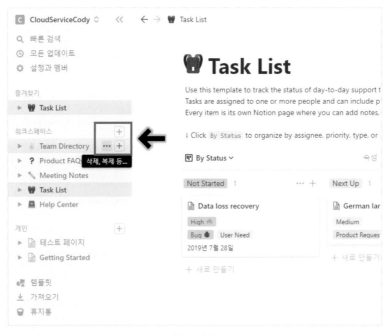

▲ Hover Menu

페이지 우측의 ⊞ 를 클릭하면 삭제, 복제, 링크 복사, 이름 바꾸기, 옮기기 옵션을 사용할 수 있는 메뉴가 표시됩니다.

- **삭제**: 페이지를 삭제합니다. 삭제된 페이지는 휴지통으로 이동됩니다.
- **복제**: 페이지를 복사합니다.
- **링크 복사**: 페이지의 URL을 클립보드로 복사합니다.
- **이름 바꾸기**: 페이지의 이름을 변경합니다.
- **옮기기**: 페이지를 이동합니다. 이 메뉴를 클릭하면 이동할 Workspace나 페이지를 선택할 수 있는 드롭다운 메뉴가 표시됩니다.

2. 콘텐츠 입력하기

페이지를 추가하면 사이드바의 우측으로 편집을 위한 공간이 표시됩니다. ❶ 엔터를 입력하면 빈 페이지에 입력을 할 수 있고, ❷ 템플릿을 선택하여 작성을 시작할 수도 있습니다.

▲ 새 페이지에서 콘텐츠 작성 시작

페이지에는 개별 특성을 가진 콘텐츠 블록의 조합으로 콘텐츠가 구성됩니다. 블록에 마우스 커서를 가져가면 좌측에 ⠿ 아이콘이 표시됩니다.

▲ 블록 옵션 메뉴

블록 메뉴 아이콘을 클릭하면 블록 옵션 메뉴가 표시됩니다.

- **삭제**: 블록을 삭제합니다.
- **복제**: 블록을 복제합니다. 선택한 블록의 바로 아래에 복제된 블록이 배치됩니다.
- **전환**: 블록을 다른 유형으로 변환합니다.
- **링크 복사**: 블록의 링크 URL을 클립보드로 복사합니다.
- **옮기기**: 블록을 다른 Workspace나 페이지로 이동합니다.

- **댓글**: 블록에 코멘트를 추가합니다.
- **색**: 블록 텍스트의 색 또는 블록의 배경색을 변경합니다.

또한 아이콘을 마우스로 드래그하여 블록을 원하는 위치로 이동할 수 있습니다.

블록의 텍스트를 드래그하면 자동으로 서식 메뉴가 표시됩니다. 서식 메뉴에서는 텍스트의 일부 서식을 지정하거나 블록 메뉴를 불러올 수 있습니다.

▲ 서식 메뉴

❶ 블록을 다른 유형으로 전환합니다.

❷ 선택한 텍스트에 코멘트를 추가합니다.

❸ 텍스트의 스타일을 변경하거나 코드를 입력하고 링크를 추가합니다.

❹ 수학 기호를 입력합니다.

❺ 선택한 텍스트의 색이나 배경색을 변경합니다.

❻ 멘션할 사람, 날짜, 시간 및 알람을 지정합니다.

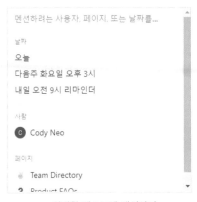

▲ 선택한 텍스트에 멘션하기

❼ 블록 옵션 메뉴를 표시합니다.

3. Block 이란?

페이지의 어느 곳에서나 '/ (슬래시)'를 입력하면 콘텐츠 블록의 목록이 표시됩니다. 이중에서 필요한 블록을 선택하여 문서에 추가할 수 있습니다.

▲ '/(슬래시)' 커맨드를 입력해 콘텐츠 블록 목록을 표시

또한 / 를 입력하고 추가하고자 하는 블록의 종류나 이름을 일부 입력하면 해당 블록의 목록이 표시됩니다.

▲ '/ [블록의 유형이나 이름]'을 입력하면 해당 범주의 블록 목록이 표시됨

각 블록별 기능은 아래의 표와 같습니다.

유형	아이콘	이름	설명
기본 블록	Aa	텍스트	일반 텍스트로 입력합니다.
	📄	페이지	현재 페이지의 안에 서브 페이지를 임베드(embed)합니다.
	☑	할 일 목록	작업을 추적하기 위한 할 일 목록을 추가합니다.
	H1	제목1	큰 섹션 제목을 입력합니다.
	H2	제목2	중간 크기의 섹션 제목을 입력합니다.
	H3	제목3	작은 크기의 섹션 제목을 입력합니다.
	•	글머리 기호 목록	글머리 기호를 입력합니다.
	1.	번호 매기기 목록	번호 매기기 목록을 입력합니다.
	▶	토글 목록	보이기/숨기기 목록을 추가합니다.
	|	인용	인용구를 입력합니다.
	—	구분선	가로 구분선을 입력합니다.
	📄	페이지에 대한 링크	페이지 링크를 추가합니다.
	▭	콜아웃	글 중간에 중요한 내용이나 환기하고자 하는 내용을 강조하는 블록을 추가합니다.
인라인 블록	👤	사용자 멘션하기	특정 사용자에게 멘션을 보냅니다. 멘션을 받은 사용자는 알림을 받습니다.
	📄	페이지 멘션하기	특정 페이지를 언급하고 텍스트를 표시합니다.
	🕐	날짜 또는 리마인더	날짜나 알림을 추가합니다.
	🙂	이모지	이모티콘을 추가합니다.
	x	인라인 수학 공식	수식 기호를 입력합니다.
데이터베이스		표 - 인라인	페이지에 테이블 인라인을 추가합니다.
		보드 - 인라인	페이지에 칸반 보드 인라인을 추가합니다.
		갤러리 - 인라인	페이지에 갤러리 인라인을 추가합니다.
		리스트 - 인라인	페이지에 리스트 인라인을 추가합니다.
		캘린더 - 인라인	페이지에 캘린더 인라인을 추가합니다.
		표 - 전체 페이지	전체 페이지 테이블을 새 페이지로 생성합니다.
		보드 - 전체 페이지	전체 페이지 칸반 보드를 새 페이지로 생성합니다.
		갤러리 - 전체 페이지	전체 페이지 갤러리를 새 페이지로 생성합니다.
		리스트 - 전체	전체 페이지 리스트를 새 페이지로 생성합니다.
		캘린더 - 전체	전체 페이지 캘린더를 새 페이지로 생성합니다.
		링크된 데이터베이스 생성	데이터베이스에 대한 커스텀 뷰를 생성합니다.

유형	아이콘	이름	설명
미디어 블록		이미지	이미지를 업로드하거나 링크로 임베드합니다.
		북마크	링크를 비주얼 북마크로 저장합니다.
		동영상	Youtube나 Vimeo 의 영상을 임베드합니다.
		오디오	SoundCloud나 Spotify의 Audio를 임베드합니다.
		코드	코드 스니펫(snnipet)을 추가합니다.
		파일	파일을 업로드하거나 링크로 임베드합니다.

Notion 페이지 내에 Google 문서, 드라이브, 맵 등 다양한 외부 앱을 임베드 합니다.

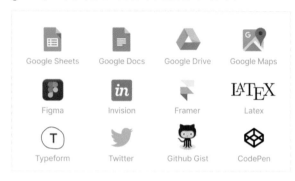

또한 다음과 같은 사전 구성된 블록을 지원합니다.

- Abstract
- Figma
- GitHub
- Images
- Miro
- Typeform

- Audio
- File
- Google Drive
- InVision
- PDF
- Video

- CodePen
- Framer
- Google Maps
- Loom
- Tweet

유형	아이콘	이름	설명
고급 블록		목차	목차를 표시합니다.
	T$_E$X	블록 수학 공식	독립 수학 수식을 표시합니다.
	New	템플릿 버튼	자주 사용하는 콘텐츠 조합을 쉽게 복제할 수 있도록 합니다.
	A B C	이동경로	페이지 위치를 표시합니다.

선택한 블록을 다른 블록으로 전환합니다.

전환	

전환

Aa 텍스트
H₁ 제목1
H₂ 제목2
H₃ 제목3
페이지
할 일 목록
글머리 기호 목록
번호 매기기 목록
토글 목록
코드
인용
콜아웃
블록 수학 공식

유형	아이콘	이름	설명
작업			블록을 삭제하거나 복제하는 등의 액션 도구를 사용합니다. 작업 🗑 삭제 Del ⎘ 복제 Ctrl+D ⊘ 링크 복사 ↱ 옮기기 Ctrl+Shift+P 🗨 댓글 Ctrl+Shift+M
색			블록의 텍스트 색깔을 지정합니다. 색 A 기본 A 회색 A 갈색 A 오렌지색 A 노란색 A 초록색 A 파란색 A 보라색 A 분홍색 A 빨간색
배경			배경 A 기본 배경 A 회색 배경 A 갈색 배경 A 오렌지색 배경 A 노란색 배경 A 초록색 배경 A 파란색 배경 A 보라색 배경 A 분홍색 배경 A 빨간색 배경

3.4 공동 작업하기

3.4.1 멤버 초대하기

멤버를 Notion Workspace에 추가하여 공동으로 작업하고 의견을 나눌 수 있습니다. 이 멤버들은 사이드바의 Workspace를 공유하며 콘텐츠에 대한 공동 작업을 수행하게 됩니다.

Notion Workspace에는 다음과 같은 유형의 사용자가 있습니다.

- **관리자(Admins)**: 팀에 멤버를 추가하거나 설정을 변경할 수 있는 권한을 보유한 최고 관리자
- **멤버(Members)**: 페이지를 추가하고 편집할 수 있으나 멤버를 관리하거나 설정을 변경하는 권한은 없는 팀원
- **손님(Guests)**: 특정 페이지에서만 작업을 수행할 수 있는 팀 외부의 사람. Workspace 전체가 아닌 개별 페이지에만 초대할 수 있음

멤버 초대는 Team 플랜 또는 Enterprise 플랜에만 해당됩니다. Personal 플랜 또는 Personal Pro 플랜을 사용하는 경우 게스트로 추가할 수 있지만 멤버를 추가할 수는 없습니다.

멤버를 추가하려면 사이드바 상단의 설정과 멤버를 클릭합니다.

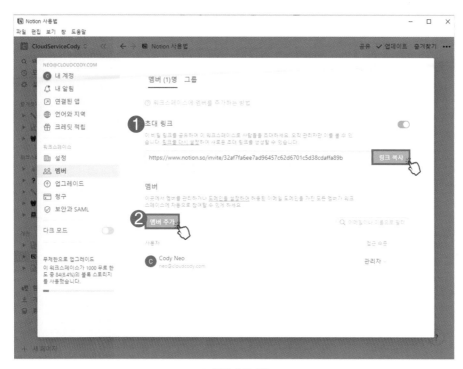

▲ 멤버 추가 메뉴

❶ **링크로 초대하기**: 링크 복사를 클릭하여 Workspace로 초대하기 위한 링크를 공유합니다. 해당 링크를 가지고있는 사용자는 링크가 제거되기 전까지 이 링크로 Workspace에 참여할 수 있습니다.

❷ **이메일 주소로 초대하기**: 멤버 추가를 클릭하여 초대할 사람의 이메일 주소를 입력합니다. 해당 이메일 주소로 초대 링크가 포함된 이메일이 전송됩니다.

3.4.2 멤버와 협업하기

1. 실시간 협업하기

Workspace의 페이지를 멤버 간 동시에 편집할 수 있습니다. 또한 서로 다른 멤버가 어떤 블록을 편집하고 있는지 실시간으로 볼 수 있습니다.

여러 멤버가 동시에 페이지를 편집할 때, 페이지 우측 상단에 ❶ 페이지를 편집하고 있는 멤버의 아이콘이 표시됩니다. 그리고 편집 화면에서는 현재 편집되고 있는 블록의 좌측으로 ❷ 편집 중인 멤버의 아이콘이 표시됩니다.

▲ 여러 멤버가 동시에 하나의 페이지를 편집 중인 경우

편집된 내용 또한 실시간으로 반영되어 다른 멤버는 변경된 내용을 즉시 확인할 수 있습니다.

2. 토론하고 의견 나누기

Notion으로 팀원들과 실시간 의사소통으로 불필요한 회의를 줄일 수 있습니다.

페이지에서 다른 사람에게 멘션을 남기려면 문서의 어디에서든지 @를 입력하고 이름을 직접 입력하거나 팝업 메뉴의 멤버 목록에서 멘션할 멤버의 이름을 선택합니다.

멘션을 받은 사용자는 사이드바의 모든 업데이트에서 배지 알림이 표시됩니다.

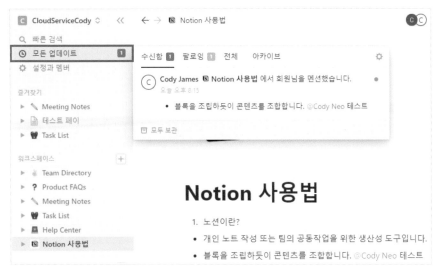

▲ 멘션 알림

멘션이나 답글을 받은 경우 수신함에서 즉시 답변을 할 수 있으며, 해결된 경우 해결을 클릭하여 코멘트를 닫을 수 있습니다. 필요한 경우에는 언제든지 다시 열 수 있습니다.

▲ 코멘트에 해결 표시하기

필요한 경우 페이지의 상단에 미니 채팅룸을 열고 토론을 할 수 있습니다. 페이지 상단 부분에 마우스 커서를 가져가면 숨겨진 메뉴가 표시됩니다. 토론 추가를 선택하면 코멘트를 입력란이 활성화됩니다.

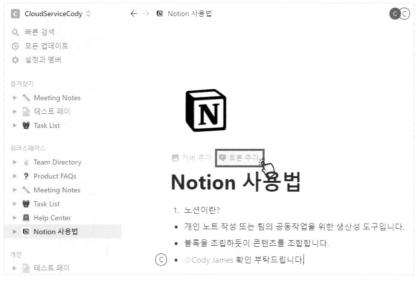

▲ 토론방 생성하기

토론 내용이 페이지 상단에 고정됩니다.

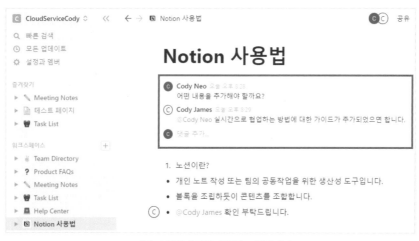

▲ 페이지 상단에 토론 내용이 고정됩니다.

3.4.3 **웹에 페이지 게시하기**

Notion에서 작성한 페이지를 웹의 모든 사용자가 볼 수 있도록 공개할 수 있습니다. 하위 페이지가 있는 경우 하위 페이지를 포함하여 공개됩니다. 페이지는 고유의 URL 주소를 가지고 있어 일반적인 웹페이지 와 같이 웹상에서 주소를 입력하여 접속할 수 있습니다.

Notion의 콘텐츠를 웹에 게시하면 홈페이지 구축에 필요한 웹 서버나 데이터베이스 등을 따로 준비할 필요 가 없습니다. 회사 홈페이지나 온라인 매뉴얼, 포트폴리오, 블로그 등으로 다양하게 활용할 수 있습니다.

페이지를 웹에 게시하려면 우측 상단의 공유 메뉴에서 웹에서 공유를 선택합니다. 필요한 경우 페이지를 수정하거나 코멘트를 남길 수 있도록 설정할 수 있습니다.

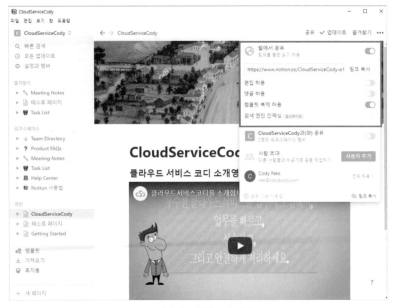

▲ 페이지를 웹에 공유하기

Docswave[4](https://www.docswave.com)는 Google G Suite 업무 환경에서 혁신적으로 업무를 처리할 수 있는 클라우드웨어 서비스입니다. 앞의 서비스는 Google G Suite를 이용하여 업무를 수행할 때 채팅, 프로젝트 일정관리, 메모 중심의 업무 방식이었고, Docswave는 결재 및 워크플로우를 중심으로 하는 회사에서 적합한 서비스입니다.

▲ 신속한 의사결정과 데이터 기반의 경영을 할 수 있도록 지원하는 Cloudware

워크플로우를 이용 시에는 다음과 같은 장점이 있습니다.

- 회사의 체계적인 업무 프로세스를 구축
- 데이터와 문서를 편리하게 관리
- 표준 프로세스를 이용하여 불필요한 업무 감소
- 업무 초보자도 쉽게 업무 이해 및 사용
- 업무 자동화 가능

설치 및 데모는 Docswave에 연락해서 진행하시기 바랍니다.

- **전화 문의**: 1522-8752
- **E-mail 문의**: sales@docswave.com

---

4 Docswave 또는 ;Docswave라고 표기합니다.

4.1 Docswave의 주요 기능

Docswave는 회사 업무를 자동으로 처리하는 것을 목표로 전자문서결재관리 기능 외에도 조직관리, 인사 관리, 재무관리와 같은 기업 업무의 주요 기능을 제공하고 있습니다.

Docswave를 사용하면 한국 기업의 실정에 맞게 여러 단계의 조직도를 구성하실 수 있습니다. 1명의 임직원이 여러 부서에 속해 있을 수 있으며, 임직원의 다양한 인사 정보를 통합적으로 관리할 수 있습니다. 또한 휴가 및 근태 관리를 통하여 임직원의 입사일에 맞추어서 연차 휴가를 자동으로 부여하거나, 사용 시 자동으로 차감할 수 있습니다. 또한 출근/퇴근 기록을 통하여 유연근무제와 같은 52시간제에 맞는 인사 정책을 구성할 수 있습니다.

4.1.1 직원들 휴가 관리(휴가 내역 관리)

관리자는 직원들의 휴가 내역을 편리하게 관리할 수 있고, 직원들의 휴가 일정은 캘린더에 자동으로 등록되고 공유됩니다.

▲ 직원 휴가 관리 기능

4.1.2 지출 및 구매 내역 관리

회사의 지출 및 구매내역 관리를 관리할 수 있습니다. 직원들이 기안한 구매/지출결의서가 최종 승인되면 지출/구매 항목별로 금액이 자동 합계되고 관리자는 언제든지 자금 사용 내역을 알 수 있습니다. 지출/구매 항목은 관리자가 직접 관리할 수 있습니다.

▲ 지출 및 구매 내역 관리

4.1.3 협업 게시판

내부의 소통관리를 위하여 업무별 게시판을 쉽게 추가하고 사용할 수 있습니다. 공지사항 게시판은 글 작성 시 자동으로 모든 조직원에게 알림 메일이 발송됩니다. 이를 통해 부서별 또는 개인별 게시판에 대한 접근 권한을 가질 수 있습니다.

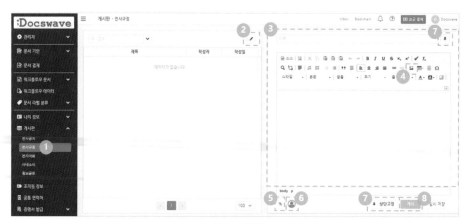

▲ 협업 게시판

4.1.4 직원 정보 관리

회사에서 사용할 때 가장 중심에 있는 정보가 회사 조직도입니다. 조직도 관리는 회사의 부서들을 트리구조로 구성할 수 있습니다.부서별로 직원 정보를 관리할 수 있고, 관리자가 직원을 추가하면 해당 직원은 바로 이용이 가능합니다.

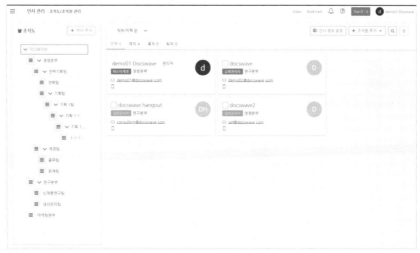

▲ 직원 정보 관리

4.1.5 연락처 관리

회사에서 공용으로 사용하는 연락처를 쉽게 관리할 수 있습니다. 협력처나 고객들의 정보를 관리할 수 있고, 등록된 연락처는 다른 직원들과 자동으로 공유됩니다.

▲ 연락처 관리

4.2 전자문서결재(Workflow) 기능

Docswave는 기본적으로 워크플로우(Workflow) 서비스를 통하여 업무 자동화를 추구할 수 있습니다. Docswave의 전자문서결재는 기본적으로 빠른 의사결정을 지원합니다.

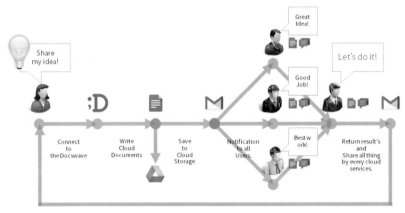

▲ 전자문서결재(Workflow) 기능

모든 전자문서결재 담당자들이 빠르게 Gmail이나 Slack으로 알림 메시지를 받고 각자의 의견을 남기거나 즉시 의사결정할 수 있습니다. Docswave를 도입하면 전사 의사결정 속도가 매우 빠르게 진행되며 업무 처리의 효율성이 증가됩니다.

4.3 클라우드 문서 중앙화 기능

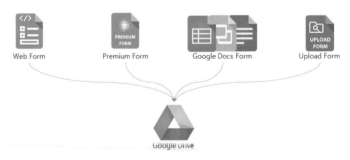

▲ 클라우드 문서 중앙화 기능

Docswave는 다양한 문서 포맷을 지원하여 업무상 필요한 Google Docs 문서를 바로 업무에 활용할 수 있는 전자문서결재(Workflow) 기능을 지원합니다.

이때 중요한 점은 전자문서결재를 위하여 작성한 문서 및 첨부파일은 모두 Google Drive에 저장되고, 전자

문서결재에 관련된 분들만 볼 수 있거나 한시적으로 편집 권한을 가질 수 있도록 권한 관리가 되어 클라우드 문서 중앙화를 실현할 수 있습니다.

4.4 데이터 관리 기능

▲ 데이터 관리 기능

Docswave의 Premium Form은 데이터 입력을 매우 쉽고 빠르게 처리하며, 웹 환경과 모바일 환경에 최적화되어 있습니다. Premium Form을 통하여 작성된 데이터는 자동으로 PDF로 변환되어 저장되며 Google Drive에 저장되며, 여러 결재 건이 묶여서 Excel 데이터로 저장할 수 있어 업무상 데이터 활용의 편의성을 매우 높입니다.

4.5 사용자 사용 방법

4.5.1 Dashboard

Docswave 로그인 시 보이는 메인 화면입니다.

- '결재 예정 문서', '공지사항', '최근 문서' 등을 확인

- Premium 서비스 이용 시, 휴가 내역과 캘린더와 연동된 이번주 일정을 확인

▲ Docswave Dashboard

4.5.2 기안 문서 작성

조직원은 문서를 작성하고 결재 프로세스에 따라 기안할 수 있습니다.

- 관리자가 미리 등록한 공통 문서 양식을 이용
- 개인 문서 양식을 등록해서 이용

▲ 기안 문서 리스트

4.5.3 문서 결재

내가 결재해야 할 문서들을 확인할 수 있는 메뉴입니다. 결재해야 하는 문서 수에 따라 알림 카운트가 올라갑니다.

▲ 문서 결재 기능

4.5.4 워크플로우 문서

나와 관련 있는 문서들을 볼 수 있는 메뉴입니다.

- **기안 문서** : 내가 기안한 문서의 리스트
- **결재 완료 문서**: 내가 결재 완료한 문서의 리스트
- **수신 문서**: 내가 수신자로 포함되어 있는 문서들의 리스트
- **회람 문서**: 내가 회람자로 포함되어 있는 문서들의 리스트
- **전결 문서**: 내가 전결자에게 위임한 문서들의 리스트
- **첨부 파일**: 나와 관련된 결재 문서에 첨부되어 있는 파일 조회

▲ 워크플로우 문서 기능

4.5.5 워크플로우 데이터

프리미엄 폼을 통해 기안하여 최종 승인된 문서들의 데이터를 확인할 수 있습니다.

▲ 워크플로우 데이터

4.5.6 문서 라벨 분류

라벨을 추가하고 문서에 지정하여 라벨별로 분류할 수 있습니다.

▲ 문서 라벨 분류 기능

▲ 문서 라벨 분류 관리 화면

4.5.7 나의 정보 관리

나의 인사 정보와 프리미엄 폼을 통해 기안한 문서들 중 휴가/지출/구매 정보 데이터를 확인할 수 있습니다.

- 나의 인사 정보 (기본, 인사, 개인, 경력, 프로젝트, 학력, 교육 이력, 자격증, 수상 이력, 특허)
- 나의 휴가 정보
- 나의 지출 정보
- 나의 구매 정보

▲ 나의 정보 관리

4.5.8 게시판

공지 및 알림 사항 등이 올라오는 공지 게시판으로 이용하거나 사내 커뮤니케이션으로 활용할 수 있습니다.

▲ 게시판 기능

4.5.9 조직원 정보

Docswave에 등록된 조직원들의 이름, 부서, 이메일, 연락처 등의 정보를 확인할 수 있습니다. 이메일을 클릭해서 바로 메일을 보낼 수 있습니다.

▲ 조직원 정보 조회

4.5.10 공통 연락처

임직원들과 공유할 수 있는 연락처입니다.

- 협력처, 고객, 외부 관계자 등의 연락처 정보를 입력
- 문서 기안 시 등록된 연락처를 외부 수신자로 지정

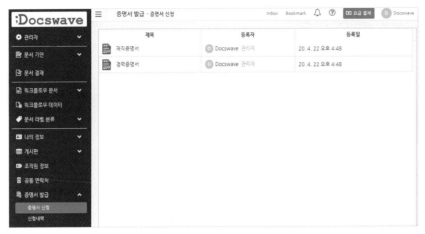

▲ 공동 연락처

4.5.11 증명서 발급

증명서 발급 신청과 발급 완료된 내역을 확인할 수 있습니다.

- 증명서 신청
- 신청 내역

4.5.12 개인 설정

Docswave 이용 시 나만의 개인 설정을 할 수 있습니다.

- 프로세스 설정
- 라벨 설정
- 알림 설정
- 게시판 순서 설정
- 테마 배경 설정

4.6 재택근무 활용 방법

Docswave에는 회사에서 사용하는 다양한 특화 기능을 포함하고 있어서 재택근무 시에도 기능을 활용하여 업무 진행이 쉽습니다. 기본적인 기능 이외에 재택근무나 회사 업무에 활용하면 좋은 기능을 소개해보겠습니다.

▲ Docswave 전체 기능 리스트

4.6.1 Premium Form을 통한 경영 정보 관리

다양한 형태의 컴포넌트(component)를 이용하여 경영 데이터 관리가 가능한 문서 양식을 생성할 수 있습니다.

▲ 경영 정보 관리 세팅하기

기능	내용
다양한 입력 컴포넌트 제공	다양한 형태의 입력 컴포넌트를 지원하여 원하는 데이터를 취합할 수 있습니다. 지원하는 입력 컴포넌트 종류는 다음과 같습니다. • 텍스트(단일 텍스트, 다중 텍스트, HTML) • 숫자(정수, 소수, 음수, 양수) • 통화(모든 통화 기호, 소수점 입력 가능) • 기간(년월일시 분초 입력 지원) • 선택 항목(단일 선택, 다중 선택, 체크박스)
자동화된 데이터 관리	자동으로 입력한 데이터를 취합하여 그리드 뷰(Grid View)로 관리할 수 있습니다.
자동화된 보고서 지원	인사, 재무 관련 양식의 경우 기본 값을 통하여 자동화된 인사 / 재무 보고서를 제공합니다.
입력 값 설정	기본값, 최소값, 최대값 등을 지정하여 입력 데이터를 관리할 수 있습니다.
쉬운 구성 및 설정	입력 컴포넌트를 단계적으로 구성하여 빠르게 양식을 구성하고 즉시 이용할 수 있습니다.
Excel 다운로드 지원	입력된 데이터를 Excel 다운로드하여 다양하게 활용할 수 있습니다.
모바일 입력 지원	모바일 환경에서도 사용할 수 있으며 쉽고 빠른 입력을 지원합니다.

Form을 통한 경영정보 취합 및 관리를 통하여 관리자의 업무 편의를 위하여 제공하는 인사 / 재무용 자동화된 데이터 관리 및 보고서 관리가 가능합니다.

▲ 경영관리 Dashboard 화면

4.6.2 편집이 편리한 Web Form 지원

Web Form은 다양한 편집 기능을 제공하며, 쉽고 빠르게 문서 편집이 가능합니다. 재택근무 시에 필요한 결재 양식을 쉽게 작성해서 업무에 바로 적용할 수 있습니다.

▲ Web Form 편집 화면

1. E-mail과 다양한 메시지를 통한 신속한 의사결정

Gmail외에도 Slack과의 연동을 통하여 Docswave의 메시지를 수신할 수 있습니다.

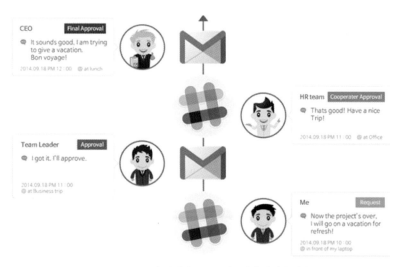

▲ Docswave와 이메일, Slack 연동하여 메시지 전달

2. 증명서 관리

증명서가 필요할 때 회사에 방문하지 않고도 필요한 증명서 발급 및 사용이 가능합니다.

▲ 증명서 관리 기능

4.6.3 근무시간 관리

재택에서 일하는 시간을 스스로 관리하여 효율적으로 시간을 사용하고 생산성을 올릴 수 있습니다. 개인별로 기록한 시간은 취합하여 관리할 수 있습니다. 일하는 시간을 개인별로 등록하여 재택에서 근무하더라도 상호간의 신뢰성을 올릴 수 있습니다.

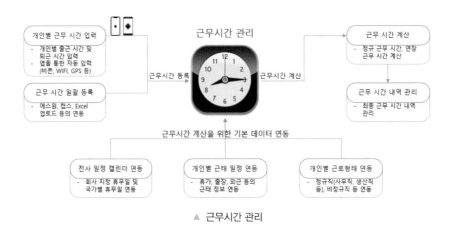

▲ 근무시간 관리

4.6.4 프로젝트 관리

나와 우리 회사의 업무를 쉽고 빠르게 확인할 수 있습니다. 회사의 프로젝트를 관리하고 팀별 / 개인별 태스크를 할당 / 등록 / 위임 / 완료할 수 있습니다.

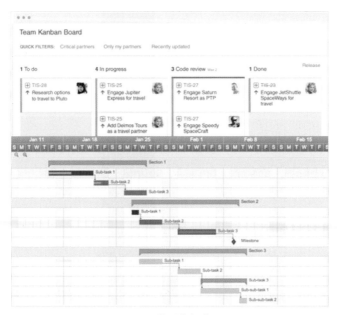

▲ 프로젝트 관리 기능

기능	내용
프로젝트 관리	부서나 조직원 별로 게시판 접근권한 설정 기능
태스크 관리	게시판의 순서를 개인별 설정 기능
워크플로우 연동	워크플로우 진행에 따른 태스크 자동 할당
다중 보기 설정	Inbox 스타일의 개인 태스크 보기, 칸반 스타일 보기, 간트 차트(Gantt Chart) 스타일 보기, 백로그(Backlog)기반의 리스트 형태 보기 등의 보기 설정
구글 캘린더 연동	시작일시 / 종료 일시 설정에 따른 구글 캘린더 연동
통계	팀별 / 개인별 태스크 통계

4.6.5 SAML 기반의 SSO (단일 로그인)

Docswave는 활성 사용자 라이선스(Active User License) 정책을 적용하여 단일 로그인 환경을 구축할 수 있습니다. Docswave 로그인 후 권한이 있는 G Suite로 이동 시 바로 로그인되므로 별도로 로그인할 필요가 없습니다.

▲ SAML을 이용한 SSO 연동

Google G Suite과 연동되는 SAML 기반의 SSO는 자사의 사번과 같이 G Suite과 별개로 독립된 ID / Password 체계를 구성할 수 있습니다. SAML 기반의 SSO를 통하여 G Suite 관련된 Gmail, Google Drive와 같은 다양한 Google 서비스를 별도의 로그인 없이 자사의 계정을 통하여 사용할 수 있습니다.

4.6.6 Google Drive 기반의 DLP(정보 유출 방지)

기계학습(Machine Learning) 기반의 민감정보탐지 기술을 통하여 템플릿 기반의 쉬운 정책 설정이 가능합니다. Docswave를 통하여 생산되는 모든 문서에 대한 정보 보안 감사를 수행합니다.

▲ 문서 내 데이터 검사 기능 DLP 소개

Docswave를 통하여 생산 및 첨부된 모든 문서 및 이미지에 대한 DLP 검사를 수행하여 민감정보 포함 여부를 감사합니다. 민감한 콘텐츠가 포함된 파일을 생성, 수정, 업로드한 사용자에게 이메일을 전송하거나, 민감한 콘텐츠가 포함된 모든 파일의 공유를 차단하는 작업이 포함됩니다.

4.7 무료로 시작하는 클라우드웨어

클라우드 시대에 맞는 업무 솔루션을 찾는다면 업무를 자동으로 처리하는 워크플로우 기능과 함께 인사, 재무 등의 다양한 업무까지 함께 처리하는 Docswave를 사용하는 것이 매우 좋은 선택입니다. 특히 무료로 시작할 수 있으며, 일부 Premium Form과 같은 기능은 저렴한 비용으로 사용할 수 있습니다. Docswave 사용에 필요한 교육이나 원격 지원은 국내에서 이메일과 전화로 즉시 문의가 가능하여 관리자의 부담을 매우 줄여줄 수 있습니다.

과거에는 그룹웨어를 회사 내에 설치해서 사용했지만 관리도 어렵고 전문적인 지식 및 기술을 가지고 있는 관리자 확보 등 많은 문제 및 비용 문제가 발생을 했습니다. 클라우드에서 다양한 기능을 이용하고, 시대에 맞는 기능들을 업그레이드 해서 사용하는 방식이 요즘에는 추천받고 있습니다. 특히 ASP나 인터넷 방식이 아닌 클라우드 방식은 확장성도 좋고 사용자가 증가 몰리더라도 서버에 문제가 발생하지 않기 때문에 더욱 안정적인 서비스가 가능합니다.

CHAPTER. 05

Google의 재택근무(Home for Work)

▲ Google의 Home for Work 개념

코로나19가 시작된 이후에 많은 기업에서 재택근무가 일상화되고 가상회의, 원격협업, 유연한 근무시간 등이 도입되고 있습니다. 가상 회의, 원격 공동 작업, 유연한 근무 시간 등 새로운 작업 방식이 유지될 것이라는 것이 분명해지고 있고, 고용주와 근로자들 모두 보다 유연한 작업 방식을 원하고 있습니다.

화상회의 솔루션, 다양한 협업 솔루션이 갑자기 도입되었고, 서비스간의 독립적인 사용영역이 겹치는 일도 일어났습니다. 회사에서는 재택근무 등 경험해보지 못했던 환경에서 생산성 저하를 막으려는 시도였지만, 근로자 입장에서는 이렇게 많은 새로운 도구 및 SW로 인하여 오히려 과부하를 느끼고 있습니다.

새로운 도구를 사용한다는 것은 새롭게 배워야 하고 기존 업무방식을 변경해야 합니다. 이보다는 통합적이고 직관적인 방식으로 더 유용하게 함께 작업하기 위해서는, 기존의 사용하던 도구를 재활용하는 것도 필요합니다.

이것이 Google이 제안하는 재택근무(Home for Work) 개념입니다. Google G Suite는 불필요한 시간 낭비를 최대한 줄이기 위해서 필요한 사람, 콘텐츠, 작업을 지능적으로 통합합니다. 화상미팅, 채팅, 이메일, 파일 및 작업과 같은 핵심 도구를 통합하고 함께 개선하여 언제, 어디서나 보다 쉽게 최신 정보를 확인할 수 있도록 합니다.

5.1 업무 통합 환경

업무 성격에 따라서 가장 많이 사용하는 도구는 다릅니다. 프로젝트 중심으로 일하는 프로젝트팀에서는 WBS(Work Breakdown Structures) 중심으로 일할 것이고, 많은 대화와 빠른 결정이 필요한 디자인이나 개발팀에서는 채팅 중심으로 업무를 진행합니다. 고객 응대를 하는 부서에서는 커뮤니케이션을 중심으로 이메일과 통합 이슈리스트를 사용하여 업무를 합니다. 결재 중심으로 의사결정을 하는 기업에서는 그룹웨어 워크플로우를 많이 사용할 것입니다. 이런 업무방법 중에서 Google의 재택근무 방법은 모두가 잘 사용하고 익숙한 Gmail 중심의 커뮤니케이션 방법입니다.

이메일, 채팅, 화상통화, 세 가지 커뮤니케이션의 핵심 축으로 이메일, 채팅 및 화상통화 간의 통합을 심화시키는 방법을 모색하면서 대부분 업무가 시작하는 곳, 즉 받은 편지함에서 출발합니다. 받은 편지함에서 바로 화상회의에 쉽게 참여하기 위해 웹, Android 및 iOS의 Gmail로 Meet를 이용하여 바로 접속해서 회의를 진행할 수 있습니다. 또한 채팅도 PC, 스마트폰에서 모두 이용할 수 있도록 구성되어 있습니다. 모든 커뮤니케이션은 한군데에서 자연스럽게 연결될 수 있습니다. 다양한 디바이스를 이용할 수 있기 때문에 커뮤니케이션의 중단이 없습니다.

또한 공유 파일과 작업을 추가함으로써 채팅방의 협업 기능을 강화하여 장기 프로젝트를 위한 훨씬 더 나은 해결책이 되고 있습니다. 공유 채팅, 중요한 문서, 그리고 할 일을 한 곳에서 빠르게 접근할 수 있기 때문에, 그룹의 모든 사람들이 같은 페이지에 머무르는 것이 더 쉽습니다. 외부의 파트너나 협업자와도 채팅방을 만들고 문서를 공유하고 자유스러운 커뮤니케이션이 가능합니다.

더욱 유용한 채팅방을 만들기 위해 Gmail을 떠나지 않고 팀과 문서를 열고 공동 편집하는 기능을 추가해 실시간 협업 기능을 이용할 수 있습니다.. 이렇게 하면 현재 작업을 수행하는 상황에서 직접 공동 작업을 쉽게 수행할 수 있습니다. 예를 들어, 화면 간 전환 없이 문서 변경내용에 대해서 실시간으로 대화하거나 새 작업을 할당할 수 있다. 할당받은 일을 끝내면 완료로 표시해서 상대방에게 내용을 전달합니다..

채팅의 새로운 통합 작업 영역을 사용하면 DocuSign, Salesforce, Trello 등 즐겨 찾는 타사 앱에 쉽게 액세스할 수 있으므로 Gmail을 통해 모든 종류의 대화에서 업데이트를 받고 조치를 취할 수 있습니다.

5.2 Google이 제시하는 재택근무 아이디어

Google이 제시하는 재택근무 아이디어는 크게 3가지로 이야기 할 수 있습니다.

  ① **통합 환경**: 사용하는 애플리케이션간의 전환을 줄여서 사용자의 흐름과 집중을 방해하지 않도록 하는
    환경을 제공합니다. 통합환경을 사용하면 사용자는 보다 유동적으로 일할 수 있고, 업무의 연속성이

생겨서 집중도가 올라갑니다. 예를 들어서 채팅을 하다가 화상회의로 전환할 수 있고, 채팅으로 받은 메시지를 편지함으로 전달하고, 채팅 메시지를 할일 리스트로 만들 수 있습니다. 작업의 흐름을 쉽게 관리하여 중단시간을 줄여주는 방법입니다.

② **필요한 정보를 빠르게 검색**: 다음으로, 필요한 정보를 빠르게 찾는 것이 생산성에 가장 중요하기 때문에 Chat을 포함하도록 Gmail의 강력한 검색 기능을 확장하여 모든 것을 한 곳에서 더 쉽게 찾을 수 있습니다. 보통 지식근로자는 자신의 시간의 20%는 필요한 정보나 문서를 찾는 데 사용한다고 합니다. 20%는 5일 근무 시 하루는 정보를 찾는 데만 사용을 하고 나머지 4일만 업무를 한다는 의미가 됩니다. 그러기 때문에 경영자는 회사 내 원하는 정보 중 극히 일부분에 접근할 수 있고, 필요한 정보를 얻지 못하는 경우가 많습니다.

③ **집중할 수 있는 방법의 제공**: 재택근무를 하게 되면 혼자서 일을 하고, 근무시간에 누구나 접촉을 할 수 있기 때문에 집중도가 떨어질 수 있습니다. 상대방이 보이지 않는 환경에서 업무에 집중할 수 있는 방법을 이용할 수 있습니다.

- 중요한 채팅방 쉽게 찾고 접속
- 방해금지 모드 설정
- 부재중 표시

5.3 새로운 통합 환경

이메일을 사용하는 친숙한 Gmail 환경에서 추가된 다양한 기능을 이용하여 전환이나 끊김 없이 다양한 커뮤니케이션이 가능합니다.

▲ 통합된 Gmail 업무 환경

등록된 사용자와의 채팅을 이용하여 동기화방식의 소통을 할 수 있습니다. Google Chat을 이용하기 위해서 chat.google.com 브라우저 전환하지 않고도 바로 사용할 수 있습니다. 사용자를 클릭해서 채팅으로 대화를 시작할 수 있습니다.

▲ Gmail 내 채팅 사용

채팅방(Rooms)는 카톡의 단톡방과 같이 여러 사람과 함께 커뮤니케이션하는 공간입니다. 하지만 단톡방과 다르게 문서 공유나 대화 목록을 만들 수 있어서 관련된 업무에 집중적으로 소통할 수 있는 공간입니다. 필요하면 추가적인 인원을 초대할 수 있습니다.

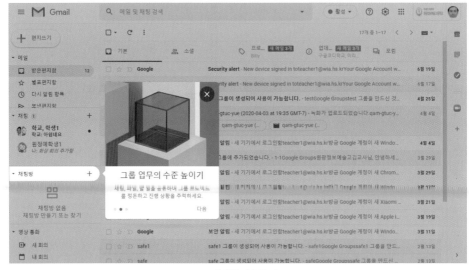

▲ 채팅방 이용하기

실시간 화상회의는 상대방과 바로 영상으로 대화를 할 수 있습니다. 회의 방 코드를 알거나 상대방을 초대할 수 있고, 예정된 회의에 쉽게 참여할 수 있습니다.

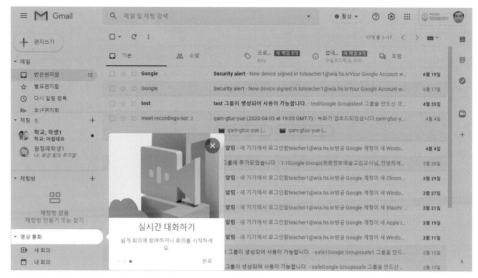

▲ 영상통화

맺음말

이 책은 기능 중심의 설명보다는 업무에서 사용할 수 있는 방법(일하는 방법, 업무 프로세스, 재택근무 활용법 등)을 중심으로 작성하려고 노력했습니다. 기능 위주로 작성하면 기술 이슈 등의 문제로 최신 정보와 책의 내용이 맞지 않을 것을 염려했기 때문입니다. 실제로 이 책의 집필을 마무리할 무렵, Works 개념이 Gmail 중심으로 소개되고 있어 출판되기 전에 정리해서 빠르게 반영했습니다. 출판일을 앞두는 동안에도 Google Meet의 정책이 계속 업데이트되고 있었습니다.

이 책에 담지 못한 다양한 학습자료, 업데이트 정보 등의 콘텐츠는 도서 참고 페이지(https://bit.ly/jocody)에 올릴 예정입니다. 처음 G Suite를 이용하시는 분에게 유용할 기초 강의, 서비스별 추가 설명 영상도 정리해서 올릴 예정이니 홈페이지에 방문해서 꼭 북마크를 해주세요. 궁금한 점이 있거나 회사 교육이 필요하신 분은 qna@cloudservicecody.com으로 메일 주세요.

이외에도 'YouTube 조코디의 스마트워크'와 블로그(https://cloudservicecody.blogspot.com/)에 주기적으로 업데이트 정보를 올리니 확인 바랍니다.

최근 저자는 코로나19로 디지털 전환이 필요한 대학교 및 학교에서 강의를 진행하고 있습니다. 회사에서 디지털로 전환을 위하여 변화관리가 필요하신 분도 연락주시면 도움을 드리도록 하겠습니다. 독자 여러분의 많은 의견 부탁드립니다.

저자협의
인지생략

조코디의 G Suite를 이용한
재택근무 바이블

1판 1쇄 인쇄 2020년 10월 5일
1판 1쇄 발행 2020년 10월 10일

—

지 은 이 조코디
발 행 인 이미옥
발 행 처 디지털북스
정   가 30,000원
등 록 일 1999년 9월 3일
등록번호 220-90-18139
주   소 (03979) 서울 마포구 성미산로 23길 72 (연남동)
전화번호 (02)447-3157~8
팩스번호 (02)447-3159

—

ISBN 978-89-6088-355-0 (13000)
D-20-19
Copyright ⓒ 2020 Digital Books Publishing Co., Ltd

DIGITAL BOOKS
디지털북스